本书出版得到以下项目资助：

国家自然科学基金重点项目:碳中和框架下的能源产业升级、环境污染治理与经济高质量发展(72133003)

山西省社会经济统计科研课题：山西省低碳循环发展对经济、环境资源的影响——基于可计算的一般均衡（KY[2021]101）

中国商业统计学会规划课题：中国数字经济发展水平测度及其对区域产业结构的影响路径研究（2021STY11）

能源消费、碳排放与中国经济绿色转型机制研究

赫永达　著

WUHAN UNIVERSITY PRESS
武汉大学出版社

图书在版编目(CIP)数据

能源消费、碳排放与中国经济绿色转型机制研究/赫永达著．—武汉：武汉大学出版社，2021.12

ISBN 978-7-307-22834-4

Ⅰ.能…　Ⅱ.赫…　Ⅲ.①能源消费—二氧化碳—废气排放量—控制—研究—中国　②绿色经济—经济发展—研究—中国　Ⅳ.①F426.2　②F124.5

中国版本图书馆 CIP 数据核字(2021)第 270969 号

责任编辑：陈　红　　责任校对：李孟潇　　版式设计：马　佳

出版发行：**武汉大学出版社**　(430072　武昌　珞珈山)

(电子邮箱：cbs22@ whu.edu.cn 网址：www.wdp.com.cn)

印刷：武汉邮科印务有限公司

开本：720×1000　1/16　印张：23.5　字数：382 千字　插页：1

版次：2021 年 12 月第 1 版　　2021 年 12 月第 1 次印刷

ISBN 978-7-307-22834-4　　定价：76.00 元

前　　言

我国经济发展进入了一个全新的历史时期，经济由高速增长阶段转向高质量发展阶段的基本特征和内生性需求已经成为我国经济发展认知和行动策略上的基本共识。在经济转向高质量发展的大背景下，碳中和目标、环境规制以及能源安全三大因素相互关联、彼此互动，共同约束并促进我国经济转型升级，向绿色低碳可持续发展的路径和模式稳态渐近。因此，深入探究包括能源消费总量、能源消费强度、能源结构在内的能源需求对我国宏观经济变量的影响机制及其量化关系，能源价格波动对我国产业结构的影响，特别是石油价格、天然气价格波动通过与资本市场的互动进而对国内宏观经济的影响，环境规制对产业绿色转型的影响，碳排放总量与排放结构对经济结构的影响等重大问题，对理解我国新时期实现经济转型升级与高质量发展具有重要的学术与现实意义。本书正是在我国进入新时代经济转型发展的大背景下，面向以上的重要课题，在经济低碳化发展的大情境下，充分运用能源经济学、环境经济学、数量经济学、统计学等多学科理论思想和实证建模技术，对我国宏观经济发展质量与能源环境依赖的现实基础、约束条件及模式选择等问题进行系统性数理逻辑演绎与理论推断，形成若干实证研究命题与假设，综合运用计量与统计分析、情境模拟等多种技术量化方法对所识别出的研究问题逐层展开分析，并进行稳健谨慎的刻画与求证。

本书的全部内容共分八章，具体如下：

第 1 章，绪论。主要阐述本书的研究背景、研究目的与意义，在对国内外文献进行充分梳理和综述评价的基础上，提出本书的研究方法和技术路线，概括出主要研究内容。

第 2 章，能源消费、环境规制与宏观经济关系的理论分析。在“经济—能源—环境”三位一体的框架下，阐述了能源消费、能源价格波动对宏观经济环境的影响，并探讨了能源环境的相关运行指标；而后将环境因素特别是碳排放引入生态环境考核指标，探讨环境规制对绿色技术创新的影响以及如何打破单纯的经济增长，促进我国经济绿色低碳发展和产业结构的合理调整与升级，为后面章节提供理论支撑。

第3章，能源行业周期及价格波动对宏观经济的影响研究。首先，利用主成分分析方法计算中国能源类行业运行指数，以此考察能源类行业周期波动态势，并进一步使用时变参数向量自回归模型分析能源类行业周期波动对宏观经济影响的时变特征。其次，运用Morlet连续小波变换对不确定性、油价和汇率的现状及其相互关系进行考察，运用非线性Granger因果检验确定它们和宏观经济指标间的因果关系，并建立SVAR模型，对不确定性、油价与汇率对我国宏观经济做较为详细的冲击响应刻画。

第4章，能源价格波动对我国产业影响的异质性研究。首先，运用中国37个工业大类行业月度PPI数据，建立马尔可夫区制转移模型，实证分析能源价格波动向PPI传导的区制差异和行业异质性。其次，通过构建非完全竞争的CGE模型模拟了在不同情景下国际天然气价格波动对居民生活及产业结构的影响。

第5章，能源价格与股票市场的交互效应研究。首先，选取国内外煤炭、原油、天然气、电等多个主要能源类别的价格指标，构建出中国综合性能源价格指数，再运用Morlet连续小波变换和最大重叠离散小波变换(MODWT)对我国能源价格与股票市场、能源类股票间的交互关系进行分析，并进行非线性关系检验。其次，通过宏观经济路径和金融市场路径两方面理论分析国际油价波动对股票市场冲击的传导机理以及国际原油价格的上涨或下跌通过宏观经济和金融市场两大传导路径对股票市场产生的影响。最后，运用Morlet连续小波变换对两者的相互关系进行考察，并基于多分辨分解进行非线性因果关系检验，阐释国际油价与原油进出口国家股市在时-频域下较为具体的动态依赖关系。

第6章，环境规制、绿色技术创新的涟漪效应研究。首先，运用空间面板杜宾模型考察中国省际层面不同性质邻地环境规制是否存在涟漪效应，即"本地-邻地"绿色技术创新激励差异，结合地区产业投资结构转变的特征性事实，进一步考察本地-邻地环境规制涟漪效应的形成机理。其次，在外部性理论、波特假说、环境库兹涅茨曲线理论和空间关联性理论的基础之上，运用省际面板数据构建空间面板杜宾模型，以地理权重矩阵作为约束条件，考察三种不同环境规制的绿色技术创新涟漪效应的存在性。最后，构建经济距离矩阵、产业距离矩阵和地理、经济、产业两两耦合的权重矩阵，从市场化程度、污染企业转移及人力资源质量的视角，分析不同环境规制的绿色技术创新涟漪效应的形成机理。

第 7 章，我国省际环境污染差异度量及时空分布研究。首先，基于省际面板数据建立 PSTR 模型，从能源消费强度的视角重新审视中国的环境库兹涅茨曲线。其次，本章分别利用省域内各地级市的夜间灯光数据、单位面积人口、市辖区建成区土地面积、货运总量和客运总量，通过位序规模法则对省域经济、人口、土地、货运和客运多中心化指标进行测度。再次，基于动态和静态视角对我国不同维度城市多中心化、雾霾污染的发展现状和时空变化趋势进行分析，并通过计算历年省域 PM2.5 年均浓度的全局莫兰指数和局域莫兰指数，验证省域雾霾污染的空间自相关关系。最后，基于上述结论，在 STIRPAT 模型和环境库兹涅茨曲线理论基础上，构建带固定效应的空间杜宾模型，分析不同维度省域城市多中心化指标对雾霾污染的影响。

第 8 章，基于混频数据模型的我国能源需求、碳排放及其结构预测。首先，本章使用季度 GDP、季度工业增加值和年度能源需求的混频数据，通过构建 ADL-MIDAS 模型，在不同的权重函数形式和预测方法的组合模型中选取了预测我国能源需求的最优模型形式，并对“十三五”期间我国能源需求总量及其结构进行了预测。其次，在节能减排和“双碳”目标的大背景下，针对我国“十四五”规划拟定的“设立碳排放总量控制体系，逐步向碳排放的绝对量减排过渡”目标，运用季度 GDP、工业增加值等指标，构建基于宏观经济指标的混频数据模型，对不确定性冲击下我国“十四五”期间二氧化碳排放总量及结构进行预测分析。

目　录

第 1 章 绪　　论

能源问题已经成为当今世界各国高度关注的焦点问题。能源好比一个硬币的两面：既能推动经济发展，也是造成环境污染的根源。此外，能源的资源属性决定了它利用上的有限性，而世界各国的经济发展却带来对能源的需求持续增长，逐渐形成了能源的稀缺性与人类无限的能源占有这一基本矛盾，这就促使了世界各国，特别是像我国等能源资源禀赋匮乏的发展中国家，积极制定国家能源战略，解决能源发展所带来的“三角闭环”争论的问题。一方面，能源供需失衡和能源价格波动与宏观经济产生的冲击并非随机性的巧合，而是确实存在着显著的长期相关性。例如，20 世纪 70 年代第一次石油价格危机表明如果忽略资源再生的成本问题，资源价格的增长率应当与市场利率的增长率相等；一些经济危机的发生也与世界石油供求布局存在着一定的关系。新冠疫情暴发并在全球蔓延，给全球经济按下了暂停键，致使很多地区停工停产，原油需求不足。2020 年 3 月，由于 OPEC+会议各方未达成减产协议，沙特率先开启“石油价格战”，导致了大规模的全球石油过剩，从而造成了 4 月底油价雪崩，对原油市场产生了很大的影响，促使能源安全问题越演越烈。另一方面，长期能源消耗的不断投入，引致了环境污染问题。依靠政府环境规制和绿色技术创新减少污染和温室气体排放，实现经济增长方式向更低碳的模式转型，使经济在绿色背景下向着帕累托最优状态路径改进成为我国政府亟待解决的问题。因此，如何在能源约束下，对其合理分配以满足人民期望的经济发展与生活质量的提高？如何在世界不确定性条件下，正确预测足以满足持续提供可靠的、支付得起的能源？这些相关问题的回答变得十分迫切，成为我国政府必须面对的重大问题。

1.1　选题背景与研究意义

1.1.1　选题背景

能源是经济发展的关键要素和动力，尤其是第二次世界大战以来，石油和天然气能源的大量开发利用极大地促进了世界经济的快速增长，进而也推动了大量资本主义国家迈入发达经济体的行列（Hamilton，1983）。从中国经济发展和能源消费情况来看，改革开放以来，伴随着经济的高速增长，中国能源消费需求持续扩大，特别是2000年之后，在加入世界贸易组织等因素的带动下，能源消费更是出现井喷式增长。2014年，中国已经超越美国成为世界第一大能源消费国。国家统计局数据显示，2015年，我国能源消费总量约41亿吨标准煤。从构成来看，煤炭占比最高，石油其次，天然气、水电、核电、风电等清洁能源占比较低。近年来，我国政府对煤炭消费进行了一定的管理和控制，其占比有所下降，但是仍在60%以上。

表1.1反映了中国能源消费量和能源消费结构的演变情况。2010—2019年，中国能源消费迅速增长，至2019年我国能源消耗总量约45亿吨标准煤，为经济平稳较快发展提供了有力支撑。通过统计数据，可以得出如下的两个典型化事实：其一，能源是支撑我国经济快速增长的主要因素之一，尤其是近十几年来，能源对经济增长的贡献率有所上升。其二，我国能源结构仍以煤炭和石油为主，两者占能源消费总量的比重长期高达80%以上，并且受我国石油储量相对较少的影响，污染最高的煤炭成为支撑经济增长最主要的能源类型。上述事实决定了能源在影响我国经济发展过程中具有“双重属性”：一方面，我国仍处于工业化后期和新型城镇化的高速发展期，现代化工业体系的完善和城市发展依赖大量的能源投入；另一方面，能源使用必然会带来大量的污染，在居民对环境诉求日益强烈的背景下，能源的使用受到了环境成本的约束。因此，就能源消费而言，政府在兼顾经济增长和环境保护方面不可避免地陷入了“两难”的境地。与此同时，我国长期以来依赖资源和能源投入的增长模式造成了能源的过度使用，即使政府选择通过大量能源投入促进经济增长，我国的能源供给也不一定能够支撑这样的

发展方式(林伯强和牟敦国，2008)；另外，在碳排放约束条件下，中国偏低的能源使用效率，要求积极调整能源消费结构，降低高碳能源的消费比重、增加低碳甚至无碳等清洁能源的消费比重，以期改善空气质量、保障经济与环境和谐发展。这些均加剧了政策制定的复杂性和难度。

表 1.1　　我国能源消费结构占比情况

年份	一次能源消费结构占比(%)				能源消费总量(万吨标准煤)
	煤炭	石油	天然气	一次电力及其他能源	
2010	72.7	18.4	4.2	4.8	343601.0
2011	73.4	17.6	4.8	4.2	370163.0
2012	72.2	17.9	5.1	4.8	381515.0
2013	71.3	18.0	5.6	5.1	394794.0
2014	70.0	18.4	6.0	5.6	402649.0
2015	68.1	19.7	6.2	6.5	406312.0
2016	66.8	20.1	6.6	6.5	410984.0
2017	65.3	20.4	7.4	6.9	423108.0
2018	63.9	20.4	8.3	7.4	432649.0
2019	62.8	20.7	8.7	7.8	447597.0

资料来源：国家统计局

1.1.1.1　经济增长的能源扰动性显著存在

能源是现代工业体系中的核心生产要素，关乎国家安全和民生福利(李智等，2014)。煤炭、石油、天然气、电力等能源价格波动通过向生产资料价格和生活资料价格传导影响宏观经济的运行成本，甚至影响着经济周期的运行、宏观调控政策的制定以及重大发展战略的实施。现阶段，随着工业化向纵深化发展以及新型城镇化的持续推进，城市发展和能源消费的关联机制日益错综复杂，能源价格对一般价格水平的影响和传导机制也体现出新的规律性。一方面，经济稳增长依赖于大量的能源投入，我国能源消费持续攀升。另一方面，我国部分能源供给不足和消费需求持续攀升的矛盾日益凸显，导致对能源进口的依赖度增大，2016年我国煤炭、原油和天然气进口总量分别增长25.2%、13.6%和22.0%。

工业化的发展不断推动世界能源需求的增长，其中，石油资源一直占据主导地位，成为各国经济发展的必需品之一。因此，原油产量及其波动是全球各个国家都在紧密关注的重要问题。原油价格从1970年至今，主要出现过三次极为明显的上涨情况，除了1973年和1979年的两次大规模石油危机之外，距今最近的一次油价大幅度上涨出现在2002年，从2002年至2008年国际油价从21美元一路飙升至100美元，甚至达到了147美元的高价，涨幅达到6倍，2009年6月之后，原油价格有所缓和，基本维持在大约70美元。2010年至今，金融危机的冲击逐渐消散，世界各国的经济运作都开始逐渐恢复，特别是亚洲国家的经济情况明显向好，这时的原油价格基本稳定，维持在70至80美元。2011年以来，全球发生的一系列能源、自然、政治等突发事件使得整个世界上的能源都面对着严峻的考验，这些事件的频繁发生必然会导致油价的剧烈波动，而油价的剧烈波动也一定会对各国的发展产生强大的冲击，在这样的情况下，被波及的各个国家无一例外地需要相当长的时间来走出这一段影响。可见，国际能源价格的波动严重影响了经济发展的可持续性，束缚了产业结构的调整与升级。

1.1.1.2 能源系统的不确定性波动频繁

如今世界不断朝着全球化发展的方向迈进，国际联系纷繁复杂，金融一体化的步伐不断向前，经济形势愈发难以捉摸，各种不确定性因素也随之而来。我国作为当今世界上第二大经济体，这样的国际地位也注定了我国经济活动中众多不确定性因素迅速增加，经济状况愈加复杂。一方面，经济政策对于一国的经济发展有着根源上的作用，影响着微观主体的发展形势，进而影响经济的平稳运行。另一方面，能源系统作为一个复杂的系统，其发展过程中极易受到多种来自外部环境的不确定性因素的影响。不确定性与原油市场之间是紧密联系、密切相关的。不确定性因素的变动会在不同程度上对原油价格产生正向或负向的影响，同时原油价格的剧烈波动也会使经济政策、政治环境以及市场恐慌程度发生相应的变化。它们之间的交互关系不仅多样且呈现出动态特性，还会随着时间、频率及价格水平的变动表现出不同的特性，因素之间的相互影响关系共同形成了开放动态的复杂系统。经济政策不确定性指数与原油市场间的交互影响作用主要集中在中长期频率周期内，且呈现出持续时间较长、交互关系随时间变化和对经济危机事件敏感的特征(冯钰瑶，2020)。

中美贸易摩擦、美联储货币政策调整、全球经济特别是新兴经济体经济波动等外部因素，都有可能影响中国经济的稳定运行。面对这样的发展状况，研究并预测中国能源和经济中的不确定性问题对于决策层把握中国经济形势，引导和制定宏观经济政策，促进经济稳定增长具有重要的现实意义。

1.1.1.3 绿色技术的创新效率偏低

党的十九大报告显示我国社会主义现代化奋斗目标从“富强民主文明和谐”进一步拓展为“富强民主文明和谐美丽”，“美丽”二字彰显了我国政府对环境治理的高度重视。要想令经济发展和环境治理“鱼和熊掌”兼得，走绿色技术创新之路势在必行。从“粗放式发展”到“集约式发展”，多数国家出台了促进绿色技术创新的政策规定。例如美国为重振制造业，提出《重振美国制造业框架》，加大了对新技术研发和产业化的投入；德国作为一个传统能源相对匮乏的国家，经济可持续发展能力却一直处于世界前列，这与其政府相继出台《可再生能源法》、推进“十万太阳能屋顶计划”等绿色技术创新的举措密不可分；日本政府于1979年就已经制定《关于能源使用合理化法》，经多次修改完善，日本90%以上的企业均成为该法的限制对象；我国也于2019年发布了《关于构建市场导向的绿色技术创新体系的指导意见》，为绿色技术创新体系的建成提供了制度基础。

我国的绿色技术创新地区大多集中在东部沿海经济发达地区，并且与中西部的差距有日益增大的趋势。这也不难理解，东部地区产业发展完备，资金储备充足，国家重点高校、科研机构众多，有发展绿色技术创新的得天独厚的优势，以各省区市发明专利申请数量来说，根据《中国科技统计年鉴2022》的统计数据，2021年广东、北京、浙江、江苏、山东、上海、安徽7省市的发明专利申请数量占全国(未含我国港澳台地区)总量的67%。由此可见，我国绿色技术创新的发展过于集中，整体向东部地区倾向，这样不利于全国绿色技术创新的均衡、长远发展。

研发能力不足也是突出表现之一。具体体现在进行创新的企业多集中在资金雄厚的大企业，而中小型企业面临经济下行压力，更加注重存续性，既没有创新的意识，也没有与之相匹配的能力。而仅靠少数企业的创新，则会提升其竞争优势，增强头部效应，逐步形成寡头垄断，进而挤压中小企业的发展，使全国的创新格局失衡，陷入后续无力的发展陷阱。

1.1.2 研究意义

在中国高质量转型发展的大背景下，碳中和目标、环境规制以及能源安全三大要素相互关联、彼此互动，共同促进并同时倒逼约束着我国经济的转型升级发展。面对能源消费的各种束缚，依靠单一的某种能源政策，虽然短期内会促使经济发展，但是需要说明的是，随着经济增长的不断深入，节能减排等能源绿色技术并未取得很大进步，不能大幅度提高我国的能源使用效率，形成的合力具有局限性，往往难以达到预期效果。因此，如何在能源消费约束瓶颈中保持宏观经济稳定可持续，并能有效减少污染排放，实现环境规制推动技术创新，保障能源安全已经迫在眉睫。

正是基于此，本书通过深入刻画能源消费(包括能源消费总量、能源强度、能源结构)对我国宏观经济的影响机制及其量化关系、能源价格波动对我国产业结构的影响、国际能源价格(特别是石油价格、天然气价格)波动通过与资本市场的互动进而对国内宏观经济的影响、环境规制对产业绿色转型的影响、碳排放总量与排放结构对经济结构的影响等重大问题，从生产要素等视角出发，以经济综合发展为期许，考察能源、经济、环境的相关性，对深入理解我国新时期实现经济转型升级与高质量发展具有重要学术与现实意义。

本书认为，宏观经济是一个国家的命脉，一个国家的繁荣强盛与经济密切相关，宏观经济的良好发展，可以为民生环境提供持续不断的改善动力，为国家的繁荣富强打下坚实的基础。然而，我国现在正处于中后期的工业化阶段，随着经济的平稳发展，我国对于石油等能源资源的需求量也不断增加，并且在将来的很长一段时间内，这一需求量依旧会保持快速增加的状态。我国如今对于石油方面的消费数额远远高于产出水平，因此国内石油资源供给与需求之间的矛盾始终存在。这使得我国需要越来越多地进口石油来满足需求。查询国际能源署发布的资料，我们可以预见，如果对于石油资源的需求及其增速始终保持不变，我们对于石油进口的依存度将会非常高。“十四五”规划中不仅提出了加快建设现代化经济体系，也提出了要在2035年广泛形成绿色生产生活方式的远景目标。在经济新常态下，能源政策的正确制定以及兼顾经济增长和环境保护的政策选择成为亟待解决的重大问题。

具体来说，首先，本书对我国能源消费和经济增长的内在关联特征进行阐释，并从能源行业的周期性特点出发，研究能源行业周期波动所带来的能源产业结构变化、能源价格变化等一系列连锁反应，为相应经济背景下能源政策制定提供学理上的动因和逻辑起点。其次，从能源价格冲击角度，并结合实体经济、市场产业结构、要素禀赋等方面的差异，从时间和空间维度进一步刻画宏观经济运行与能源消费间的动态传导机制及其交互之间的差异性，为理解能源供求与经济发展之间的关系构造一座桥梁。再次，综合资本对能源的替代研究和金融等虚拟经济与宏观实体经济的关系，借助国际能源贸易与股票市场的联动交互效应，另辟蹊径，分析金融市场路径的作用机理。最后，在环境规制研究的框架下，从静态到动态、从本地至邻地、从雾霾到二氧化碳，分析环境规制对绿色技术创新，以及它们的合力对区域能效及减排效果的影响，并将能源强度、城市中心化等重要因素纳入空间模型当中，考察其对环境污染的影响程度以及省域差异，并分析我国环境发展是否符合环境库兹涅茨曲线。对未来二氧化碳等温室气体排放进行预测，不仅丰富了能源使用的研究内容，而且为我国长期节能减排和实现经济可持续发展提供决策依据。

1.2 相关研究现状

1.2.1 能源消费对宏观经济的影响

在能源经济领域中，针对能源消费与经济增长之间的因果关系这一热点问题，国内外学者均进行了深入探讨，所持观点也不尽相同，针对能源对产出是否存在真实的因果关系这一问题，部分研究甚至表示强烈质疑（Kraft，1978；Narayan和Smyth，2005；Payne，2009）。有研究表明能源对经济增长确实存在Granger因果关系（Narayan和Prasad，2008；Stern，2000）。对于能源消费与经济增长之间是否存在长期因果关系以及因果关系影响方向等方面问题，学术界也存在较大分歧(Payne，2010)。在相关的理论文献中，能源消费是否影响经济增长并不存在一致性结论。主流经济增长模型，如Solow新古典经济增长模型，没有把能源作为主要的生产要素提及。与此相反，大多数生态经济学者的观点只肯定了能源的作用，而忽视传统要素投入如资本和劳动的作用(Stern，2011)。Stern(2011)与Ayres和Warr(2010)试图将两者进行综合分析，但在经济增长的能源极限方面尚未取得一致认识。

基于能源消费与经济增长关系的能源政策意义极为重要(Narayan和Smyth，2005；Asafu-Adjaye，2000；Ghosh，2009)，如果只是单向的经济增长拉动了能源消费，那么可以制定能源保护政策；如果是单向的能源消费推动了经济增长，那么简单地减少能源使用会对经济增长造成衰退性影响，从而约束了经济发展，造成诸如失业率上升等一系列问题；如果具有双向的影响，则需要进一步分析影响的特点，制定阶段性的灵活政策；否则，能源消费不会影响经济增长。

1.2.1.1 国外能源消费对宏观经济影响相关研究

美国学者Kraft(1978)对美国1947—1978年间能源消费与经济增长的数据进行了回归分析，发现存在从经济增长到能源消费的单向Granger因果关系，表明美国经济增长带动了能源消费的增长，而能源消费并没有明显促进经济增长，这意味着，政府当局实施能源节约政策不会对经济增长造成损害。但是Akarca和Long研究却发现，如果将Kraft研究的样本区变短，同样的方法却无法得到同样的结论。Yu和Hwang(1984)将上述的样本区间变更为1947—1979年，研究发现能源消费与经济增长不存在因果关系。后来，Yu和Choi(1985)使用标准的Granger因果检验的方法，对美国、菲律宾、韩国、波兰、英国的相关数据进行比较研究，发现英国、美国和波兰三国能源消费与经济增长间不存在因果关系，韩国则表现为经济增长是能源消费的因，菲律宾存在从能源消费到经济增长的因果关系。Stern(1993)使用GDP、资本、劳动和能源变量构建向量自回归模型，采用美国1947—1990年的数据进行的研究表明：虽然不存在能源总量到CDP的Granger因果关系，却存在单类能源到GDP的单向因果关系。

Engle和Granger (1987)运用协整理论分析非平稳时间序列问题，为研究能源与经济增长关系提供了新的思路和方法。Eden和Jin(1992)采用协整分析方法检验了能源消费、收入和失业率之间的长期均衡关系，得出能源消费和收入以及失业率之间均不存在长期稳定的均衡关系，但是存在短期的影响。Yang(2000)则进一步检验了GDP与能源分量(煤炭、石油、天然气、电力)之间的因果关系，发现GDP与煤炭、电力之间存在双向因果关系，与石油之间存在单向因果关系，存在天然气到GDP的单向Granger因果关系。Asafu-Adjaye(2000)基于协整理论和误差修正模型，对印度、印度尼西亚、泰国、菲律宾进行相关研究，发现印度、印度尼西亚存在短期的从GDP到能源消费的Granger因果关系，泰国、菲律宾则存在双向Granger因果关系。Soytas和Sari(2003)对10个新兴市场国家和7国集团GDP与能源消费之间的关系进行比较研究，发现阿根廷存在双向因果关系；韩国与意大利存在从GDP到能源消费的单向因果关系；法国、德国、日本和土耳其则存在从能源到经济增长的单向Ganger因果关系。

随着计量经济学的发展，产生了将截面数据和时间序列数据相结合的面板数据模型的分析方法，学者们开始基于面板数据对能源消费与经济增长关系进行新的分析。Mehara(2007)采用面板单位和协整技术，对11个石油输出国人均能源消费与人均GDP关系进行检验，发现两者存在着从经济增长到能源消费的单向强Granger因果关系。Ghosh(2009)基于自回归分布滞后模型和印度数据实证研究了电力、失业和实际GDP之间的关系，表明在经济发展的特定时期三者之间存在稳定的长期关系，其中电力和实际GDP是影响失业变动的重要原因。Lee和Chia(2011)应用面板单位根、面板协整、面板误差修正模型，检验了1975—2001年间18个发展中国家的GDP与能源消费之间的因果关系，发现了从能源消费到经济增长之间的短期和长期单向因果关系普遍存在。

通过国外能源与经济增长关系的相关研究，发现上述多数学者对能源与经济增长的因果关系的研究结论，可以归成四类假说，即“增长假说”(能源消费是经济增长的因)，“反馈假说”(能源与经济增长互为因果)，“节约假说”(经济增长是能源消费的因)和“中性假说”(能源与经济增长不存在必然关系)。

1.2.1.2 国内能源消费对宏观经济影响相关研究

国内的相关研究起步较晚。20世纪末21世纪初，随着能源问题和环境问题变得日益突出，国内学者才就能源消费与经济增长进行了大量的研究。赵丽霞和魏巍贤(1998)在C-D生产函数中引入能源作为新变量，在VAR模型框架下分析了能源投入与经济产出之间存在的正相关性，得出能源投入无可取代的结论。林伯强(2003)运用协整理论及误差修正方法研究我国电力投入与经济产出的关系，研究表明电力投入与经济产出呈现出长期的协整关系。韩智勇和魏一鸣(2004)的研究则给出相反的结论：经济产出和能源消费之间不存在长期均衡关系，但却存在双向因果关系。马超群等(2004)的研究认为，从我国综合能源使用上看，能源消费与经济增长之间存在长期均衡关系，但能源的类型(煤炭、石油、天然气和水电)却未表现出协整关系。王海鹏和田澎(2006)采用变参数模型研究的结果显示，中国能源消费量与经济增长之间存在随时间不断变化的长期均衡关系。汪旭晖和刘勇(2007)运用协整分析方法和Granger因果检验进行研究的结果表明，我国能源消费量与CDP之间存在短期波动关系，能源消费量与经济产出之间存在长期的均衡关系，但是能源消费并非经济产出的长期原因。

赵进文和范继涛(2007)在STR模型的非线性框架下讨论了经济增长与能源消费的内在依存关系，得出在我国不同的发展阶段，其依存关系在线性和非线性之间转换的结论。周建(2007)则是在状态空间的计量分析框架下，分析能源消费以及使用效率与经济产出之间的动态关系，发现两者之间存在长期均衡关系，并且能源消费量的约束影响来自包括制度变迁在内的间接因素的巨大推动。吴巧生和陈亮(2008)运用面板单位根、异质面板协整和基于面板的误差修正模型研究发现，能源消费量与经济增长之间的因果关系与考察期限和考察区域有关。张志柏(2008)、马宏伟等(2012)分别基于协整、误差修正模型及多变量生产函数，进行多变量估计与分析，发现经济增长与能源消费量及其他变量之间均存在长期稳定的协整关系，但在因果关系问题上未达成一致。张欣欣和刘广斌(2011)以1978—2008年中国能源消费量和CDP数据为基础，采用Granger因果检验、协整检验和误差修正模型(ECM)计量方法，发现仅存在显著单向的从经济增长到能源消费的Granger因果关系，未发现能源消费量与经济增长之间存在单向因果关系，即不能判断我国经济增长是不是依靠能源消费来拉动的。牟敦国和林伯强(2012)研究指出，工业增加值对电力消费煤炭价格存在正向拉动作用，电力消费对工业增加值的拉动作用较小，并给出了产生这一现象的原因和政策建议。马颖(2013)则运用马尔可夫区制转移向量自回归模型，得出能源消费与经济增长之间的因果关系会随经济状态不同而改变的结论。孙巍和赫永达(2015)通过运用Divisia指数法对异质能源消费量进行加总，并根据Toda-Yamamota检验方法比较检验了能源消费对经济增长的作用方向，研究发现，我国经济增长与能源消费量之间仍然存在着较强的双向因果关系。

1.2.1.3 能源消费对宏观经济影响相关研究方法评述

从上面的文献发展脉络不难看出，根据方法的不同，相关文献可以分成四个阶段：第一阶段主要建立在传统VAR模型(Sims，1972)以及Granger因果检验(1969)的基础上，并且假设时间序列是平稳的。第二阶段则是建立在格兰杰因果关系两阶段检验的基础上，利用协整技术对非平稳的时间序列进行检验，然后利用误差修正模型来检验变量间的格兰杰因果关系。这些研究主要集中在转型经济体和发展中国家。第三阶段则大多采用多变量估计方法(Johansen，1990)。Johansen提出的检验方法还可以应用于多变量协整关系的检验(如，Masih，1996；Stern，2000；Asafu-Adjaye，2000；Oh和Lee，2004)。第四阶段则是借助于近来完善的有界协整、面板协整及格兰杰因果检验等方法进行探讨(Lee，2005；Al-Iriani，2006；Mahadevan和Asafu-Adjaye，2007；Lee和Chang，2007，2008；Apergis和Payne，2009；Lee和Lee，2010)。

从研究方法来看，现有实证研究主要采用线性回归、时间序列协整分析、可计算一般均衡模型(CGE)、结构向量自回归模型(SVAR)和马尔可夫区制转移向量自回归模型等分析能源消费、能源价格和宏观经济变量之间的关联机制。上述模型虽然取得了一定的效果，但是在现阶段国内外能源价格波动加剧和宏观经济环境日益错综复杂的背景下，变量之间的关系在客观上也具有了可变性，即需要在时变参数框架下展开分析。其中，近年来国外一些学者在SVAR模型的基础上，通过放松模型系数和扰动项方差非时变的约束，建立时变参数向量自回归模型(TVP-VAR)用于分析经济中的时变问题。Primiceri(2005)、Benati(2008)、Baumeister(2008)、Nakajima等(2011)和D'Agostino等(2013)运用该模型对货币政策调控和经济周期波动等问题进行了研究。可见，由于TVP-VAR模型在捕捉时变特性方面的优势，国外学者给予其高度的关注。与此同时，在大量的研究中，我国学者也将其运用于宏观经济分析。罗毅丹和樊琦(2010)、邓创和徐曼

(2014)、齐红倩等(2015)分别对货币政策调控效应、金融周期波动的宏观经济效应以及城镇化问题进行了研究。在能源方面，牟敦国和林伯强(2012)基于TVP-VAR模型研究了工业增加值、电力消费量和煤炭价格之间的互动影响。可见，这一模型适用于对我国的宏观经济数据进行分析，而且在对能源的研究方面也具有一定的优势。

总体而言，国内外学者整体肯定了能源消费对经济增长的贡献，并且在线性和非线性两个框架下进行了有效的探讨。

1.2.2　能源价格波动对产业的影响

1.2.2.1　能源价格波动影响的相关研究

能源作为生产的主要投入要素之一，是一国经济发展的重要保障性物资，能源价格波动会对经济产生冲击。国际能源价格波动对国家经济的影响成为近年来学者们关注的热点。不少研究着眼于从理论上阐述国际能源价格波动的传导机制。Balke 等(2002)构建 VAR 模型分析了石油价格冲击对美国联邦基金利率、产出和以 GDP 平减指数为代表的价格水平的影响，发现石油价格对产出和价格的影响具有非对称性。Hooker(2002)研究了不同时段内石油价格和通货膨胀的相关关系，发现仅在 1962—1980 年这一时段内两者存在显著的关系，而在其他时段这一关系并不显著。Cuñado 和 Gracia(2003、2005、2014)以及 Phan 等(2015)运用协整方法分析了石油价格冲击对消费品价格、工业品价格及经济行为的影响，指出石油冲击对一般价格水平的影响较为明显，但这一影响在不同国家有显著差异，并且石油冲击最终将影响到居民的消费行为和产出。其他相关的研究还有 Cushing 等(1990)、Clark(1995)、Cologni 和 Manera(2008)、林伯强和王峰(2009)、姜春海(2013)、吴丽华和傅广敏(2014)。丁志华和李文博(2014)、赵玉和张玉(2014)等认为国际能源价格波动会对我国物价水平产生直接影响，通过能源及能源产品的进出口活动，会拉高或降低一个国家或地区某些种类能源的价格，这种能源市场内外平衡的结果不可避免。学者们指出能源价格波动会对宏观经济的多个方面造成深远影响(如林永生，2008；王腊芳和王绍君，2014；李优树等，2014)。例如，若能源价格上涨，首先，企业主体会根据成本最小或利益最大的原则对生产投资决策进行调整，很可能会因为节约成本，使得设备开工不足和产能大量闲置，进而造成投资和劳动力等引致需求的下降；其次，劳动需求的下降，会使得居民主体必须做出劳动供给和消费决策的选择，劳动供给相对过剩，非自愿性的失业会随之增加；另外，政府宏观经济的调控目标也会随之受到非均衡的影响，就业形势趋紧，经济增长下行压力加大。

还有一些学者致力于对国际能源价格波动的影响进行实证分析。例如 Blanchard 和 Gali(2007)以土耳其为样本，基于向量自回归模型迭代分析了石油价格上涨对通货膨胀的影响，指出石油价格对通货膨胀的影响依赖于工资、租金、利润等变量的变动。我国学者张斌和徐建炜(2010)、陈宇峰和陈启清(2011)、唐运舒和焦建玲(2012)分别基于 VAR 或 SVAR 模型模拟并证明了国际石油价格波动会对我国的物价水平和总产出造成冲击。一些学者利用投入产出模型分析能源价格波动与物价水平的关系，如林伯强和王锋(2009)以及任泽平(2012)。林伯强和王锋(2009)运用投入产出价格影响模型，证明政府对能源实施价格管制会在一定程度上影响能源价格向一般价格水平的传导。然而，国际油价波动对我国国民经济造成的影响非常广泛，油价波动牵涉的产业链越来越多，影响过程也愈加复杂(韩国高，2016)，无论是 VAR 模型还是投入产出模型都因受制于局部均衡、固定投入系数等问题，无法全面且灵活地刻画经济系统错综复杂的联系。于是，可计算一般均衡模型，在能源经济领域逐渐受到研究者的青睐，比较具有代表性的如林伯强和牟敦国(2008)、陈宇峰和陈准准(2012)。

1.2.2.2 能源价格波动对产业结构的影响

魏涛远(2002)、林伯强和牟敦国(2008)、胡宗义和刘亦文(2009)等基于一般均衡模型分别研究了不同情境下原油价格对居民消费价格指数的影响、石油和煤炭价格上涨对中国宏观经济的影响、能源价格对能源强度和产业结构的影响。陈宇峰和陈准准(2012)基于 CGE 模型和 2007 年社会核算矩阵模拟了国际能源冲击下中国宏观经济活动以及微观劳动力市场变动情况，并分析了能源冲击对部门间劳动力市场需求结构的影响和传导机制。学者们还分别使用线性回归模型、面板回归模型、数理分析方法和状态空间模型对石油价格波动的产出和价格效应、能源消费强度收敛、石油价格与技术进步的关系、原油价格向下游的传导机制等进行了研究(刘强，2005；曾秋根，2005；杨柳、李力，2006；Chen，2009；Baffes，2010；Commoner，2015；Negro 和 Giannoni；2015)。上述研究在一定程度上弥补了使用主流方法研究的不足，在观点方面对现有研究形成了有效的补充。

林伯强和牟敦国(2008)基于可计算一般均衡模型分析了石油和煤炭价格上涨对宏观经济的影响，得出能源价格上涨存在紧缩效应，同时对产业结构也产生了一定影响。随着石油价格的上升，除采油业和采矿业外，各产业的实际产出都出现下降，并且石油价格上升越大，各产业下降的比例也就越大。但在石油价格上升时，采矿业实际产出上升与其他产业不同。煤炭价格上涨时，除煤炭开采业外，其他各产业的实际产出都下降。任泽平(2012)测算了能源价格变动对价格水平的实际和潜在影响，指出能源价格波动对上游的影响大于下游，对生产领域的影响大于消费领域，对企业的影响大于居民，对城市居民的影响大于农村居民。其他相关研究还有林伯强(2010)和李智等(2014)、韩国高(2016)、吴俊培和万甘忆(2016)等。

纵观现有文献，虽然大量研究分析了能源价格波动尤其是原油价格波动对CPI以及PPI的影响和传导机制，但是它们仅仅探讨了能源价格对一般价格总水平的影响，而对于行业异质性的关注相对较少。从已有研究和现阶段经济运行的实际情况来看，能源价格波动对PPI的影响最为明显，对CPI的影响较小且滞后时间较长。2017年1月和2月，在2016年年底煤炭和石油价格上涨的带动下，PPI同比增速分别高达6.9%和7.8%，而CPI涨幅仅为2.5%和0.8%。从计量方法来看，在当前经济结构调整深入推进和能源价格波动幅度加剧的背景下，常系数和线性回归模型的估计结果的稳定性不足，因此需要分阶段分区制考察能源价格的传导机制。VAR模型已经成为当前宏观经济计量的主流方法，在Hamilton(1989)提出马尔可夫区制转移模型后，Krolzig(1997)将其扩展为非线性马尔可夫区制转移向量自回归模型，该模型可以在区制划分的基础上，处理向量系统的自回归和变量相互的动态影响关系。该模型提出后在处理非线性VAR问题中得到了广泛的应用(Krolzig，1997；Boyarchenko等，2008；Kal等，2013；唐琳等，2015；闫先东、朱迪星，2016；李力等，2016)。

1.2.3 能源价格与股票市场的联动

1.2.3.1 能源价格与股票市场的交互影响

能源价格与股市间的关系一直都是受到众多国内外学者关注的持续性热点话题，已经存在丰富的实证结果证实两者之间存在较为密切的联动关系，其中由于国际上大多数学者普遍以国际原油价格作为能源价格的替代变量，因此对油价和股市变动关系的研究成果最为丰富。Kling(1985)首次尝试研究了1973—1982年原油价格与股票市场这两者的关系。在之后20多年间，是研究油市和股市的萌芽阶段；2007年至今，为两者相关研究的发展阶段，特别是在2011年以后，相关国内外研究增长迅速(Degiannakis等，2018)。

具体来看，在股票收益和能源价格间关系的相关研究中，Kaneko和Lee(1995)对美日两国进行对比分析，发现日本股票收益率受油价影响显著，而美国无明显影响，此外Salisu和Oloko(2015)对美国股市的实证研究同样认为原油价格没有影响美国股市，但反过来股票对原油价格有正向推动作用；Arouri和Nguyen(2010)通过使用多种计量方法，研究了欧洲整体以及各部门之间的短期联系，结果表明股票收益对油价波动的反应因具体活动部门而异，同时还发现将石油资产引入多元化的股票投资组合可以显著改善资产组合的风险收益特征；Filis等(2011)通过对6个石油进出口国家的研究发现，在发生严重的经济动荡时期，如2008年全球性经济危机，将石油资产引入投资组合并不能有效抵抗投资风险。但Kilian和Park(2009)通过研究世界石油市场与美国股市之间的关系，认为油价的波动是一个重要的因素，确实会影响美国股市。Lake等(2010)结合VAR模型与格兰杰因果关系检验表明，油价变动对希腊股票市场存在显著的正因果效应。Mohanty等(2011)研究表明海湾阿拉伯国家合作委员会(GCC)成员国除科威特外，油价冲击对股市有正面影响。Nwosa(2014)通过Johansen多元协整检验和向量误差修正模型表明，从长期来看，石油价格与尼日利亚股票市场价格存在显著关系。Du等(2015)研究指出股票市场对原油市场存在显著的正向风险溢出。朱慧明等(2016)在基于Copula函数的WTI原油价格和金砖五国相关性的研究中得到，中国股市与其他国家相比和原油价格相关性微弱。Bastianin 等(2016)通过研究原油价格冲击对七国集团股票市场波动的影响，刻画了潜在石油价格冲击的主要原因。结果还表明，股票市场波动不响应石油供应的冲击。相反，需求冲击对七国集团股市的波动性产生了显著影响。

Narayan 和 Sharma(2011)以上市的 560 家美国公司为研究对象，分析公司石油价格和收益之间的关系，证明了石油价格对公司收益的滞后效应。Yoon 等(2015)采用混合创新时变参数 VAR 模型研究了结构性油价冲击对美国股市收益的影响。Du 等(2015)利用标准普尔 500 指数和西得克萨斯中质原油期货收益的日数据，研究了极端风险在原油市场和股票市场之间的溢出效应。结果表明在金融危机之前，原油市场对股票市场会产生负向风险溢出效应，而股市对油市则产生正向的风险溢出效应；金融危机后，双向正风险溢出效应显著增强；正的和负的风险溢出效应都表现出不对称的相关性。Sajal 等(2016)采用多变量协整检验得出国际原油价格与印度股市之间存在非线性协整关系，且国际油价是由外部因素决定的结论。CPFAB 等(2019)分析了石油价格与 20 个不同股票市场的非趋势互相关系数，表明股票市场现在比 2008 年金融危机前更容易受到石油价格波动的影响。

针对中国分行业的研究主要集中于油价对于股市的影响，Broadstock 等(2012)通过分析国际油价变动如何影响中国能源类股票的收益，得出中国股市对国际原油市场行情的变化反应明显，其中能源类投资者最为敏感的结论。金洪飞和金荦(2010)通过双因子 GED-GARCH 模型对中国股市进行分行业研究，结果表明国际油价的变动对中国的石油和天然气行业的股票收益有显著正向影响，对其他行业影响为负或无影响。杨明慧(2017)的分析结果则为能源价格与电力行业间的短期双向因果关系提供了依据，其中单一能源价格波动影响程度微小，而能源合成指数的作用程度更为明显。李红霞和傅强(2011)基于 GARCH 模型的研究结果表明油价仅对电器类、医药类和酒店行业有影响，煤价对大型公共事业具有显著负向影响，但都不会显著影响石油和煤炭行业股票的收益。

国际油价与股票价格相关性的研究有很多，在各种情况下两者间的作用关系也出现了显著的不同，这里主要归纳为三部分：第一，原油价格与股票市场收益之间存在非负面的影响。Khaled 和 Salma(2014)采用多元 GJR-DCC-GARCH 方法研究油价与原油进出口国股票市场之间动态波动溢出效应，结果表明动态相关性在石油进口和石油出口经济体之间没有不同，即国际油价与股票市场表现出趋同现象。第二，原油价格与股票市场的关系并不显著。Apergis 和 Miller(2009)选择八个发达国家作为研究对象，使用向量自回归模型研究石油价格变化内生特征的显式结构性冲击如何影响股票市场回报，发现国际股市回报对石油市场冲击的反应不大。第三，原油价格与股票市场的关系是否显著取决于很多条件因素。石油冲击的影响可以分为直接和间接两种渠道，国际油价不仅直接冲击股票市场，还通过一些相关宏观经济因素或一般市场风险来间接影响股票市场(Broadstock 等，2014；秦松昆，2019)。不仅如此，它很大程度上还取决于在国际原油价格的冲击下，使用的是股票市场总体指数、部门指数还是不同行业股市层面的数据，或股票市场是在净石油进口国还是净石油出口国运行，以及在原油价格对股票市场的影响机制中是否纳入了油价的其他影响因素等(Degiannakis 等，2018)。随着原油市场油价波动以及金融市场的发展，国际油价和股票市场日益复杂化。由于样本及方法研究的不同，原油价格与股票市场的互动特征出现一定的差异，两者的关系没有呈现一致性的结论。

通过上述文献回顾可以发现：其一，油价冲击和股市波动两者之间确实存在一定联系，但结果并非完全一致；其二，实证所使用的方法主要集中于计量模型的应用和适度拓展层面；其三，实证考察主要集中在原油价格上，这和大部分西方国家以石油为主的能源结构有关，而中国却有所不同。基于现阶段中国仍以煤炭为主，石油次之，天然气及其他清洁能源为辅的能源结构，对包含煤炭等多种主要能源在内的综合性能源价格的考察具有重要意义。

1.2.3.2 小波分析在能源价格与股票市场联动中的相关研究

小波理论较早时期由 Goffe(1994)、Ramsey 和 Lampart(1998)等国外学者引入经济研究领域，并在近年来逐渐受到学者们的重视。现阶段小波理论在经济金融领域的应用正处在一个迅速发展、逐步走向成熟的阶段。近几年国内外关于小波理论的相关实证研究成果较多。

Jammazi 和 Aloui(2010)结合小波分析和马尔可夫区制转移向量自回归模型来探索原油冲击对英国、法国和日本股市回报的影响，结果表明除日本之外原油冲击不会影响衰退的股市阶段。Reboredo 等(2016)使用连续小波以及线性和非线性格兰杰因果关系研究石油和可再生能源股票价格间的协动及因果关系，结果发现在较高的频率是非线性因果关系，在较低的频率是线性因果关系。Reboredo 等(2017)运用离散小波和连续小波研究了不同时间尺度下石油和可再生能源股票之间的相互影响，并使用线性和非线性 Granger 检验方法测试石油价格和可再生能源股票价格间的因果关系，结果表明基于不同时间尺度下两者间的相互关系也不尽相同。Huang 等(2017)结合小波变换和向量自回归模型来研究油价涨跌与股票收益在不同时间段之间的动态关系，结果表明基于油价涨跌的影响方向和程度随时间尺度的变化，不存在油价对股票市场在时间尺度上的持久不对称效应。Boubaker 和 Raza(2017)结合多元 ARMA-GARCH 模型和小波多分辨率分析来研究油价波动和冲击对金砖国家股市的溢出效应。Debdatta 和 Mitra(2019)基于小波分析探讨了石油价格和汽车股票收益在联合时频域可能的协动关系。Wu 和 Lu(2019)在小波多分辨分析的基础上，建立多元 BEKK-GARCH 模型，研究国际原油期货价格与中俄两国综合股票指数和工业股票指数的关系，并比较国际原油期货价格对最大原油进口国和最大原油出口国的影响。

黄暄(2015)基于小波方法，通过构建双变量时间序列，将国际油价和上证指数分解为不同波动期，并用交叉小波分析两者关系的时间频率特征。杜建卫和王超峰(2008)、沈烨(2017)利用 Mallat 小波对股价数据进行多分辨分析，证实了使用经小波滤波后的序列进行预测比直接使用传统的预测方法的结果更为理想。陈羽瑱(2016)采用极大重叠离散小波分析原油期货价格和人民币汇率的时间序列特征，并采用交叉小波研究两者的时频特征，研究发现在不同波动期下相关性随时域变化而变化。黄书培(2017)采用小波变换和向量自回归模型，在多时间尺度下研究供给型和需求型国际原油价格波动与股票市场及不同行业股指的动态关系。徐照宜等(2019)采用小波分析方法，研究国际油价波动对中国股市的影响机制，研究发现在不同时间尺度下，国际油价波动对中国股市的影响有所不同。

以上国内外学者主要通过小波分析理论及向量自回归模型和多元分析方法，

对国际原油价格与一国或多国股市的相关性进行多尺度研究分析，因研究对象、研究背景及分析工具的不同得到不同的领先滞后关系及时频特征。

1.2.4 环境规制与技术进步的关系

中国40余年来经济高投入和高增长带来环境问题，现阶段一些城市空气质量得到明显改善，这应归结于地方政府重视环境及环境管制的结果，诸如通过污染企业关停或外迁方式控制地区污染物排放。然而，空气污染物质的易扩散特性，决定其并非单纯某一地区局部的环境治理问题，再加上地方经济的竞争性和地区之间差异性的环境政策，易导致环境规制引发污染就近转移问题(沈坤荣等，2017)，弱化环境规制的整体效果。诚然，技术进步在环境治理过程中发挥了重要作用，但是，在自由市场环境中绿色技术研发往往不足。如何激励技术创新朝清洁方向转变(Acemoglu 等，2012；董直庆和王辉，2019)，以及协调环境规制和技术创新政策同步激励相容尤为迫切。

对于环境规制能否有效激励技术创新，不同的学者得出了不同的结论，可以分为“促进论”“抑制论”和“不确定论”等。

1.2.4.1 环境规制推动技术进步

“促进论”中最著名的当属“波特假说”，即基于动态视角提出了“创新补偿理论”，认为严格的环境规制会提高企业污染成本，刺激企业增加研发投入，尤其会激励企业探寻新的更为环保的生产方式，推动技术进步朝清洁方向转变(Popp 等，2009；Porter 和 van der Linde，1995)。Meier(2003)、Hamamoto(2006)从实证的角度印证了这一理论，Meier(2003)以美国制造业为研究对象，探索了环境规制与环境专利之间的关系，结果发现环境规制与环境专利存在正相关的关系。Hamamoto(2006)以日本制造业为研究对象，对环境规制与企业专利申请量之间的关系进行了研究，发现两者呈正向相关关系。Jaffe 和 Palmer(1997)分别用公共研发支出和专利申请量表征企业创新，检验结果表明环境规制会显著激励企业技术创新。Brunnermeier 和 Cohen(2003)则进一步以环境专利申请数量衡量环境技术创新，探究环境规制对环境技术创新的作用，结果发现环境规制能够有效促进当期环境技术创新，且在越具国际竞争力的行业中，环境规制的作用效应越明显。Lanoie 等(2007)以欧盟数据为例，研究表明环境规制通过降低创新成本来促使企业创新行为。Johnstoneet 等(2010)采用 1978—2003 年 25 个国家的专利数据研究发现，环境政策能够显著提升地区技术进步水平，但不同类型的环境政策工具对技术创新的影响存在差异。Albrizioet 等(2017)采用经合组织国家数据，探究环境政策对经合组织国家工业和企业层面生产率的影响，结果发现环境规制能够有效提高经合组织国家企业生产率。Milani(2017)以 28 个经合组织国家 21 个制造业行业为研究对象，实证检验 2000—2007 年环境规制对不同行业技术进步的作用，发现环境规制能够有效增加不易转移产业的研发投入，从而推动该产业的技术进步。Acemoglu 等(2012)进一步将生产部门划分为清洁型与非清洁型两类，通过构建技术进步方向模型，系统演化技术进步内生化过程，数理推演环境政策激励与技术创新方向转变的作用机理。数值模拟结果发现，政府环境污染税收和研发补贴政策的组合能够在不牺牲经济增长的情况下，促进清洁技术创新和减少污染排放。聚焦国内，很多学者也得到了环境规制对绿色技术创新具有激励作用的结论，例如张倩(2015)认为，无论将环境规制作为外生变量还是内生变量，均得到一致结论。王娟茹和张渝(2018)将环境规制分为命令控制型和市场激励型，他们的研究表明两类环境规制虽然对绿色技术创新的影响强度有差异，但均为正向作用。

1.2.4.2　环境规制抑制技术进步

“抑制论”最早可追溯到 1987 年 Gray 提出的“遵循成本假说”，他基于静态角度，将企业成本考虑其中，认为环境规制会提高企业的研发成本，进而影响企业的资金分配，抑制企业的技术创新行为。一般地，环境规制会在短期内引致企业“遵循成本”高企，成本负担加重诱使企业清洁技术研发投入下降(Gray 和 Shadbegian，2003)。Wagner(2007)以德国制造业企业的数据为例，研究了环境规制与企业专利数量之间的关系，研究表明环境规制会抑制企业专利数量的增加。Lee(2008)从韩国制造业产业数据出发，探究环境规制与生产率之间的关系，结果表明环境规制与行业生产率存在显著负相关关系。Greenstone 等(2012)和

Harrison 等(2015)分别以美国和印度的数据为研究样本，探究环境规制对技术创新的影响，结果表明环境规制会显著抑制全要素生产率的提高。Porter 和 van der Linde(1995)认为短期政府环境规制会提高企业的生产成本，不利于企业生产效率提高。但长期内环境规制能够进一步优化企业资源配置，产生创新补偿效应，进而激发企业技术创新。Popp 等(2009)依据“遵循成本”理论与“创新补偿”理论验证波特假说，结果发现环境规制所导致的企业“遵循成本”，确实压缩了企业利润空间，短期内无法有效激励企业进行技术研发，但从长期上看，政策规制仍会使企业倾向于提高技术研发投入，以期通过生产效率提高和生产方式转变所带来的创新效应，弥补企业“遵循成本”的负面影响，从而实现生产利润提升与清洁生产转型的相容发展。

1.2.4.3 环境规制与技术进步关系不明确

关于“不确定论”，通常指环境规制与技术创新之间并无明显的正向或负向关系(Alpayet 等，2002；Arimuraet 等，2007)，或部分学者认为环境规制与技术进步并非简单的线性关系，两者之间的关系受制于要素禀赋结构的影响并存在门槛特征(李斌等，2011，2013；董直庆等，2015；陈超凡，2016)。Jaffe 和 Palmer(1997)运用美国企业的数据，研究了环境规制对企业专利申请数的影响，结果发现两者之间并无显著关系。Arimura Toshi(2007)采用日本 19 个制造业和非制造业数据，对环境规制与绿色技术创新投资之间的关系进行研究，同样也得出不显著的结论。不过，在国内的相关研究中，“不确定论”多指两者之间存在着非线性关系。例如蒋伏心(2013)研究得出，环境规制与绿色技术创新之间的影响是分阶段的，第一阶段是抑制作用，第二阶段是激励作用，整体呈现出 U 形动态关系。董直庆(2019)基于空间的本地-邻地效应，也得出了 U 形关系的存在。李婉红等(2013)运用 16 个污染密集行业的数据，发现当考虑行业规模和创新人力资源投入因素时，两者之间呈现促进关系；反之，呈现抑制关系。

1.2.4.4 涟漪效应

中国省域间存在明显的行政区划和条块分割，区域间环境规制政策呈现明显的碎块化，易诱使不同区域企业通过产业转移规避治污成本。即伴随一地环境政策趋紧，其属地企业可能存在两种选择，一方面，企业可能就地转向绿色技术，以及通过减少或淘汰污染产品生产，降低生产性污染治理成本。另一方面，污染企业会将高污染产品，从强环境规制地区迁移至弱环境规制地区，以规避环境规制成本。研究表明，这种污染转移易发生在相邻地区。同时，污染产业的跨区域迁移(Keller 和 Levinson, 2002; List 等, 2003; Wu 等, 2017)导致落后地区环境规制出现“逐底竞争”(Woods, 2006; Konisky, 2007)或“污染天堂”现象(Copeland 和 Taylor, 2004)。一个自然的问题是，环境规制引发污染就近转移，是否会对邻地的绿色技术进步产生影响？通常，在市场自由经济环境中，市场以何种产品或产业为主导，则技术进步往往易偏向于该产品或该类产业(Wright 和 Czelusta, 2007)，污染性与低层级产业会显著抑制地区的绿色技术进步(Papyrakis 和 Gerlagh, 2004; 沈能和周晶晶, 2018)。或者说，污染产业跨区域迁移可能会影响地区的技术创新方向选择。Lanjouw 和 Mody(1996)研究发现，美国汽车尾气排放管制趋紧，显著增加其汽车主要进口来源国，诸如德国和日本的汽车尾气排放专利申请量。Dechezleprêtre 等(2011)结合中国经济数据进行检验的结果则发现，发达国家严格的气候管制政策，促进了中国低碳专利技术的申请。

涟漪效应是从空间的角度进行分析的，金刚和沈坤荣(2018)运用空间杜宾模型，研究了地区环境规制与城市生产率之间的关系，结果显示，环境规制存在非对称性，这可能是由于政府逐底竞赛和竞相向上导致的，进一步将导致相邻地区间出现负面竞争模式，即一地的环境规制会使临近地区的生产率呈现下降趋势。吴伟平和何乔(2017)的研究正好相反，其研究发现相邻地区的环境规制与污染排放之间空间溢出关系显著，地区经济、产业、环境一体化程度明显。刘华军等(2015)运用 QAP 的方法，实证了在一定范围内，环境污染存在显著的空间溢出，而超过这一范围环境污染的空间溢出便不再显著。董直庆和王辉(2019)则将“本地-邻地”结合起来，发现环境规制对本地及邻地绿色技术创新的影响存在差异性，对本地出现先抑后扬的门槛特征，对邻地出现先扬后抑的门槛特征。

1.2.5 环境污染度量及分布的差异

由于我国在早期大力发展经济时，并未合理考虑环境成本，导致在一段较长时间内，我国经济的高速发展都伴随着日益突出的环境污染问题，尤其是雾霾污染更是受到了政府和社会各界的广泛关注。大范围的环境污染问题不仅提高了经济增长的成本，制约着经济发展的可持续性，而且给居民健康埋下了严重的隐患，影响长期人力资本的积累。

1.2.5.1 雾霾污染的影响因素研究

在对雾霾污染的研究过程中，关于对雾霾污染影响因素的研究一直是重要议题。目前学界普遍认为人口、经济增长、产业结构、能源结构、政策实施等是影响雾霾污染的重要因素。

在人口方面，童玉芬等(2014)通过对城市人口特点和雾霾天气特点进行理论分析，提出城市人口与雾霾污染存在双向影响的关系；张云辉等(2018)通过在模型中增加多维度人口变量，构建改进版 STIRPAT 模型，说明人口规模、劳动人口比重、人口素质与雾霾污染整体呈现负相关关系，人口密度与环境污染呈现正相关关系；刘耀彬等(2020)通过构建空间杜宾模型和面板门槛模型，验证人口聚集对雾霾污染存在明显的空间溢出效应和门槛特征。

在经济增长方面，学者多从环境库兹涅茨曲线理论出发，研究经济增长与雾霾污染的关系。Tamazian 等(2010)通过对 24 个经济体采用面板数据随机效应模型，从经验上验证了 EKC 假说的成立，同时指出金融发展对转型经济体的环境披露存在积极作用；Kang(2015)从中国省级区域二氧化碳排放角度构建空间面板模型，说明经济增长与二氧化碳排放量之间存在“N”形关系；邵帅等(2016)基于 STIRPAT 模型，从人均 GDP 和稳定灯光亮度数据两方面入手，说明经济增长与雾霾污染之间的“U”形曲线关系；孙攀等(2019)基于年均 PM2.5 浓度栅格数据，采用探索性空间数据分析方法和动态空间杜宾模型验证了经济增长与雾霾污染的关系，同时探究了中国不同区域在雾霾污染 EKC 曲线上的差异。

在产业结构方面，徐盈之(2018)基于空间计量模型研究产业聚集对雾霾污染的影响效果，研究表明产业聚集规模和能力的提高对雾霾污染都具有负向影响；罗能生(2018)通过在空间杜宾模型中引入运输距离矩阵和经济距离矩阵，证明专业化产业聚集会加快雾霾污染，而多样化聚集作用不明显；杨嵘(2018)基于门槛效应模型，从产业聚集外部性出发，说明产业聚集对雾霾污染表现出明显的双重门槛效应。

在能源结构方面，魏巍贤(2015)通过建立一般均衡模型分析能源结构和雾霾治理的关系，说明能源结构调整是治理雾霾的根本手段；马丽梅等(2016)通过构建空间杜宾模型，证明东、中、西部地区影响雾霾污染的因素有所差异，其中中、西部地区受能源结构影响明显，能源结构表现为以煤炭为主、产业过剩都会对雾霾污染产生正向影响；孙红霞(2018)从空间溢出角度探究煤炭消费与大气雾霾的相关关系，研究表明煤炭消费是我国雾霾污染频发的主要原因。

在政策实施方面，唐蕊(2020)从环境规制角度，通过构建环境规制评价指标体系，采用空间面板模型对环境规制和雾霾治理的相关关系进行实证分析，说明环境规制对雾霾治理不仅具有倒“U”形的直接作用，还存在显著的正向空间溢出效应；袁丙兵(2020)从地方政府环境治理角度，通过渠道差异、空间关联和门槛效应三个视角，探究政府环境治理对雾霾控制的有效性，说明地方政府对本地雾霾的治理存在显著的科技水平、城镇化水平门槛，且在地方政府环境治理过程中，环保立法和环保投资对雾霾控制的效果远高于环保执法的效果。

1.2.5.2 基于EKC假说的环境污染相关研究

从我国环境治理的实际情况来看，为了完成政府规定的任务目标，各地区多采用加强环境规制、转移污染产业、阶段性关停污染型企业等方式进行治理(齐红倩等，2015)。然而，上述措施不仅造成了中西部地区污染的进一步加重，而且部分发达省份的环境状况也并未出现明显的好转。因此，要想回答上述问题，首先需要从理论上认识环境和经济发展关系的一般性规律，厘清污染产生的根源，并据此提出长效的治理规划。Grossman 和 Kruger(1991，1996)提出的“环境库兹涅茨曲线(EKC)”描述了环境和收入水平关系的经验性假说，即环境污染随着收入水平的提升呈现出先上升后下降的“倒U形”曲线关系，这一理论一经提出便成为学术界关注的焦点。其中，国内外学者运用该理论模型进行了大量的实证研究，但是并未形成一致的结论，既有研究认为我国不存在环境库兹涅茨曲线，也有研究表明在我国该曲线形式表现为“倒U形”“倒N形”和“W形”等

(Poon 等，2006；李达和王春晓，2007；刘扬和陈劭锋，2009；林伯强和蒋竺均，2009；Matus 等，2012；郝宇等，2014)。上述研究得出不一致结论的原因在于，一方面，实证模型和数据选取的差异造成结论的不一致(包群等，2005；宋涛等，2006；韩玉军和陆旸，2009)；另一方面，仅从收入水平来解释环境问题可能并不全面，对我国环境和经济发展关系的认识需要新的研究思路。

由于环境库兹涅茨曲线是经验性假说，相关研究主要集中在实证方面。Panayotou(1993)采用人均 GDP 衡量收入水平，选取二氧化硫、氮氧化物排放以及生态环境破坏等指标衡量环境污染程度，得出不同的环境污染物和收入水平之间均存在“倒 U 形”关系的结论。Cropper 和 Griffith(1994)、Carson 等(1997)、Wang 和 David(2000)、Tsurumi 和 Managi(2010)等基于不同样本和不同指标的研究也同样证实了 EKC 的存在。然而，也有学者得出了相反的结论，或证明 EKC 具有不同于“倒 U 形”的其他形态，或证明了 EKC 不存在。Holtz-Eakin 和 Selden(1995)、Bertinelli 和 Strobl(2005)、Wagner(2008)、Webber 和 Allen(2010)等通过一系列的研究指出，环境库兹涅茨曲线的拐点对应的人均收入水平非常高，以至于在大部分地区 EKC 具有单调上升的形态，即随着收入水平的提高环境污染程度会不断加重。Brajer 等(2008)和 Victor 等(2011)基于中国数据的实证分析得出 EKC 具有“N 形”和“W 形”等其他形态。Harris 等(2009)则从生态足迹和环境压力的视角分析指出 EKC 并不存在，收入水平的上升并不会改善生态环境。

可以看出，上述研究得出的结论并不一致，对此，有学者认为 EKC 假说存在的一个问题是其稳定性较差，基于不同实证模型和数据指标得出的结果自然是不一致的，因此，环境污染和收入水平之间可能不存在一个确定的曲线关系(Stern，2004)。近年来，众多文献对 EKC 的研究进行了拓展，主要体现在考虑污染物异质性和实证方法创新等两个方面。从污染物异质性来看，大量研究开始关注二氧化碳排放和收入水平之间的关系，Galeottia 和 Lanza(2005)据此提出碳排放库兹涅茨曲线(CKC)，而 Azomahou 等(2006)通过实证研究证明了 CKC 的存在。但是，也有学者不支持 CKC 假说，而且指出对于处在不同发展阶段的国家，CKC 具有不一致的形态(Richmond 和 Kaufmann，2006；Galeotti 等，2006；He 和 Richard，2010)。从实证方法的创新来看，学者们突破了以往基于简单时间序列模型线性回归方法的局限，采用面板数据和空间计量等方法展开研究。比如，Rothman和Bruyn(1998)基于发达国家的面板数据对EKC进行了检验，结果表明收入水平上升会导致污染的加剧，但是随着技术进步和产业结构调整环境状况会有所改善。Madddison(2006)的研究表明，空间计量方法可以避免回归结果产生偏误，能较好地拟合EKC方程。

从我国学者的研究来看，文献主要集中于EKC假说的检验和区域环境污染的差异和治理。许广月和宋德勇(2010)基于省际面板数据的研究表明，中国的EKC存在地域差异，在东部和中部地区存在EKC，而在西部地区并不存在。邓晓兰等(2014)运用广义可加模型对我国EKC进行了检验，认为中国EKC并不是传统的"倒U形"，而是呈现出单调上升的形态，经济的规模效应和技术进步是影响碳排放的主要原因。邹庆等(2014)运用动态优化的方法研究指出，EKC假说对我国是成立的，但是现阶段尚未越过其拐点值。其他相关研究主要证实了中国EKC的存在，同时也对地区差异进行了分析。同时，我国学者从不同的视角分析了环境污染的影响因素和治理对策。牛海鹏等(2012)认为产业结构调整和环境规制的加强均有助于环境污染的改善。肖挺和刘华(2014)从产业结构调整视角分析了环境污染的成因，指出产业结构均衡化对于工业二氧化硫排放有着明显的限制作用，但产业结构优化仅对东部地区人均排放量有抑制作用。齐红倩和王志涛(2015)从区域差异和收入差异的角度分析了我国的污染排放问题，肯定了污染排放强度随收入增长呈现出"拖尾式"的"倒U形"态势，并从收入层面提出区域治理对策。韩超等(2016)和祁毓等(2016)则对环境规制效应进行了分析，认为环境规制对污染和经济增长的影响依赖于技术进步和制度环境等其他因素。

1.2.6　能源消费量与碳排放预测

1.2.6.1　能源需求预测的相关研究

能源需求的预测一直以来都是学者关注的重点课题。其中的焦点问题主要是使用何种指标以及何种模型进行预测。从指标选取来看，能源需求与经济增长尤其是工业经济增长速度相关度最高，大量经典文献通过一系列的理论分析或者实证研究论证了能源需求和经济增长的相关关系(Kraft 和 Kraft, 1978; Eden 和 Jin, 1992; Al-Iriani, 2006; Ang, 2006; 王少平和杨继生, 2006; 赵进文和范继涛, 2007; 刘爱芹, 2008; Mishra 等, 2009; 张欣欣等, 2011; Omri 等 Kahouli, 2014; Amri, 2017; Bhattacharya 等, 2016; Kivyiro 和 Arminen, 2014; Salahuddin 和 Gow, 2014; Zhang 和 Da, 2015; Yildirım 和 Sukruoglu, 2014; Bloch 等, 2015)。此外，能源需求与城镇化发展、人口数量、能源效率、产业结构调整以及生产技术水平等也有一定关系(Yu 和 Zhu, 2012; Sadorsky, 2013; Poudineh 和 Jamasb, 2014; Yao 等, 2015)，因此现有研究主要选取上述指标进行了单一预测或者组合预测(花玲和谢乃明, 2014; Zhang 和 Lin, 2012; 曹孜和陈洪波, 2015; Pascual 等, 2015; Hong 等, 2016; 段海燕等, 2017)。从预测模型选择来看，现有研究不仅使用 ARIMA、协整检验、马尔可夫区制转移模型等经典时间序列模型对总体能源需求或单一能源需求总量进行了预测(Ediger 和 Akar, 2007; Suganthi 等, 2012; Xie 等, 2015; Bauwens 等, 2010; 刘卫东等, 2016; Cifter, 2013; Duangnate 和 Mjelde, 2017)，而且更加注重人工智能等跨学科模型的应用(Chen 等, 2011; Ahmad 等, 2014; Raza 和 Khosravi, 2015)。近年来的相关研究分别构建了遗传算法、模拟退火法、门槛模型、粒子群优化算法、在线优化系统、神经网络方法、物理统计方法、灰色预测理论等模型进行了预测研究(McMenamin 和 Monforte, 1998; Akay 和 Atak, 2007; Azadeh 等, 2010; Suganthi 和 Samuel, 2012; 陈卫东和刘红杰, 2013; 付立东等, 2015; Xiao 等, 2015; Quilumba 等, 2015; Lü 等, 2015; Widén 等, 2015; Li 等, 2016; Ediger 和 Akar, 2007)。

纵观现有研究，本书发现无论基于何种数据组合或是何种预测模型，由于能源数据多数为年度数据，在预测过程中其他相关数据也均采用了年度数据，由于年度数据波动相对较小，可能导致预测信息的损失，进而降低预测精度。与此同时，已有文献主要对总体能源需求或者单一能源需求总量进行了预测，对能源需求结构的预测相对较少(Ghysels 等, 2004)。为了解决不同频率数据的建模和预测问题，Ghysels 等(2004)提出了混频数据模型(MIDAS)，该模型可以有效利用宏观经济数据中的高频信息，避免在低频指标预测过程中的信息损失，提高了预测的准确性。模型提出后，Ghysels 等(2006)、Clements 和 Galvão(2008)、Armesto 等(2010)、Frale 和 Monteforte(2011)、Kuzin 等(2011)、Monteforte 和 Moretti(2013)、Andreou 等(2013)以及 Ghysels 和 Ozkan(2015)对模型形式和估计方法进行了拓展并提出自回归分布滞后的混频数据模型(ADL-MIDAS)。相比于传统的 MIDAS 模型，ADL-MIDAS 模型可以充分利用被解释变量和解释变量的滞后分布信息，在最大程度上减少信息的损失进而提高预测精度。在此基础上，该模型被广泛应用于经济变量的预测，并取得了良好的效果(李正辉和郑玉航，2015；王维国和于扬，2016；龚玉婷等，2016；Salisu 和 Ogbonna，2017)。正如结果显示，在样本内和样本外(短期和长期)预测期内，ADL-MIDAS 都获得了良好的效果，这表明了基于 MIDAS 模型的合并将提高能源需求的可预测性。

1.2.6.2 碳排放预测的相关研究

当前学者对中国碳排放预测主要从排放规模、排放强度以及结构特征三方面进行。为应对气候变化，中国提出于 2030 年前达到二氧化碳排放量峰值，并在此基础上尽可能提前实现既定目标。一方面，研究者们通过情境设定建立模型，对能源结构和产业结构进行模拟，进而对实现这一长期目标的可行性和产业结构的具体发展路径进行讨论(林伯强和孙传旺，2011；童磊和王运鹏，2020)。另一方面则根据现有情况对碳排放进行了分阶段预测，从长期来看，中国总体碳排放水平可能于 2030 年前后达到峰值(Li 等，2019)。Tang 等(2018)通过建立分区能源-电力模型进行分析，认为在行业技术与新能源大力推广较理想的状态下，2030 年减排目标能按期或提前实现。有研究成果指出，由于一次能源特别是燃煤带动电力行业持续迅速扩张，碳排放仍将持续快速增长，到 2025 年，中国碳排放量将超过 41 吨，“十四五”期间二氧化碳排放形势依然严峻，节能减排任务依然艰巨(Xing 等，2019)。

综合现有文献，对碳排放的预测主要从两种角度进行。其一，基于宏观经济运行机制，结合人口、土地、工业生产、经济水平和能源活动等碳排放影响因素构建政策模型进行碳排放分析和预测，常见模型包括经典的 Kaya 恒等式、MERGE 模型、EKC 模型、IPAC 模型、MARKAL-MACRO 模型、投入产出模型、LMDI 模型以及扩展的 STIRPAT 模型等(崔婕等，2018；林伯强和蒋竺均，2009；

Zhang 等，2018；Li 等，2019）。其二，通过时间序列及其组合模型、多元神经网络、Logistic 模型、DDEPM 模型、灰色预测模型等数据分析方法构建预测模型实现预测（Sutthichaimethee，2017；Sutthichaimethee 和 Ariyasajjakorn，2018；杜强等，2013；Wang 等，2017）。近年来随着数据分析方法的应用范围不断延伸，人们相继引入了粒子群算法、遗传算法、射线优化算法、狮群优化算法对各预测模型进行优化（Wen 和 Liu，2017；Lin 等，2018；Assareh 和 Nedaei，2018）。

在前述研究中，学者们分别运用多种方法模型对各国和地区在不同时间区间的碳排放情况做出预测。我们发现，在传统计量模型的基础上引入高频信息使模型预测更为高效，能明显提高经济增长、能源消费与碳排放、汇率等低频指标的预测精度（Ghysels 等，2007；郑挺国和尚玉皇，2013）。相较于前述预测方法，运用 ADL-MIDAS 进行碳排放预测的主要优势在于：通过将高频解释变量用于低频指标分析，在充分利用既有信息的同时尽可能简化了模型待估参数（Andreou 等，2010；Andreou 等，2013）。

1.3 研究方法与研究思路

1.3.1 研究方法

本研究贯穿了能源—经济—环境等多个领域，是一个复杂、立体、全面的研究课题。所以需结合多种理论和实证研究方法，以达到多角度共同验证研究主题的目的。采用的研究方法如下：

1.3.1.1 定性分析方法

通过阅读和整理大量国内外有关能源环境和能源经济的文献，深入分析了相关基础理论，明确目前的研究趋势、研究中存在的问题以及研究中使用的方法，在此基础上建立了自己的理论研究模型并选取合适的研究方法进行研究，使本研究更具有科学性和可靠性。此外，本研究还通过社会学、管理学和经济学等交叉论证方法明确了各经济变量之间的传导机制，为后续的研究假设和实证分析奠定了坚实的基础。

1.3.1.2 定量分析方法

描述性研究法。此方法主要应用于第三章和第七章。如第三章中，对所研究的内容进行现状以及趋势的描述，直观地表明不确定性、油价以及汇率的变化情况，并结合国际背景阐释其出现变动的原因，作为本书中对不确定性、油价以及汇率的基础性描述。又如在第七章中，通过省域城市多中心化指标、PM2.5 浓度指标绘制的时空分布图，可以了解城市多中心化与雾霾污染的时空演变情况。同时，根据全局和局域空间自相关图分析说明雾霾污染的空间相关性。

计量研究方法。对国内外相关数据以及我国各区域、各行业相关数据进行综合比较分析以及归纳总结，了解我国金融资本发展、宏观经济的发展现状以及能源消费和二氧化碳排放情况并明确各变量之间的相互关联机制。运用时变参数向量自回归模型，直观、灵敏地捕捉环境库兹涅茨倒“U”形曲线及其时变特征。运用 Morlet 连续小波变换对不确定性、油价和汇率的现状以及相互关系进行考察，并对它们和宏观经济之间可能存在的关系进行检验。建立马尔可夫区制转移模型，实证分析能源价格波动向 PPI 传导的区制差异和行业异质性并通过构建非完全竞争的 CGE 模型模拟不同情景下国际天然气价格波动对居民生活及产业结构的影响。结合空间面板杜宾模型，核验不同性质邻地环境规制是否存在涟漪效应，即“本地-邻地”绿色技术创新激励差异，结合地区产业投资结构转变的特征性事实，进一步考察本地-邻地环境规制涟漪效应的形成机理。基于宏观经济指标的混频数据模型 ADL-MIDAS，对不确定性冲击下我国“十四五”期间二氧化碳排放总量及结构进行预测分析，对能源消费、二氧化碳排放等综合问题进行实证检验与修正。

1.3.2 研究思路与技术路线

课题研究由表及里，首先，阐述了现代能源经济发展内涵、我国碳排放和经济绿色转型相关理论，为各章分析奠定基础。其次，寻找相应数据进行描述性统计分析，并通过观察统计数据变动规律和异常值总结分析问题。再次，在能源—经济—环境理论背景下，根据所要研究的问题，考察模型适用性、合理性和可解释性。基于合理的模型构建和参数标定，利用软件模拟经济政策，讨论各种政策工具对宏观经济以及能源消费、CO_2排放的影响。最后，结合当前我国实际情况，从有效应对外部冲击和制度实施保障等角度，对加强和完善我国能源、环境市场和宏观经济调整机制提出建设性建议。本书技术路线图见图 1.1。

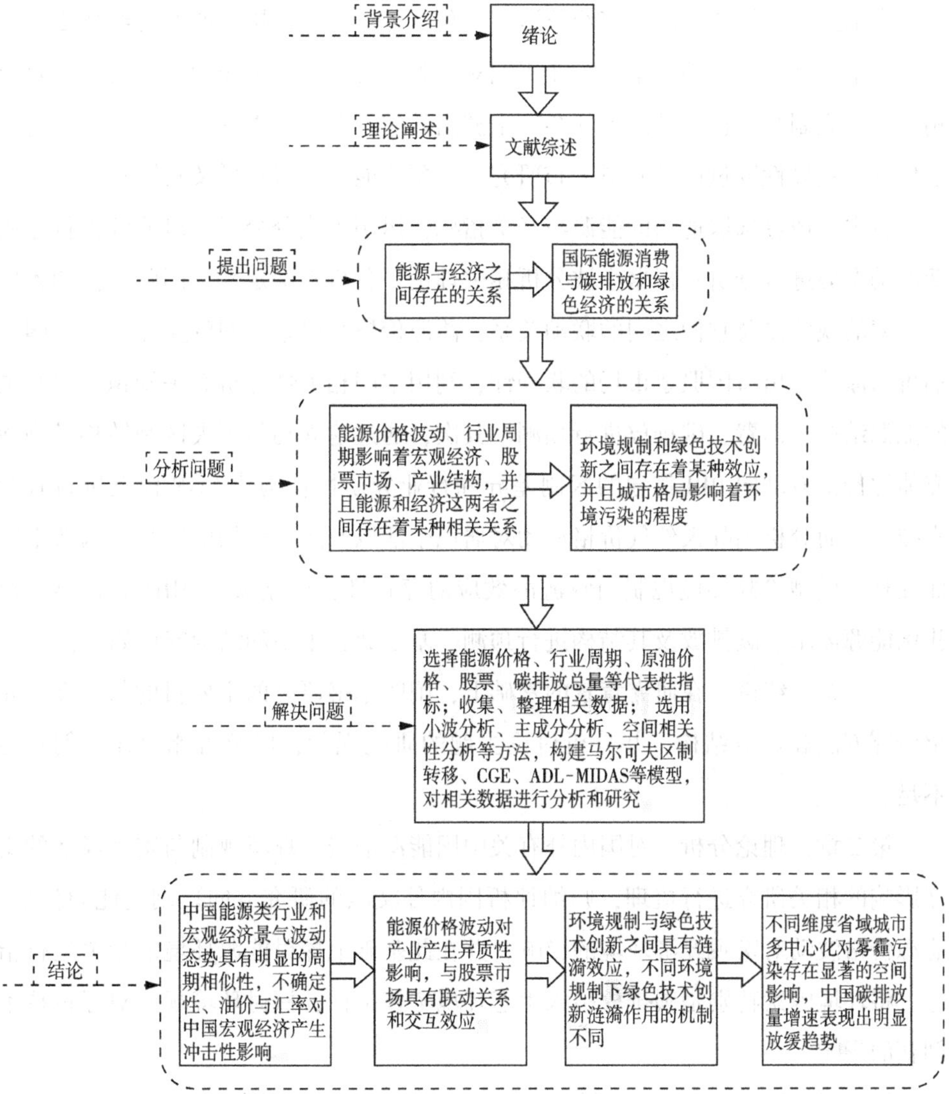

图 1.1 技术路线图

1.4 研究内容与结构安排

1.4.1 研究内容

本书立足于能源、环境与经济这三个角度进行分析，探究能源与经济之间的关系。本书认为能源的价格和行业周期对宏观经济和股票市场的发展具有重要影响，环境规制与绿色技术的创新会产生涟漪效应。另外，本书对于环境污染这一指标进行差异性度量以及时空分布研究，并预测能源消费总量及其结构。

首先，通过选取适当的能源与经济指标，运用主成分分析，对能源类行业周期波动态势进行分析；根据小波分析相关理论，分析不确定性、国际油价和人民币汇率的现状以及它们之间的联动关系，能源价格与股票之间的交互效应，国际油价与原油进出口国股票市场的联动性；利用空间相关性分析有关知识，对我国的能源结构、消费、碳排放进行预测。其次，通过建立马尔可夫区制转移模型探究能源价格波动向 PPI 传导的区制差异和行业异质性；构建 CGE 模型进行政策模拟，从而分析国际天然气价格波动对居民生活以及产业结构的影响，构造空间面板杜宾模型检验环境规制引致涟漪效应的存在性；设立 ADL-MIDAS 模型，对我国能源需求、碳排放及其结构进行预测。基于此，本书的结构安排如下：

第一章，绪论。在研究背景的基础上，阐明本书研究的主要目的与意义，介绍研究方法和章节结构，并分析讨论主题的研究现状，以及可能存在的创新与不足。

第二章，理论分析。对国内外有关中国能源消费、环境规制与宏观经济的交互影响的相关研究进行梳理，归纳评析国内外文献的研究方向。阐述能源消费、能源价格波动对宏观经济环境的影响，并在此基础上探讨能源环境的相关运行指标，将环境因素特别是碳排放引入生态环境考核指标，探讨环境规制对绿色技术创新的影响。

第一章和第二章包括能源领域、经济领域、环境领域的重要概念和研究现状，是后面章节的基础。该部分涉及的新概念较多，为各个领域的经典知识提要，是实证研究的理论浓缩。

第三章，主要刻画了我国在一系列不确定性因素的干扰驱动下，如何制定并实施有效的宏观政策。首先，本章利用主成分分析方法计算中国能源类行业运行指数，以此考察能源类行业周期波动态势，并进一步使用时变参数向量自回归模型分析能源类行业周期波动对宏观经济影响的时变特征。其次，由于不确定性、原油价格与汇率之间存在着相互之间的联系与影响，并对经济发挥着它们各自的作用，因此将这三个方面结合在一起，研究它们对我国宏观经济可能产生的冲击并进行比较。选定的研究方法主要包括小波方法和SVAR模型，选择经济政策不确定性、国际原油价格和人民币名义有效汇率以及适当的宏观经济指标作为主要研究对象，对不确定性、国际油价和人民币汇率的现状以及它们之间的联动关系和它们对宏观经济的影响进行研究。

第四章，聚焦国际能源价格市场，探求能源价格波动对中国实体经济的影响，并研究价格波动的传导机制及其对中国社会和居民的福利影响。本章运用2007—2017年中国37个工业大类行业月度PPI数据，建立马尔可夫区制转移模型，实证分析能源价格波动向PPI传导的区制差异和行业异质性。本章对我国重要能源——天然气进行分析研究，这主要是由于我国天然气稀缺导致天然气对外依存度较大，国际天然气价格对我国经济发展影响较大，因此探究天然气价格国际波动对中国经济的影响对于中国政府制定相关政策具有重大的借鉴意义和参考价值。本章主要是通过构建CGE模型，在对天然气价格进行管制的两种政策下分别按照国际天然气价格上涨10%、20%以及下降10%、20%的幅度来模拟国际天然气价格波动，从而分析其对居民生活以及产业结构的影响。

第五章，走进实体经济的虚拟市场——股票市场，观察能源价格和股票市场的关系，为应对并预测能源价格走向提供了有效的方法。选取国内外煤炭、原油、天然气、电等多个主要能源类别的价格指标，构建出中国综合性能源价格指数，再运用Morlet连续小波变换和最大重叠离散小波变换(MODWT)对2007年至2019年我国能源价格与股票市场、能源类股票间的交互关系进行分析，并进行非线性Granger因果关系检验。原油作为一种重要的能源形态，其价格波动会显著影响一国的经济发展、物价水平和汇率等。因此，研究国际油价与原油进出口国家股票市场之间的联动关系，具有重要的意义。本章基于小波分析工具和格兰杰因果检验原理，运用Morlet连续小波变换对两者的相互关系进行考察，并基于多分辨率分解进行因果关系检验，得到国际油价与原油进出口国家股市在时-频域下较为具体的动态依赖关系。

第六章，探讨绿色创新技术，强调环境规制对绿色创新技术的影响，并在邻地范围内进一步研究差异化环境规制的不同表现。本章利用中国2003—2011年30个省区市(未含西藏和港澳台地区)数据，构建空间面板模型检验在异质性相邻条件下，中国环境规制涟漪效应即本地-邻地绿色技术创新激励，并进一步分类检验环境规制涟漪效应的形成机理。另外，在此研究的基础上，进一步对涟漪效应进行探究，将环境规制分为命令控制型、市场激励型和自愿型三类。在外部性理论、波特假说、环境库兹涅茨曲线理论和空间关联性理论的基础之上，运用2006—2017年的省际面板数据构建空间面板杜宾模型。首先，以地理矩阵权重作为约束条件，考察三种不同环境规制绿色技术创新的涟漪效应存在性。其次，在此基础上分析其他空间距离矩阵下此种涟漪效应是否存在，并分析其差异性，构建的权重矩阵包括经济距离矩阵、产业距离矩阵和地理、经济、产业两两耦合的权重矩阵。最后，基于市场化程度、污染企业转移及人力资源质量的视角，分析不同环境规制绿色技术创新涟漪效应的形成机理。

第七章，研究能源不断使用和城市化推进过程，佐证我国环境变化是否符合国际上提出的库兹涅茨“倒U形”曲线特征；探讨省域下环境污染的空间分布。环境库兹涅茨曲线本质上体现了经济发展模式从高能耗和高污染向能源集约型和环境友好型转变的过程。本章从环境污染产生的根源出发基于2003—2014年省际面板数据建立PSTR模型，从能源强度的视角重新审视中国的环境库兹涅茨曲线。另外，通过具体研究多维度省域城市多中心程度对地区雾霾污染的影响，进一步分析我国环境变化的特征。本章将2000—2018年中国29个省区市(未含西藏、青海和港澳台地区)的面板数据作为样本，实证分析我国多维度省域城市多中心程度对地区雾霾污染的影响。首先，分别利用省域内各地级市的夜间灯光数据、单位面积人口、市辖区建成区土地面积、货运总量和客运总量，通过位序规模法则对省域经济、人口、土地、货运和客运多中心化指标进行测度；其次，基于动态和静态视角对2000—2018年我国29个省区市不同维度城市多中心化、雾霾污染的发展现状和时空变化趋势进行分析，并通过计算历年省域PM2.5年均浓度的全局莫兰指数和局部莫兰指数，验证省域雾霾污染的空间自相关关系；最后，基于上述结论，在 STIRPAT 模型和环境库兹涅茨理论基础上，构建带固定效应的空间杜宾模型，分析不同维度省域城市多中心化指标对雾霾污染的影响。

第八章，根据现有数据，使用创新方法，对"十三五""十四五"的规划目标中碳排放总量和能源结构进行预测。首先，本章使用季度 GDP、季度工业增加值和年度能源需求的混频数据，通过构建 ADL-MIDAS 模型，在不同的权重函数形式和预测方法的组合模型中选取了预测中国能源需求的最优模型形式，并对"十三五"期间中国能源需求总量及其结构进行了预测。另外，针对我国"十四五"规划中"设立碳排放总量控制体系，逐步向碳排放的绝对量减排过渡"的目标，运用季度 GDP、工业增加值等指标，构建基于宏观经济指标的混频数据模型 ADL-MIDAS，对不确定性冲击下我国"十四五"期间二氧化碳排放总量及结构进行预测分析。

第三章至第八章的内容，是本书的一些具体研究工作，为实证内容。通过数据案例分析，紧扣本书理论内容，解析了怎么根据实际问题选择、应用和改进模型。

1.4.2 创新点

本书将能源消费、环境规制和产业升级放在同一框架下，综合运用小波分析、空间计量、CGE 等多个统计分析方法，研究能源价格、消费对经济、市场等各方面的影响，探究出环境规制和绿色技术的涟漪效应和环境污染的时空分布，并预测能源需求总量和结构。本研究创新点主要包括：

从整体上看：(1)已有研究多局限于某个研究领域，本研究跨越了发展经济学、城市经济学和能源经济学多个领域，有利于从系统的角度思考我国能源环境方面所面临的问题，从而找到可持续发展的路径。打破已有研究对金融发展、城镇化与能源环境之间的关系缺乏系统梳理的境况，本研究系统而全面地梳理了金融发展、城镇化、能源消耗和碳排放之间的相互关系，使得在此基础上提出的假设更加有据可依。(2)选题具有前沿性，紧跟时代步伐，以政策为导向。贯彻落实能源安全新战略，并以此为基础构建多指标体系，能够更加真实全面地反映我国金融发展水平和城镇化水平。(3)理论与方法的创新。在理论上，目前关于现代能源经济发展的内涵、特征的研究较少，本研究通过界定现代能源经济发展的内涵，依据其内涵设计符合现代能源经济发展的政策，具有一定的探索性和创新性。在研究方法上，将现代能源经济发展的理念融入CGE等众多模型中，从多角度多方法中透过数值模拟中国现代能源经济发展政策对宏观经济的影响具有相对开拓性。具体详情如下：

1.4.2.1　能源行业周期及价格波动对宏观经济的影响研究

(1)通过大量既有文献的查阅和整理，发现当前对于我国的研究常常只探究单方面的冲击影响，如仅研究油价对国内宏观经济的影响或仅研究不确定性对经济的影响，少有文献同时将不确定性、油价与汇率相互联系，并兼顾它们对经济情况的冲击。本书同时涉及不确定性、油价以及汇率三个方面，并对于这三方面进行联动分析，在丰富相关领域文献成果的同时，更为维持我国经济稳定和提出政策调整提供有益借鉴。

(2)小波分析的应用主要集中于生物信号、物理研究、气象方面以及影像等信号分析，对于经济方面的应用相对较少，但小波分析本身能够提取不同的周期，从中得到时间序列的频率特点，在时-频域两方面同时表现信号的变化，可以反映序列之间各时期的局部动态关联性。这些特点都非常适合本书的研究内容，因此本书在不确定性、油价以及汇率方面使用小波分析的方法，来研究其变动情况以及彼此之间的相互关系。

(3)文献中对不确定性、油价以及汇率与宏观经济关系的相关研究主要基于传统计量模型进行。经典计量模型常常要求包括模型的线性结构、随机项的独立性及方差的正态性、解释变量的独立性等在内的许多严格假设，当某些假设不成立时，结果与实际便可能出现较大偏差，对此，本书引入小波工具展开实证研究，分析不确定性、油价与汇率之间的联动关系。现有文献在对宏观经济所受影响方面很多会使用VAR模型进行研究，但VAR模型的一个严重的缺点在于，它不能给出当前相关性的准确形式，从而整个模型结果的解释都会存在欠缺。基于以上原因，本书选择使用SVAR模型，这一模型克服了VAR模型的缺陷，可以将变量之间的当期关系明确表达出来。

1.4.2.2　能源价格与股票市场的交互效应研究

(1)在国际油价和股市波动特征明显的背景下，研究国际油价与股市的联动关系会与以往研究有所不同。同时，本书分别选取原油进出口国家的股市，并从两个层面进行比较：一是就原油价格对原油进口国家和出口国家股票市场两者的影响做对比分析；二是就国际油价对原油进口国家和原油出口国家各自内部的影响分别做对比分析，从而进行更为综合的结构性讨论，发现国际油价与不同国家股市关系的规律，为我国具体应对油价波动，掌握股市波动规律提供一些建议。

(2)在研究方法方面，现有文献对国际油价与股票市场的关系研究中，大部分研究使用计量经济模型。这些经典模型虽然能在一定程度上解释国际油价与股票市场的传导关系，但由于原油价格频繁波动和股票市场日趋复杂，两者间非线性特征明显，单纯利用计量模型分析双变量时间序列间关系只能分析短期和长期变量间关系，无法从更细致的波动期来更深入地分析变量间关系的变化情况。而近年来，小波理论被引入解决各资产间时间序列的非线性问题。本书采用小波分析工具，与传统模型相比，可以解决国际原油价格变动与股票市场波动的时序动态问题，为国际油价与股票市场动态关联关系的相关研究提供一定的参考。

1.4.2.3 环境规制与绿色技术创新的涟漪效应研究

(1)不同环境规制涟漪效应的存在性方面。以往文献多从单一的环境规制角度研究其对绿色技术创新的影响，且多考虑的是绿色技术创新的属地效应。本书不仅将环境规制细分为政策命令型、市场激励型和自愿型环境规制，还考察了不同环境规制的属地兼邻地的涟漪效应。

(2)不同环境规制涟漪效应的形成机制方面。研究环境规制与绿色技术创新时，针对三种不同环境规制，分别创造性地引入市场化程度、污染企业转移和人力资源质量，研究其对绿色技术创新的影响机理。

(3)不同环境规制涟漪效应的约束条件方面。对环境规制对绿色技术创新的影响层面的分析更加丰富，除了构建地理权重矩阵，还构建经济权重矩阵、分产业的产业权重矩阵及其两两耦合的权重矩阵，更加深入地对环境规制的涟漪效应进行探讨。

1.4.2.4 我国省际环境污染差异度量及时空分布研究

(1)在以往文献中，学者多从省域城市化率的角度入手，研究不同省区市的总体城市化程度对雾霾污染的影响。尽管在一定程度上反映了我国城市化建设与雾霾污染的关系，但忽略了我国省域内地级市发展差异对地区雾霾污染的影响。本书结合当前城市化转型发展的现状，基于货运流、客运流、经济发展程度、人口集中程度和城市建设面积五个城市特征，创新性地从省域中不同维度城市多中心空间分布的角度入手，通过位序规模法则构建省域城市多中心化指标，深入探讨城市多中心空间分布程度对地区雾霾污染的影响，为我国京津冀、粤港澳大湾区、成渝经济圈等城市群建设、多中心城市化建设在雾霾污染防治视角下更优发展提供理论基础和实证指导。

(2)在以往对城市多中心化的研究中，学者多从形态多中心或功能多中心的角度入手，基于单一维度或单一角度建立城市多中心化指标进行研究。本书通过整合以往文献，基于形态多中心和功能多中心两个角度，创新性地选择经济、土地、人口、客运流和货运流五个维度构建多维度城市多中心化指标，旨在从城市化建设的不同着重点出发，研究不同特性的城市多中心分布程度对地区雾霾污染的影响。

(3)在对雾霾污染进行的研究中，大多数文献依然采用哥伦比亚大学通过技术处理气溶胶光学厚度获取的 PM2.5 浓度数据，但是由于其数据更新周期长，数据测度方法出现过中途变更(2014 年前数据均为三年均值数据)，并不满足研究的时效性和一致性，因此本书较为创新地选取达尔豪斯大学大气成分分析组公布的同类数据进行研究。同时，由于我国地级市的人口统计较为复杂且困难，为保证数据的有效性，本书尝试选取橡树岭国家实验室基于遥感影像技术分析得到的 LandScan 人口数据集作为人口原始数据进行研究。

第2章　能源消费、环境规制与宏观经济关系的理论分析

基于第一章的文献综述，我们基本上理解了能源作为生产要素或最终消费品对我国宏观经济运行的重要性，也初步了解到我国当前能源消费水平和环境规制状况，以及正确应对国际能源价格波动和加强环境绿色创新技术的重要性。但是，从能源到宏观经济再到环境治理等领域，对干扰波动如何产生、传导路径怎么选择、传导损耗和效果大小以及借助何种工具进行度量等一揽子理论问题都没有具体说明和界定。如果不首先进行厘清，在后面的分析中，尤其是对问题的实证研究就失去了理论基础，缺乏解释力。

因此，围绕上述问题，本章结构安排如下：首先，从洞察能源消费的基础理论出发，在宏观经济理论框架下，分析能源消费变动原因，引出能源消费变动和宏观经济之间的联动关系；其次，揭示能源消费变动内涵，从能源价格变动所触发的经济增长效应和产业结构冲击两方面，综合实体经济和虚拟经济的内在作用机理进行详细阐释；再次，在分析完宏观经济变化后，加入生态环境元素，简要概述环境规制和绿色技术进步理论，剖析两者之间的关系及其对宏观经济产业结构的影响；最后，综合包括人口、社会、经济、土地等在内的多维度系统，梳理分析工具，为研究预测未来环境变化提出度量手段和依据。

2.1　能源消费对宏观经济的影响机制

人类社会能走到今天，能源已经成为我们赖以生存和发展的基本保障。对于我们而言，能源的重要性已经不亚于水、空气和土地。能源要素是重要的物质基础，在经济体系中扮演着极为重要的角色，贯穿于经济活动的每一个环节。

能源消费是指生产和生活所消耗的能源。能源消费人均占有量是衡量一个国家经济发展和人民生活水平的重要标志。能源消费总量与生产规模和生活规模息息相关，生产规模越大能源需求量越大，但是人们对能源的需求又会受能源自然禀赋和生产技术发展水平的限制，导致能源供给与需求不一致。一般来说，决定能源消费量的因素主要有经济发展水平、能源消费强度、产业结构等。

1. 经济发展水平

亚当·斯密在《国富论》这本著作中，向读者详细地阐释了他对经济增长的认识。他认为经济增长意味着居民收入的增加，生活得到改善，消费需求增加，商品和服务日益丰富，生活水平日益提高，表现在对高耗能产品的需求和能源消费产品的需求增加，体现在家用电器和私人汽车存有量方面。特别是在居民的出行方面，汽车的比例会大幅度地提升。

2. 能源消费强度

能源消费强度是指单位经济产出所消耗的能源，也称之为单位能耗、能源密度或者叫能源消费系数，可用公式简单表示如下：

$$能源消费强度=能源消费量/经济产出量=E/Y$$

表面上看，能源消费的强度大小取决于能源消费量与经济产出量的相对变动。实际上，相对于能源消费量和经济产出而言，能源消费强度在很大程度上是个外生变量，也就是说，不是能源消费量与经济产出决定了能源消费强度，而是经济产出和能源消费强度影响了能源消费。本质上讲，能源消费强度的变动是产业结构、技术进步水平、管理方式和制度变化等共同影响的。从经济运行的经验观察看，一国能源政策可以通过行政命令来实现节能降耗，也可以价格为工具控制能源需求。当能源价格提高时，微观经济主体会减少能源的浪费，并积极采用节能技术。横向看，能源价格比较高的日本、德国等的能源效率要比能源价格比较低的美国高许多，实际上，第二次石油危机之后西方国家石油需求下降，更多的是在高的石油价格下企业做出高能源效率投资所引起的。价格对能源消费强度的影响，还体现在能源消费强度的制度差异方面。计划经济体系的能源消费强度普遍比市场化工业经济体系的能源消费强度高，其中一个重要的原因就是计划体系下缺乏价格的内推作用。

3. 产业结构

随着经济的发展，各国必然经历一个重工业化的过程，对于典型的大国经济来说，这是无法绕过的必经之路。一方面从宏观角度讲，经济发展水平的提高和人口集中的城市化过程，都加大了对基础设施建设的需求：钢铁、有色金属、建材、化工等高耗能产业都在市场需求拉动下大规模地发展。而且城市化是一个需要创造就业岗位同时本身又创造工作岗位的过程，这对于劳动密集型和能源密集型的产业需求量很大。另一方面从微观角度讲，任一企业发展都需经历规模报酬递增、不变和递减三个阶段。在不同阶段上，企业生产不断调整，对能源消费的需求也随之不断调整。

2.1.1 能源消费波动与宏观经济的周期联动

我国经济已经进入中高速增长阶段，下行压力不断加大，传统增长引擎的发展动力出现减弱，而新的增长动力尚未形成。其中，能源类行业成为本轮经济周期中我国经济下行的主要部分，山西、内蒙古和东北三省等能源和资源型省份经济增速明显下滑。因此，要实现稳增长，能源类行业和省份尤为重要，而相关政策制定的前提和基础是厘清能源类行业发展对我国宏观经济的影响机制。事实上，能源类行业对宏观经济的影响问题可以分为两个子问题。第一，我国能源类行业周期性波动态势如何？现阶段能源类行业处于何种周期性阶段？第二，能源类行业周期性波动对宏观经济的影响机制如何？在不同周期阶段其影响机制的时变特征如何？认识和研究上述问题不仅有助于我们更为全面地理解新常态下能源类行业发展态势和经济下行的深层次原因，而且可以为能源类行业政策制定提供科学的依据。

大多数的新古典学派的经济学家在研究决定经济增长的要素时，都不把能源视为生产中较重要的要素，而是假设它是由资本、劳动和土地这些主要的生产要素所产生的一个中间变量。内生增长理论产生于20世纪80年代，不同于新古典模型的观点，它认为经济增长是外生技术进步率和劳动增长率共同决定的。1973年出现石油危机后，学者们开始关注能源经济的研究，认同能源消费与经济的关系以及能源价格变动对经济增长率的作用，认为能源与经济增长的关系，不仅只表现为经济计量方面的定量关系，如因果关系及动态冲击关系。从理论层面的定性分析及中国实际情况来看，能源消费对经济增长的影响是多维度的。一方面表现为增加的能源投入会促进经济的增长；另一方面，经济的增长会促使能源得到可持续性的发展。能源投入量和利用率决定了经济增长的规模和速度，能源投入增加则产出增加。此外，能源的投入为其他行业的发展提供动力，间接促进 GDP 增长。如果没有能源产业的发展，其他行业的用能需求就得不到保障，从而导致国民经济的发展受到阻滞。

具体来说，能源通过以下几个方面对经济增长造成冲击：(1)能源供给不足，经济发展受限。自 20 世纪 90 年代中期以来，中国能源供需状况由自给自足逐渐转变为大量依赖进口，能源对外依存度不断攀升。如表 2.1 所示，2019 年中国原油和天然气对外依存度分别高达 75.1%和 42.3%。目前中国的能源安全问题不仅体现在总量上，更体现在结构上。能源安全矛盾集中体现在石油安全问题或油气安全问题上，也就是国内油气资源不能有效地支撑经济的持续发展。可以预见在未来的一段时间内，中国的油气对外依存度仍将保持上升趋势。能源进口来源地与进口来源通道风险将持续威胁着中国经济的高质量发展。(2)储藏和分布的非均衡性明显。我国能源结构领域一直以来流传着“煤多贫油少气”“北多南少，西多东少”的口号，这深刻地反映出不平衡性制约着经济的可持续发展。我国经济发展趋势同能源分布一样呈现出较大的非平衡性，也是由东向西呈阶梯状纵深发展的。发达的省市集中在东部和南部沿海地区，而西部地区，包括西南和西北则相对落后，地区经济发展不平衡。这样就不得不采取“西气东输”等措施运输能源，造成成本和能量损耗。(3)能源消费结构性污染问题较大，能源使用效率仍然较低。中国能源消费中煤炭占 60%，是世界上少有的以煤炭消费为主的国家。虽然近几年煤炭比重在国家节能减耗政策实施下有所下降，但仍比世界平均水平高，短期内还难有根本改变，二氧化碳排放及污染物排放仍然是向低碳发展模式转变过程中的巨大障碍。能源消费强度在 20 世纪 80 年代以来不断下降，效率提升较快，但近十几年来，经济快速增长使得能源消费强度下降趋缓，效率提高幅度徘徊不前。

能源在对经济形成负面影响的同时，也能够为经济发展增添活力。存在着如下机制传导到经济发展，成为经济的主要推力：(1)能源消费推动生产进步。物质资料的生产必须依赖能源消费为其提供动力，而且能源消费也同时促进劳动生产率的提高。例如，电力的使用提高了机械化程度，降低了劳动成本，使能源在一定程度上代替了劳动力，促进了劳动生产率的提高。(2)能源消费促进经济规

表 2.1　　　　　　　　**我国能源对外依存度**

	2018 年	2019 年	2020 年(预估)
原油(万吨)			
出口	262.7	81.0	—
进口	46188.5	50567.6	—
依存度	72.9%	75.1%	73%
石油(万吨)			
出口	7557.4	8211.4	—
进口	54094.3	58102.2	—
依存度	74.8%	77.3%	70%
天然气(亿立方米)			
出口	33.6	36.1	—
进口	1246.4	1331.8	—
依存度	43.1%	42.3%	>43%
煤炭(万吨)			
出口	494.0	603.0	—
进口	28210.0	29977.0	—
依存度	7%	7.3%	7%

数据来源：国家统计局

模扩大。作为生产要素，能源投入激发了资本、劳动等生产要素投入活力，是经济增长的前提条件。此外，能源促进新产业的诞生和发展。能源产品，尤其是矿物能源产品同时也是重要的工业原料，以矿物能源为原料的煤化工、石油化工等崛起不仅使其本身成为举足轻重的产业部门，而且带动了一批新产业迅速发展，同时为传统产业的改造创造了条件，推动了经济规模的扩大。(3)纵观世界发展史可以发现，几乎每一次重大的“能源革命”都推动了技术进步。

总的来说，了解这些联动关系，对我们理解能源与宏观经济增长的关系和进行相应的研究以及经济政策的制定都具有较大的意义。

2.1.2　能源价格波动对产业的冲击传导路径

能源对宏观经济的影响大体可以分为两个途径。一方面，如上节所述，能源类行业本身即是宏观经济的主要组成部分，我国现有的能源类行业涵盖了能源开采、加工和使用，其波动本身就直接影响着宏观经济总体的波动。另一方面，能源是工业生产重要的上游要素，同时也是生活资料，能源行业的运行和价格的变动将影响工业生产和生活的成本，进而对经济运行和一般价格水平产生影响。其中，能源价格变动不仅通过影响企业要素使用和成本影响宏观经济运行，而且从生活资料和生产资料两个渠道影响消费者价格指数(CPI)和工业生产者出厂价格指数(PPI)。

当今世界能源市场中，煤炭市场由于储量丰富、区域性比较强，且基本上是本国可控的，因此其对经济的冲击比较少。而石油市场由于其高度一体化，对世界石油市场的供应来源主要集中于中东地区，短期的石油需求缺乏弹性，油价极易变化且波动幅度较高，如表 2.2 所示，2010—2019 年能源市场中原油价格出现大幅度的周期变化，这种变化必将牵涉到国内宏观经济的正常运行。为应对如此巨大的冲击，研究能源价格对经济的影响已十分必要。

表 2.2　　**能源价格年度数据**

	布伦特原油/美元/桶	日本进口 LNG/美元/Mbtu	中国进口煤/美元/t
2010	61.67	10.91	120.56
2015	52.39	16.01	59.30
2016	43.73	6.94	59.30
2017	54.19	8.10	83.57
2018	71.31	10.05	87.49
2019	70.00	10.00	53.56

数据来源：世界银行

在宏观经济经典理论中，随着我国能源市场化定价机制的逐渐形成和完善，能源通过其价格机制对实体经济的影响日益凸显。能源价格向经济体系的传导主要有两个途径：一是通过期货现货市场和生产要素市场直接影响能源成本，进而对一般价格水平产生影响，移动全社会的总供给曲线；二是能源价格波动可以间接地对企业生产行为形成引导机制，通过影响能源效率、能源消费、环保行为以及技术进步促使整体产业结构和要素配置进行动态调整。

当具体到能源价格波动对产业的冲击传导的影响时，我们又能将能源价格波动对 PPI 的影响划分成两条途径：一方面，能源价格波动直接影响工业行业中的能源类行业 PPI，另一方面，能源价格波动通过影响生产成本间接影响其他工业行业的出厂价格水平。其具体影响机理如下：

从第一个途径来看，PPI 总指数的变动由所有的工业大类行业 PPI 的变动决定，在工业上中游能源类行业中，煤炭开采和洗选业、石油和天然气开采业、石油加工、炼焦和核燃料加工业等行业 PPI 直接决定于能源价格的变动。因此，在能源价格传导机制中，其变动将首先传导至能源类行业，能源类行业 PPI 直接影响总体 PPI 的走势。从第二个途径来看，现阶段，虽然我国部分能源依旧处于政府定价模式，但总体来看市场化程度有所提高，上游能源价格的变动可以较为顺畅地传导至下游。因此，国际原油价格波动、煤炭期货价格变动、电价和天然气价格调整均直接影响工业企业的生产成本，生产成本的变动直接导致了相应行业 PPI 的变动进而影响着 PPI 总水平。其中，工业品还可以分为中间产品和最终产品，能源价格的变动不仅可以直接影响最终产品的价格，而且还可以影响中间产品的价格水平进而进一步传导至最终产品，因此，能源价格对最终产品价格具有双重影响。此外，在不同的经济发展时期，经济环境、政策、能源价格波动幅度均存在显著差异，因此，能源价格波动向 PPI 的传导机制也存在一定的区制差异性。

总之，从能源价格影响 PPI 的传导途径来看，除了直接影响能源类行业出厂价格外，主要是通过影响企业生产成本进而影响 PPI。因此，能源价格波动对 PPI 的影响程度取决于行业生产对能源的依赖程度，这也意味着在工业全部 41 个大类行业中，能源依赖程度的不同决定了能源价格波动对不同行业 PPI 的影响必然存在着异质性。从工业行业划分来看，大体可以将所有大类行业划分为能源和资源类、能源和资源密集型、劳动密集型、技术和资本密集型以及其他行业。

2.2 能源价格与资本市场的交互影响

随着世界金融化的推进，股票市场的地位越来越重要，它是各国经济发展的“晴雨表”。我们都知道，能源价格波动的反应会立即表现在股票市场中，但是要想了解能源价格波动与资本市场如何交互，除了需要从微观上把握波动效应的量化规律，还需要从宏观上的联动视角进行影响机制分析。通过比较国际能源价格与国际综合股市、国内股市之间的联动关系，深入剖析国际能源市场发展动向与金融市场间的内在联系机制，可为应对油价波动、掌握股市波动规律提供一些建议，从而促进我国金融市场的多元化良性发展。

2.2.1 国际油价与国际能源类股票市场

全球经济一体化进程加快，金融全球化成为贸易市场发展的必然趋势，在能源市场与金融市场相互渗透融合的过程中，能源金融应运而生，其核心是能源市场化定价。原油与金融的关联日益紧密，作为全球第一大能源和基础工业原料，原油定价在某种程度上代表着国家的政治经济话语权，原油价格波动逐渐成为一种金融和货币现象，对于全球经济动态变化具有重要的决定作用，成为能源金融体系中的重要组成部分。能源金融作为能源市场价格走势的指向标，可以通过能源股票价格反映金融信息及国家能源市场的动态变化情况，同时能源股票价格和国际油价间又存在着极为复杂的内在关系，油价的波动对金融市场的稳定至关重要。

具体来讲，国际能源价格与股票市场的机理分析主要是基于宏观经济路径和金融市场路径的相关理论研究，分析总结国际油价波动与股市的作用机制，从理论层面上证明了国际原油价格会对股票市场的波动产生一定的作用，且对于不同国家股市短期和中长期的影响作用也会有所不同，即国际原油价格的增加会导致股价的上升或下跌。

2.2.1.1 宏观经济路径

(1)供给冲击效应。供给冲击指通过改变产品或服务的成本，从而使价格发生变化。这种冲击会产生不好的影响。比如说原油价格的波动会对产品生产成本产生很大的影响，在原油价格上涨时，原油进口国产品生产成本上升，原油投入量就会减少，进而产出下降，同时家庭可支配收入也会下降，减少消费，使总产出下降，而产出与投资收益是紧密联系的，这样就会引起投资者的担忧，进而影响公司股票价格，引起股价波动。对于出口国来说，如果出口原油收入可以抵消成本上升导致的高生产成本，需求增加也会引起股市波动。

(2)收入转移效应。收入转移效应指在经济泡沫产生的前后，实际物体或者金融资产的保有结构在经济主体、部门之间的变化。由于各个国家目前对原油还比较依赖，原油价格上升会导致财富在原油进口国和原油出口国之间重新分配。对于进口国来说，石油消费需求下降，国民的购买力下降，消费支出下降，投资者可能抛售证券，进而对股市产生一定影响；对于原油出口国来说，情况正好相反。

(3)实际余额效应。实际余额其实是指货币的实际价值。当原油价格上涨时，一般物价总水平会上升，进而消费者的实际余额下降，消费支出减少，同时油价上涨引起货币供需失衡，由于货币不能及时有效提供导致利率上升，货币成本上升导致投资下降，产出减少，经济衰退进而引起股票市场的波动。

(4)通货膨胀效应。通货膨胀指一段时间内物价水平持续上升，不利于国家经济发展。由需求和供给冲击引起的原油价格的变化会引起通货膨胀。若只是微弱的通胀，则对股市的影响比较小；若是适度的通胀，则可能引起消费支出的增加，进而导致产出增加，对股市产生一定的积极作用；若是恶性的通货膨胀，则会引起原油进口国产品的竞争力下降，外汇收入减少，无法吸引外商，资金流向其他国家，本国货币贬值，进而对股市产生消极的作用。若是原油出口国，本国产品竞争力上升，吸引外资，外汇收入增加，资金流向本国从而货币升值，提升国家的综合国力。

2.2.1.2 金融市场路径

(1)投资组合理论机制。投资组合指通过将一些证券进行投资组合，有效降低非系统性风险，同时提高收益。一般来说，收益越高的资产风险也越大，所以通过投资组合，选择两种及以上不相关的资产进行适当分配，从而分散风险，找到预期最高收益回报和承担较大风险之间的最佳平衡点。原油和股票作为不同类型的资产，在进行投资时投资者可对它们通过适当的占比进行组合搭配，不但可在一定程度上分散风险，同时也带动了原油与股票市场之间的传染性。

(2)噪声交易理论机制。噪声指证券价格和价值之间存在的偏差。在实际交易过程中，投资者会对价值的判断产生一种共识，由于它受到大量投资者行为的影响，这种市场信息不完全的现象导致这种共识及价值的判断与价格之间存在偏差。对于原油和股票市场，与原油有关的市场会先变化，虽然油市会影响到股市，但这种信息不对称使得投资者只能根据历史信息和经验做出判断。当今国家金融市场日益复杂，且政治局势也在不断变化，原油争夺战从未停止，经济金融危机的爆发、自然灾害以及疫情等黑天鹅事件的影响都会影响到投资者的决策，这种情况下导致的投资偏差会引起股票市场的剧烈波动。

(3)羊群效应理论机制。羊群效应也叫从众效应，即人们的行为或在做出决策时往往会忽略个人主观意见，而向大多数人一致的方向变化。即人们在群体中没有进行独立思考，或放弃自己刚开始的想法，跟随大众的想法或行为意志来做出相同的决策。投资者在金融市场上进行投资选择时，由于不能掌握完全信息或是了解一些信息但不能做出选择时，往往会跟随那些所谓的拥有大量资源信息的投资者的选择而否定自己的意见。这种对那些所谓有经验的投资者的盲目跟风行为很容易引起股票市场出现极端的变化情况。

综上所述，从实体经济路径来看，国际原油价格的上升，会通过生产成本、收入水平、物价水平、利率变化等不同路径影响一国的经济，且对于原油进口国和原油出口国来说，原油价格的变动对股票市场的冲击也会有所不同，这些冲击表现在金融市场上，会影响国际股票价格的上涨或下跌。除此之外，当原油价格突然上涨时，部分投资者会根据投资组合、历史经验或从众心理，做出初步判断并形成个体心理预期，然后据此做出投资决策。这种基于预判的投资行为同样会对国际股票的波动产生冲击，但由于投资行为的多样性和投资的不确定性，股票市场因此产生的波动也同样无法确定。所以基于不同的理论影响机制，可以总结归纳出国际油价与国际股票市场的传导机制(见图2.1)，从理论层面上证明了国际原油价格会对国际股票市场的波动产生一定的影响。

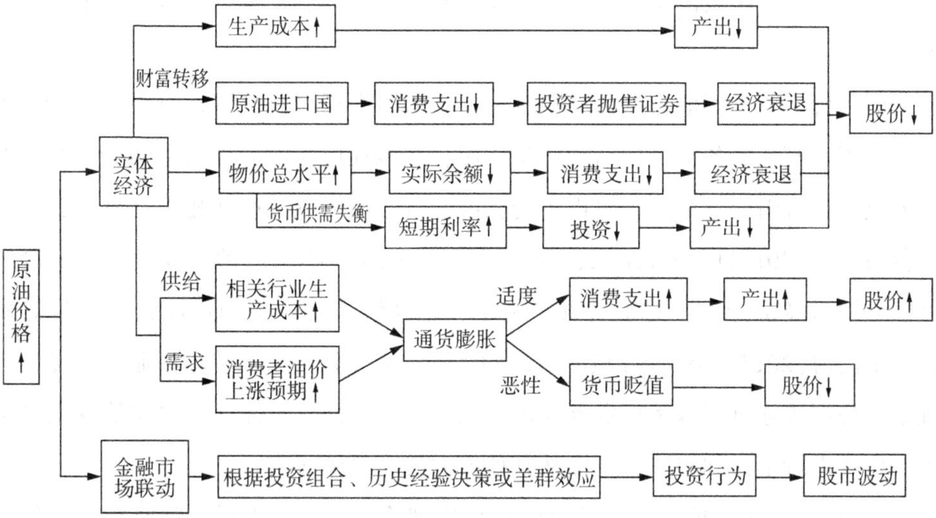

图 2.1　国际油价对股票市场影响的传导机制

2.2.2　能源价格与中国能源类股票市场

改革开放以来，我国经济政策逐渐宽松，从加入 WTO 到今天的“一带一路”倡议，不断缩小着与世界强国之间的差距，全国人民为融入世界经济体系和提升国际地位努力奋进。中国股市自 1989 年试点以来，随着中国证监会成立，股票市场不断良性发展。至 1998 年我国对石油价格形成机制进行的三次改革使得中国成品油价格与国际油价基本挂钩，为实现市场化定价机制奠定了基础。众所周知，中国股市自进入标准化发展阶段后，对国际原油价格波动越发敏感，使得我国金融市场和全球金融市场的关联日趋紧密。目前，中国作为世界第二大经济体和石油需求大国，在国际原油市场却一直是被动接受价格方，除了国内石油供给外，我国仍然需要依靠大量的石油进口来满足发展需求。国内能源市场面临制度不完善、金融衍生品单一和外来能源安全压力大的现状，同时能源价格波动对我国经济健康发展和金融市场稳定运行影响较大。

因此，需要考察中国股票市场中是否存在着显著的板块“联动现象”和“同涨同跌”现象，且需要研究不同股票、行业板块以及金融市场间是否具有较强的相关性以及它们之间的长期均衡关系和共同变动趋势。针对国际原油价格与中国能源股票价格间同步性特征及其影响因素的研究将会为能源金融市场的健康稳定发展、投资者交易决策的实施以及风险监管部门政策的制定提供决策参考依据和技术支持。

能源价格对中国股市的传导机制在宏观层面上通过对经济运行中的消费、生产、投资、贸易等各类部门活动产生作用，在微观层面上通过对市场参与个体的行为决策进行引导，最终对股市中的相应股价产生影响。以往相关文献中，根据学者何文忠(2012)的研究结果，国际能源价格变动对中国股票市场的作用机制还可以分解为经济产出、财富转移、利率、流动性及其他不确定性共五大传导机制。王俊博(2017)则将传导机制整理归纳为：对实体经济的传导机制、市场传导机制、公司传导机制以及投资预期机制四大主要方面。上面已经主要从现实经济传导角度进行了详细叙述，下面从其他方面展开具体研究。

(1)微观资本与能源之间发生要素替代理论。从本质上讲，就是在一定的技术条件下，当其中一种生产要素价格发生变动时，生产厂商会根据利益最大化对要素投入配比进行重新组合的行为。比如，石油价格或电力价格上涨时，生产企业，尤其是能源密集型企业，会为节约生产成本增加资本的投入而减少石油或电力的使用；相似地，当其他生产要素价格或者可得性发生改变，生产厂商也会相应地调整生产要素的投入配比。具体来说，我们可以将市场生产要素分为两种：能源投入和非能源投入，根据微观经济学生产理论，在技术水平不发生改变的情况下，要素相对价格发生改变时，理性的生产者会调整生产要素投入比例，以满足生产的最优条件。而股票市场恰恰是资本的体现，资本的调整会迅速反映在股票市场，形成联动现象。

(2)宏观市场传导理论。依据货币需求理论模型，根据经济原理做出假设。在货币需求中，货币与金融资产存在相互替代的关系，当货币供应量增加时，货币的边际收益率降低，理性人将会增加金融资产的配置，股票需求的提升，导致股票的价格上升；反之亦然，货币供应量减少，股票价格将会降低。同时货币供应量的增加将导致公司获得资金的渠道更加多样，而且货币供应量的增加，必然需要通过信贷途径将资金释放出去，公司获取资金后将导致公司的投资支出增加，投资的支出将在一定程度上导致公司利润的增加，公司基本层面得到改善，从而改善投资者对公司获利能力的认可，导致公司股票需求增加，因此又在一定程度上刺激了股票价格的上涨。

综上，虽然大家对能源价格与资本市场的研究角度不同，但都从理论上说明，能源价格与金融市场之间存在关联。这就使得能源价格对我国经济发展的影响从内涵和外延两个方面得到更广泛的关注，完善和丰富了能源资本互动理论。

2.3 环境规制、技术进步对产业结构的影响路径

“十四五”规划中不仅提出加快建设现代化经济体系，也提出要在2035年广泛形成绿色生产生活方式的远景目标，绿色技术创新就是实现高质量发展的动力源之一。而以不同主体形成的环境规制与绿色技术创新之间存在着千丝万缕的联系，对二者关系的探究，一方面能够展示统筹兼顾经济发展和生态保护中政府、企业、公民的角色定位，另一方面能够确保后续政策制定的合理性及有效性，进而推动经济、生态、社会的高质量发展，向2035年基本实现社会主义现代化远景目标迈出坚实一步。

准确把握绿色技术创新的内涵，需要先了解技术创新与绿色技术的含义。对技术创新理论的研究最早可以追溯到1912年奥地利经济学家熊彼特的《经济发展理论》，他在书中指出，创新是指将一组全新的生产要素的“新组合”引入生产体系，这种新组合可以包括引进新产品、新技术、新市场或新组织，从而增加企业的竞争优势，获得高额利润并进行长远发展的行为。绿色技术是相对传统技术来说的，以其目的为导向，即能达到减少污染、改善环境的技术体系、工艺或产品均可称为绿色技术，它是为了应对一系列环境污染而引发的公害事件而产生，有其历史必然性。绿色技术创新，顾名思义，是既属于技术创新又属于绿色技术的范畴，其内涵主要体现在以下方面：

(1)兼顾经济发展和生态保护。传统的技术创新具有一定的自发性，以企业为主体，以追求高额回报率为目标，在创新的过程中可能会为了达到发展的目的必须以环境牺牲为代价，虽然短期内确实存在可观利润，但随着生产和服务领域的扩大，一方面对各种资源的需求规模不断扩大，另一方面由于对环境的过度损耗，负外部效应显现，引起政府的重视，进而提高了技术创新的成本，使技术创新的周期中断。而绿色技术创新与技术创新相比鲜明的特征是在发展经济的过程中兼顾环境问题，强调低能耗低污染，是应对日益严峻的环境问题的必然选择，

很少或是不会产生负外部效应，不仅不会受到政府的制约，还能获得政策补助，形成良性的创新周期。

(2)考量多元化经济主体单位。传统的技术创新以企业为主体。但由于企业的本质是追求利益，任由其发展必将会走上重经济轻生态的模式，这就需要政府的介入，制定有关环境问题的法律法规，并对企业行为严格监督。在政府介入后，为了整个行业的良性发展，每个行业协会也会出台相应辅助规定，以配合政府政策的落实。而随着社会的发展，国民受教育水平的提高，公民对"蓝天碧水"的生活环境要求越来越高，势必会形成呼吁绿色发展的社会舆论，进而对企业的行为和政府的管理施加影响，从而促进绿色技术创新的正向发展。最终，绿色创新的主体包括企业、各地区政府、行业协会等社会组织及民众。

(3)强调系统特征。绿色技术创新不仅仅指某项具体的技术创新，而是一项内涵广阔的系统工程。这种创新还可以是发展理念、意识和行为的创新，例如现如今线上教育的电子黑板等，甚至是一种组织、制度的创新，我国积极实行的"'放管服'改革"，在某种程度上来说为企业绿色技术创新行为创造了相对宽松的环境，是制度创新的一种形式。

绿色技术创新作为宏观经济的重要投入形式，就是基于环境友好可持续发展的一系列创新活动。它是在当前时代背景下，实现人与人、人与自然、人与社会协调发展的重要方式。它极大地完善和丰富了我国的环境保护理论。

2.3.1　环境规制对技术进步的作用

绿色技术创新在我国的发展，大致可追溯到 20 世纪 90 年代。比较有名的是陆续开展了"三河""三湖"的水污染防治及"两控区"大气污染防治。伴随着环境的整治，企业绿色技术创新悄然兴起，逐渐形成以政府为主导、以企业为主体的产业化、国际化的创新体系。

由于绿色技术创新需要雄厚的资金准备，给企业发展无形中设立了较高的门槛，在市场经济中光靠企业自发的创新行为是远远不够的，因此现阶段的绿色技术创新行为多由政府促成。在整个过程中，政府的职责主要体现在两个方面：一是政府通过出台相关资金、人才、产业的鼓励政策，激发企业进行绿色技术创新的内生动力，或者政府与企业、高校等合作，直接对特定项目、产业进行定向创新；二是政府加强监管，运用“铁腕治污”形成震慑，通过提出碳排放交易、开出高额罚单提高污染成本，从而倒逼企业的绿色创新行为。无论以何种方式呈现，都离不开政府所实施的环境规制方案。其中，有对绿色技术创新的正向作用，也有对绿色技术创新的抑制作用。

首先，对绿色技术创新的正向作用，也即动力源。第一，表现在企业以逐利为本质。一个企业要想保持竞争优势，在市场占据一席之位，获得长远发展，必须迎合市场需求。而市场需求伴随着经济发展、政策的制定及人们消费习惯的变化而变化，这就需要企业应势而变。应势而变的直观表现，就在于能够不断推陈出新，进行技术升级，提升产品性能；或者压低生产成本，获得超额利润空间，这让企业走绿色技术创新之路成为必然。第二，表现在政府的重视。联合国在20世纪70年代提出了可持续发展的模式，我国也于20世纪90年代提出绿色发展的理念，近年来，不论是“两山论”的提出，还是新发展理念对“绿色”的倡导，都传递出我国走健康发展之路的决心。对此，我国颁布了一系列有关资源管理和污染治理的法律，诸如《森林法》《矿产资源法》《水污染防治法》《大气污染防治法》等，这些法律的颁布，形成了全社会保护环境的社会导向，也为企业进行绿色技术创新提供了良好环境。第三，表现在人们对美好生活的向往。经过40多年的改革开放，我国成为世界第二大经济体，积累了雄厚的物质财富，与此同时，人们对精神生活的向往也与日俱增，生态领域成为人们关注的重点领域。从自发的民间监督组织，到有关环境问题的建议，民众的声音越来越大，这些都成为企业必须考虑的因素之一，也是促进企业进行绿色技术创新的动力之一。

其次，对绿色技术创新的抑制作用，一般是从成本、技术和文化三个方面考虑。第一，成本方面。众所周知，绿色技术创新比单纯的技术创新难度大，对资金量的需求高，企业不仅要考虑技术研发的投入，还需保证研发出来后的技术或产品能创造出相应的利润，即对创新的变现能力要求高。同时，由于我国现阶段融资成本较高，融资渠道较窄，风险投资的机制还在完善中，内外的双重压力使绿色创新行为的风险增大，增加了企业进行绿色技术创新的惰性。第二，技术方面。虽然我国创新指数排名不断上升，但不可否认的是在很多领域仍未掌握核心技术，造成绿色技术发展困难，与高质量发展不相适应。同时，我国现有的人才培养结构，使高精尖类人才缺口很大，制约了技术的发展，进而阻碍了绿色技术创新的产生。更为重要的是，绿色技术的外部性也是企业对绿色技术创新产生惰性的原因之一。第三，文化方面。改革开放以来，我国一直拥有令世界惊艳的发展速度，这固然是因为我国人民对创建美好家园的热情，具有不怕吃苦、勤劳勇敢的优良品质，也是因为少部分地方将经济发展摆在所有事情之前。而在这种氛围下，企业也更重利润，轻社会责任，认为环境治理是政府的事，自身的内生动力不足。

由上可知，环境规制作为促进绿色技术创新的手段被各国政府所钟爱。从作用效果上看，是否减少了环境污染以及是否促进了技术创新并转化为经济发展的重要动力，是衡量一项环境规制的核心标准。从种类上看，环境规制的主体不仅仅局限于政府，行业协会、企业自身、地区居民均可能参与其中，手段也不仅仅局限于政府出台法律和政策，企业对保护环境的承诺或计划、公民对"绿水青山"的美好生活的要求也被囊括其中。从效应上看，不同环境规制的作用机制和效果存在差异，对本地的影响甚至辐射至邻地而形成的涟漪效应也各不相同，故了解差异化环境规制与绿色技术创新之间的关系，是经济高质量发展的必由之路。

2.3.2　环境规制、技术进步对产业结构的影响

自改革开放以来，我国经济发展取得了长足的进步。然而这些成果的取得一部分是以牺牲环境为代价的，我国生态环境基础薄弱，受自然条件变化的影响较大，尤其是大气环境，而且不协调是地区间的突出问题，尤其是我国产业结构不合理现象始终存在。在 2000—2013 年期间，我国服务业占 GDP 份额平均只有 42.9%，就业人数占总人数比重平均也只有 32.3%，与发达国家相比，我国服务业发展滞后。为协调好经济发展与环境保护间的矛盾，我国政府制定并实施了数量众多的环境规制措施。例如为破解资源环境压力，国家提出了加强生态文明建设的战略部署，建立资源节约型和环境友好型工业体系，进而促进产业结构优化。那么，环境规制对我国产业结构变迁究竟是否存在影响？若有，其传导路径是什么？不同类型环境规制对产业结构变迁的作用结果又有何种差异？对于这些问题的解答有利于我国有关政府部门制定相关政策时考虑到环境规制，从而实行多样化的环境规制措施。

环境规制的核心是政府参与指导。当发生正外部性时，虽然给社会整体带来了好的影响，但实施主体却没有得到相应的回报，从而打击了实施主体再次实施具有正外部性行为的积极性，久而久之，正外部性会越来越少；相反，实施具有负外部性行为的主体，由于造成了社会的损失而没有受到应有的惩罚，助长了其再次从事负外部行为的气焰。因此，无论何种外部性，都未达到社会的帕累托最优，政府的介入，就成了必然的选择。可以通过“庇古理论”和“科斯定理”构造经济主体充分协商氛围，解决市场失灵，最终达到削减污染的目的。具体讲就是，在环境规制实施的大环境中，企业不得不对生产活动中产生的污染予以投资治理，这便增加了生产成本，为实现最大效益，企业必然会通过其他途径尽量减少这种非生产性成本的增加。途径之一，将环境成本转嫁给消费者，导致产品价格上涨，消费者则减少使用该产品或寻找替代品。途径之二，通过产业转移降低环境成本或通过技术创新弥补环境成本的增加。企业进行技术创新可提高生产率，进而消减其环境成本，与此同时，还能直接促进产业结构不断变迁。若上述措施仍无法消减环境成本，企业在微利或无利可图时便会减少投资，或者改变投资方向，则投资结构将会发生变化，产业结构便随之改变。总之，环境规制的实施将增加生产成本，在追逐最大利益的驱动下，企业必定会调整生产行为。

技术创新可以克服边际报酬递减，降低产品生产成本，扩大市场，促使产业发展壮大；还能促使新的生产工艺和工具的出现，进一步加深产业分工。此外，高新技术创新会使新兴产业发展壮大，进而利于产业结构高级化进程。首先，技术创新对原有产业结构具有扩张或收缩效应。如果某一部门因技术创新提高劳动生产率，那么与该部门联系密切且技术创新落后的其他相关部门要么积极创新以跟上整个产业链的发展，要么被新部门所取代。故各部门为了不被取代会积极进行技术创新，从而推动整个产业链乃至产业结构的不断优化升级。其次，技术创新能改造传统产业，并促使传统产业发展壮大。传统产业在当今的经济发展中仍旧是不可替代的，尽管如此，传统产业部门还是要采用新技术、新工艺和新装备提高总体技术水平，以高效率、低能耗、低污染的状态促进原有生产部门及产品的更新换代，甚至创造出新产品。即采用技术创新来改良传统产业，使产业结构呈现出技术集约化发展趋势。与此同时，在上述过程中，技术创新还会创造出新兴产业。

总之，一方面，规制是对企业和消费者强行施加的行为约束，并会在一定程度上改变市场竞争格局和社会创新环境。规制政策的制定与执行将会对企业的创新水平和竞争力带来影响。另一方面，政府环境规制为新的技术创新领域创造了良好的制度环境，可通过需求诱导的方式刺激技术创新活动。

2.4 环境污染的时空分布以及能源消费和碳排放的预测

世界各国对环境问题给予高度关注，环境问题被认为是超过恐怖主义和地区冲突的首要问题(许广月和宋德勇，2010)。而且，现阶段通过环境治理实现更加可持续的经济增长成为一个无法回避的现实问题。我们必须加深对我国环境污染的认识程度，发现影响环境的重要因素。只有从整体上，结合时间和空间维度，形成地域联动的生态补偿机制，才能有效地提高能源使用效率，达到综合预想目标。

2.4.1 环境污染省际度量与分布

随着改革开放下城市化建设持续发展，我国的城市化率由1979年的19.9%提升至2019年的60.6%，在很大程度上促进了我国经济总量、人均生活水平、国际地位的提高。然而，这种忽视环境成本的发展建设在很大程度上也导致我国生态环境尤其是大气环境惨遭破坏。从2000年开始，我国雾霾污染情况逐渐加剧，到2013年达到顶峰。

本节基于我国城市化建设和雾霾污染现状，拟从空间发展角度出发，分析城市多中心化与地区雾霾污染的关系。因此，下文将对城市多中心化、雾霾污染的相关概念以及相关研究进行归纳和梳理，希望能为后文的研究提供理论支持和方法借鉴。

(1)城市化与多中心化内涵。城市化又称为城镇化，是指随着一个地区社会生产力、科学技术、产业结构等的发展和升级，该地区社会由传统乡村型社会逐步转型为现代城市型社会的过程。城市化是一个复杂且系统的过程，不同学派对其的解释也不尽相同。但从其本质来说，城市化可以从经济结构变化、社会结构变化和空间结构变化三个层面加以阐释。首先，从经济层面来看，城市化代表着生产活动由单一农业活动逐步向多种非农活动转移的过程；其次，从社会层面来看，城市化可以理解为人口变迁导致的文化、价值转移，即受到人口由农村向城市聚集再向农村分散的影响，城市文化程度与价值观念得以发展；最后，从空间层面来看，城市化意味着生产要素由农村向城市聚集再向农村分散的过程。

同时，由于城市化发展无论是在社会层面还是在空间层面都大体可以分为农村向城市聚集、城市向农村再分散两个阶段，城市化也由此可以分为两种类型：一种是单中心城市化发展，主要表现在农村向城市聚集的阶段；另一种是多中心城市化发展，主要表现在城市向农村再分散的阶段。其中，单中心城市结构作为经典的城市结构，是指以一个主要中心商务区进行控制并由此向外延伸的单核城市结构，是我国第一阶段城市化建设下的主要城市结构。但是，随着社会经济的发展、城市人口密度的增加、城市规模的膨胀、城市生产要素的饱和，我国将逐渐步入城市化建设的第二阶段，即逐步实现城市向农村的再分散。

其中，多中心城市化发展主要包含城市层面的多中心空间发展、区域层面的多中心空间发展和国家、全球层面的多中心空间发展。而本节所关注的城市多中心化发展，具体来说是指区域层面的多中心化，即指在一个区域内，以构建多中心城市系统为目标，通过较高强度的功能和空间联系，将特定要素较均匀地分布在区域内多个具有独立性的城市。

(2)环境库兹涅茨曲线。库兹涅茨曲线最初并非专门研究环境与经济相关关系的工具，而是1955年由经济学家库兹涅茨得到的关于人均收入与收入分配不均之间的一种曲线关系。1993年，随着“发展与环境”主题的兴起，Panayotou借用其理论来说明环境质量与人均收入之间存在的倒“U”形相关关系，并将其关系命名为环境库兹涅茨曲线。经典环境库兹涅茨曲线表明，当一个地区经济发展水平较低时，该地区环境污染程度较轻；但是随着人均收入增加，环境污染会逐渐恶化；而当该地区经济达到一定水平后，环境污染又会随着人均收入的进一步增加而逐渐减缓。在经过无数学者的完善后，环境库兹涅茨曲线不再仅限于分析经济与环境质量之间的关系，而是广泛运用在对环境污染非线性影响的分析中。

(3)空间效应阐释。空间效应包括两种不同形式，即空间依赖性和空间异质性。空间依赖性，是指由主体行为间的空间交互作用而产生的一种截面依赖性，严格来说是指空间随机过程不相互独立。具体由两方面原因产生：一是测量误差，即空间单元的固定划分或聚合，导致当社会经济活动跨越行政边界时，基于行政边界的空间单元划分出现偏差，将社会经济活动进行不恰当分割，形成空间依赖；二是空间联系，即由于空间相互作用、空间层次结构、空间溢出、空间博弈等问题产生的空间依赖。由于空间依赖性的讨论过于复杂，在实际研究中，通常更关注空间依赖性的特殊情况，即空间自相关性。空间自相关性是指模型的估计残差间存在空间上的自相关关系，具体分为正相关、负相关和不相关，可以通过莫兰指数进行测度。当模型的误差项导致空间相关时，模型表示为空间误差模型；当模型中解释变量的空间依赖性导致空间相关时，为空间滞后模型。空间异质性，是指地理空间结构的非平稳性，具体来说是指不同位置的空间结构、社会经济结构存在明显差异，反映了社会经济活动中空间单元间普遍存在的一种不稳定关系。主要分为以下两种：一是模型系数的空间异质性，其通常表现为函数形式或参数的改变；二是方差的空间异质性，即模型误差的空间异方差性。通常，空间异质性可以通过变参数、随机系数和结构转换来进行处理。而在空间计量分析中，所有空间效应都需要借助空间权重矩阵进行度量，其遵循的基本原则是距离衰减原则，即两个观测点的空间距离越近，其空间关系越密切。因此，空间权重矩阵的设定在空间计量分析中特别关键。

正是基于此，可探究在城市化建设飞速发展的时期，雾霾污染事件由鲜有发生到高频爆发的原因。这对我国深入推进区域协调发展、区域发展格局优化、提高新型城镇化质量具有重要指导意义，也明确了新型城镇化建设工作的重要性。

2.4.2　我国能源消费与碳排放的预测

在过去的几十年时间里，中国经历了高速经济增长，GDP 年均增长率达到了近 10%，成为世界第二大经济体（刘生龙、高宇宁、胡鞍钢，2014）。然而与中国经济快速增长的巨大成就相伴而生的是巨大的资源和环境代价，自 2007 年起，我国已成为世界第一大能源消费国，二氧化碳排放量也居世界第一位。能源瓶颈、自然环境承载力等问题，已经成为正处于经济深度转型发展时期的中国必须面对的关键问题。为使经济实现可持续性发展，在“十一五”期间，我国严格贯彻《节能减排综合性工作方案》制定的节能减排的政策和量化指标，“十一五”规划的节能减排约束性目标基本完成后，又在完成“十二五”“十三五”的节能减排目标的基础上，在“十四五”规划中拟定“设立碳排放总量控制体系，逐步向碳排放的绝对量减排过渡”的目标。

能源与环境有着十分密切的关系，一方面，人类在获得和利用能源的过程中，会改变原有的自然环境或产生大量的废弃物，如果处理不当，就会使人类赖以生存的环境受到破坏和污染；另一方面，能源与经济的发展，又对环境的改善起着巨大的推动作用。能源经济发展的矛盾，大致可归因于以下几个方面：①能源资源短缺，人均占有不足。②能源结构不合理。③能源利用率低，能源浪费严重。④碳排放预测不准确。

针对①②两点，前文已经进行过详细讲解，这里不再赘述。能源效率的提高有赖于全要素生产率的提高。而传统的能源效率和资源环境的整体绩效测算，既忽视非能源要素投入动态改变的情况，也忽视了在节能减排约束下，生产者为降低成本所发生的能源替代效应。随着测算方式的不断改进，可参考笔者另一篇著作《基于能源消费的资本与能源替代效应研究》，选择参数 SFA 方法作为分析工具，估算能源效率。借助于不同距离函数形式，采取情境对比的方式，并将“非合意产出”考虑进来，分别从静态和动态比较研究了资本替代能源对于减少区域污染排放潜力和提升区域能效空间的影响，首先将能源消费和非合意产出考虑进来，定义生产技术；然后，根据是否考虑资本对能源替代，分别设定距离函数形式；最后，为减少随机误差造成的技术无效性，采用超越对数的函数形式，用 SFA 方法对能源和环境效率值进行估计，进而计算出各地区节能减排的潜在空间。

对于碳排放测算来说，首先要厘清碳排放的概念。碳排放指的是二氧化碳和其他温室气体的排放，而不单单拘泥于二氧化碳单一指标的核算，还包括某个区域、某个群体或者某个生物体的温室气体排放量。又因为我国在经济发展水平及燃煤技术、煤炭质量方面均与国外存在较大差异，直接将国外计算模型套用在我国二氧化碳计算中必然与实际排放存在较大差异。所以，我国 2000 年以来积极投入核算研究，成果显著。

综上，节能减排是社会发展的根本方向，实现减排、建立低碳社会将是全球经济发展的必然趋势。发展低碳经济不仅顺乎世界潮流，而且也是实现社会可持续发展的必然选择。降低碳排放是低碳经济的重要前提，也是低碳经济可持续发展的重要基础。因此通过探究碳排放的测算和预测，寻找减排的有效路径成为当今的一个重要课题。

第3章　能源行业周期及价格波动对宏观经济的影响研究

前面介绍了一些能源消费波动对宏观经济影响机制的相关研究，研究表明：在不同的发展阶段，经济增长和能源消费间的依存关系会发生变化，即存在周期联动。

现阶段，随着潜在增速的趋势性下降、国际和国内供需因素的冲击以及能源和资源约束趋紧，我国经济发展进入新一轮的下行周期。在此轮周期中，传统能源的产能过剩和新型能源供给不足使得我国能源类行业下滑速度加快，主要依靠能源类行业发展的省份经济增速出现下滑。那么，我国能源类行业周期性波动规律如何？其对宏观经济的影响程度和时变特征如何？能源系统作为一个复杂的系统，其发展过程中极易受到多种来自外部环境的不确定性因素的影响。而不确定性、油价及汇率之间的交互关系呈动态多样性，因此本章将对能源行业周期及价格波动对宏观经济的影响进行研究。

本章设有两节。第一节分析中国能源类行业周期波动及对宏观经济的影响。首先基于主成分分析选取能源类行业指标来构建能源类行业运行指数，分析其周期性波动规律及其与宏观经济运行规律的关系；然后通过建立 TVP_VAR 模型实证研究能源类行业周期波动对产出和价格影响的时变特征。第二节分析不确定性、油价及汇率对宏观经济的影响。首先选取相关指标并做预处理，对不确定性、油价和汇率进行 Morlet 连续小波变换，并进行功率谱转换，得到时频波动状况的谱分析图进行波动分析；然后绘制两两之间的相位相干功率谱，分析它们之间的时-频域联动特征；最后对各项指标进行格兰杰因果检验及非线性因果关系检验，分析它们之间的因果关系，通过构建 SVAR 模型，分析脉冲响应图，得出各指标对其他指标冲击影响的相关结论。

3.1 中国能源类行业周期波动及其对宏观经济的时变影响

上文中现有研究为我们理解能源对宏观经济的影响机制提供了有效的参考和借鉴。但是，我们发现：一方面，针对能源类行业运行对宏观经济影响的研究尚不多见，也鲜有学者对我国能源类行业的周期性波动规律进行探讨，因此有必要进行进一步的研究；另一方面，现有文献对能源和宏观经济关联机制的研究或使用线性模型，或采用有限区制的非线性模型，在时变框架下的探讨相对较少。鉴于此，本节首先基于主成分分析方法测算能源类行业运行指数，分析其周期性波动态势；其次，基于 TVP_VAR 模型实证分析能源类行业波动对产出和价格水平影响的时变特征；最后，给出本节的研究结论。

本节的贡献主要体现在如下两个方面：第一，基于我国能源类行业运行特征构建能源类行业运行指数，分析其周期性波动特征，弥补现有研究的不足。第二，在时变参数框架下，研判在能源类行业发展的不同时期，其周期波动对产出和价格水平的影响的时变特征和差异性，为当前新常态和供给侧结构性改革时期能源政策的制定提供经验证据。

3.1.1 基于主成分分析的能源类行业周期波动态势分析

一般而言，能源和资源类行业属于周期性较强的行业，随着宏观经济景气度的变化呈现出周期性的变动规律。就能源的相关研究来看，现有文献主要从能源价格尤其是国际原油价格变动的角度分析其周期波动，而对能源类行业自身周期变动的关注相对较少。因此，本研究将基于主成分分析方法测算我国能源类行业运行指数，分析其周期性波动规律。

3.1.1.1 指标选取和数据处理

根据国家统计局公布的最新国民经济行业分类标准，本节选取其中和能源相关的上游开采、中游加工和下游使用的四大类行业，具体包括：上游开采方面，选取采矿业中的煤炭开采和洗选业(第 6 大类)以及石油和天然气开采业(第 7 大类)；中游加工方面，选取制造业中的石油加工、炼焦和核燃料加工业(第 25 大类）；下游使用方面，选取电力、热力、燃气及水生产和供应业中的电力、热力生产和供应业（第 44 大类）。在具体指标选取方面，现有研究多数采用能源产品产量或者行业增加值来度量行业运行情况，这一处理方法虽然可以从量的方面衡量行业的生产情况，但是无法包含价格因素对行业景气度的影响，同时也无法反映产品的销售情况。因此，本节在综合考虑上述因素后，选取最能反映行业景气度变化的主营业务收入同比增速这一效益指标进行计算。

由于时间序列通常包含趋势成分、循环成分、季节成分和不规则成分，为了有效度量能源类行业的周期性变动特征，需要通过剔除其中的趋势成分、季节成分和不规则成分，进而分离出循环成分。首先，我们通过 X-12 季节调整方法剔除了季节成分和不规则成分，分离出四大类指标的趋势成分和循环成分；其次，使用 HP 滤波方法分离出趋势成分，最终得到四大类指标的循环成分；最后，为了消除各个指标量纲的影响，我们在对循环成分进行主成分分析之前，对其进行了标准化处理。本节选取的数据为月度数据，样本区间为 2003 年 1 月至 2016 年 5 月，所有数据均来自国家统计局网站和中经网统计数据库，数据处理和计算由 Eviews7. 0 完成。

图 3. 1 显示了本节选取的四大类行业周期运行态势。可以看出，在样本期内四大类行业的运行态势基本一致，即 2003—2006 年呈现出先小幅下降后小幅上升的态势，总体波动幅度较小。2007 年，随着工业经济的快速增长和经济总量的快速扩张，四大类行业出现明显的一轮上升，并于 2008 年年底达到峰值。2009 年，美国爆发的次贷危机持续蔓延形成的国际金融危机传导至我国，造成国内投资和进出口大幅下滑，2009 年一季度经济增速更是达到了 6. 4%的低点。在此背景下，工业生产和需求疲弱造成了能源需求的下降，能源类行业景气度下滑，工业生产高度相关的煤炭和石油行业下滑尤为明显。2009 年 3 月至 9 月，四大类行业主营业务收入增速先后达到了最低点，石油和天然气开采业、石油加工、炼焦和核燃料加工业、煤炭开采和洗选业、电力、热力生产和供应业主营业务收入同比分别下降 69. 8%、45%、30. 5%和 10%。2009 年底至 2010 年，为应对危机影响，政府出台了大规模刺激政策进行逆周期调控，四大类行业由底部逐渐上升，并于 2010 年达到峰值。2010 年 4 月，石油和天然气开采业、石油加工、炼焦和核燃料加工业、煤炭开采和洗选业、电力、热力生产和供应业主营业务收入同比分别增长 51. 3%、38. 4%、16. 8%和 9. 7%。2011—2016 年，随着刺激政

策的消化和国际能源价格的影响，四大类行业运行再次呈现出小幅波动的态势。其中，由于2015年国内煤炭价格和国际油价大幅下行，其运行态势出现短期的下降。而进入2016年，煤炭和钢铁等行业去产能政策效果逐步显现，PPI降幅有所收窄，行业运行势头略有回升。同时，我们还可以发现，在整个样本期内，上游开采和中游加工行业波动幅度明显大于下游行业，即采矿和石油加工对经济景气的变动较为敏感。

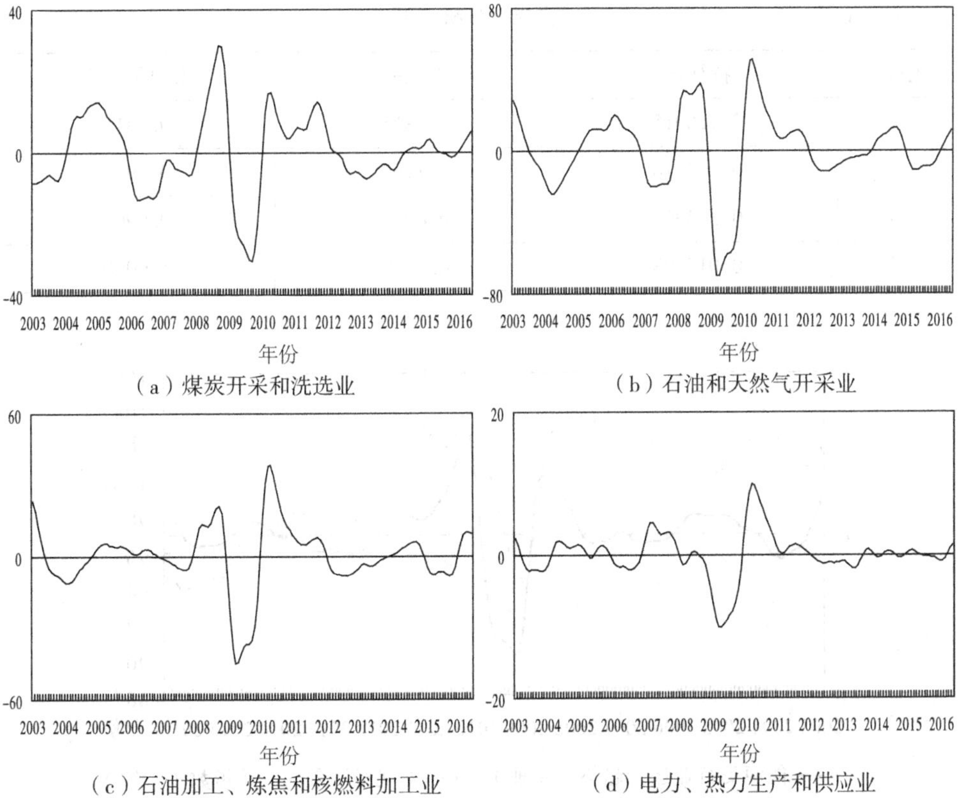

（a）煤炭开采和洗选业　（b）石油和天然气开采业

（c）石油加工、炼焦和核燃料加工业　（d）电力、热力生产和供应业

图3.1　构成能源类行业运行指数的四大类指标周期运行态势

3.1.1.2　能源类行业周期划分和波动态势分析

我们根据上一部分分离出的四个循环成分进行主成分分析，表3.1显示了计算得出的四个主成分结果。可以看出，第1主成分的贡献率为78.15%，已经能

够较好地反映4个指标的总体变动趋势。而且根据它们的特征值可以发现，第2个主成分的特征值开始明显变小(小于0.5)，说明该主成分对整体的贡献度不高，此外，第二个主成分的碎石图也出现明显的拐弯。因此，本节选择提取第一个主成分反映能源类行业的运行趋势，使用第一个主成分中各个指标的权重合成能源类行业运行指数，以此衡量能源类行业的周期性波动趋势(见图3.2中的实线)。

表3.1　　**主成分分析结果**

主成分	特征值	贡献率	累积贡献率
1	3.126015	0.7815	0.7815
2	0.463816	0.1160	0.8975
3	0.394962	0.0987	0.9962
4	0.015208	0.0038	1.0000

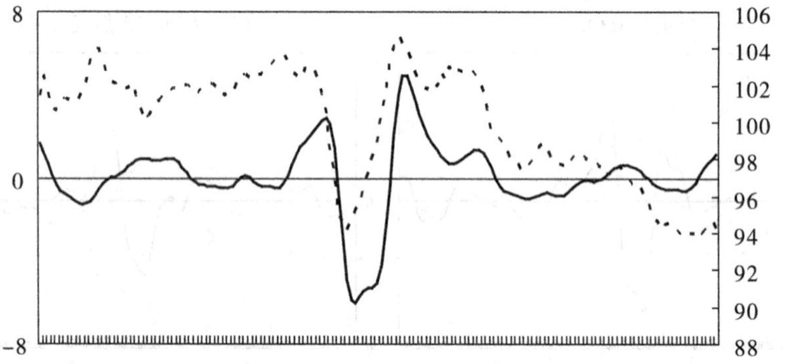

图3.2　能源类行业运行趋势和宏观经济景气一致指数

由于本节使用四大类指标的循环成分合成能源类行业运行指数，因此根据景气分析的一般规律，当指数处于0附近时，表明能源类行业运行处于均衡稳定的状态；当指数大于0时，表明能源类行业偏离稳定状态进入繁荣期；当指数小于0时，行业运行处于萧条期；当指数上升时，表明能源类行业运行趋势好转；同时，指数下降表明行业运行趋势恶化。由图 3.2 可以看出，2003—2007 年，能源类行业运行总体在 0 线上下小幅波动，其间我国工业经济和能源需求相对平稳增长，能源类行业运行也基本维持稳定。在这一区间内，能源类行业经历了一轮低波动周期，即在 2003 年年底达到谷值后，受 2003—2005 年以基建和房地产为代表的行业投资过热影响，能源类行业运行趋势持续好转并进入繁荣期，而 2006—2007 年，国家通过政策调控和清算资本项目等措施抑制局部过热，行业运行出现放缓。2007 年年底至 2009 年年初，行业运行经历了一个大波动周期，其间受 2007 年股票市场爆发式增长的带动，我国货币和投资增速大幅攀升，带动了能源类行业的繁荣；而 2008 年美国次贷危机的爆发及其传导使得我国经济增速大幅下行，因此在这一区间内，能源类行业经历了从“波峰”到“波谷”的大幅波动。2009 年年初至 2010 年，随着政府大规模刺激性政策的出台，经济出现了“V”字形反弹，行业运行再度扩张进入繁荣期，并且达到了样本区间内的最高峰值。此后，随着经济增速的持续放缓，行业运行持续收缩，并于 2012 年后再次进入低波动区间。其间，经历了 2012 年的“波谷”和 2014 年的“波峰”。

由上述分析可以看出，能源类行业周期性波动规律和宏观经济运行规律高度相关，从图 3.2 来看，能源类行业运行指数滞后于宏观经济景气一致指数。为了从数量上得出两者精确的“先行—滞后”关系，我们对能源类行业运行指数和宏观经济景气一致指数进行交叉相关性检验，结果见表 3.2。可以得出，当景气指数滞后 2 阶时，两者的相关性最高，因此，能源类行业周期波动滞后于宏观经济景气波动，滞后期为两个月。同时，两者运行规律高度吻合也表明了我们构建能源类行业运行指数的合理性。

表 3.2　**能源类行业运行指数和宏观经济景气一致指数的相关性检验**

景气指数滞后期	0	1	2	3	4	5
相关系数	0.4143	0.4779	0.5099	0.5081	0.4759	0.4202

我们进一步通过经济周期的分析方法划分能源类行业的周期个数、周期长度、转折点、扩张长度和收缩长度，更为准确地描述能源类行业的周期性波动规律。由于样本区间内第一次出现的转折点为“波谷”，因此我们采取“谷-谷”作为

一轮周期的判断标准，划分结果见表 3.3。可以看出，2003 年 1 月至 2016 年 5 月，中国能源类行业运行共经历了 4 轮完整的周期，其中，最短周期长度为 19 个月，最长周期长度达 46 个月，平均周期长度约为 3 年(35.5 个月)。特别地，在全球金融危机前后，周期长度明显缩短，表明能源类行业周期运行受经济危机的影响较大。2007 年 9 月至 2010 年 4 月，出现的两次扩张均历时 1 年，而收缩期为 7 个月。其原因在于，危机的爆发往往具有突然性、冲击力大等特征，因此会明显抑制行业的周期性扩张，而危机后我国政府果断采取的刺激性政策明显缩短了行业的周期性收缩时间。

表 3.3　　**能源类行业周期波动的阶段划分**

周期	转折点			周期长度(月)		
	波谷	波峰	波谷	扩张期	收缩期	周期
1	2003 年 11 月	2005 年 8 月	2007 年 9 月	21	25	46
2	2007 年 9 月	2008 年 9 月	2009 年 4 月	12	7	19
3	2009 年 4 月	2010 年 4 月	2012 年 8 月	12	28	40
4	2012 年 8 月	2014 年 8 月	2015 年 9 月	24	13	37

3.1.2　能源类行业周期波动对产出和价格影响的时变特征

能源类行业周期和宏观经济周期运行趋势基本一致，但是其周期性波动对产出和价格的影响规律需要进一步的实证研究，行业周期性运行规律的存在客观上也要求建立的模型应当具有时变系数。因此，我们将进一步运用时变参数向量自回归模型(TVP_VAR)分析能源类行业周期波动对产出和价格影响的时变特征。

3.1.2.1　模型和数据

首先定义一个基本的结构性 VAR 模型：

$$Ay_t = F_1 y_{t-1} + \cdots + F_s y_{t-s} + \mu_t,\ t = s+1,\ \cdots,\ n, \tag{3.1}$$

其中，y_t 是由经济变量组成的 $k \times 1$ 维向量，A 是 $k \times k$ 维联立参数矩阵，F_1，…，F_S 为 $k \times k$ 维的系数矩阵，扰动项 μ_t 为 $k \times 1$ 维的结构性冲击，本节假设

$\mu_t \sim N(0, \Sigma\Sigma)$，其中，

$$\Sigma = \begin{bmatrix} \sigma_1 & 0 & \cdots & 0 \\ 0 & \ddots & \ddots & \vdots \\ \vdots & \ddots & \ddots & 0 \\ 0 & \cdots & 0 & \sigma_k \end{bmatrix}$$

遵循现有研究的处理思路，我们假定结构性冲击的联立关系矩阵服从递归识别过程，即 A 为下三角矩阵：

$$A = \begin{bmatrix} 1 & 0 & \cdots & 0 \\ a_{21} & \ddots & \ddots & \vdots \\ \vdots & \ddots & \ddots & 0 \\ a_{k1} & \cdots & a_{k,\ k-1} & 1 \end{bmatrix}$$

因此，模型(3.1)可简写为如下的SVAR模型：

$$y_t = B_1 y_{t-1} + \cdots + B_s y_{t-s} + A^{-1}\Sigma\varepsilon_t,\ \varepsilon_t \sim N(0,\ I_k), \tag{3.2}$$

其中，$B_i = A^{-1}F_i$，$i = 1, \cdots, s$。把 B 中的行元素拉直，写成 $k^2s \times 1$ 维向量 β，并且定义 $X_t = I_s \otimes (y_{t-1}, \cdots, y_{t-s})$，其中 $\otimes$ 表示克罗内克乘积，因此模型可化简为：

$$y_t = X_t\beta + A^{-1}\Sigma\varepsilon_t, \tag{3.3}$$

上述过程构成了基本的SVAR模型，但是其中的系数和待估参数均为固定值，并不具备时变性。在此基础上，我们使得所有系数和参数都时变，进一步把模型扩展为TVP_VAR。模型形式如下：

$$y_t = X_t\beta_t + A_t^{-1}\Sigma_t\varepsilon_t,\ t = s+1, \cdots, n, \tag{3.4}$$

其中，系数 β_t、联立参数 A_t 和随即波动的协方差矩阵 Σ_t 都是时变的。模型中参数的演进有多种方式，在本节中我们沿用Primiceri(2005)和Jouchi Nakajima等(2011)的处理方式，把下三角矩阵 A_t 中非0和1的元素拉直为一列向量，即：

$$\boldsymbol{a}_t = (a_{21}, a_{31}, a_{32}, a_{41}, \cdots, a_{k,\ k-1}),\ 令\ \boldsymbol{h}_t = (h_{1t}, \cdots, h_{kt}),$$

其中 $h_{it} = \log\sigma_{it}^2$，$i = 1, \cdots, k$；$t = s+1, \cdots, n$。同样，我们也假定(3.3)中的参数服从如下的随机游走过程：

$$\beta_{t+1}=\beta_t+\mu_{\beta t},\quad a_{t+1}=a_t+\mu_{at},\quad h_{t+1}=h_t+\mu_{ht},\quad \begin{pmatrix}\varepsilon_t\\ \mu_{\beta t}\\ \mu_{at}\\ \mu_{ht}\end{pmatrix}\sim N\left(0,\begin{pmatrix}I&0&0&0\\0&\Sigma_\beta&0&0\\0&0&\Sigma_a&0\\0&0&0&\Sigma_h\end{pmatrix}\right),\ t=s+1,\ \cdots,\ n,$$

其中，$\boldsymbol{h}_t=(h_{1t},\ \cdots,\ h_{kt})$，$h_{it}=\log\sigma_{it}^2$，$i=1,\ \cdots,\ k$；并假设参数服从如下的正态分布：

$$\beta_{s+1}\sim N(\mu_{\beta_0},\ \Sigma_{\beta_0}),\ a_{s+1}\sim N(\mu_{a_0},\ \Sigma_{a_0}),\ h_{s+1}\sim N(\mu_{h_0},\ \Sigma_{h_0})$$

我们进一步对上述随机游走过程中各参数扰动项的协方差矩阵 Σ_β、Σ_a 和 Σ_h 进行设定。本节遵从大部分文献的处理方法，假定其为对角矩阵，以简化估计过程。上述 TVP_VAR 模型需要在贝叶斯推断框架下利用马尔可夫蒙特卡洛(MCMC)方法进行估计。其中，在贝叶斯框架下进行估计时，多数状态变量遵循非平稳的随机游走过程，容易造成过度识别现象，因此先验值的设定较为关键。对于随机游走过程先验值的设定，主要有两种方法，一是 Primiceri(2005)提出的假定参数先验值服从正态分布，在一个子样本区间上估计非时变参数的 VAR 模型，将估计得到的均值和方差作为先验分布的均值和方差；另一种方法是 Jouchi Nakajima 等(2011)提出的主观设定一个合理的单调先验值，并进行多次估计的稳健性检验。本节遵从第二种方法，假设参数 β、a 和 h 的先验分布为零均值的正态分布，并假定协方差矩阵的第 i 个对角元素服从如下的倒伽马分布：$(\Sigma_\beta)_i^{-2}\sim \text{Gamma}(40,\ 0.02)$，$(\Sigma_a)_i^{-2}\sim\text{Gamma}(4,\ 0.02)$，$(\Sigma_h)_i^{-2}\sim\text{Gamma}(4,\ 0.02)$。

在先验值设定完成后，我们便可利用给定的数据集合 $y=\{y_t\}_{t=1}^n$ 和先验分布 $\omega=(\Sigma_\beta,\ \Sigma_a,\ \Sigma_h)$，遵循如下 MCMC 步骤对 TVP_VAR 模型进行参数推断：(1)初始化 β，a，h，ω。(2) 取样 $\beta|a,\ h,\ \Sigma_\beta,\ y$。(3) 取样 $\Sigma_\beta|\beta$。(4) 取样 $a|\beta,\ h,\ \Sigma_a,\ y$。(5) 取样 $\Sigma_a|a$。(6) 取样 $h|\beta,\ a,\ \Sigma_h,\ y$。(7) 取样 $\Sigma_h|h$。(8)返回到(2)。其中，在第二步和第四步中，我们借助于 DeJong 和 Shephard (1995)以及 Durbin 和 Koopman(2002)所使用的模拟滤波器完成取样。在第六步中，我们借鉴 Shephard 和 Pitt(1997)的思路，采用多次移动取样方法。在第三、第五和第七步中，我们直接使用共轭先验下的伽马分布中生成的样本。关于该模型参数估计方法更为全面的介绍可参考 Primiceri(2005)和 Jouchi Nakajima 等(2011)，本节不再赘述。

在上述模型框架下，我们选取能源类行业运行指数、工业增加值、CPI 和 PPI 四个变量进行计算。其中，能源类行业运行指数由本节第二部分计算所得，工业增加值选取其累计实际同比增长率，价格方面，选取 CPI 和 PPI 的同比增长率。所有数据均为月度数据，样本区间为 2003 年 1 月—2016 年 5 月，工业增加值、CPI 和 PPI 数据来源于中经网统计数据库，数据的描述性统计见表 3.4。可以看出，在样本区间内，无论宏观经济变量还是能源类行业运行指数均围绕平均值上下波动，但是从标准差、最大值和最小值可以看出，其波动幅度相对较大。特别地，能源类行业运行指数均值为 0，表明其周期性波动态势较为对称，即扩张和收缩时间以及幅度大体相当。经单位根检验，所有序列均至少在 10%的水平下平稳，可以用于时间序列建模，根据滞后准则，本节模型选取 2 阶滞后期，计算过程由 Matlab2008 完成。

表 3.4　　**模型使用数据的描述性统计**

变量	工业增加值增速(%)	CPI 增速(%)	PPI 增速(%)	能源类行业运行指数
均值	13.20	2.73	1.49	0.00
标准差	4.87	2.08	4.54	1.77
最大值	28.43	8.7	10.10	4.96
最小值	-2.40	-1.8	-8.20	-5.99

3.1.2.2 估计结果和时变脉冲响应分析

首先，我们选择包含 1000 个样本的预模拟期(Burn-in Period)进行预模拟，此后选择 $M=10000$ 的常规模拟样本长度。表 3.5 给出了模型部分参数后验分布的均值、标准差、95%置信区间、Geweke 收敛诊断值以及无效影响因子。

Geweke 收敛诊断值表示了前 n_0 个序列和后 n_1 个序列的一个对照，用于测定 MCMC 模拟产生的样本序列的平稳性，定义如下：

$$CD = (\bar{x}_0 - \bar{x}_1) / \sqrt{\hat{\sigma}_0^2/n_0 + \hat{\sigma}_1^2/n_1}\,,\quad \bar{x}_j = \frac{1}{n_j}\sum_{i=m_j}^{m_j+n_j-1} x^{(i)}\,, \tag{3.5}$$

其中，$x^{(i)}$ 表示第 i 个序列。如果 MCMC 模拟产生的样本为平稳序列，那么

Geweke 收敛诊断统计量将收敛于一个正态分布。根据本节的模拟样本长度，在计算中我们设定 $m_0=1$，$n_0=1000$，$m_1=5001$，$n_1=5000$。模拟样本量和无效影响因子的比值即为模拟所产生不相关样本的个数。从表3.5的统计诊断结果来看，在5%的显著性水平下，模型各参数均不拒绝原假设，即均收敛于后验分布，无效影响因子最大值为48.06($(\Sigma_a)_2$)，表明我们至少可以得到10000/48.06≈208个不相关样本。上述结果表明，10000的模拟样本数量对于参数估计而言是足够的，模型估计取得了良好的效果。

表3.5 **TVP_VAR模型参数估计结果**

参数	均值	标准差	95%置信区间	Geweke 收敛诊断值	无效影响因子
$(\Sigma_\beta)_1$	0.0234	0.0147	[0.0073, 0.0636]	0.01	40.25
$(\Sigma_\beta)_2$	0.0067	0.0020	[0.0037, 0.0117]	0.00	13.86
$(\Sigma_a)_1$	0.0056	0.0016	[0.0035, 0.0095]	0.03	42.91
$(\Sigma_a)_2$	0.0055	0.0018	[0.0014, 0.0098]	0.61	48.06
$(\Sigma_h)_1$	0.0495	0.1190	[0.0034, 0.4559]	0.00	16.84
$(\Sigma_h)_2$	0.0061	0.0022	[0.0021, 0.0121]	0.69	36.22

基于上述估计结果，我们计算了能源类行业运行指数冲击对工业增加值、CPI和PPI的影响。由于系数具有时变性，我们可以基于不同的时点计算脉冲响应函数，进而对比不同时期其影响的差异性，本节选择了2009年4月、2010年4月和2015年1月三个代表性时点。选择上述时点的好处是可以对比分析在能源类行业运行的繁荣期和萧条期，其产出效应和价格效应的差异性。根据第二部分的划分，2009年4月是第三轮周期的起点（波谷），因而代表行业运行的萧条期；2010年4月是第三轮周期中的波峰，代表行业运行的繁荣期。我们选择第三轮周期进行分析的原因在于，第三轮周期波动幅度明显大于其他周期，因而对其冲击效应也更为明显，更加具有代表性。特别的，为了考察经济发展新常态下能源类行业对产出和价格影响的新特征，我们同时选择了2015年1月进行分析。

由图3.3可以看出，能源类行业运行指数发生一标准差大小的冲击后，工业增加值在3个代表性时点的响应态势基本一致，即在2个月后达到正向响应的峰值，此后其影响不断减小。但是，在3个时点上，能源冲击对工业增加值的影响幅度存在明显的差异性。具体来看，在能源类行业运行的萧条期(2009年4月)，能源行业的正向冲击可以短期促进产出增长，其持续期为5个月，此后在中长期将对产出增长产生抑制作用。可见，在萧条期试图通过能源大量投入刺激经济增长的方式仅存在短期效应，其长期危害需要引起足够的重视。在能源类行业运行的繁荣期(2010年4月)，能源冲击对产出造成了持续的正向影响，即能源类行业景气度提升可以明显促进产出的增长。这一结果也符合我国历史经济发展规律，煤炭、石油和电力等行业产出和效益明显提升的时期也正是经济快速增长时期，表明我国经济增长对能源的依赖程度相对较高。从新常态时期(2015年1月)来看，其响应形态和能源类行业的萧条期较为类似。当前，我国经济增长下行压力不断加大，受产能过剩、工业有效需求不足以及国际能源价格波动的冲击，我国能源类行业景气度处在相对的历史低位。因此，现阶段不宜继续通过大量能源投入促进产出增长，也不应对一些大型的能源类僵尸企业进行扶持，而需要坚定不移地通过供给侧结构性改革化解产能过程，在未来较长时期实现能源类行业效益的提升。

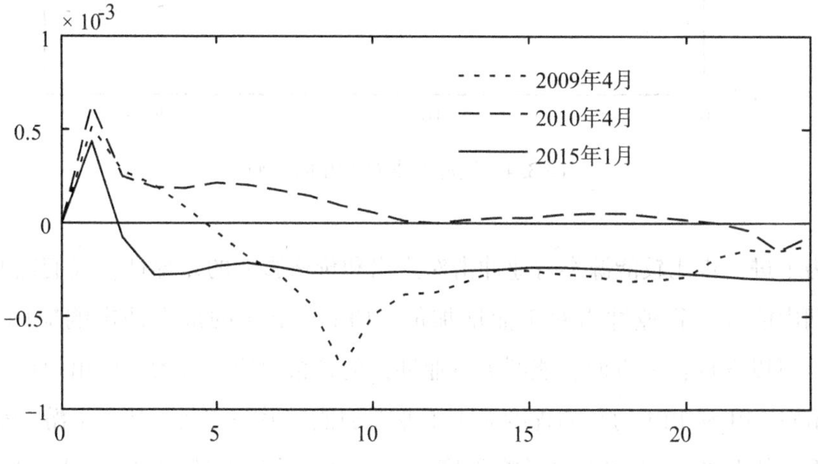

图3.3　能源冲击对工业增加值的影响

从价格效应来看(见图3.4和图3.5)，在三个不同时期，能源类行业冲击对

CPI和PPI的影响形态基本一致，在第2或第3个月，其正向影响效应达到最大，此后能源类行业对价格水平的影响效果不断下降，但在不同时期其影响程度存在显著差异。在能源类行业运行的萧条期，能源冲击对价格水平的正向影响持续期为6个月左右，此后能源类行业运行水平的提升将抑制价格水平的上升，即能源冲击对价格水平的影响也仅具有短期效应，不具有长期效应。上述结果表明，在萧条期，通过能源投入刺激价格水平回升和扶持能源类行业发展的模式不可持续，此类政策将在未来导致价格水平的进一步下行，甚至造成通货紧缩。反之，在能源类行业发展的繁荣期，能源冲击对价格水平的正向影响既具有短期效应，又具有长期效应，即当能源类行业景气度较高时鼓励和促进行业的健康发展有利于价格水平的回升。从新常态时期来看，其影响效应和能源类行业发展的萧条期较为类似，即在较长时期能源正向冲击将抑制价格水平的提升。

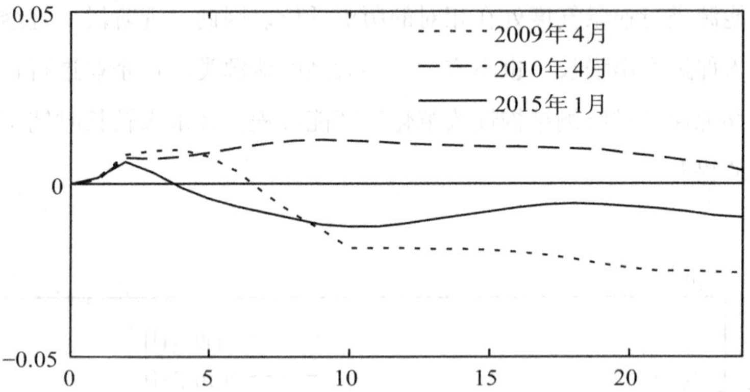

图3.4　能源冲击对CPI的影响

为了进一步比较能源类行业冲击对产出和价格影响的差异性，我们绘制了全样本期内能源类行业冲击对工业增加值、CPI和PPI的最大冲击响应图(见图3.6)。可以发现：一方面，能源类行业冲击的价格效应明显大于产出效应，即能源冲击对CPI和PPI的影响程度大于工业增加值；另一方面，从上下游价格的比较来看，能源冲击对PPI的影响程度大于CPI。导致上述结果的原因如下：其一，能源类行业对价格比较敏感，煤炭、电力和国际油价等价格波动和能源类行业运行之间存在显著的联动关系，而能源价格变动也很容易传导至其他工业品和

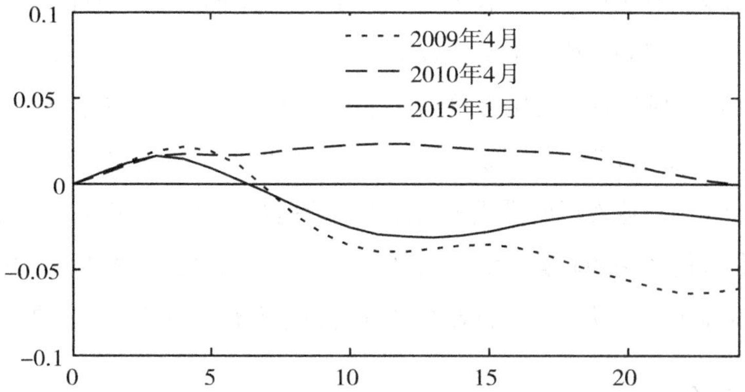

图 3.5 能源冲击对 PPI 的影响

部分消费品；其二，能源类行业仅仅是工业行业中的一部分，其周期性波动并不能决定整个行业的运行态势；其三，能源类行业自身属于工业，其产品价格变动本身属于 PPI 的范畴，同时其行业景气度的变化会以较快速度传导至其他工业品进而影响 PPI，但是其景气度和价格变化向消费品销售环节的传导相对较慢甚至可能出现阻塞。

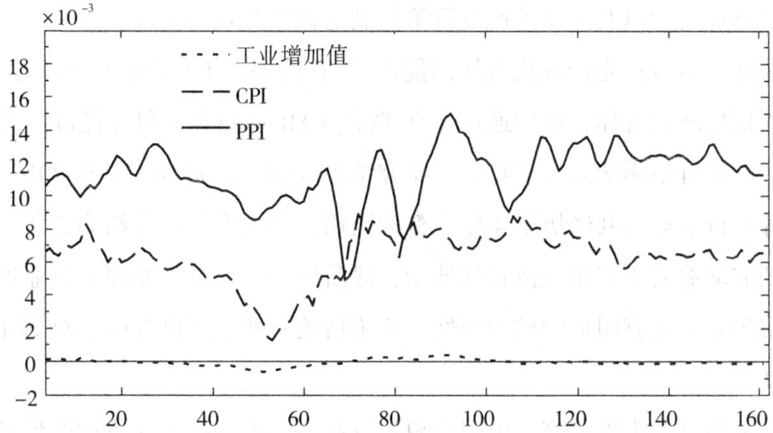

图 3.6 时变脉冲响应比较

综合来看，能源类行业冲击对产出和价格的影响具有明显的顺周期性，即在行业发展的繁荣期，其正向冲击可以持续提升产出水平和价格水平，而在萧条期，其影响仅具有短期效应，长期看不利于产出水平的增长和价格水平的回升。从能源冲击对产出和价格影响的比较来看，其价格效应强于产出效应，对 PPI 的影响大于 CPI。现阶段，我国经济增长下行压力加大，CPI 在低位运行，PPI 持续负增长，能源类行业也处于景气度相对较低的时期。鉴于此，通过加大能源投入和扶持能源类行业发展的模式不仅无法持续提升产出和价格水平，而且也不符合当前提倡节能环保的趋势，需要通过长远布局，化解过剩产能，从供给端提升优质企业的竞争力，从而促进行业和经济发展进入新一轮的上升周期。

3.1.3　结论

改革开放 40 多年以来，中国经济实现了持续的高速增长，其间能源类行业的快速发展和能源消费的持续增长成为支撑经济增长的重要动力。现阶段，随着潜在增速的趋势性下降、国际和国内供需因素的冲击以及能源和资源约束趋紧，我国经济发展进入新一轮的下行周期。在此轮周期中，传统能源的产能过剩和新型能源供给不足使得我国能源类行业下滑速度加快，主要依靠能源类行业发展的省份经济增速出现下滑。那么，我国能源类行业周期性波动规律如何？其对宏观经济的影响程度和时变特征如何？理解上述问题可以帮助我们更为全面地理解中国能源类行业运行以及为相关产业政策的制定提供有效的参考。

鉴于此，本节首先选取代表性的能源类行业指标构建能源类行业运行指数，分析其周期性波动规律，然后通过建立 TVP_VAR 模型实证研究能源类行业周期波动对产出和价格影响的时变特征。研究结果表明，2003 年 1 月至 2016 年 5 月，中国能源类行业运行共经历了 4 轮完整的周期，平均周期长度约为 3 年；能源类行业周期波动滞后于宏观经济景气波动，滞后期为 2 个月；能源类行业冲击对产出和价格的影响具有明显的顺周期性，其价格效应强于产出效应，对 PPI 的影响大于 CPI。

就实证结果和表象而言，中国能源类行业和宏观经济景气波动态势具有明显的周期相似性，能源在我国工业经济发展中扮演了重要的角色，尤其是能源冲击对 PPI 具有显著的影响，产生这一现象的深层次原因需要进一步探讨。从本质来看，这一现象折射出我国长期以来经济发展方式和生产技术水平的落后。中华人民共和国成立初期，恢复生产和建立完善的工业体系成为亟待解决的任务，在此期间能源相对短缺。而改革开放之后，随着现代工业体系的不断完善和能源供给的增加，我国能源消费开始持续增长，尤其是2000年以来能源投入更是出现高速增长。可见，过去我国经济的快速增长一定程度上表现为能源依赖型，生产技术水平的相对落后也导致了单位产值依赖于更多的能源投入，我国学者大量的研究也证实了这一结论。当前，在“稳增长”和“环境保护”的双重压力下，逐步摆脱经济增长对能源的过度依赖，实现经济发展方式的转变和技术水平的提升已迫在眉睫。

基于研究结果和讨论，我们得出如下的政策启示：第一，现阶段能源类行业和宏观经济周期运行规律较为相似，其运行滞后于宏观经济景气指数，可以作为判断宏观经济运行的滞后指标。应当通过对能源类行业运行规律的分析，对宏观经济景气一致指数的趋势和先行指数的预警进行验证、评价和完善，从而实现对宏观经济运行趋势更为准确的判断和预测。第二，在当前宏观经济下行、消费品价格低位增长、工业品价格下降和能源类行业发展不景气的背景下，通过能源规模扩张和扶持能源类行业发展以刺激经济和价格水平回升的政策难以为继，甚至会起到适得其反的效果。应当坚定不移地推进供给侧结构性改革，通过对能源类行业的去产能和清理僵尸企业扭转供需失衡现状，在未来较长时期实现行业效益的改善和价格水平的回升。第三，当前我国能源类行业运行对宏观经济的影响依然十分明显，这在一定程度上降低了宏观经济对国际能源冲击的防御能力。因此，应继续推进产业转型升级和结构调整，最大限度降低国际能源供给和价格波动对经济的影响。一方面，在工业内部加大战略性新型产业等高技术制造业的比例，减少对能源类行业的依赖；另一方面，继续促进第三产业占比的提升，使产业结构更趋合理。第四，我国工业体系仍处于迈向中高端水平的关键时期，节能降耗和经济增长之间不可避免地存在矛盾。因此，应当持续推进能源结构调整，大力开发清洁型的新能源，在长期促进清洁能源对传统化石能源的逐步替代，实现能源集约型和环境友好型的经济发展方式。

3.2　不确定性、油价与汇率对中国宏观经济的冲击影响

能源系统作为一个复杂的系统，其发展过程中极易受到多种来自外部环境的

不确定性因素的影响。不确定性与原油市场之间是紧密联系、密切相关的。不确定性因素的变动会在不同程度上对原油价格产生正向或负向的影响，同时原油价格的剧烈波动也会使经济政策、政治环境以及市场恐慌程度发生相应的变化。它们之间的交互关系不仅多样且呈现出动态特性，会随着时间、频率及价格水平的变动表现出不同的特性，因素之间的相互影响关系共同形成了开放动态的复杂系统。经济政策不确定性指数与原油市场间的交互影响作用主要集中在中长期内，且呈现出持续时间较长，交互关系随时间变化和对经济危机事件敏感的特征(冯钰瑶，刘畅和孙晓蕾，2020)。

经济政策不确定性会对实体经济产生重要影响，同时也会对价格变量产生冲击，例如房价、汇率和股价等都会因此而变化(冯美星，2017)。不确定性和原油收益率之间也具有动态的相互关系，并且油价对不确定性的冲击远远大于原油期货(朱德忠和王茜，2017)。欧美地区不同币种之间的汇率与油价之间的相关关系是负向的，并且这种关系较为强烈，而日元与人民币汇率与油价之间的相关关系时常表现为正向的，不过这种相关关系相对较弱(付哲，2019)。

主观上的经济不确定性也会对经济产生影响，例如美国主观的经济不确定性会导致人民币贬值，减少人民币汇率的变化，而中国主观的不确定性会增加人民币汇率的波动幅度(闫帅，2018)。中国外汇市场干预具有平滑人民币汇率变动的作用，且相对于外汇卖出操作而言，外汇买入操作平滑人民币汇率变动的效果更加明显；中国外汇市场干预能够起到降低人民币汇率波动的作用，汇率的不确定性上涨意味着人民币汇率的波动程度上升，同时也一定会带来人民币贬值的结果。

不确定性对汇率市场存在负向的影响，并且这种影响也不是一成不变的，长期情况下，这种影响的冲击会更加严重。另外，这种影响在不同国家的效果也并不相同，例如中美两国之间就存在很大的差距，尽管不确定性的增加会带来汇率的变化，但美国经济政策不确定性对汇率波动率的长期影响远大于中国，从期限结构来看，经济政策不确定性对远期汇率波动率的长期影响逐渐递减。对比不确定性对汇率的收益率和波动率存在的溢出效应，我们发现不确定性对人民币汇率的溢出效应更多地体现在波动率上而不是收益率上(王凯，2019)。

国际油价与汇率的关系更加复杂，对此进行分析时不能视同一律，而要结合所探究的具体问题。国际油价的上涨会明显增加人民币升值的压力(周欣和何嘉庆，2015)，油价对人民币汇率的影响主要来源于两方面，即国际收支和国内经济。反过来，人民币汇率的影响传递至国际油价有三种途径，分别是定价、投资以及货币市场(陈羽瑱，2017)。

在油价变动与汇率之间的关系方面，赵茜(2017)认为人民币汇率会受到油价变动的显著影响，油价变动对汇率的冲击具有一定的持久性，它是影响汇率变动的一个重要因素。王三和韩俊(2019)则发现 WTI 实际油价与中美汇率呈反向变动关系。离岸人民币汇率与 WTI 价格在长期内显著表现出反向变动的关系(黄广仪，2019)，由需求因素引起的国际石油价格波动对中美汇率水平的影响在程度和方向上具有强时变性，并且人民币汇率水平对国际石油价格的影响力显著增强且影响的方向性明显(王浩宇，2020)。国际油价收益率与人民币汇率收益率间维持着较高的负相关关系，也就是说国际油价上涨，人民币汇率下降，由此则很可能会导致国际油价下跌。国际油价收益率与人民币汇率收益率间维持着稳定的动态相关关系且持续性良好，这说明油价与人民币汇率间存在波动溢出效应(闻卓，2018)。

通过对文献的阅读与归纳，我们可以发现经济政策不确定性、油价以及汇率的波动都会对产出、物价以及失业率等方面产生经济影响。同时根据对现有文献的分析研究情况，可见当前研究文献中常只探究国际油价或不确定性对经济状况的冲击影响，却未曾将不确定性、油价与汇率三者相互联系起来，兼顾它们对我国宏观经济的冲击情况。另外现有文献对于此类问题大多主要基于传统计量模型进行研究分析，这样在经典计量模型的某些假设不成立时，结果难免会出现偏差。对于以上问题，本节尝试引入小波工具，并使用 SVAR 模型来进行实证研究。

本节主要着眼于从不确定性、油价和汇率波动三个方面，总结国内外对此类问题的研究现状。不确定性、油价以及汇率的波动都会对产出、物价、进出口以及失业率等方面产生影响。另外它们之间也存在一定的相互关系，从而对经济产生影响，因此研究它们对我国宏观经济的影响情况是具有应用价值和现实意义的。宏观经济受影响状况示意图见图 3.7。

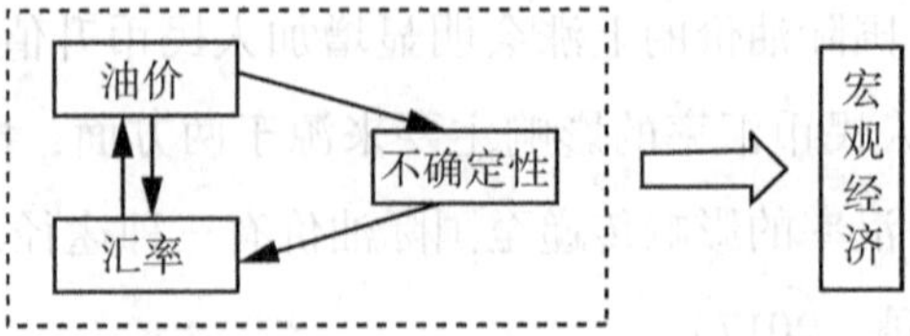

图 3.7　宏观经济受影响状况示意图

3.2.1　指标选取和数据来源

(1)经济政策不确定性指数(EPU)。经济政策不确定性指数是反映经济体发展状况不确定性的指数。美国的不确定性指数包括新闻指数、税法法条失效指数和经济预测差值指数三个组成部分，而在中国，不确定性指数的计算仅指上面的第一部分，即新闻指数。新闻指数是通过对大型报社的文章中与经济政策相关内容的计算，用以衡量经济政策的不确定性，其获取办法是通过关键词进行相关文章的选择，并进行统计和标准化处理。

(2) WTI 原油价格(WTI)。WTI 原油价格全称为 West Texas Intermediate (Crude Oil)。美国在世界上一向保持着稳定的国际地位，WTI 原油价格也理所当然地成为全球油价的定价标准，国际上虽然还有一些其他的基准油价，但这些原油定价大多数时候也还是跟随 WTI 原油价格而变动的，因此本节的研究使用 WTI 原油价格为油价指标。

(3)人民币名义有效汇率(EER)。有效汇率是一种加权平均汇率，它通常用来衡量一国在贸易方面的竞争能力，同时也可以用来研究货币危机，或以此来评判一国生活水平的高低。但人民币实际有效汇率由于已经剔除了通胀带来的冲击，变得不再适用于本节的研究，因此本节选择了人民币名义有效汇率作为汇率指标进行研究分析。

(4)宏观经济指标。对于宏观经济的代表，本节根据相关文献的阅读与总结，选择使用国内生产总值(GDP)、消费价格指数(CPI)、生产者价格指数(PPI)、失业情况(UNE)和进出口总额(IEP)来进行衡量(徐华林，2014)。

国内生产总值(GDP)是指按国家市场价格计算的一个国家所有常驻单位在一定时期内生产活动的最终成果，在一般情况下，GDP 都被认为是衡量国家经济状况的最佳指标。

消费价格指数(CPI)即居民消费价格指数，是度量一定时期内居民消费商品和服务价格水平总体变动情况的相对数，综合反映居民消费商品和服务价格水平的变动趋势和变动程度。

生产者价格指数(PPI)即工业生产者出厂价格指数，是衡量工业企业产品出厂价格变动趋势和变动程度的指数，能够反映一定时期内生产情况的变动，对于相关政策的制定和经济的核算也是十分重要的依据。

进出口总额(IEP)是指实际进出国家的货物总金额。进口额代表某一时期国家由外向内进口商品的总额，出口额则代表这一时期国家由内而外出口货物的总额，进出口意味着国家在国际上的交流，是一国发展的重要内容，在当今紧密联系的世界上，进出口对于国家发展的意义至关重要。

失业情况(UNE)是指城镇登记失业人数，也就是一定时期满足就业条件的就业人口中未参加工作的那一部分人口，它在反映一国或某一地区的失业水平方面起着重要的作用。

以上所提到的数据来源如表 3.6 所示：

表 3.6 **数据来源**

变量		数据来源
不确定性	经济政策不确定性指数(EPU)	斯坦福大学和芝加哥大学
油价	WTI 原油价格(WTI)	美国能源情报署
汇率	人民币名义有效汇率(EER)	国际清算银行
宏观经济指标	国内生产总值(GDP)	国家统计局
	消费价格指数(CPI)	
	生产者价格指数(PPI)	
	进出口总额(IEP)	
	失业情况(UNE)	

3.2.2 指标预处理

本节研究所用的数据中，不确定性、油价与汇率以及宏观经济数据均为 1997

年 1 月至 2020 年 3 月的月度数据，为了保证对数据进行分析的可行性，需要对数据进行预处理。

(1)由于国内生产总值为季度数据，而失业情况为年度数据，因此为了保证不同变量数据间的匹配性，假设国内生产总值在一季度内按均匀速度变化，失业情况在一年内按均匀速度变化，由此生成两个变量相应的月度数据(吴振信，薛冰和王书平，2011)。

(2)由于消费价格指数为环比指数，而生产者价格指数在 2011 年之前的数据为同比指数，在 2011 年之后才能直接收集得到环比指数，因此直接下载得到的基础数据需要进行计算处理，即将消费价格指数和生产者价格指数转化为以 1997 年 1 月为基期的定基指数。

完成以上步骤，即基础数据准备完成后，数据的基本情况如表 3. 7 所示：

表 3. 7　　主要变量的描述性统计

变量名	样本数	均值	标准差	最小值	最大值
EPU	279	186. 302	193. 326	9. 067	970. 830
WTI	279	55. 983	28. 417	11. 310	134. 020
EER	279	101. 418	12. 150	80. 710	126. 540
GDP	279	100750. 376	73650. 485	16689. 100	278019. 700
CPI	279	126. 190	22. 070	97. 645	170. 126
PPI	279	107. 620	10. 317	89. 487	123. 692
IEP	279	200012371. 649	133315123. 006	17575612	429324834
UNE	279	828. 031	142. 143	554. 800	1126. 731

(3)根据各指标的线性趋势图分析，初步发现各序列在一年的不同月份里存在较为明显的周期变动。通过检验确定各项宏观经济指标及油价、汇率和不确定性指标序列存在季节性，并使用 X-12 方法对各序列进行调整。

(4)最后，本节的研究需要序列满足平稳的条件，因此需要对所有研究的变量进行单位根检验，如果出现不平稳的情况，则需要对其进行差分以满足平稳性的条件。在这一过程中，如果序列在进行 i 次差分之后可以保持平稳，我们就认

为这一序列是 i 阶单整的。在本步骤的操作中，各变量的平稳性检验结果以及差分的情况如表 3.8 所示：

表 3.8　　平稳性检验结果

原始变量			一阶差分变量		
变量名	ADF 统计量	平稳情况	变量名	ADF 统计量	平稳情况
EPU	-0.010	非平稳	DEPU	-16.973***	平稳
WTI	-1.043	非平稳	DWTI	-11.313***	平稳
EER	1.001	非平稳	DEER	-11.441***	平稳
GDP	2.565	非平稳	DGDP	-1.709*	平稳
CPI	2.241	非平稳	DCPI	-4.329***	平稳
PPI	0.771	非平稳	DPPI	-7.086***	平稳
IEP	1.237	非平稳	DIEP	-17.623***	平稳
UNE	2.736	非平稳	DUNE	-2.110**	平稳

注：*、**、*** 分别表示在 10%、5%、1%的置信水平下拒绝原假设。

3.2.3 不确定性、油价与汇率之间的联动分析与比较

3.2.3.1 小波分析方法理论基础

(1)小波分析原理。在对时间序列的研究中，时域和频域是非常重要的两个部分，这两个部分的侧重点有所不同，其中时域方面的分析可以定位时间，但无法获取频率信息，而频域分析虽然可以准确地对频率的变动进行定位，但却有一个绝对性的前提条件，那就是要求序列的平稳。在经济问题的研究中，我们遇到的序列大都是不平稳状态的，这样的序列存在趋势和周期，甚至还含有随机性和突变性，它们属于多时间的尺度结构，并且包含着多层次的演化规律。对于这一类序列的研究，显然我们需要将时域和频域同时纳入考虑，仅仅谈一方面是完全不够的。这时一种具有时-频域多分辨功能的小波方法的出现，为更好地处理此类问题带来了希望，这一方法不仅可以表现出序列中周期的变化，还能反映不同

时间尺度上频率出现的波动。

小波方法最早是由法国学者 J. Morlet 提出的，这种方法是通过对信号进行分界，结合频率的不同以及时间的不同，同时得到时频两域的结果，达到时-频分析的目的，其中长度较短的小波表示时间序列的高频特征，而长度较长的小波表示低频特征。相对于许多传统分析方式，小波分析是近 30 年新出现的一种工具，能够提取不同的周期，解释时间序列的频率特征，还能同时在时-频两域反映信号变化的特点以及表现不同时间序列之间局部的动态关联性。

小波分析的基本思想是：使用一簇小波函数系来逼近某一函数，小波函数是小波分析的关键，它是指具有震荡性，能够迅速衰减到零的一类函数，小波函数 $\psi(t) \in L^2(R)$ ，且满足：

$$\int_{-\infty}^{+\infty} \psi(t)\,\mathrm{d}t = 0 \tag{3.6}$$

式(3.6) 中，$\psi(t)$ 为小波基函数，它可以通过尺度的伸缩和时间轴上的平移构成一簇函数：

$$\psi_{a,\,b}(t) = |a|^{-\frac{1}{2}}\psi\left(\frac{t-b}{a}\right) \quad \text{其中 } a,\ b \in R,\ a \neq 0 \tag{3.7}$$

式(3.7) 中，$\psi_{a,\,b}(t)$ 为子小波；a 为尺度因子，反映小波的周期长度；b 为平移因子，反映时间上的平移。

进行小波分析有一个非常重要的前提条件，那就是要选择适合的小波基，对于同一序列，如果小波基函数有所差别，那么结果也会有所不同，因此在使用这一方法时，我们需要比较不同小波的处理结果与理论依据之间的误差，来确定小波基函数的优劣，依次进行小波基函数的选择。

(2)连续小波变换与 Morlet 小波。若$\psi_{a,\,b}(t)$ 是由式(3.7) 给出的子小波，那么对于给定信号 $f(t) \in L^2(R)$，其连续小波变换为：

$$W_f(a,\ b) = |a|^{-\frac{1}{2}}\int f(t)\ \bar{\psi}\left(\frac{t-b}{a}\right)\mathrm{d}t \tag{3.8}$$

式(3.8) 中，$W_f(a,\ b)$ 为小波变换系数，$f(t)$ 为一个平方可积函数，a 为伸缩尺度，b 为平移参数，$\bar{\psi}\left(\frac{t-b}{a}\right)$ 为 $\psi\left(\frac{t-b}{a}\right)$ 的复共轭函数。

由式(3.8) 可以表现出小波分析的基本原理，即通过变动 a 来得到不同频率的信息，对信号的具体内容进行获取，完成信号在不同时间和空间的特征分析，其中最重要的步骤是小波系数的获取以及对序列的时频变化情况进行分析。

在对数据真正的分析应用中，我们主要通过比较小波分析方法处理结果的误差来进行最优小波基的选择。根据这些差异，每种小波都由于自身的特点，有其最佳的应用领域，用于表征各类数据特征。本节实证采用 Morlet 小波进行连续小波变换，该小波常被用于经济金融数据分析中研究序列的振幅和相位，Morlet 小波是高斯包络下的单频率复正弦函数：

$$\psi(t) = Ce^{-\frac{t^2}{2}}\cos(5x) \tag{3.9}$$

其中 C 是重构时的归一化常数。

(3) 平方小波相干系数。将小波系数的平方值积分，可以得到小波方差的结果，即

$$\mathrm{Var}(a) = \int_{-\infty}^{\infty} |W_f(a,\ b)|^2 \mathrm{d}b \tag{3.10}$$

小波方差随 a 的变化过程就是小波方差图，由式(3.10)可知，小波方差图表现的是信号波动的能量随尺度 a 的分布。

小波相干是两序列的小波交叉变换系数与各序列连续小波变换系数的乘积的比值，在一维信号分析中可用于研究两序列在特定时-频域的局部相关性。“平方小波相干系数”的概念由 Torrence & Webster 提出，用来度量两序列的时频共移性，具体定义为：

$$R_n^2(s) = \frac{|(s^{-1}W_n^{XY}(s))|}{(s^{-1}|W_n^X(s)|^2)(s^{-1}|W_n^Y(s)|^2)} \tag{3.11}$$

式中，$R^2(s)$ 表征序列间的相互依赖程度，当 $x(t)$ 与 $y(t)$ 依赖性较弱时，平方小波相干系数值接近于 0；当依赖性较强时，接近于 1。由于 $R^2(s)$ 分布未知，在进行功率谱分析时，其统计显著性通过蒙特卡罗模拟获得。

小波相干相位差用于捕获两个时间序列在时频空间中的负向或正向相关关系以及序列之间的领先-滞后结构。Torrence 和 Webster 将小波相干相位差定义为：

$$\varphi_{xy}(s) = \tan^{-1}\left(\frac{\Im(s^{-1}(W_n^{XY}(s)))}{\Re(s^{-1}(W_n^{XY}(s)))}\right) \tag{3.12}$$

其中，$\Im$ 和 $\Re$ 分别表示功率谱的实部以及虚部。时间序列之间的相位关系为：当箭头指向右(左)侧时，序列同(反)向变动，呈正(负)相关；当箭头朝下(上)时，第二(第一)序列将引导第一(第二)序列。

3.2.3.2　不确定性、油价与汇率的波动情况分析

在实证分析的小波功率谱分析结果中，根据频率的时间间隔长度将频域进行划分，对应短、中、长期冲击依次划分为高、中、低频，规定短期对应的频域为1~8个月，中期对应的频域为8~32个月，长期则为32个月以上的频域带。

由于小波变换计算过程是以数据序列的循环为前提，这使得对有限长度的时间序列计算小波功率谱时，计算结果会在谱分析的开始和结束处产生误差。对于这一情况，本节使用影响锥(COI)表示谱分析结果的有效区域以及边缘效应，在COI边缘处小波谱值会下降e^{-2}。

对不确定性、油价和汇率进行Morlet连续小波变换，并进行功率谱转换，得到它们时频波动状况的谱分析图。图3.8表示经济政策不确定性的波动状况。从图中可以看出经济政策不确定性在时-频域内的波动较少；在1997—2017年基本处于平稳状态；仅在2010年至2012年之间有轻微的1至3个月的短期波动，并在2016—2018年有1至2个月、3~6个月的短期波动，较为明显的波动出现在2019—2020年，存在1至3个月的短期波动；同时2019—2020年的时-频高能量区域也对应着中国经济政策不确定性明显上升。

总的来说，中国经济政策不确定性在2019年产生明显的分界点，比起之前平稳或仅有微小波动的情况，2019年后不确定性的波动明显剧烈化。这说明在我国经济政策不确定性相比之前的稳定情况，出现了较为明显的变动。这是因为2018年二季度和三季度的中美贸易摩擦导致了较高的不确定性，而且在2019年国内政策、经济规则以及全球政治局势的不确定，也导致了经济政策不确定性的明显波动。

国际油价在1997—2020年的波动状况如图3.9所示，可以看出国际原油价格存在波动的时-频域为：2005年至2007年1到6个月的短期波动，2007年至2010年8至16个月的中期波动，2012到2013年和2015到2016年3至6个月的短期波动，以及2018年至2019年1到8个月的短期波动。

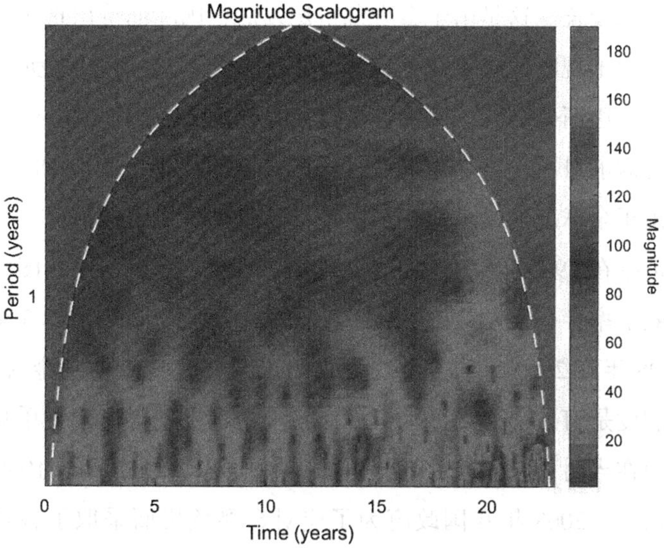

注：线条轮廓区域表示在5%的置信水平下具有统计显著性。

图3.8 不确定性连续小波功率谱

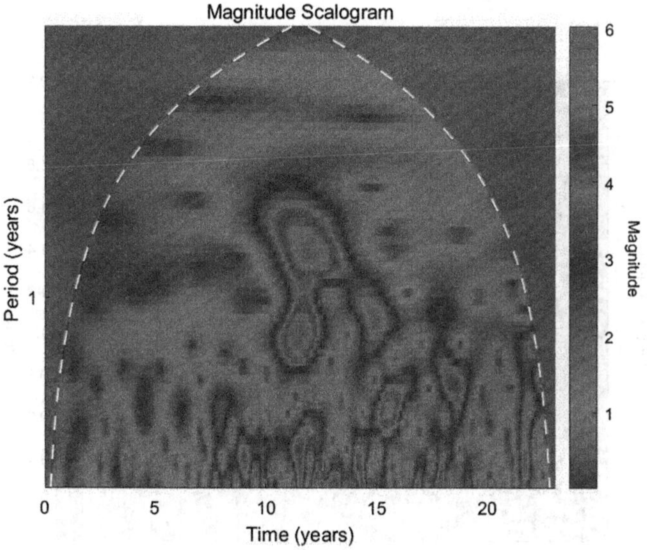

注：线条轮廓区域表示在5%的置信水平下具有统计显著性。

图3.9 油价连续小波功率谱

其中最为明显的波动出现在2007年至2010年，这段时间国际油价波动频率相对较低，时间较长。这是由于金融危机爆发后，国际油价出现了迅速上升的形势，达到峰值后出现断崖式下跌，仅半年后下跌程度达到80美元以上，金融危机之后全球经济逐渐好转，国际油价回升。另外2013年和2016年的短期波动是由于对石油的需求量减少，从而降低了进口石油的数量，而2018年至2019年的短期波动是由于全球原油供求的变动，使油价处于不稳定的情况。

人民币汇率在1997—2020年的波动状况如图3.10所示，从图中可以看到人民币名义有效汇率存在波动的时-频域为：1997年至1998年1到5个月的短期波动，以及2008年到2009年约1至6个月的短期波动。1997年金融危机发生时，中国的汇率制度是钉住美元的浮动汇率制，危机爆发使得大量货币兑美元的汇率贬值，人民币在当时的升值趋势变得更加陡峭，使得1997年至1998年人民币汇率指数快速增长。2008年我国政府为了应对金融危机而采取了各种政策，当时的应对举措激发了外汇市场的流动性，导致人民币汇率持续下跌，然而汇率下跌又促进了出口，加速国内经济的复苏，国内外对人民币汇率上涨的预期强烈，使得人民币汇率长期上涨。

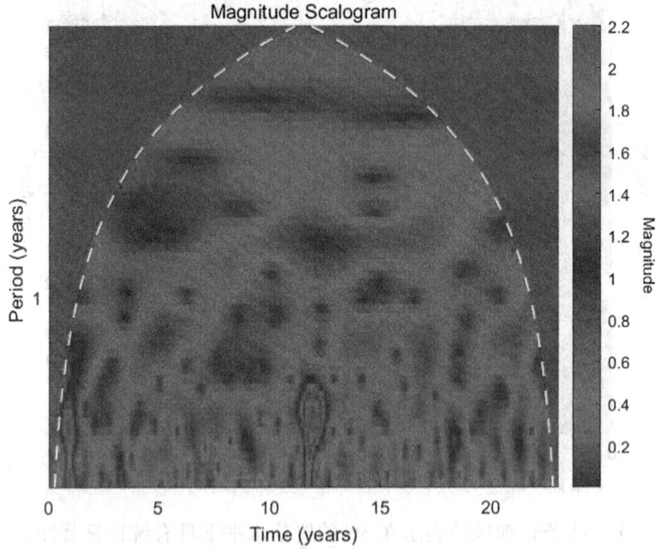

注：线条轮廓区域表示在5%的置信水平下具有统计显著性。

图3.10　汇率连续小波功率谱

3.2.3.3 不确定性、油价与汇率的时-频域联动特征分析

根据图 3.11 中的分析结果可知，国际油价与不确定性波动在时-频域的强关联关系有：1997 年至 2000 年 20 至 50 个月的中长期负相关关系，并在 3 至 6 个月的频域内存在阶段性的负相关关系，但持续期很短，在 2002 年至 2005 年 8 至 12 个月的中期负相关关系，2010 年前后 1 至 6 个月存在短期波动，并不存在领先-滞后结构。在 2012 年至 2013 年 5 至 8 个月和 2015 年前后 1 至 6 个月的短期负相关关系，2018 年至 2020 年 1 至 12 个月的中短期负相关关系，并存在“国际油价-经济政策不确定性”的领先-滞后结构。可以看到，两序列的联动特征大多存在于短期频域或中短期频域。

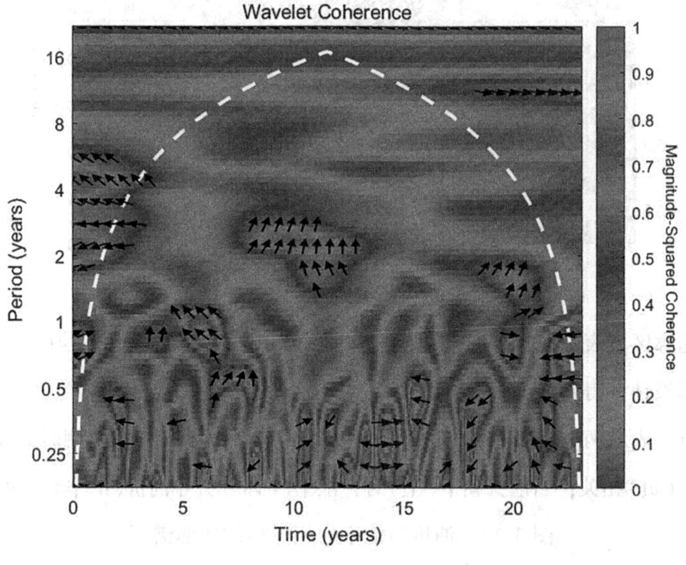

注：①线条轮廓区域表示在 5%的置信水平下具有统计显著性，由使用相位随机化替代序列的蒙特卡罗模拟估计得到。

②箭头方向表示两个时间序列之间的相位关系：当箭头指向右(左)侧时，序列同(反)向变动，呈正(负)相关；当箭头朝下(上)时，不确定性(油价)引导油价(不确定性)变动。

图 3.11 油价与不确定性的相干相位功率谱

根据图 3.12 中的分析结果可知，国际油价与人民币汇率波动在时-频域的强

关联关系有：1997 年至 2002 年 45 至 50 个月的长期负相关关系，并存在“国际油价-人民币汇率”的领先-滞后关系，2003 年 1 至 6 个月的短期负相关关系，以及 2005 年至 2015 年 8 至 50 个月的中长期负相关关系，且存在“国际油价-人民币汇率”的领先-滞后关系，2015 年 1 至 3 个月的短期负相关关系，并不存在领先-滞后关系。

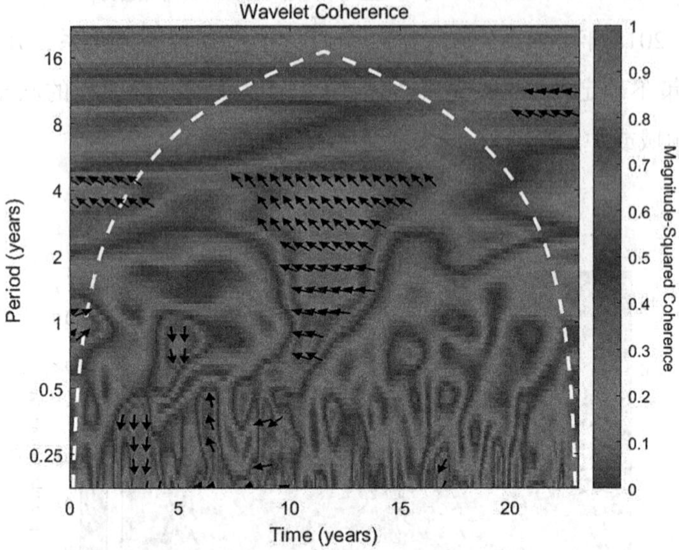

注：①线条轮廓区域表示在 5%的置信水平下具有统计显著性，由使用相位随机化替代序列的蒙特卡罗模拟估计得到。

②箭头方向表示两个时间序列之间的相位关系：当箭头指向右(左)侧时，序列同(反)向变动，呈正(负)相关；当箭头朝下(上)时，汇率(油价)引导油价(汇率)变动。

图 3. 12　油价与汇率的相干相位功率谱

根据图 3. 13 中的分析结果可知，经济政策不确定性与人民币汇率波动在时-频域的强关联关系有：1997 年至 2000 年 45 至 54 个月的长期正相关关系，并不存在领先-滞后关系，2005 年至 2010 年 24 至 48 个月的中长期正相关关系，并存在“不确定性-人民币汇率”的领先-滞后关系，2010 年至 2012 年 8 至 12 个月的中期正相关关系，2018 年至 2020 年 1 至 6 个月的短期负相关关系。

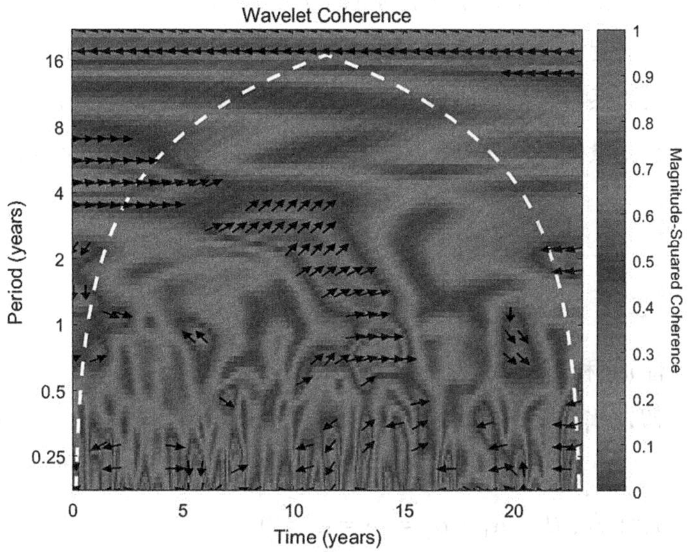

注：①线条轮廓区域表示在5%的置信水平下具有统计显著性，由使用相位随机化替代序列的蒙特卡罗模拟估计得到。

②箭头方向表示两个时间序列之间的相位关系：当箭头指向右(左)侧时，序列同(反)向变动，呈正(负)相关；当箭头朝下(上)时，汇率(不确定性)引导不确定性(汇率)变动。

图 3.13 不确定性与汇率的相干相位功率谱

3.2.4 不确定性、油价与汇率对宏观经济的影响

3.2.4.1 Granger 因果关系检验

(1)检验思想与方法。格兰杰因果关系检验是基于假设检验的一种方法，检验内容为一组时间序列 X 是否为另一组时间序列 Y 的原因。回归分析只能得到不同变量之间同期的相关性，而自回归模型只能得到同一变量不同期的相关性。在自回归模型中通过一些检验方法，可以得到不同变量在不同期的相关情况。

在时间序列数据中，两个经济变量 X 和 Y 之间的格兰杰因果关系为：在对变量 Y 进行预测时，同时利用 X 和 Y 的过去信息进行预测，所得到的结果要优于只利用 Y 的过去信息进行预测，即变量 X 对于解释 Y 的将来情况有所帮助，这样我们就认为 X 是 Y 的格兰杰原因。

如果由于 Granger 原因 X 时间序列导致 Y 序列的变化，那么 X 序列经历一段时间的滞后，会引起 Y 序列的重复，则 X 序列可以作为未来序列 Y 的预测。

格兰杰因果关系检验的另一假设是，有关 y 和 x 每一变量进行过预测的信息全部包含在这些变量的时间序列之中。检验要求对以下的回归进行估计：

$$y_t = \sum_{i=1}^{q} \alpha_i x_{t-i} + \sum_{j=1}^{q} \beta_j y_{t-j} + u_{1t} \tag{3.13}$$

$$x_t = \sum_{i=1}^{s} \lambda_i x_{t-i} + \sum_{j=1}^{s} \delta_j y_{t-j} + u_{2t} \tag{3.14}$$

其中白噪音 u_{1t} 和 u_{2t} 假定为不相关。

式(3.13)假定当前 y 与其自身以及 x 的过去值有关，式(3.14)对 x 也作出了类似的假定。

对式(3.13)而言，H_0：$\alpha_1 = \alpha_2 = \cdots = \alpha_q = 0$。

对式(3.14)而言，H_0：$\delta_1 = \delta_2 = \cdots = \delta_s = 0$。

在此基础上，因果检验的步骤为：

首先将当前的 y 对所有的滞后项以及其他变量做回归，即 y 对 y 的滞后项 y_{t-1}，y_{t-2}，…，y_{t-q} 及其他变量的回归，回归中不包括滞后项 x，即这是一个有约束的回归，由此我们得到有约束的残差平方和 RSS_R，再建立无约束的，即含有滞后项 x 的回归，从而得到无约束的残差平方和 RSS_{UR}。

零假设为 H_0：$\alpha_1 = \alpha_2 = \cdots = \alpha_q = 0$，即滞后项 x 不属于此回归。

为了检验此假设，用到 F 检验：

$$F = \frac{(\text{RSS}_R - \text{RSS}_{\text{UR}})/q}{\text{RSS}_{\text{UR}}/(n-k)} \tag{3.15}$$

上式为服从自由度为 q 和 $(n-k)$ 的 F 分布。n 是样本容量，q 是滞后项 x 的个数，即有约束回归中待估参数的个数，k 是无约束回归中待估参数的个数。

在确定显著性水平 α 后对于 F 值进行计算，若得到的结果超过临界值 F_α，则拒绝零假设，说明滞后项 x 是属于此回归的，即 x 是 y 的原因。同样，为了检验 y 是否为 x 的原因，可将变量 y 与 x 互换，重复以上步骤得到结果。

(2)检验结果。表 3.9 为经济政策不确定性与宏观经济各指标之间的 Granger 因果关系检验结果，根据表中的检验结果，经济政策不确定性与国际油价和人民币汇率均不存在因果关系。在不确定性对其他经济指标的检验中，滞后期为 3 的情况下，显著性水平为0.05时，检验结果显著拒绝了不确定性不是国内生产总值以及失业情况变动的原因的原假设，也就是说，不确定性变动是影响国内生产总值和失业水平变化的因素但不是消费价格指数、生产者价格指数和进出口总额变动的原因。

表3.9　　不确定性与宏观经济的因果关系检验结果

检验变量	原假设	观测值	滞后阶数	F统计量	P值	结论
DGDP	A	275	3	2.97**	0.03	拒绝原假设
	B			0.51	0.68	接受原假设
DCPI	A	275	2	0.48	0.62	接受原假设
	B			3.26**	0.04	拒绝原假设
DPPI	A	275	3	1.32	0.27	接受原假设
	B			1.02	0.38	接受原假设
DIEP	A	275	3	1.08	0.36	接受原假设
	B			1.12	0.34	接受原假设
DUNE	A	275	3	3.71**	0.01	拒绝原假设
	B			0.45	0.72	接受原假设

注：①假设A为不确定性(DEPU)不是检验变量的原因；B为检验变量不是不确定性的原因。②*、**、***分别表示在10%、5%、1%的置信水平下拒绝原假设。

表3.10为国际油价与宏观经济指标之间的Granger因果关系检验结果。根据表中结果，在滞后期为3的情况下，国际油价与经济政策不确定性之间不存在因果关系，但国际油价是人民币汇率的Granger原因。在国际油价对其他宏观经济指标的检验中，可以看到在0.05的显著性水平下，国际油价不是生产者价格指数、消费价格指数和进出口总额的原因这三项假设被显著拒绝，也就是说国际油价变动是生产者价格指数、消费价格指数和进出口总额变动的Granger原因，但不是国内生产总值和失业情况变动的Granger原因。

表3.10 **油价与宏观经济的因果关系检验结果**

检验变量	原假设	观测值	滞后阶数	F 统计量	P 值	结论
DGDP	A	275	3	1.08	0.36	接受原假设
	B			5.51***	0.00	拒绝原假设
DCPI	A	275	2	3.99**	0.02	拒绝原假设
	B			1.45	0.24	接受原假设
DPPI	A	275	3	31.13***	0.00	拒绝原假设
	B			1.82	0.14	接受原假设
DIEP	A	275	3	28.07***	0.00	拒绝原假设
	B			2.44	0.06*	拒绝原假设
DUNE	A	275	3	0.50	0.68	接受原假设
	B			5.40***	0.00	拒绝原假设

注：①假设A为油价(DWTI)不是检验变量的原因；B为检验变量不是油价的原因。②*、**、***分别表示在10%、5%、1%的置信水平下拒绝原假设。

表3.11为人民币汇率与宏观经济各指标之间的因果关系检验结果，根据表中的内容，在滞后期为3的情况下，汇率与不确定性没有因果关系，而油价是显著影响人民币汇率的Granger原因，这也符合前文中表3.9、表3.10的检验结果。另外表中的检验结果显著拒绝了人民币汇率不是消费价格指数、生产者价格指数和进出口总额的Granger原因这三项原假设，但并未拒绝汇率不是其他经济指标的Granger原因的原假设。因此，人民币汇率是生产者价格指数、消费价格指数和进出口总额变动的Granger原因，但不是国内生产总值和失业水平变化的Granger原因。

表3.11 **汇率与宏观经济的因果关系检验结果**

检验变量	原假设	观测值	滞后阶数	F 统计量	P 值	结论
DGDP	A	275	3	0.21	0.89	接受原假设
	B			1.66	0.18	接受原假设
DCPI	A	275	3	2.33*	0.07	拒绝原假设
	B			2.50*	0.06	拒绝原假设
DPPI	A	275	3	8.31***	0.00	拒绝原假设
	B			0.13	0.94	接受原假设

续表

检验变量	原假设	观测值	滞后阶数	F 统计量	P 值	结论
DIEP	A	275	3	6.10***	0.00	拒绝原假设
	B			2.12*	0.09	拒绝原假设
DUNE	A	275	3	0.29	0.84	接受原假设
	B			0.71	0.55	接受原假设

注：①假设 A 为汇率(DEER)不是检验变量的原因；B 为检验变量不是汇率的原因。②*、**、***分别表示在 10%、5%、1%的置信水平下拒绝原假设。

(3)非线性因果关系检验。传统的 Granger 因果关系检验虽然已经是一种非常成熟的方法，但它有一个严重的问题，即这种方法无法考虑到经济变量的非线性特征，从而可能会影响结论的准确性。由于这一原因，当今学者在各类研究中，越发重视变量之间的非线性因果关系检验。本节也为避免变量之间虽不存在线性 Granger 因果关系，但实际上可能存在非线性因果关系的情况，在不确定性、油价和汇率与经济指标之间进行非线性 Granger 检验。

设$X_t^{l_x} = (X_{t-l_x+1}, \cdots, X_t)$和$Y_t^{l_y} = (Y_{t-l_y+1}, \cdots, Y_t)$为两个时间序列的滞后向量，其中$(l_x, l_y \geqslant 1)$，则零假设为$X_t^{l_x}$中不包含关于$Y_{t+1}$的任何信息，零假设表示为：

$$H_0: Y_{t+1} \mid (X_t^{l_x}, Y_t^{l_y}) \sim Y_{t+1} \mid (Y_t^{l_y}) \tag{3.16}$$

取$W_t = (X_t^{l_x}, Y_t^{l_y}, Z_t)$，其中$Z_t = Y_{t+1}$，由于在零假设下，$W_t$的分布是不变的，因此可以去掉下标$t$，令$l_x = l_y = 1$，则有$W = (X, Y, Z)$。在零假设条件下，$Z$与$X$相互独立，在$(X, Y) = (x, y)$和$Y = y$两种条件下$Z$的分布是相同的。用$f_{X, Y, Z}(x, y, z)$表示联合密度，则有：

$$\frac{f_{X, Y, Z}(x, y, z)}{f_Y(y)} = \frac{f_{X, Y}(x, y)}{f_Y(y)} \cdot \frac{f_{Y, Z}(y, z)}{f_Y(y)} \tag{3.17}$$

对应的，非线性因果关系零假设可重新表示为：

H_0：$\{X_t\}$不是$\{Y_t\}$的 Granger 原因，即：

$$q_g \equiv E[f_{X, Y, Z}(x, y, z) f_Y(y) - f_{X, Y}(x, y) f_{Y, Z}(y, z)] = 0 \tag{3.18}$$

局部概率密度$f_W(W_i)$的估计量为：

$$\hat{f}_W(W_i) = \frac{(2\varepsilon)^{-dw}}{n-1}\sum_{j,\, j\neq i} I_{ij}^W \tag{3.19}$$

其中，ε 为带宽参数，当 $\|W_i - W_j\| \leqslant \varepsilon$ 时，指示函数 $I_{ij}^W = I(\|W_i - W_j\| \leqslant \varepsilon)$ 取值为 1，其他情况取值为 0。基于此，构造统计量 T_n 如下：

$$T_n(\varepsilon) = \frac{(n-1)}{n(n-2)}\sum_i \hat{f}_{X,Y,Z}(x_i, y_i, z_i)\hat{f}_Y(y_i) - \hat{f}_{X,Y}(x_i, y_i)\hat{f}_{Y,Z}(y_i, z_i) \tag{3.20}$$

标准化形式表示为：

$$\sqrt{n}\,\frac{(T_n(\varepsilon) - q)}{S_n} \xrightarrow{d} N(0,\ 1) \tag{3.21}$$

对各项指标之间进行非线性因果关系检验的结果如表 3.12 所示。

根据表 3.12 中非线性因果关系检验的结果可知，经济政策不确定性与国内生产总值、消费价格指数、生产者价格指数及进出口总额之间均不存在非线性因果关系，不确定性仅与失业情况间存在非线性关系，即不确定性是失业水平变化的原因。国际原油价格不是非线性影响国内生产总值、消费价格指数以及生产者价格指数变化的原因，但与进出口总额和失业情况之间存在非线性关系，国际原油价格是非线性地影响进出口总额和失业水平变化的原因。而人民币汇率与国内生产总值、消费价格指数、生产者价格指数、进出口总额以及失业情况都不存在非线性因果关系。

表 3.12　**非线性因果关系检验结果**

变量 X	变量 Y	原假设	观测值	滞后阶数	T 统计量	P 值	结论
DEPU	DGDP	A	275	3	0.06	0.48	接受原假设
		B			−1.03	0.84	接受原假设
	DCPI	A	275	2	−0.38	0.65	接受原假设
		B			−0.28	0.61	接受原假设
	DPPI	A	275	3	0.69	0.24	接受原假设
		B			−1.45	0.93	接受原假设
	DIEP	A	275	3	0.95	0.17	接受原假设
		B			0.13	0.45	接受原假设
	DUNE	A	275	3	3.13***	0.00	拒绝原假设
		B			0.25	0.40	接受原假设

续表

变量 X	变量 Y	原假设	观测值	滞后阶数	T统计量	P值	结论
DWTI	DGDP	A	275	3	0.40	0.34	接受原假设
		B			1.41*	0.08	拒绝原假设
	DCPI	A	275	2	0.21	0.42	接受原假设
		B			-0.10	0.54	接受原假设
	DPPI	A	275	3	0.15	0.44	接受原假设
		B			-1.32	0.91	接受原假设
	DIEP	A	275	3	1.77**	0.04	拒绝原假设
		B			1.10	0.14	接受原假设
	DUNE	A	275	3	2.22**	0.01	拒绝原假设
		B			0.10	0.46	接受原假设
DEER	DGDP	A	275	3	0.67	0.25	接受原假设
		B			-0.32	0.62	接受原假设
	DCPI	A	275	3	0.93	0.18	接受原假设
		B			-0.36	0.64	接受原假设
	DPPI	A	275	3	0.89	0.19	接受原假设
		B			-0.96	0.83	接受原假设
	DIEP	A	275	3	0.75	0.23	接受原假设
		B			-0.64	0.74	接受原假设
	DUNE	A	275	3	-0.82	0.79	接受原假设
		B			-0.57	0.72	接受原假设

注：①假设 A 为变量 X 不是变量 Y 的原因；B 为变量 Y 不是变量 X 的原因。

②*、**、*** 分别表示在 10%、5%、1%的置信水平下拒绝原假设。

3.2.4.2 SVAR 模型估计

(1)SVAR 模型理论。SVAR 模型是对 VAR 模型的改进，VAR (p) 的表达式设定为：

$$y_t = A_1 y_{t-1} + A_2 y_{t-2} + \cdots + A_p y_{t-p} + Q x_t + e_t \tag{3.22}$$

式中y_t是$M \times 1$被解释变量，x_t是$K \times 1$外生解释变量，A_t是$M \times M$系数矩阵，Q是$M \times K$系数矩阵，e_t为独立同分布的白噪声过程。VAR模型的估计可以采用单方程估计方法，对所有方程逐个进行估计。

VAR模型的对数似然函数值为：

$$\ell = -\frac{T}{2}[(1+\log(2\pi))M + \log(|V|)] \tag{3.23}$$

其中

$$V = \frac{1}{T}\sum_{t=1}^{T} e'_t e_t \tag{3.24}$$

Hamilton(1994)提出，在此模型的条件下，最大似然估计和最小二乘估计的结果相同，但我们不知道模型的滞后阶数p，需要通过信息准则进行选取。

SVAR模型的优势在于，它可以解决VAR分析时所得到的最终结果在经济解释上遇到的难题，这里以VAR模型为基础，通过施加限制以识别结构式。

SVAR模型的表示形式为：

$$A e_t = v_t = B u_t, \quad u_t \sim N(0, I_M) \tag{3.25}$$

其中u_t为结构干扰，A和B都是M阶方阵，上式被称为SVAR的AB模型，$A=I$时为B模型，$B=I$时为A模型。式(3.24)两边求方差得：

$$AVA' = BB' \tag{3.26}$$

即

$$V = A^{-1}B(A^{-1}B)' \tag{3.27}$$

这里方差矩阵V对称，自由参数的个数为$(M+1)M/2$，而矩阵A和B各有M^2个参数，因此至少需要增加$2M^2-(M+1)M/2=(3M-1)M/2$个限制条件，公式(3.25)才能够得到识别。对于限制条件来说，最常用的是设定A为对角元素都是1的下三角矩阵，设定B为对角矩阵，并且施加限制有长期限制和短期限制两种，本节通过施加短期限制来进行实证。

(2)SVAR模型建立。①模型稳定性检验。为了保证模型不出现“伪回归”的情况，首先一定要保证的是研究序列本身的平稳性，而前文在数据的预处理中我们已经解决了这一问题，通过差分处理使用于实证研究的变量序列达到了平稳。这时我们可以开始建立初始的VAR模型，并确保VAR模型能够稳定，因为不稳定的序列没有任何价值，只有达到模型整体的稳定，才能够对模型进行后续的分析。

图 3.14 为 VAR 模型的稳定性检验结果，根据图中对于 AR 根的检验可以看到，通过油价、汇率与不确定性对各项宏观经济指标建立 VAR 模型的检验，模型中的 AR 根均没有出现在单位圆以外，也就是说模型的建立可以满足稳定性的前提条件，由此模型的有效性可以得到保证，适合进行下一步的实证。

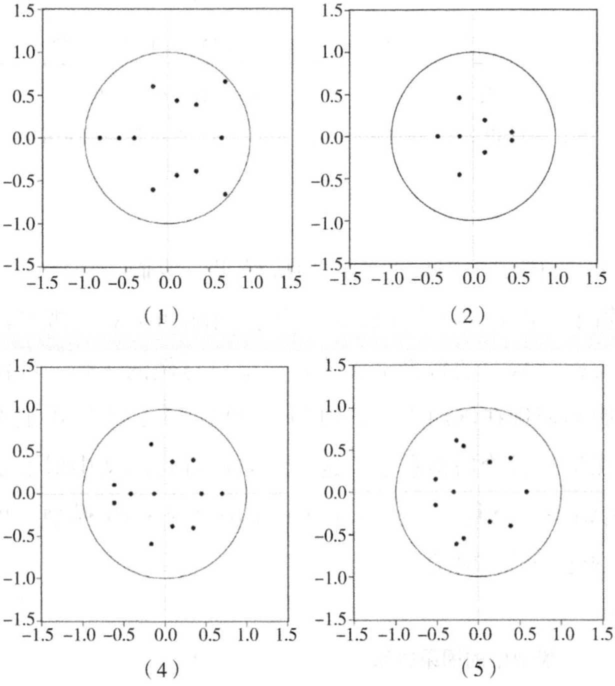

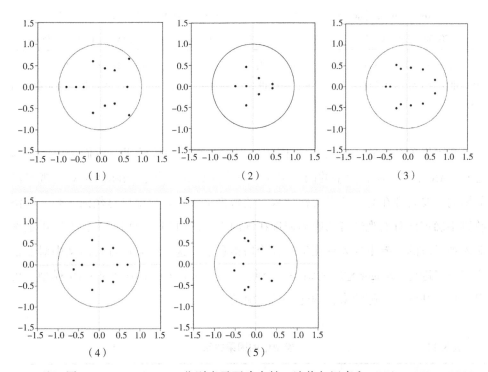

注：图(1)(2)(3)(4)(5)分别表示不确定性、油价与汇率和 DGDP、DCPI、DPPI、DUNE 和 DIEP 建立 VAR 模型的单位根检验，特征根均小于 1，即图中点在单位圆内则表示模型稳定。

图 3.14　模型稳定性检验

②滞后阶数确定。在 VAR 模型的设定中，滞后阶数是自主设置的，在初始 VAR 模型建立后需要进行检验，以确定真正的滞后阶数，从而在模型的调整中引入最为合适的滞后阶数，本研究中对于滞后阶数的检验如表 3.13 所示。

根据表 3.13 中滞后阶数检验的结果，模型(1)(3)(4)(5)最恰当的滞后阶数为 3，而模型(2)最恰当的滞后阶数为 2，按照以上的滞后阶数重新对 VAR 模型进行构建和检验，检验结果表示修正后重新建立的模型是可满足稳定性条件的。

表 3.13 滞后阶数确定

	(1)		(2)		(3)		(4)		(5)	
	LR	AIC	LR	AIC	LR	AIC	LR	AIC	LR	AIC
0	NA	37.57	NA	21.66	NA	22.06	NA	28.08	NA	56.28
1	169.92	37.06	111.82	21.34	325.27	20.97	134.73	27.70	199.83	55.65
2	67.69	36.92	40.18*	21.32*	42.06	20.93	41.90	27.66	74.16	55.49
3	70.56*	36.76*			35.21*	20.91*	31.34*	27.65*	56.96*	55.39*

注：模型(1)(2)(3)(4)(5)分别表示不确定性、油价与汇率和 DGDP、DCPI、DPPI、DUNE 和 DIEP 建立的 VAR 模型的滞后阶数情况，原假设为滞后阶数不为 j，并以“ * ”表示最终确定的滞后阶数。

③因果关系检验。表 3.14 为模型中因果关系的检验结果，我们可以清楚地看到 VAR 模型中所含变量的因果关系。从表中结果可知，国际油价对宏观经济的影响主要表现在对生产者价格指数、消费价格指数和进出口总额的影响，经济政策不确定性对宏观经济的影响表现在国内生产总值和失业情况上，人民币汇率对宏观经济的影响主要表现在生产者价格指数上，这一结果也符合前文中对变量之间直接进行 Granger 检验的结果。至此我们已经建立好了确定的 VAR 模型，可以在这一基础上实施约束，构建 SVAR 模型。

表 3.14 模型中的因果关系

	DGDP	DCPI	DPPI	DUNE	DIEP
DWTI	2.229	4.958*	81.954***	1.489	66.949***
DEPU	7.978**	0.671	3.787	10.849**	3.065
DEER	0.375	3.580	16.347***	1.707	5.722

注：①表中展示了 SVAR 模型中不确定性、油价与汇率与 DGDP、DCPI、DPPI、DUNE 和 DIEP 之间因果关系的卡方检验结果，原假设为变量之间不存在 Granger 因果关系。

②*、**、***分别表示在 10%、5%、1%的置信水平下拒绝原假设。

(3)脉冲响应函数分析。脉冲响应函数是指由于一次冲击带来的对所有内生变量现在和未来的影响，反映的是模型受到冲击，或变量间的关系发生变化时，变量对此的反应方向和程度。在本节中我们选择滞后十期来分析脉冲响应的结果

(见图3.15)。

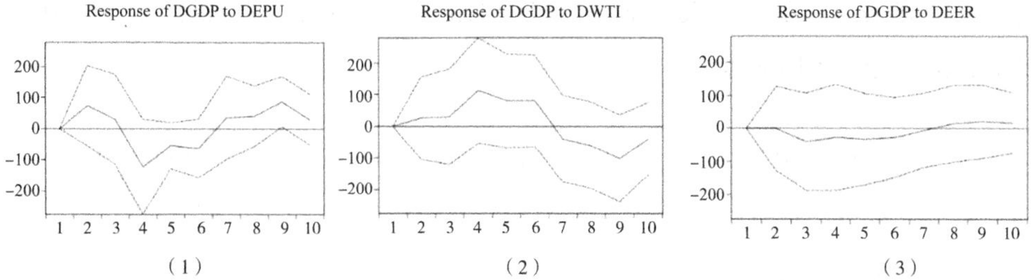

注：①图(1)(2)(3)分别表示不确定性、油价与汇率对国内生产总值的脉冲响应图。

②图中虚线为2倍标准差范围。

图3.15 DGDP的脉冲响应图

图3.15为不确定性、油价与汇率对国内生产总值建立SVAR模型得到的脉冲响应图。由图3.15可以得到以下结论：经济政策不确定性在前期对国内生产总值产生正向影响，但后期随着期数的推移，影响程度逐渐转负，这意味着不确定性的增加虽然在短期内会对国内生产总值产生正向冲击，但这一冲击长期情况下会逐渐转负，也就是说不确定性的冲击短期内会刺激GDP得到正向的响应，但GDP长期内终将对不确定性的不稳定产生正负交替的响应。根据脉冲响应图，国际油价对于国内生产总值的正作用显著，但在前文检验中，油价并非GDP变动的原因。同样的，人民币汇率虽然对GDP有着负向冲击的效果，但经检验汇率也并不能算是影响GDP发生变动的原因。

图3.16为不确定性、油价与汇率对消费价格指数建立SVAR模型得到的脉冲响应图。由图可知：经济政策不确定性对消费价格指数的冲击作用较小，正负效应更迭，并随着期数的增加逐渐趋近于零。这意味着尽管经济政策不确定性会对消费价格指数产生冲击，但这一冲击较为微小，并能在较短的时期得到恢复。油价会对消费价格指数带来显著的正向影响，油价一个单位标准差的正向冲击，会从第一期就开始引起消费价格指数的上升，往后这一影响逐渐减弱。但油价的冲击对消费价格指数的影响依旧是显著的，这可能是因为油价会通过影响交通工具使用燃料的价格直接影响CPI，并且油价的变化会直接刺激成品油的价格，影响着燃料的价格使运输成本上升，最终导致生活必需品涨

价，这些都是间接对 CPI 产生影响的因素。另外，汇率受到正向冲击会对消费价格指数产生负效应，这并不难理解，汇率的增加意味着人民币的升值，刺激进口并抑制出口。由此，大量本该出口的商品转为内销，国内供给上升，压低物价，最终导致 CPI 降低。

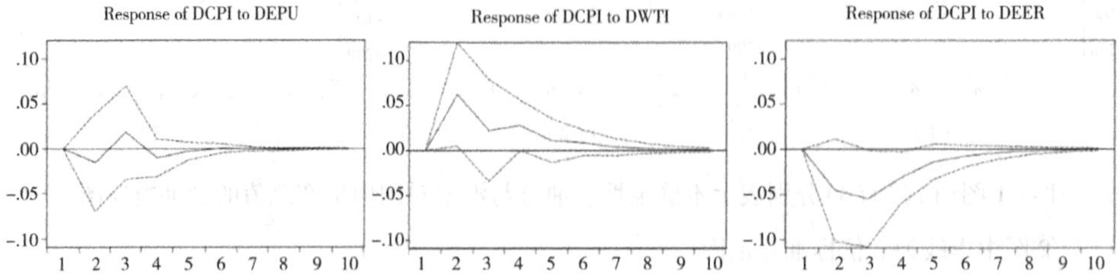

注：①图(1)(2)(3)分别表示不确定性、油价与汇率对消费价格指数的脉冲响应图。

②图中虚线为 2 倍标准差范围。

图 3.16　DCPI 的脉冲响应图

图 3.17 为不确定性、油价与汇率对生产者价格指数建立 SVAR 模型得到的脉冲响应图。从图中可见：不确定性的正向冲击会对生产者价格指数产生一定程度的负向作用，但这一冲击的影响程度很小。国际原油价格的正向冲击会导致生产者价格指数的增加，这是由于原油价格的上升会导致生产资料价格的上涨，国际油价的变动会对石油开采加工的价格产生直接影响，并对塑料制品业、纺织业、化学行业以及医药行业等的价格产生间接影响，这些都是 PPI 的重要组成部

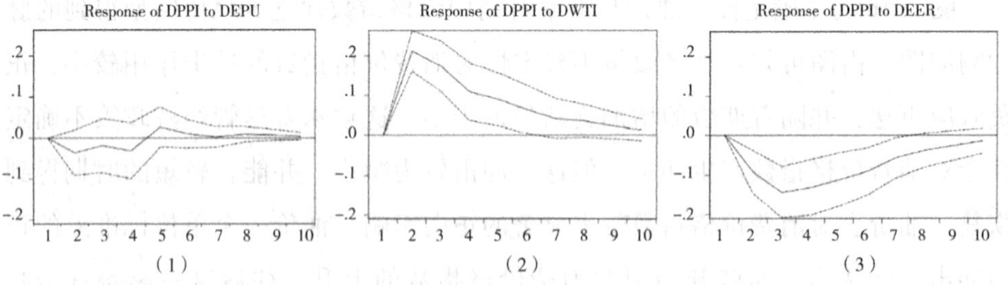

注：①图(1)(2)(3)分别表示不确定性、油价与汇率对生产者价格指数的脉冲响应图。

②图中虚线为 2 倍标准差范围。

图 3.17　DPPI 的脉冲响应图

分。另外，人民币汇率也会对生产指数起负向作用，汇率上升意味着人民币升值，原材料进口价格提高，由此对 PPI 产生负向影响。

图 3.18 为不确定性、油价与汇率对失业情况建立 SVAR 模型得到的脉冲响应图。由图中所示可知：不确定性的正向冲击会对国内失业率水平起一定程度的负向作用，这种作用随着期数的增加出现正负更迭的情况。但主要还是以负向作用为主，经济政策不确定性的增加意味着经济状况的不稳定，因此必然导致失业情况增加，失业率上升。此外，油价一个单位标准差的正向冲击会对失业情况产生正负交替的影响，而人民币汇率的增加会在第 4 期左右对国内失业情况产生较为微弱的正向效应。

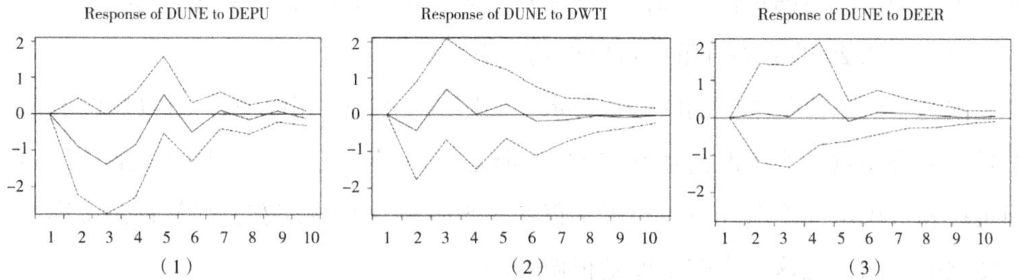

注：①图(1)(2)(3)分别表示不确定性、油价与汇率对失业情况的脉冲响应图。

②图中虚线为 2 倍标准差范围。

图 3.18 DUNE 的脉冲响应图

图 3.19 为不确定性、油价与汇率对进出口总额建立 SVAR 模型得到的脉冲响应图。由图中所示可知：不确定性的正向冲击随着期数的推移，在第 2 期至第 8 期会对国内进出口总额产生正负交替的冲击，随着期数的增加，这种冲击的效果逐渐降低。油价一个单位标准差的正向冲击，会对进出口总额带来正向冲击。随着期数增加，从第 5 期开始会出现正负交替的冲击作用，但依旧以正向作用为主，而人民币汇率的增加会在第 2 期开始对国内进出口总额产生负向效应，在第 5 期和第 8 期出现短期的正向效应，但更为显著的还是负向冲击。

(4)动态方差分解分析。模型中的干扰均会使对 y_t 的预测产生不确定性。方差分解的思想在于将模型中的内生变量进行分解，从而得到结构冲击中各期方差的线性组合，并且通过计算各期方差总和占各变量总方差的比例，来确定变量之

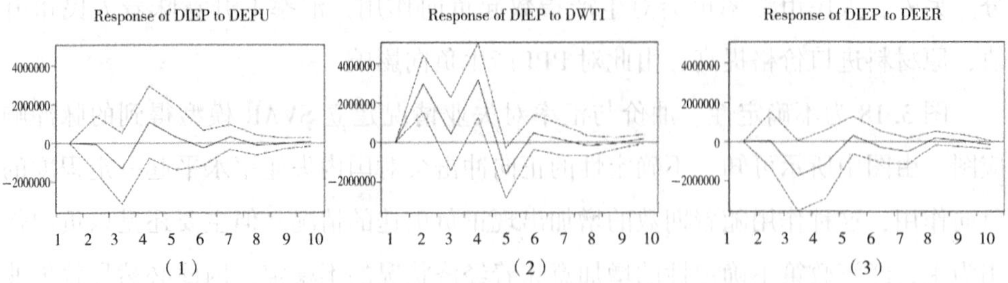

注：①图(1)(2)(3)分别表示不确定性、油价与汇率对进出口总额的脉冲响应图。

②图中虚线为 2 倍标准差范围。

图 3.19　DIEP 的脉冲响应图

间产生的冲击。不确定性、油价与汇率对宏观经济的影响如图 3.20 所示。

根据图 3.20 的方差分解，可以得到以下结论：

国内生产总值基本受到的是自身水平的影响。尽管在中长期，自身影响有所下降，但方差贡献率仍旧高达 92.75%。但是作为引致其变动原因的经济政策不确定性和人民币汇率对其方差贡献率仅在 5.50%和 0.64%左右，尽管这是最影响其变化的原因，但这一影响依旧是很微弱的。

消费价格指数受自身影响的冲击也较为明显，在 4 期之后下降至 92.49%左右，在不确定性、油价与汇率三者中，经前文检验国际油价与汇率是影响消费价格指数变化的原因。在方差分解中可见油价冲击对消费价格指数长期的影响约为 5.44%，而汇率的影响约为 1.85%。

生产者价格指数受自身影响冲击在 3 期内降至 50.69%，后期持续下降至约 41.20%，对其方差贡献率较大的因素为国际油价与人民币汇率，其中国际油价对其方差贡献率逐渐上升至 47.32%，而人民币汇率的方差贡献率上升至 10.55%。

失业情况受自身冲击的影响在 95.73%左右，不确定性、油价与汇率对其方差贡献率相对较小，油价与人民币汇率的方差贡献率分别为 0.39%和 1.44%，经验证作为失业情况变动的线性原因的经济政策不确定性对它的方差贡献率也仅为 2.44%。

进出口总额自身的方差贡献率在 4 期之后下降至 88.32%，经济政策不确定性对进出口总额的方差贡献率约为 2.04%，同时国际原油价格和人民币名义有效

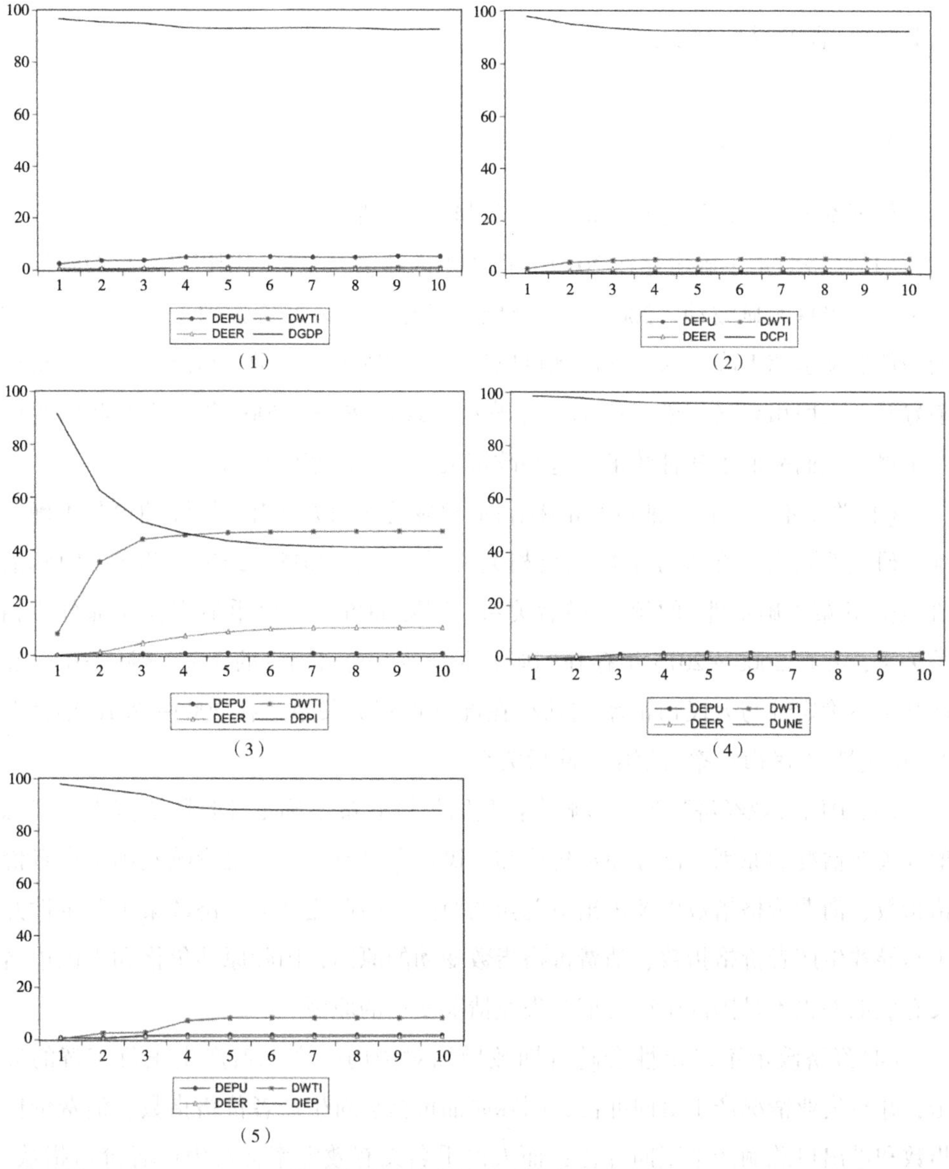

注：图(1)(2)(3)(4)(5)分别表示不确定性、油价与汇率和 DGDP、DCPI、DPPI、DUNE 和 DIEP 建立的 SVAR 模型的方差分解情况。

图 3.20　方差分解图

汇率作为进出口总额变动的原因，它们的方差贡献率在长期分别达到 8.46%和 1.45%，可见汇率在进出口总额中的影响并不强烈。

3.2.5　结论与政策建议

3.2.5.1　结论

根据本节的实证研究与分析，可以得到以下结论：

(1)经济政策不确定性在 2019 年由于国内政策、经济规则以及全球政治局势的不确定出现明显波动。2008 年的金融危机导致国际油价猛烈上升，达到当时的峰值后又迅速下降，这样的波动可以说是非常剧烈，金融危机之后全球经济逐渐好转。人民币名义有效汇率的明显波动出现在 2008—2009 年，当时我国为应对金融危机而采取了各种政策，这些政策又导致了汇率的变动。

(2)关于不确定性、油价和汇率在时-频域的联动关系有：国际油价与不确定性在研究期限内存在部分中短期负相关关系，并在 2018—2020 年存在“国际油价-经济政策不确定性”的领先-滞后关系。国际油价与人民币汇率存在部分负相关关系，并在 2005—2015 年存在“国际油价-人民币汇率”的领先-滞后关系。经济政策不确定性与人民币汇率波动存在部分正相关关系，在 2005—2010 年存在“不确定性-人民币汇率”的领先-滞后关系。

(3)中国宏观经济受到的影响为：我国经济政策不确定性是影响国内生产总值和失业情况的原因，国际原油价格和人民币名义有效汇率是影响我国生产者价格指数、消费价格指数以及进出口总额的原因。除此之外，经济政策不确定性并不是导致生产者价格指数、消费价格指数变动的原因，国际原油价格和人民币名义有效汇率也不是国内生产总值和失业情况变动的原因。

(4)经济政策不确定性会随着期数增加对国内生产总值产生正负交替的冲击，并对失业情况产生负向冲击；国际原油价格会对生产者价格指数、消费价格指数和进出口总额产生正向冲击；而人民币名义有效汇率会对生产者价格指数、消费价格指数和进出口总额产生负向冲击。

(5)经济政策不确定性对国内生产总值和失业情况的方差贡献率分别为 5.50%和 2.44%；国际原油价格会对生产者价格指数、消费价格指数和进出口总额分别带来 47.32%，5.44%和 8.46%的方差贡献率；而人民币名义有效汇率则会对生产者价格指数、消费价格指数和进出口总额分别带来 10.55%，1.85%和 1.45%的方差贡献率。

（6）由以上结果可知，不确定性、油价与汇率三者都在不同方面不同程度地影响着我国的经济运行状况，受到影响最大的宏观经济指标为生产者价格指数，而受影响最小的指标为国内生产总值。对我国宏观经济影响最大的因素为国际原油价格，也就是说全球经济形势的变化会不可避免地影响我国的经济状况。

3.2.5.2　政策建议

根据本节的研究分析结果，为保持我国整体经济的平稳发展，可以提出如下政策建议：

（1）及时准确地把握宏观经济形势。对各种宏观调控工具进行合理的运用，尽最大力量抑制由于经济变动而导致的不确定性上升；加强国家政府与市场之间的交流，对公众和市场的预期进行恰当的管理与协调，使政府决策与市场预期和需求达到相互匹配的程度，加强政策实施的稳定性，减少由于其变动所带来的不确定性；对市场的变动建立具有前瞻性的预警以及反应机制，对不确定性的出现能够及时地反馈，增加处理这类问题的能力，提高效率；扩大金融开放，提高金融市场透明度和金融监管效率，减少外部经济不确定性冲击造成的国际资本流动带来的波动，达到稳定中国经济的目的。

（2）建立我国石油安全战略体系。明确我国现有的石油企业，并对这些企业进行整合，以培养属于我们国家的实力雄厚的石油集团，保证我国石油产业的稳步发展，注重我国石油储备制度的坚持与完善；鼓励节能文化，大力发展新型可再生能源，减少对传统石油资源的消耗，使能源方面的消费真正有所降低，对石油的依赖也随之降低；增加国内能源的多样化，发展新能源来代替石油资源，并促进我国核技术的发展，注重其研究与应用，通过以上方面的进步来推动我国社会经济向前发展。

（3）持续注重人民币汇率的改革。增加汇率双向浮动弹性，不仅使汇率能够保证合理而均衡，还要使其处于稳定状态，推进国家经济的持续发展。同时要进一步推进人民币国际化，在此过程中绝不能忽视对外汇市场的监管，无论是从标准方面还是力度方面，都需要足够重视。我们要加强国际合作，使人民币在全球的普及率有效提高，另外当经济形势发生变化时，国家需要对人民币汇率进行适当的调节，从而保证中国经济健康有序地发展。

第 4 章　能源价格波动对我国产业影响的异质性研究

前面分析了能源行业周期性波动及价格波动对宏观经济的影响，研究表明，中国能源类行业周期波动明显滞后于宏观经济景气波动，而且不确定性、油价与汇率三者都在不同方面、不同程度地影响着我国的经济运行状况。

随着我国能源市场化定价机制的逐渐形成和完善，能源通过其价格机制对实体经济的影响日益凸显。在不同的经济发展时期，经济环境、政策、能源价格波动幅度均存在显著差异。因此，能源价格波动向 PPI 的传导机制也存在一定的区制差异性。此外，从影响 PPI 的传导途径来看，能源价格除了直接影响能源类行业出厂价格外，主要是通过影响企业生产成本进而影响 PPI。因此，能源价格波动对 PPI 的影响程度取决于行业生产对能源的依赖程度，不同行业对能源依赖程度的不同决定了其对能源价格敏感度的不同。对能源依赖程度较高的行业，能源价格波动对其 PPI 的影响相对较大，而对能源依赖程度较低的行业，能源价格波动对其 PPI 的影响则相对较小，因此能源价格波动对 PPI 的传导机制存在行业异质性。基于以上分析，本章将对能源价格波动对我国产业影响的异质性进行研究。

本章共设为两节。第一节先是对时间序列数据进行传统的 Granger 因果检验和非线性因果关系检验，验证能源价格和 PPI 之间的因果关系；然后在此基础上，划分两区制，构建以总体 PPI、生产资料 PPI 和生活资料 PPI 为被解释变量的三个 MS-AR 模型，通过回归系数来比较区制差异；之后分别运用 37 个大类行业的 PPI 数据和能源价格指数建立 MS-AR 的区制转移模型，得出能源价格对各个行业在“高波动区制”和“低波动区制”下的传导系数，并据此将 37 个大类行业分成 4 大类，接着建立 MS-VAR 模型，通过不同区制下的脉冲响应函数研究不同类型行业 PPI 对能源价格冲击的动态响应机制。第二节主要是模拟国际天然气价格波动对我国产业结构的影响。通过构建天然气部门非完全竞争的 CGE 模型，在是否对天然气价格进行管制的两种情境下模拟国际天然气价格波动对中国经济的影响，最后得出结论。

4.1 能源价格波动向 PPI 传导的区制差异和行业异质性分析

无论从理论层面分析，还是从现实情况来看，能源价格对一般价格水平均有显著的影响，尤其和 PPI 的走势高度相关，但其影响机制又具有一定的复杂性。因此，在现阶段经济结构深度调整的背景下，厘清能源价格向 PPI 的传导机制，对于理解一般价格水平运行和宏观经济调控具有现实紧迫性。特别的，现有研究主要给出了能源价格对 PPI 或 CPI 价格总水平的影响规律，而对能源价格向不同类型行业 PPI 的传导规律的关注尚显不足。与此同时，宏观经济结构的调整和能源政策的转型在客观上要求基于不同的运行区制分析能源价格的传导效应。

基于上述事实，本节运用马尔可夫区制转移模型和中国的时间序列数据实证分析能源价格向 PPI 传导的区制差异及其行业异质性。主要解决如下三个方面问题：第一，能源价格对 PPI 的影响规律是否存在区制差异性？第二，能源价格对生产资料 PPI 和生活资料 PPI 的影响程度是否具有明显的不同？第三，能源价格对不同类型行业 PPI 的影响具有何种规律性？

4.1.1 实证模型和数据

4.1.1.1 实证模型

(1)MS-AR 模型。根据研究问题的特点，本节假定样本服从两区制转换过程，而随机扰动项则服从条件高斯过程。在上述假定下，被解释变量服从如下混合正态分布：

$$y_t = \alpha(S_t) + \varepsilon_t \quad \varepsilon_t \sim N(0,\ \sigma_t^2) \tag{4.1}$$

$$y_t \mid \Phi_{t-1} \sim \begin{cases} N((1-\phi_1)\theta_1 + \phi_1,\ \sigma_1^2), & \text{w. p. } p_{1t} \\ N((1-\phi_2)\theta_2 + \phi_2,\ \sigma_2^2), & \text{w. p. } p_{2t} \end{cases} \tag{4.2}$$

其中，两个区制的取值及其变化可以表示为如下的形式：

$$p_{1t}=\Pr(S_t=1\mid\Phi_{t-1}),\quad p_{2t}=\Pr(S_t=2\mid\Phi_{t-1})$$

其中，p_{1t} 是在 $t-1$ 时期信息集条件下，方程在 t 期归属于区制 1 的条件概率。由互补性可知，p_{2t} 是在 $t-1$ 期信息集条件下，方程在 t 期归属于区制 2 的概率，$p_{1t}+p_{2t}=1$。

我们使用极大似然法进行参数估计，其条件概率密度表示如下：

$$\begin{aligned} f(y_t\mid\Phi_{t-1}) &= \sum_{i=1}^{2} f(y_t,\ S_t=i\mid\Phi_{t-1}) \\ &= \sum_{i=1}^{2} f(y_t\mid S_t=i,\ \Phi_{t-1})\Pr(S_t=i\mid\Phi_{t-1}) \\ &= \sum_{1}^{2} f(y_t\mid S_t=i,\ \Phi_{t-1})\,p_{it} \end{aligned} \tag{4.3}$$

而在 $t-1$ 期信息集下 y_t 的条件概率分布可写为：

$$y_t\mid\Phi_{t-1}\sim\begin{cases} f(y_t\mid S_t=1,\ \Phi_{t-1}), & \text{w. p. } p_{1t} \\ f(y_t\mid S_t=2,\ \Phi_{t-1}), & \text{w. p. } p_{2t} \end{cases} \tag{4.4}$$

则条件正态分布的概率密度可表示为：

$$f(y_t\mid S_t=i,\ \Phi_{t-1})=\frac{1}{\sqrt{2\pi\sigma_{it}}}\exp\left[\frac{-(y_t-\mu_{it})^2}{2\sigma_{it}}\right] \tag{4.5}$$

在方程中，将 $p_{1t}=\Pr(S_t=1\mid\Phi_{t-1})$ 设定为一阶马尔可夫区制转移形式的随机过程。p_{1t} 可获取的条件信息是解释变量的自身滞后值，因此，可得 $p_{1t}=\Pr(S_t=1\mid\tilde{y}_{t-1})$。在上述的模型设定下，我们在贝叶斯框架下对方程进行迭代估计，关于模型更为详细的介绍参见 Hamilton(1989)。

(2) MS-VAR 模型。将马尔可夫区制转移模型和 VAR 模型结合后，便产生了 MS-VAR 模型。一个典型的 MS(M)-VAR(p) 模型可以表示如下：

$$y_t-\mu(s_t)=A_1(s_t)(y_{t-1}-\mu(s_{t-1}))+\cdots+A_p(s_t)(y_{t-p}-\mu(s_{t-p}))+u_t \tag{4.6}$$

$$\mu(s_t)=\begin{cases}\mu_1 & \text{if } s_t=1\\ \cdots & \\ \mu_M & \text{if } s_t=M\end{cases} \tag{4.7}$$

在 MS-VAR 模型中，自回归模型中所有参数都是状态变量 s_t 条件下的马尔可夫链，即在每一个区制下，VAR(p) 模型的参数 A_{1m}，A_{2m}，…，A_{jm}($m = 1, 2, \cdots, M$) 满足：

$$y_t = \begin{cases} \nu_1 + A_{11}y_{t-1} + \cdots + A_{p1}y_{t-p} + \sum_{1}^{1/2} u_t & \text{if} \quad s_t = 1 \\ \\ \nu_M + A_{1M}y_{t-1} + \cdots + A_{pM}y_{t-p} + \sum_{M}^{1/2} u_t & \text{if} \quad s_t = M \end{cases}$$

$$u_t \sim \mathrm{NID}(0,\ I_k) \tag{4.8}$$

MS-VAR 模型最大的特性在于其可以基于每一个区制计算脉冲响应函数，进而对比变量在不同区制影响关系的差异性，因此，在下文的实证过程中，我们将运用 MS-VAR 模型的脉冲响应函数展开分析。

(3) 非线性格兰杰因果检验。原假设 H_0：$\{X_t\}$ 不是$\{Y_t\}$ 的格兰杰原因，因此：

$$Y_{t+1} \mid (X_t^{lx},\ Y_t^{ly}) \sim Y_{t+1} \mid Y_t^{ly} \tag{4.9}$$

满足 $X_t^{lx} = (X_{t-lx+1},\ \cdots,\ X_t)$，$Y_t^{ly} = (Y_{t-ly+1},\ \cdots,\ Y_t)$，$lx$，$ly \geqslant 1$，Let$Z_t = Y_{t+1}$，$W_t = (X_t^{lx},\ Y_t^{ly},\ Z_t)$，在原假设条件下，$W_t$ 的分布是固定的，所以我们常常忽略时间维度 t，假定 $lx = ly = 1$，通过调整 $W = (X,\ Y,\ Z)$。若原假设成立则表明 X 与 Z 相互独立，在给定$(X,\ Y)$ 特定取值和给定 Y 特定取值两种情形下，Z 的条件分布是相同的，即意味着如下联合概率密度函数成立：

$$\frac{f_{X,\ Y,\ Z}(x,\ y,\ z)}{f_Y(y)} = \frac{f_{X,\ Y}(x,\ y)}{f_Y(y)} \frac{f_{Y,\ Z}(y,\ z)}{f_Y(y)} \tag{4.10}$$

基于此，Diks 和 Panchenko(2006) 重新采用概率密度函数把原假设表述为：

H_0：$\{X_t\}$ 不是$\{Y_t\}$ 的 Granger 原因，即：

$$q_g = E\left[\left(\frac{f_{X,\ Y,\ Z}(x,\ y,\ z)}{f_Y(y)} - \frac{f_{X,\ Y}(x,\ y)}{f_Y(y)} \frac{f_{Y,\ Z}(y,\ z)}{f_Y(y)}\right) g(X,\ Y,\ Z)\right] = 0 \tag{4.11}$$

其中 $g(X,\ Y,\ Z)$ 为一个恒正的权重函数，当且仅当小括号内的式子等于 0 时，$q_g = 0$ 成立。Diks 和 Panchenko 分别假定 $g(X,\ Y,\ Z)$ 等于 $f_Y(y)$、$f_Y^2(y)$ 和

$\frac{f_Y(y)}{f_{X,Y}(x, y)}$，经蒙特卡罗模拟发现 $f_Y^2(y)$ 表现最优且最稳定，于是令 $g(X, Y, Z)=f_Y^2(y)$，进一步将 q_g 简化为：

$$q = E[f_{X,Y,Z}(x, y, z)f_Y(y) - f_{X,Y}(x, y)f_{Y,Z}(y, z)] \tag{4.12}$$

接下来，对 $f_W(W_i)$ 在 W_i 处的局部概率密度进行估计，即：

$$\hat{f}_W(W_i) = \frac{(2\varepsilon)^{-dw}}{n-1}\sum_{j, j\neq i} I_{ij}^W \tag{4.13}$$

其中，ε 表示带宽参数，$I_{ij}^W = I(\|W_i - W_j\| \leqslant \varepsilon)$ 为指标函数，当 $\|W_i - W_j\| \leqslant \varepsilon$ 时，函数值取 1，否则取 0。在此基础上，Diks 和 Panchenko 构造了 T_n 检验统计量，即：

$$T_n(\varepsilon) = \frac{(n-1)}{n(n-2)}\sum_i (\hat{f}_{X,Y,Z}(x_i, y_i, z_i)\hat{f}_Y(y_i) - \hat{f}_{X,Y}(x_i, y_i)\hat{f}_{Y,Z}(y_i, z_i)) \tag{4.14}$$

进一步的研究表明 T_n 检验统计量服从正态分布，将其标准化可得：

$$\sqrt{n}\,\frac{T_n(\varepsilon_n) - q}{S_n} \xrightarrow{d} \mathrm{N}(0, 1)$$

其中，S_n 为统计量渐近方差 σ^2 的估计值。另外，杨子晖和赵永亮(2014) 在对 T_n 非参数检验方法检验功效的模拟分析中发现，扩大样本量可以显著改善该方法检验功效，因此本节选用较大的观测样本，尽可能避免该方法可能存在的“过度拒绝”问题。

4.1.1.2　数据来源、处理和描述

本节数据采用中国 2007 年 1 月至 2017 年 1 月的月度时间序列数据。具体来看，使用煤、油、电价格指数衡量能源价格波动；使用工业生产者出厂价格指数(PPI)衡量工业价格总水平，使用生产资料工业生产者出厂价格指数衡量生产资料价格变动，使用生活资料工业生产者出厂价格指数衡量生活资料价格变动；使用 37 个工业大类行业生产者出厂价格指数衡量各行业价格水平变动。其中，煤、油、电价格指数来源于中国人民银行网站的统计数据，PPI 总指数和各行业的价格指数均来自国家统计局网站的统计数据库。关于数据的选取和初步处理有如下

几点需要说明：

第一，在样本范围方面，由于本节研究的重点是能源价格波动向PPI传导的行业异质性，工业大类行业PPI数据必不可少，而工业大类行业PPI数据自2005年开始统计，2005—2007年部分价格数据是根据产品统计，缺少行业价格水平数据。因此，本节将样本范围设定为2007—2017年，121个时点的时间序列数据对于统计和计量分析而言也是足够的。第二，在指标选取方面，使用总PPI和分行业PPI代表工业价格总水平和分行业价格水平是常用处理方法，而关于能源价格数据的选取则相对较多，现有研究选取的数据也不尽统一。主流文献多数采用原油价格数据代表能源价格，而本节认为就我国经济发展实际而言，煤炭消费占比长期处于60%以上，仍然是主要的能源类型，而电力也是工业生产的关键要素。因此，本节选取较为综合性和有代表性的煤、油、电价格指数衡量能源价格水平变动，其中涵盖了煤炭、石油和电力价格的变动。第三，由于国家统计局于2011年重新制定了行业分类标准(GB/T 4754—2011)，2007—2013年的工业大类行业价格数据统计基于2002年的国民经济行业分类标准，而2014年至今的相关数据是基于2011年的国民经济行业分类标准，两者的行业构成有一定差异。鉴于此，综合对比新旧行业分类标准，本节对部分行业的数据进行了删除和合并。具体进行了如下处理：原分类标准中的其他采矿业停止更新，数据存在缺失，我们将其剔除；在新分类标准中，开采辅助活动为新增加行业，样本数据不足，同样将其剔除；将原分类标准中的橡胶制品业和塑料制品业合并为新的橡胶和塑料制品业，对其2007—2013年的数据取两者的平均值；新分类标准中将交通运输设备制造业分为汽车制造业和铁路、船舶、航空航天和其他运输设备制造业两个行业，我们将两者合并为交通运输设备制造业，对其2014—2017年的数据取平均值；新分类标准中将废弃资源和废旧材料回收加工业分为废弃资源综合利用业与金属制品、机械和设备修理业两个行业，我们同样将两者合并为废弃资源和废旧材料回收加工业，对其2014—2017年的数据取平均值。经删除和合并后，样本中共包括37个工业大类行业，其中包含5个采矿业大类行业，29个制造业大类行业，3个电力、热力、燃气及水生产和供应业大类行业。本节计算中使用的所有原始数据的描述性统计结果见表4.1。

表4.1　**原始数据的描述性统计**

能源价格和PPI	均值	标准差	能源价格和PPI	均值	标准差
能源价格	100.85	10.94	石油加工、炼焦及核燃料加工业	101.63	14.08
PPI总水平	100.47	4.80	化学原料及化学制品制造业	100.29	8.04
生产资料PPI	100.23	5.77	医药制造业	101.41	1.61
生活资料PPI	101.25	1.93	化学纤维制造业	98.47	9.68
煤炭开采和洗选业	101.70	14.76	橡胶和塑料制品业	100.55	3.45
石油和天然气开采业	99.79	28.73	非金属矿物制品业	101.11	4.00
黑色金属矿采选业	100.27	19.07	黑色金属冶炼及压延加工业	99.54	13.92
有色金属矿采选业	102.71	11.40	有色金属冶炼及压延加工业	99.96	12.64
非金属矿采选业	102.72	4.95	金属制品业	100.41	3.46
农副食品加工业	104.12	6.84	通用设备制造业	100.36	2.10
食品制造业	102.69	2.62	专用设备制造业	100.58	1.38
饮料制造业	101.41	1.76	交通运输设备制造业	99.93	0.75
烟草制品业	100.47	0.43	电气机械和器材制造业	99.74	3.05
纺织业	101.28	5.19	计算机等电子设备制造业	97.87	1.01
纺织服装、鞋、帽制造业	101.29	1.14	仪器仪表制造业	99.58	0.58
皮革、毛皮、羽毛及其制品业	101.76	1.62	其他制造业	102.10	2.47
木材加工及木、竹等制品业	101.56	1.89	废弃资源废旧材料回收加工业	99.51	9.18
家具制造业	101.36	1.05	电力、热力的生产和供应业	100.95	2.06
造纸及纸制品业	100.22	3.40	燃气生产和供应业	102.09	5.45
印刷业和记录媒介复制业	100.46	1.13	水的生产和供应业	103.00	1.23
文教体育用品制造业	101.42	1.58			

注：由于表格容量限制，对部分行业的名称进行了简化，下同。

可以看出，在样本期内，能源价格、PPI总水平、生产资料PPI以及生活资料PPI总体均保持了小幅上升态势(均值大于100)，大部分工业行业的价格水平也总体上升。但是，石油和天然气开采业、化学纤维制造业、黑色金属冶炼及压延加工业、有色金属冶炼及压延加工业等资源和能源密集型行业价格总体表现出下降态势。此外，交通运输设备制造业、电气机械和器材制造业、计算机等电子设备制造业、仪器仪表制造业、废弃资源废旧材料回收加工业等5个行业价格水平也出现总体下降。其中，与生活密切相关的农副食品加工业价格的平均涨幅最大，高达4.12%。从波动幅度来看，能源价格的波动幅度相对较大，这也是能源价格的一大特性，而多数工业行业价格波动幅度均较小，仅有煤炭开采和洗选业、石油和天然气开采业、黑色金属矿采选业、有色金属矿采选业、石油加工、炼焦及核燃料加工业、黑色金属冶炼及压延加工业、有色金属冶炼及压延加工业等7个行业PPI的标准差超过10。其中，能源类行业石油和天然气开采业的波动幅度最大，其标准差达到28.73。

为了进一步对比分析能源价格和PPI的走势，本节将两者的原始数据绘于图4.1中。由图可知，在样本期内，能源价格指数和PPI总体保持了较为一致的走势，这也印证了我们在理论分析部分的判断。但是，能源价格指数波动幅度远大于PPI，能源价格最高增速在25%以上，而最低降幅也在10%以上，振幅在35%以上；而PPI增速基本位于-10%至10%的区间。从两者的周期性变动来看，2007—2008年，PPI运行相对较为平稳，但在国际能源价格冲击和国内能源类行业大幅上行的背景下，能源价格指数出现大幅上升；2009年，受国际金融危机影响，国际贸易和需求萎靡，能源价格快速下行，能源价格指数和PPI均达到了波谷；2010年受政府出台大规模刺激性政策的影响，两者均出现快速的回升，但能源价格回升幅度更为明显；2012—2016年，受国内产能过剩和需求不足的双重影响，PPI持续回落，而能源价格也呈现出持续下行的态势；2016年年底以来，国际能源价格出现触底回升，同时国内供给侧结构性改革深入推进，煤炭等去产能措施稳步实施，两者共同导致了能源价格的又一轮快速增长，PPI增速也于2016年9月由负转正，出现了恢复性的同比大幅上涨。由分析可知，能源价格指数和PPI相关程度较高，而两者之间影响的具体数量关系则需要进一步的实证分析。进一步的，为了消除季节性因素对数据的影响，本节使用X-12方法对能源价格指数、PPI、分行业 PPI 等 41 个变量的时间序列数据进行了季节调整，剔除其季节和随机成分，保留趋势和循环成分。然后，使用 ADF 检验方法对所有季节调整后的序列进行了平稳性检验，结果表明所有序列均至少在 10%的显著性水平下平稳，可以用于模型的计算，具体平稳性检验结果本节不再赘述。

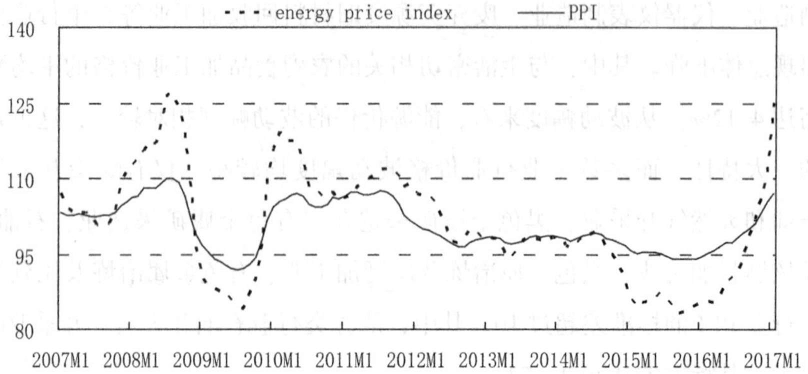

图 4.1　能源价格指数和 PPI 走势图

4.1.2　能源价格波动区制划分及其向 PPI 传导的区制差异

本节我们的主要研究目标是解决“能源价格在不同波动区制下对 PPI 影响的差异性”和“能源价格对生产资料 PPI 和生活资料 PPI 影响的差异性”这两个问题。鉴于此，本节将建立 MS-AR 模型展开实证分析。首先，为了进一步在统计上证明能源价格对 PPI 影响的因果关系不仅仅是相关关系，本节进行了传统 Granger 因果关系检验和非线性因果关系检验。之所以这样做，是因为能源价格波动对 PPI 的影响较为复杂。主要通过两个途径：一方面，能源价格波动直接影响工业行业中的能源类行业 PPI。另一方面，能源价格波动通过影响生产成本间接影响其他工业行业的出厂价格水平。其中既包括直接影响，也含有间接影响。变量之间既包含线性特征，又包含非线性的特征。理论和实证研究表明能源价格对 PPI 影响在区制内含有线性的特征，在区制间又存在非线性的特征。为了完整检验变量间的这种线性和非线性关系，我们首先进行 Granger 因果关系检验，随后进行非线性因果关系检验。

Granger因果关系检验。由表4.2可知，PPI总水平和所有行业的PPI均至少在10%的显著性水平下拒绝“能源价格不是PPI的Granger原因”的原假设，证明能源价格和PPI之间确实存在着因果关系，即证明了其传导效应的存在。

表4.2　　**能源价格对PPI影响的Granger因果检验结果**

PPI	F统计量	P值	PPI	F统计量	P值
PPI总水平	8.80	0.0003	石油加工、炼焦及核燃料加工业	15.81	0.0000
生产资料PPI	10.25	0.0000	化学原料及化学制品制造业	16.67	0.0000
生活资料PPI	3.09	0.0492	医药制造业	8.57	0.0003
煤炭开采和洗选业	4.35	0.0152	化学纤维制造业	6.37	0.0024
石油和天然气开采业	2.80	0.0651	橡胶和塑料制品业	10.67	0.0000
黑色金属矿采选业	11.50	0.0000	非金属矿物制品业	19.24	0.0000
有色金属矿采选业	9.97	0.0001	黑色金属冶炼及压延加工业	6.42	0.0023
非金属矿采选业	10.68	0.0000	有色金属冶炼及压延加工业	13.53	0.0000
农副食品加工业	2.96	0.0558	金属制品业	7.91	0.0006
食品制造业	2.38	0.0969	通用设备制造业	19.58	0.0000
饮料制造业	10.22	0.0000	专用设备制造业	19.06	0.0000
烟草制品业	11.77	0.0000	交通运输设备制造业	15.71	0.0000
纺织业	9.58	0.0001	电气机械和器材制造业	3.66	0.0287
纺织服装、鞋、帽制造业	7.89	0.0006	计算机等电子设备制造业	2.36	0.0986
皮革、毛皮、羽毛及其制品业	5.75	0.0042	仪器仪表制造业	8.89	0.0003
木材加工及木、竹等制品业	21.36	0.0000	其他制造业	12.04	0.0000

续表

PPI	F 统计量	P 值	PPI	F 统计量	P 值
家具制造业	12. 32	0. 0000	废弃资源废旧材料回收加工业	8. 63	0. 0003
造纸及纸制品业	9. 33	0. 0002	电力、热力的生产和供应业	5. 73	0. 0043
印刷业和记录媒介复制业	12. 92	0. 0000	燃气生产和供应业	3. 78	0. 0258
文教体育用品制造业	4. 03	0. 0203	水的生产和供应业	4. 41	0. 0143

注：Granger 因果关系检验的原假设为“能源价格不是 PPI(总水平和分行业)的 Granger 原因”，本表结果基于二阶滞后期计算，其他滞后期的计算结果与本表结果总体一致。

非线性 Granger 因果关系检验。为了避免仅用传统的 Granger 因果检验对变量进行因果检验而忽略变量之间的非线性关系，可能导致结果出现显著偏差，我们又对变量之间进行了非线性 Granger 因果关系检验。近年来，诸多研究表明经济变量间存在着极其复杂的非线性关系，因此仅在线性层面研究而忽略事实上存在的非线性关系会导致研究难以得出全面且准确的结论(Mougoué 和 Aggarwal, 2011)。本节采用 Diks 和 Panchenko(2006)提出的 T_n 非参数检验方法分别检验能源价格与 PPI 的非线性 Granger 因果关系，探讨两者之间的非线性作用关系(见表 4. 3)。

表 4. 3　　**能源价格对 PPI 影响的 T_n 非线性 Granger 因果关系检验**

不同滞后阶数下的非参数检验				
有关变量	阶数			
	1	2	3	4
PPI 总水平	1. 521495*	1. 216165**	1. 383390*	1. 574302*
	(0. 064068)	(0. 0411961)	(0. 053273)	(0. 057709)
生产资料 PPI	1. 302321*	1. 026966**	0. 886283**	1. 197053
	0. 096403	0. 032218	0. 047732	0. 115643

续表

不同滞后阶数下的非参数检验

有关变量	阶数			
	1	2	3	4
生活资料PPI	1.178377 0.109323	0.971947* 0.085538	1.452216** 0.043221	1.644931* 0.049992
煤炭开采和洗选业	1.673531** 0.047111	1.485770* 0.068670	1.238397 0.107785	1.279559 0.100350
石油和天然气开采业	1.250170 0.105619	1.320087* 0.093403	2.771060*** 0.002794	2.849795*** 0.002187
黑色金属矿采选业	1.564537 0.058846	1.545106* 0.061160	1.536972* 0.062150	1.473448* 0.070315
有色金属矿采选业	-0.665974 0.747286	-0.611676 0.729624	-0.055463 0.522115	-0.053463 0.521318
非金属矿采选业	2.560926*** 0.005220	2.547379*** 0.005427	2.466914*** 0.006814	2.363844*** 0.009043
农副食品加工业	1.048752 0.147146	0.776574 0.218705	0.980649 0.163383	1.411598 0.079034
食品制造业	2.025466** 0.021410	1.941222** 0.026116	1.819736** 0.034400	1.692976** 0.045230
饮料制造业	2.562724*** 0.005193	2.337215*** 0.009714	2.186719** 0.014382	2.280756** 0.011281
烟草制品业	0.349030 0.363533	-0.041831 0.516683	0.354985 0.361300	0.139658 0.444465
纺织业	1.167935 0,121416	1.201174* 0.094842	1.338192* 0.090417	1.337793* 0.090482
纺织服装、鞋、帽制造业	1.156042 0.123832	0.862984* 0.094073	0.512179 0.304263	0.841064 0.200156
皮革、毛皮、羽毛及其制品业	2.3925376*** 0.00836	2.301242** 0.010689	2.313119** 0.010358	2.3853212*** 0.00853

续表

不同滞后阶数下的非参数检验				
有关变量	阶　数			
	1	2	3	4
木材加工及木、竹等制品业	2.334977***	2.252367**	2.377330***	2.241983**
	0.009772	0.012150	0.008719	0.012481
家具制造业	2.087631**	2.039632**	1.792759**	1.616956**
	0.018416	0.020694	0.036506	0.052944
造纸及纸制品业	2.574764***	2.121716**	1.958027**	1.887765**
	0.005015	0.016931	0.025113	0.029529
印刷业和记录媒介复制业	2.351721***	1.785245**	1.673456**	1.880030**
	0.009343	0.037111	0.047119	0.030052
文教体育用品制造业	2.573044***	2.472291***	2.440855***	2.456855***
	0.005040	0.006713	0.007326***	0.007008
石油加工、炼焦及核燃料加工业	1.927491**	1.793337**	1.878210**	1.854304**
	0.026959	0.036460	0.030176	0.031848
化学原料及化学制品制造业	1.430403*	1.577804*	1.647841**	1.729533**
	0.076301	0.057305	0.049693	0.041857
医药制造业	-0.139715	0.288349	0.725936	0.694758
	0.555557	0.386540	0.233939	0.243603
化学纤维制造业	2.418320***	2.252687**	2.190891**	2.166594**
	0.007796	0.012139	0.014230	0.015133
橡胶和塑料制品业	2.396771***	2.252032**	2.089525**	1.907746**
	0.008270	0.012160	0.018330	0.028212
非金属矿物制品业	0.945703	0.517415	0.443419	0.779544
	0.172150	0.302433	0.328732	0.217830
黑色金属冶炼及压延加工业	0.605177	1.190372	1.446900	1.883840
	0.272531	0.116950	0.073963	0.029793
有色金属冶炼及压延加工业	2.431001***	2.334002***	2.157923**	2.045226**
	0.007529	0.009798	0.015467	0.020416

续表

不同滞后阶数下的非参数检验				
有关变量	阶数			
	1	2	3	4
金属制品业	2.144581**	2.068024**	1.987125**	1.895858**
	0.015993	0.019319	0.023454	0.028989
通用设备制造业	2.474470***	2.183711**	2.067275**	1.946050**
	0.006672	0.014492	0.019354**	0.025824
专用设备制造业	2.584464***	2.455707***	2.303326**	2.298308**
	0.004877	0.007030	0.010630	0.010772
交通运输设备制造业	0.344112	0.257701	0.919827	1.668841
	0.365381	0.398319	0.178832	0.047574
电气机械和器材制造业	−0.265761	0.485812	1.015473	1.061835
	0.604789	0.313550	0.154940	0.144155
计算机等电子设备制造业	0.343568	0.042626	0.246503	0.695387
	0.365586	0.483000	0.402647	0.243406
仪器仪表制造业	2.529045***	2.446757***	2.260261**	2.069754**
	0.005719	0.007207	0.011903	0.019238
其他制造业	1.824078**	1.862420**	1.788332**	2.058019**
	0.034070	0.031272	0.036861	0.019794
废弃资源废旧材料回收加工业	1.431617*	1.471734*	1.377479*	1.407124*
	0.076127	0.070546	0.084182	0.079695
电力、热力的生产和供应业	1.840524	1.660662**	1.799989**	1.799067**
	0.032846	0.048391	0.035931	0.036004
燃气生产和供应业	−0.350611	−0.700179	−0.094234	0.206356
	0.637060	0.758092	0.537538	0.418257

注：①因为研究需要，这里仅列出对“能源价格是PPI的非线性Granger原因”的检验；②括号里的内容为P值；③***、**和*分别表示在1%、5%和10%的显著性水平下拒绝“不存在非线性Granger因果关系”的原假设；④带宽参数ε设置为0.5；⑤T_n检验统计量渐进服从正态分布，且为右尾检验。

表4.3报告了基于共同滞后阶数(1~4阶)的能源价格对PPI总水平、生活资料PPI、生产资料PPI以及各行业PPI的非线性Granger因果关系检验结果。由表4.3可以看到，能源价格对大多数变量的PPI总水平、生活资料PPI、生产资料PPI以及各行业PPI都具有显著的非线性Granger因果关系。

在Granger因果关系检验和Granger非线性因果关系检验的基础上，我们进一步基于MS-AR模型划分了能源价格的波动区制，然后分别以总体PPI、生产资料PPI和生活资料PPI为被解释变量，估计了三个MS-AR模型。其中，在每一个模型中，我们分别基于零阶滞后(AR(0))和一阶滞后(AR(1))进行了计算，用以进行对比分析。由两区制的划分结果可知(见图4.2和图4.3)，在本节的样本期内，可以将能源价格指数划分为"高波动区制"(Regime 0)和"低波动区制"(Regime 1)。其中，"高波动区制"的范围包括2008M5—2010M4、2011M10—2014M8以及2016M12—2017M1；"低波动区制"的范围包括2007M1—2008M4、2010M5—2011M9以及2014M9—2016M11。具体来看，在2008M5—2010M4，宏观经济经历了从繁荣到危机再到快速复苏的过程，而能源价格指数相应经历了"波峰—波谷—波峰"的大幅波动，指数值从126.8回落至83.9的低点后再次攀升至119.2的高点。而在2011M10—2014M8，能源价格指数从高点一路下行，波动幅度较大。在2016M12—2017M1，能源价格出现了大幅度的同比回升，其波动幅度再次加大。因此，上述三个时期构成了能源价格的"高波动区制"。在

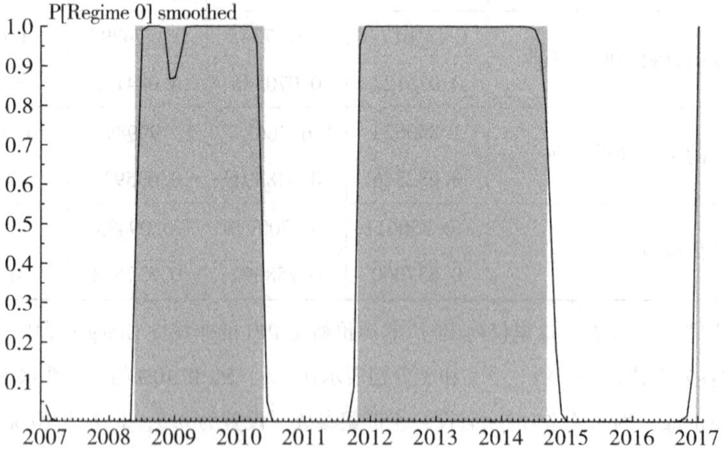

图4.2　高波动区制划分

2007M1—2008M4和2010M5—2011M9两个时期，能源价格经历了相对温和的上升；在2014M9—2016M11，能源价格达到了最近一轮下行周期的底部，价格跌幅基本保持稳定，价格指数在底部运行，波动幅度也相对较小。因此，在以上三个时期，能源价格指数或保持平稳，或者持续在底部运行，其波动幅度相对较小，构成了能源价格的“低波动区制”。

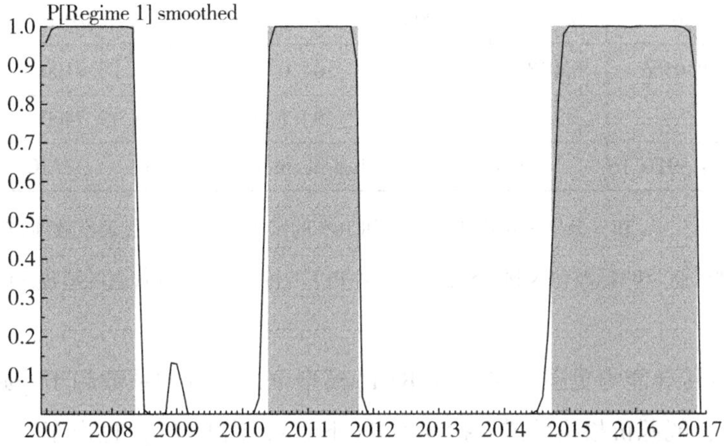

图4.3 低波动区制划分

表4.4中分别估计了能源价格对总体PPI影响的MS-AR(0)和MS-AR(1)模型。估计MS-AR(1)模型的原因在于，经济变量均一定程度表现出连续变化的特征，PPI和能源价格指数同样如此。事实上，本节检验了其他滞后阶数的模型，其回归结果和一阶滞后模型较为接近，因此，我们基于一阶滞后模型进行分析。总体来看，除MS-AR(1)模型的两个转移变量之外，其他主要参数均至少在10%的显著性水平下显著，表明模型估计效果良好。从估计系数值来看，无论是在“高波动区制”还是在“低波动区制”，能源价格波动均对PPI产生了正向传导效应，这与我们的直观感受一致。在MS-AR(0)模型中，能源价格指数每上升1点，将带动PPI上升0.4点左右。在MS-AR(1)模型中，能源价格指数每上升1点，将带动PPI上升0.3点左右。

进一步比较回归系数的区制差异可知，在MS-AR(0)模型中，“低波动区制”的传导系数高于“高波动区制”，即在能源价格波动幅度较低的时期，其价格变

表4.4　**能源价格对总体PPI区制转移回归模型估计结果**

MS-AR(0)模型估计结果				MS-AR(1)模型估计结果			
参数	估计值	标准差	P值	变量	系数	标准差	P值
c	58.5211***	0.9160	0.000	$AR(1)$	0.9978***	0.0074	0.000
β_0	0.4021***	0.0091	0.000	c	59.3867***	20.6700	0.005
β_1	0.4295***	0.0092	0.000	β_0	0.2952***	0.0162	0.000
$P\_\{0\|0\}$	0.9617***	0.0268	0.000	β_1	0.2952***	0.0162	0.000
$P\_\{0\|1\}$	0.0506*	0.0284	0.077	$P\_\{0\|0\}$	0.4974	25.7100	0.985
—	—	—	—	$P\_\{0\|1\}$	0.5311	19.7400	0.979
Log-likelihood：-180.16		AIC：3.08		Log-likelihood：-98.55		AIC：1.76	

注：***、**和*分别表示在1%、5%和10%的水平下显著，c代表常数项，β_0和β_1分别代表“高波动区制”和“低波动区制”下能源价格对PPI的传导系数，p代表区制转移概率，下同。

动向PPI的传导能力更强。在MS-AR(1)模型中，两者的系数趋于一致。在“高波动区制”，能源价格指数或者持续上升(下降)，或者经历“过山车”式的大幅起落，企业生产的能源成本变动较为频繁，难以形成稳定的成本预期，短期内企业也不会调整其产量和要素结构，因此，企业对能源价格波动的反应相对滞后。与此相反，在“低波动区制”，能源价格的上升或者下降已经形成了明显的趋势，能源价格指数相对较为稳定，企业可以形成稳定的成本变动预期，进而可以较好地调整生产数量、库存和要素组合，以达到利润最大化。因此，能源价格波动对PPI的传导能力也较强。从转移概率来看，当能源价格运行于“高波动区制”内时，其自维持概率较高，在$p_\{0|0\}$的估计值高达0.9617，根据概率持续性转换公式$t=1/(1-p)$计算可得，在样本期内“高波动区制”的自维持时期为26个月，同样可以计算出样本期内“低波动区制”的自维持时期为20个月。由上述结果可知，两个区制的自维持概率均较高，持续期均较长，可见在同一区制内能源价格具有较高的“惯性”。

进一步比较来看，在MS-AR(1)模型中，两个转换概率均不显著，而且在不同区制下能源价格的传导系数一致，并没有体现出区制差异性，因此，MS-AR(0)模型的估计结果更优。此外，从Log-likelihood和AIC统计量来看，MS-AR(0)模型也优于 MS-AR(1)。这在一定程度上表明能源价格波动向 PPI 的传导可以较好地解释 PPI 的变动，而在这一模型设定下，PPI 序列对其自身解释能力较弱，当加入一阶滞后之后，转移概率变得不再显著，而统计量结果也劣于未加入滞后的模型。

表 4.5 和表 4.6 列出了能源价格对生产资料 PPI 以及生活资料 PPI 影响的区制转移结果。可以看出，其结果和表 4.3 给出的回归结果大体一致，MS-AR(0) 的估计结果更优，因此，在下文中，我们主要根据 MS-AR(0) 模型结果进行分析。同样可以看出，在“低波动区制”下，能源价格对生产资料 PPI 和生活资料 PPI 的传导系数均高于“高波动区制”，而无论在“高波动区制”还是在“低波动区制”，能源价格波动的自维持概率也较高。

表 4.5　　**能源价格对生产资料 PPI 区制转移回归模型估计结果**

MS-AR(0)模型估计结果				MS-AR(1)模型估计结果			
参数	估计值	标准差	*P* 值	变量	系数	标准差	*P* 值
c	49.6288***	1.0500	0.000	*AR*(1)	0.9600***	0.0256	0.000
β_0	0.4859***	0.0104	0.000	c	63.3440***	2.5310	0.000
β_1	0.5168***	0.0105	0.000	β_0	0.3733***	0.0201	0.000
P_{0 | 0}	0.9625***	0.0261	0.000	β_1	0.3733***	0.0198	0.000
P_{0 | 0}	0.0491*	0.0277	0.078	P_{0 | 1}	0.5254	301.8000	0.999
—	—	—	—	P_{0 | 1}	0.4846	186.1000	0.998
Log-likelihood：-199.72		AIC：3.40		Log-likelihood：-118.32		AIC：2.09	

进一步对比分析来看，能源价格波动对生产资料 PPI 的影响显著高于对生活资料 PPI 的影响。能源价格指数每上升 1 个百分点，将带动生产资料 PPI 上升约 0.5 个百分点，但仅带动生活资料 PPI 上升 0.15 个百分点左右。这一结果和两大类产品生产的技术构成不同有关。生产资料生产行业包含全部的能源和资源密集型行业与重工业，其能源依赖程度较高。因此，生产成本对能源价格波动比较敏感，其 PPI 受能源价格的影响较大。而生活资料生产行业集中了多数的劳动密集型和资本密集型行业，以轻工业为主，能源依赖程度相对较低，其成本对能源价

格波动的敏感度较低，因而其 PPI 受能源价格的影响相对较小。

表 4.6　**能源价格对生活资料 PPI 区制转移回归模型估计结果**

MS-AR(0)模型估计结果				MS-AR(1)模型估计结果			
参数	估计值	标准差	P 值	变量	系数	标准差	P 值
c	87.2596***	0.7259	0.000	$AR(1)$	0.9842***	0.0188	0.000
β_0	0.1308***	0.0071	0.000	c	94.5719***	2.3490	0.000
β_1	0.1505***	0.0072	0.000	β_0	0.0566***	0.0090	0.000
p_{0| 0}	0.9591***	0.0243	0.000	β_1	0.0566***	0.0090	0.000
p_{0| 0}	0.0637*	0.0358	0.078	p_{0|1}	0.4989	44.1300	0.991
—	—	—	—	p_{0| 0}	0.6545	78.0100	0.993
Log-likelihood：-141.45	AIC：2.44			Log-likelihood：-71.2	AIC：0.97		

图 4.4 给出了区制转移模型(MS-AR(0))的拟合图，图形基于能源价格波动对总体 PPI 影响的模型绘制。由图可知，在本节的模型框架下，被解释变量 PPI 的实际值和拟合值高度吻合，证明了模型的科学性和可信度。同时，从一步预测值来看，根据能源价格波动预测的 2017 年 2 月 PPI 同比继续大幅上升且升幅有

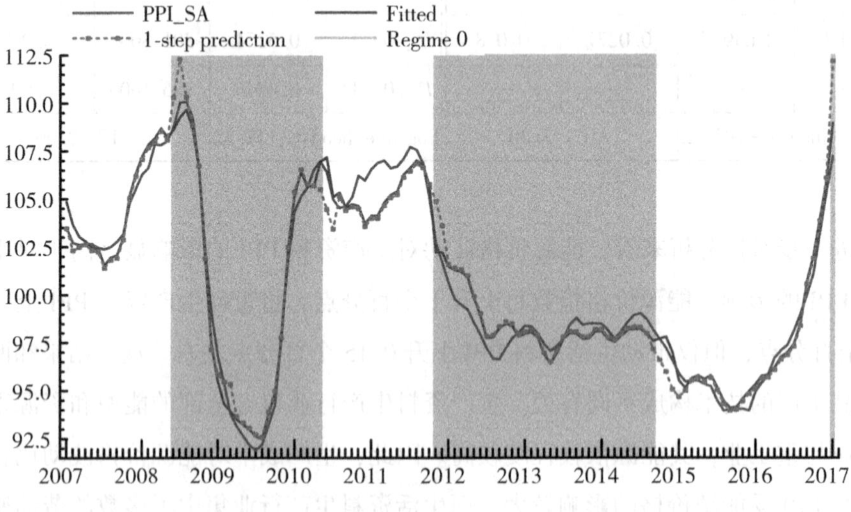

图 4.4　MS-AR(0)模型拟合图

所扩大，这一预测结果与实际情况也是高度一致。2017 年 2 月，中国 PPI 同比上涨 7.8%，涨幅比 1 月扩大 0.9 个百分点。因此，无论从拟合结果还是预测结果来看，本节在马尔可夫区制转移框架下分析能源价格波动对 PPI 的影响都是合理和可行的。

4.1.3　能源价格向 PPI 传导的行业异质性检验

不同行业对能源依赖程度的不同决定了其对能源价格敏感度的不同。对于能源依赖程度较高的行业，能源价格波动对其 PPI 的影响相对较大，而对于能源依赖程度较低的行业，能源价格波动对其 PPI 的影响则相对较小。上一部分的实证结果证明了能源价格波动对能源依赖程度较高的生产资料 PPI 的影响显著高于生活资料 PPI。在此基础上，本节进一步基于 37 个工业大类行业分析能源价格波动传导的行业异质性。具体而言，本节分别运用 37 个工业大类行业的 PPI 数据和能源价格指数建立 MS-AR(0)的区制转移模型，得出能源价格对各个行业在“高波动区制”和“低波动区制”下的传导系数，并将其总结为表 4.7。

表 4.7　　**能源价格波动对 PPI 的分行业传导系数**

行业	高波动区制	低波动区制	行业	高波动区制	低波动区制
煤炭开采和洗选业	0.4995	0.5788	医药制造业	0.0351	0.0351
石油和天然气开采业	2.7144	2.8338	化学纤维制造业	0.6906	0.8208
黑色金属矿采选业	0.9902	0.9068	橡胶和塑料制品业	0.1248	0.1248
有色金属矿采选业	0.6844	0.6115	非金属矿物制品业	0.1407	0.1440
非金属矿采选业	0.2426	0.2957	黑色金属冶炼及压延加工业	0.7845	0.9114
农副食品加工业	0.1870	0.1712	有色金属冶炼及压延加工业	0.6019	0.6019
食品制造业	0.0791	0.0790	金属制品业	0.2461	0.2748
饮料制造业	0.0377	0.0466	通用设备制造业	0.0702	0.0967
烟草制品业	0.0011	0.0003	专用设备制造业	0.0355	0.0346
纺织业	0.1372	0.0973	交通运输设备制造业	0.0295	0.0375

续表

行业	高波动区制	低波动区制	行业	高波动区制	低波动区制
纺织服装、鞋、帽制造业	0.0226	0.0216	电气机械和器材制造业	0.1450	0.1450
皮革、毛皮、羽毛及其制品业	0.0140	0.0140	计算机等电子设备制造业	0.0285	0.0377
木材加工及木、竹等制品业	0.0506	0.0500	仪器仪表制造业	0.0071	0.0128
家具制造业	0.0361	0.0285	其他制造业	0.0711	0.0735
造纸及纸制品业	0.1845	0.1845	废弃资源废旧材料回收加工业	0.5242	0.4694
印刷业和记录媒介复制业	0.0318	0.0221	电力、热力的生产和供应业	0.0195	0.0107
文教体育用品制造业	0.0405	0.0535	燃气生产和供应业	0.1609	0.1885
石油加工、炼焦及核燃料加工业	1.1592	1.1073	水的生产和供应业	0.0147	0.0028
化学原料及化学制品制造业	0.5557	0.5228			

注：本表仅列出能源价格对分行业 PPI 的传导系数，省略其标准差和统计检验结果，本表中所有系数均基于 MS-AR(0)模型计算，并且至少在 10%的显著性水平下显著。

从“高波动区制”和“低波动区制”传导系数的对比来看，不同行业的异质性明显不同。对于多数能源和资源密集型行业而言，“低波动区制”的传导系数高于“高波动区制”，而对于多数劳动密集型和部分技术密集型行业而言，“高波动区制”的传导系数相对较大。能源和资源密集型行业对能源依赖程度较大，因此在“低波动区制”下容易形成稳定预期，进而迅速对能源价格的变动作出反应和调整；而劳动密集型行业和部分技术密集型行业对能源依赖程度相对较小，当处于“低波动区制”时，这些行业并不会针对能源价格进行生产调整，反而在“高波动区制”时，能源价格的大幅变化会影响到企业的成本。

从行业传导系数的异质性来看，采矿业行业传导系数最高，石油和天然气开采业的传导系数在2.7以上，即能源价格指数每上升1个百分点，将拉动石油和天然气PPI上升2.7个百分点。资源密集型制造业的传导系数也相对较高，石油加工、炼焦及核燃料加工业的传导系数在1.1以上。劳动、技术和资本密集型行业的传导系数均较低，烟草制品业的传导系数仅为0.0011(高波动区制)和0.0003(低波动区制)。电力、热力、燃气及水的生产和供应业中的3个大类行业的传导系数也相对较小。其原因在于：一方面，电力、热力、燃气及水的生产和供应业属于公共事业型行业，其中分为生产和供应两个部分，生产部分和能源密切相关，受能源价格的影响较大，而供应部分和能源价格的关系相对较小；另一方面，公共事业价格水平受到了政府的管制，其价格形成机制尚未完全市场化，因此受能源价格波动的影响不甚明显。

为了更为精确地描述能源价格波动对不同类型行业的传导规律，本节进一步对37个大类行业进行了分类，将其分为能源和资源型行业(采矿业)、劳动密集型行业、能源和资源密集型行业以及技术和资本密集型行业，并对同一类型行业的传导系数取平均值进而展开对比分析。其中，能源和资源型行业包括采矿业中的全部5个大类行业，即按照表4.7中的排序从煤炭开采和洗选业至非金属矿采选业；劳动密集型行业包括制造业中的12个大类行业，即从农副食品加工业至文教体育用品制造业；能源和资源密集型行业包括制造业中的9个大类行业，即从石油加工、炼焦及核燃料加工业至金属制品业；技术和资本密集型行业包括制造业中的装备制造业(6个大类行业)，即从通用设备制造业至仪器仪表制造业。其他制造业以及废弃资源废旧材料回收加工业由于其构成较为复杂，难以对其进行界定，因此本文不对其进行单独研究。由于电力、热力、燃气及水的生产和供应业中3个行业的特殊性，对其进行分析并无实际的经济意义，因此本节不再对其进行分类。具体的行业分类结果和传导系数见表4.8。

表4.8 **能源价格波动对不同类型行业PPI的传导系数**

行业类型		能源和资源型	劳动密集型	能源和资源密集型	技术和资本密集型
传导系数	高波动区制	1.0262	0.0685	0.4821	0.0526
	低波动区制	1.0453	0.0640	0.5048	0.0607

从表4.8中的结果来看，除劳动密集型行业以外，其他三个类型行业在“低波动区制”下的传导系数均高于“高波动区制”。从传导系数的行业异质性来看，传导系数从大到小依次为能源和资源型行业、能源和资源密集型行业、劳动密集型行业以及技术和资本密集型行业。其中，前两个类型的行业或者直接与能源的生产开采有关，或者在生产过程中依赖于大量的能源投入，因此能源价格波动对其行业成本和生产行为的影响较大。当能源价格持续上升时，能源类行业出厂价格随着上升，而能源和资源密集型行业成本的上升也将推升其出厂价格。反之，当能源价格下行时，行业出厂价格也出现下降。对于后两个类型的行业而言，其对能源依赖程度较低，劳动力成本或者资金和技术成本才是其成本的主要构成，能源价格波动对其成本和生产行为影响较小，因而对其产品出厂价格的影响也较为有限。

上述分析从传导系数的角度阐释了能源价格向PPI传导的行业异质性，为了分析这一异质性的动态特征，本节将进一步建立MS-VAR模型。通过不同区制下的脉冲响应函数研究不同类型行业PPI对能源价格冲击的动态响应机制。由于本节涉及的行业数量较多，限于篇幅，我们将选取每一种类型行业中的一个代表性行业进行分析。具体而言，本节选取石油和天然气开采业代表能源和资源型行业，以纺织服装、鞋、帽制造业代表劳动密集型行业，以黑色金属冶炼及压延加工业代表能源和资源密集型行业，以计算机、通信和其他电子设备制造业代表技术和资本密集型行业。根据VAR模型滞后阶数的检验结果，本节选取2阶滞后。

图4.5显示了能源和资源型行业PPI对能源价格冲击的响应。在“高波动区制”下，能源价格发生一个标准差大小的冲击后，对能源和资源型行业PPI形成短期正向影响，而在中长期该影响逐渐趋于收敛，其有效传导期为1年左右。在“低波动区制”下，能源冲击对能源和资源型行业PPI具有长期的正向影响，其有效传导期为2年多。上述结果也和MS-AR模型中传导系数的计算结果相一致，即“高波动区制”只有短期影响，而“低波动区制”具有长期影响，因此“低波动区制”的传导系数高于“高波动区制”。图4.6为劳动密集型行业PPI对能源价格冲击的脉冲响应。与能源和资源型行业一致的是，在“高波动区制”，能源价格冲击对劳动密集型行业PPI仅有短期影响，其有效传导期为1年左右；而在“低波动区制”，其影响具有长期性，有效影响期在2年以上。但是，上述两个类型行

业脉冲响应的区别在于，能源价格冲击对劳动密集型行业 PPI 的影响程度明显低于对能源和资源型行业 PPI 的影响程度，这也与 MS-AR 模型的计算结果一致。

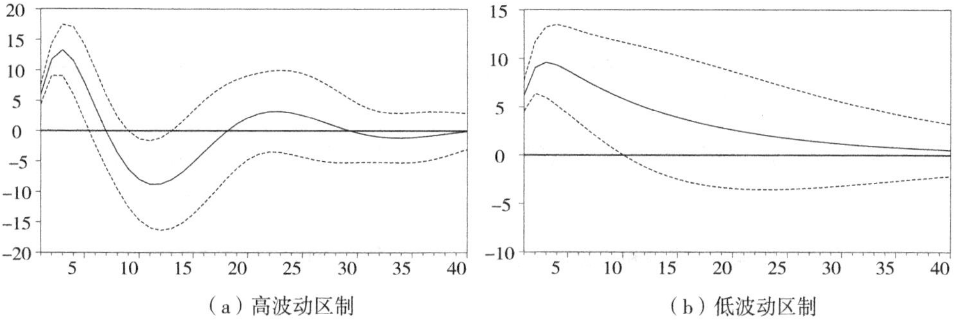

图 4.5　能源和资源型行业 PPI 对能源价格冲击的响应

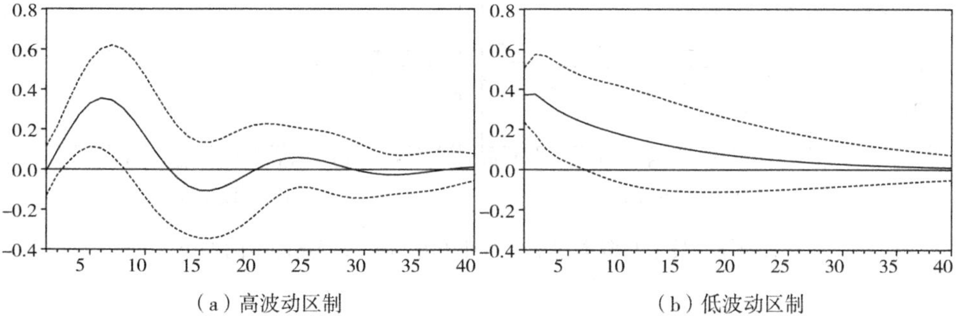

图 4.6　劳动密集型行业 PPI 对能源价格冲击的响应

进一步考察能源和资源密集型行业以及技术和资本密集型行业 PPI 对能源价格冲击的脉冲响应(见图 4.7 和图 4.8)。我们发现，在“高波动区制”，能源价格冲击对两个行业 PPI 的动态响应形态基本一致，仅具有短期效应，在中长期则表现出波动收敛的趋势，其有效传导期为 1 年左右；而在“低波动区制”，能源和资源密集型行业 PPI 响应的长期效应也不明显，有效传导期相对较短，技术和资本密集型行业 PPI 的响应出现暂时负向影响后，表现出长期持续的正向影响，但其影响程度较弱。因而技术和资本密集型行业 PPI 在“低波动区制”的响应程度依赖于长期的积累而非短期的冲击。

从能源价格冲击对四个行业 PPI 的动态影响程度来看，按照脉冲响应的最

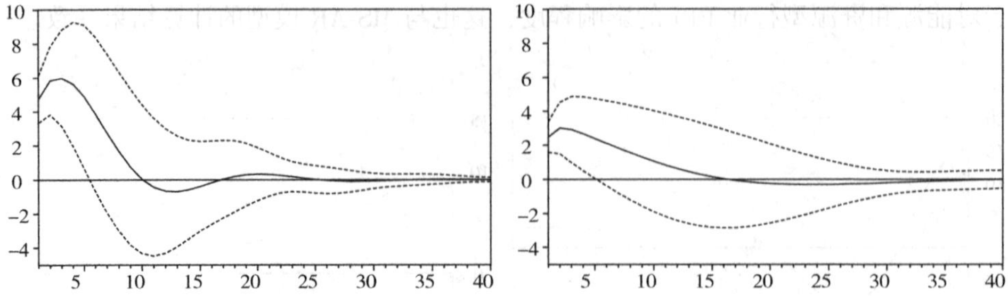

（a）高波动区制　　（b）低波动区制

图 4.7　能源和资源密集型行业 PPI 对能源价格冲击的响应

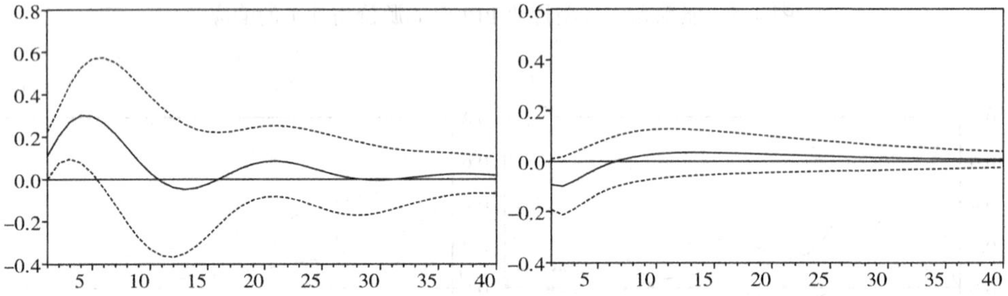

（a）高波动区制　　（b）低波动区制

图 4.8　技术和资本密集型行业 PPI 对能源价格冲击的响应

大影响程度(峰值)由大到小排序，依次是能源和资源型行业(峰值约为 13)、能源和资源密集型行业(峰值约为 6)、劳动密集型行业(峰值约为 4)以及技术和资本密集型行业(峰值约为 3)。这一结果也与表 4.8 中 MS-AR 模型的回归结果一致。

综合上述实证结果来看，能源价格向 PPI 的传导系数具有明显的区制差异性和行业异质性，即“低波动区制”传导系数高于“高波动区制”，在“高波动区制”仅具有短期传导效应，在“低波动区制”则具有长期传导效应，对生产资料 PPI 的影响大于生活资料 PPI，对能源和资源行业以及能源和资源密集型行业的传导系数大于劳动密集型以及技术和资本密集型行业。与此同时，在马尔可夫区制转移框架下，运用 MS-AR 模型和 MS-VAR 模型得到的实证结果基本一致，相互印证了模型的合理性和稳健性。

4.2 CGE框架下国际天然气价格波动对我国产业结构影响的模拟

天然气是最清洁的能源，燃烧后仅产生少量的二氧化碳和水，是其他高排放化石能源最理想的替代品，而中国目前的天然气占一次能源的消费比重低于世界平均水平。加强天然气的开发和应用，能够优化中国一次能源消费结构，对雾霾治理等具有十分重要的积极意义。我国政府在《能源发展战略行动计划(2014—2020年)》《国家应对气候变化规划(2014—2020年)》等政策文件中多次明确提出了要扩大天然气资源的利用规模。随着西气东输等管道设施的建立与普及，加上政府鼓励，天然气在一次能源消费结构中的比重以及在各省区市的普及比率都显著增长(胡建雄和赵春玲，2014)。

然而与之相对的是，中国的能源禀赋结构中天然气是相对稀缺的资源，剩余开采量仅为世界天然气总量的2%，已探明的人均可开采量不到世界人均水平的7%。近年来，天然气作为最清洁的化石能源，其消费量和进口量不断增加，对外依存度迅速攀升。国家统计局数据显示，2010年我国天然气对外依存度为11.8%，到2013年已经突破了30%的国际能源安全警戒线。2014年，我国天然气进口量达580亿立方米，是2010年的3倍多，对外依存度上升为32.2%，5年中提高了约20%，年均提高约4个百分点。当前中国不仅与俄罗斯、土库曼斯坦、哈萨克斯坦等中亚国家以及缅甸进行陆上管道天然气进口合作，还与卡塔尔、澳大利亚、印度尼西亚以及马来西亚等就海上引进LNG进行广泛的合作。可以预期，未来我国天然气进口量和对外依存度仍将进一步增长，我国经济发展受国际天然气价格的影响变得越来越不可忽视。所以，探究天然气价格国际波动对中国经济的影响对于中国政府制定相关政策具有重大的借鉴意义和参考价值。

回顾以往的研究可知，大量研究集中于探讨国际石油价格波动的影响，却很少关注天然气这一重要能源品种国际市场价格波动的影响。目前仅有极少数研究涉及国际天然气价格波动的影响，比较具有代表性的有朱治双(2015)、李强和魏巍(2015)。朱治双运用VAR模型分析了国际气价冲击的影响，指出国际气价上涨对我国经济增速将产生负面影响，且国际气价冲击对宏观经济变量的影响具有一定的持续性。李强和魏巍则利用 SVAR 模型分析了国际天然气价格波动对我国宏观经济(物价指数、货币政策和经济增长率)的冲击效应，其结果表明，国际天然气价格上涨会促使我国 CPI 指数上涨，而对我国货币政策和宏观经济的影响不明显。但是，这些研究都是基于简单的局部均衡框架，无法全面反映经济体系各个部分间的互动关系，其结论的可靠性值得商榷。此外，上述研究更加关注国际天然气价格波动对我国宏观经济的影响，对居民生活以及产业结构影响的研究稍显不足。因此，本节试图填补现有研究的疏漏，在可计算一般均衡框架下分析国际天然气价格对居民生活及产业结构的影响，并对“存在价格管制”和“不存在价格管制”两种情景进行了对比。此外，不同于以往通常假定完全竞争的 CGE 模型，本节构建的 CGE 模型刻画了天然气市场的垄断特征，从而更接近中国现实。

4.2.1　模型构建

建立在一般均衡理论之上的 CGE 模型，在分析经济波动冲击的问题上具有突出的优势，能够比较全面地反映国民经济体系中不同经济主体的相互联系，尤其是能够刻画价格在经济系统内配置资源的作用。通过构建符合中国实际国情的 CGE 模型可以模拟国际天然气价格波动对经济体系内各经济主体的相互影响，本节在 Bao 等(2013)研究的基础上构建 CGE 模型，并进行了相应的调整(图 4.9 给出了基本框架)，整个 CGE 模型将产业部门合并整理为 6 个能源部门(天然气开采业、石油开采业、煤炭开采业、石油加工及炼焦业、燃气生产和供应业、电力、热力的生产和供应业)以及 7 个非能源部门(农业、化学工业、建筑业、交通运输及仓储邮政业、轻工业、重工业、服务业)，生产要素中包括资本与劳动 2 种典型生产要素，未考虑土地与原材料等生产要素。国内经济体主要包括 3 部门：居民部门、企业部门以及政府部门。本节构建的 CGE 模型主要包括 4 个模块：生产与贸易模块、价格模块、机构模块和宏观闭合模块。

生产与贸易模块。在生产中，生产函数由五层嵌套函数结构来描述。最低一层采用 CES 函数形式，主要由天然气、原油、煤炭、石油、燃气复合形成化石能源复合品，可由式(4.15)表示。

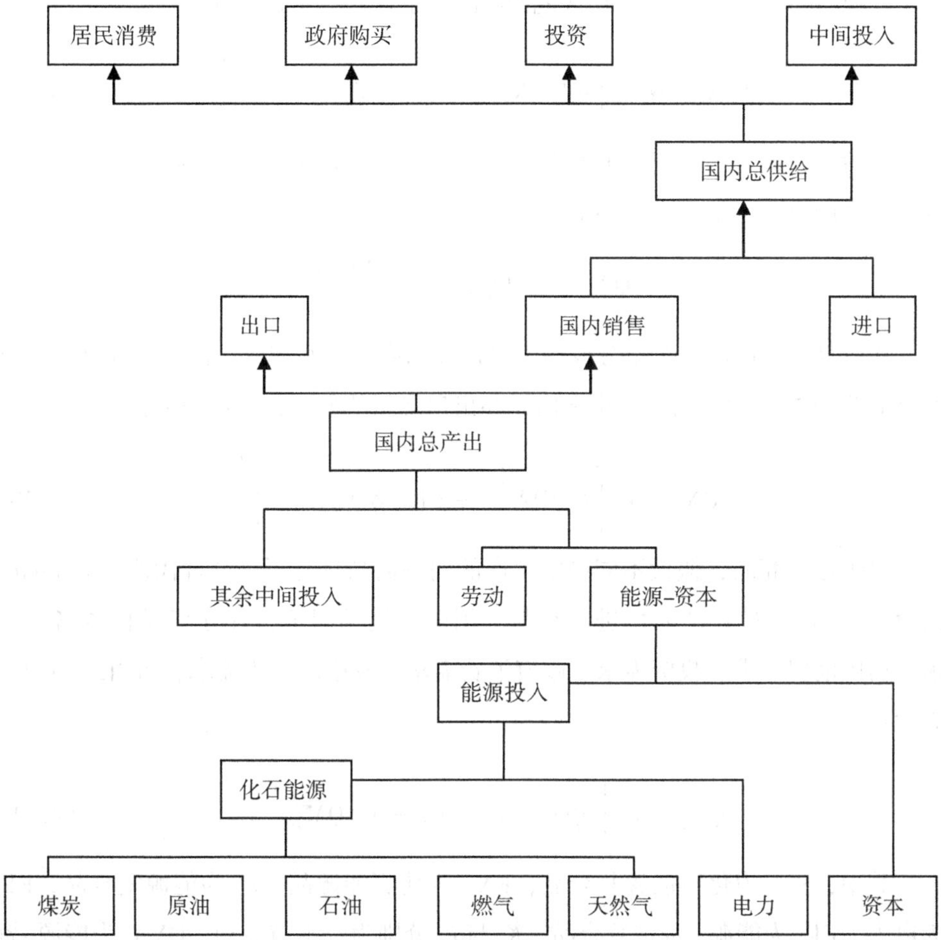

图4.9 模型基本结构图

$$\mathrm{EN}_c = \alpha^{\mathrm{EN}} \left[\delta_a^{\mathrm{EN}} \sum \mathrm{EN}_{ac}^{\frac{\gamma_{1c}-1}{\gamma_{1c}}} \right]^{\frac{\gamma_{1c}}{\gamma_{1c}-1}} \tag{4.15}$$

化石能源复合品与电力能源形成能源复合品，可由式(4.16)表示。

$$E_c = \alpha^E \left[\delta_1^E \mathrm{EN}_c^{\frac{\gamma_{2c}-1}{\gamma_{2c}}} + (1-\delta_1^E)\mathrm{EL}_c^{\frac{\gamma_{2c}-1}{\gamma_{2c}}} \right]^{\frac{\gamma_{2c}}{\gamma_{2c}-1}} \tag{4.16}$$

能源复合品与资本结合形成能源-资本复合品，可由式(4.17)表示。

$$\mathrm{EK}_c = \alpha^{\mathrm{EK}} \left[\delta_1^{\mathrm{EK}} E_c^{\frac{\gamma_{3c}-1}{\gamma_{3c}}} + (1-\delta_1^{\mathrm{EK}})K_c^{\frac{\gamma_{3c}-1}{\gamma_{3c}}} \right]^{\frac{\gamma_{3c}}{\gamma_{3c}-1}} \tag{4.17}$$

能源-资本束与劳动结合形成能源-资本-劳动束，可由式(4.18)表示。

$$\mathrm{QVA}_c = \alpha^{\mathrm{EKL}}\left[\delta_1^{\mathrm{EKL}}\mathrm{EK}_c^{\frac{\gamma_{4c}-1}{\gamma_{4c}}} + (1-\delta_1^{\mathrm{EKL}})L_c^{\frac{\gamma_{4c}-1}{\gamma_{4c}}}\right]^{\frac{\gamma_{4c}}{\gamma_{4c}-1}} \tag{4.18}$$

最后，在最上一层使用里昂惕夫函数形式，能源-资本-劳动束与中间产品结合形成总产出，可由式(4.19)表示。

$$\mathrm{QA}_c = \min\left(\mathrm{QVA}_c,\ \frac{\mathrm{QINT}_{ac}}{ia_{ac}}\right) \tag{4.19}$$

在贸易中，国内总产出分成用于出口和国内销售两部分。使用常弹性转换函数(CET) 形式表示国内总产出在内销和出口之间的分配，表示如下：

$$\mathrm{QX}_c = \alpha_c^t\left[\delta_c^t\mathrm{QDA}_c^{\frac{\gamma_c^t-1}{\gamma_c^t}} + (1-\delta_c^t)\mathrm{QE}_c^{\frac{\gamma_c^t-1}{\gamma_c^t}}\right]^{\frac{\gamma_c^t}{\gamma_c^t-1}} \tag{4.20}$$

对于进口商品，假设不同国家生产的同一商品具有不完全替代性(Armington 假设)。生产的最终产品由进口品与一国的内销品组成，用于满足国内各种需求：居民消费需求、投资需求、政府消费需求以及中间投入需求，可由式(4.21)表示：

$$\mathrm{QQ}_a = \alpha_a^q\left[\delta_a^q\mathrm{QDC}_a^{\frac{\gamma_a^q-1}{\gamma_a^q}} + (1-\delta_a^q)\mathrm{QM}_a^{\frac{\gamma_a^q-1}{\gamma_a^q}}\right]^{\frac{\gamma_a^q}{\gamma_a^q-1}} \tag{4.21}$$

其中，EN_c 为化石能源复合品，EN_{ac} 为化石能源品，E_c 为能源复合品，EL_c 为电力，EK_c 为能源-资本复合品，K_c 与 L_c 分别为资本与劳动，QVA_c 为能源-资本-劳动束，QA_c 为总产出，QINT_{ac} 为中间投入，QX_c 为部门 c 产出的商品数量，QDA_c 为国内生产国内使用商品的数量，QE_c 为国内生产用于出口的部分，QQ_a 为国内市场商品的数量，QDC_a 为国内生产国内使用商品 a 的数量，QM_a 为进口产品。α 为规模系数，δ 为份额参数，γ 为弹性参数。

价格模块。本节构建的 CGE 模型通过各种价格关系将不同的经济主体以及产业部门联系起来，主要包括各种产品的销售价格、成本价格以及税率之间的关系。用生产要素投入成本和中间投入成本表示部门产品的单位成本，可由式(4.22) 所示。

$$\mathrm{PA}_c^P = \sum ia_{ac}\cdot\mathrm{PQ}_a + (P_{\mathrm{EK}_c}\cdot\mathrm{EK}_c + W\cdot L_c)/\mathrm{QA}_c \tag{4.22}$$

在部门产品的单位成本之上加生产税即为部门产品的基本价格，可由式

(4.23) 表示。

$$PA_c = (1 + t_c^P) \cdot PA_c^P \tag{4.23}$$

在该模型中，假定到岸价与离岸价保持不变，考虑进口税而暂不考虑出口税，进口价格与出口价格可分别由式(4.24)、式(4.25)表示。

$$PM_a = PWM_a \cdot (1 + tm_a) \cdot \phi \tag{4.24}$$

$$PE_c = PWE_c \cdot \phi \tag{4.25}$$

部门c生产的商品价格可由式(4.26)表示，商品的最终消费价格可由式(4.27)表示。

$$PX_c = (PDA_c \cdot QDA_c + PE_c \cdot QE_c)/QX_c \tag{4.26}$$

$$PQ_a = (PDC_a \cdot QDC_a + PM \cdot QM_a)/QQ_a \tag{4.27}$$

其中，PA_c^P为第c个产业的单位成本，PA_c为第c个产业的基本价格，t_c^P为第c个产业的生产税税率，PM_a为进口商品的价格，PWM_a为进口商品的国际价格，ϕ为汇率，PE_c为出口商品的价格，PWE_c为出口商品的国际价格，PX_c为部门c生产的商品价格，PQ_a为商品的最终消费价格。

机构模块。该部分定义了不同经济主体(居民、企业、政府等)的收入分配关系。构建的模型中假定居民是劳动的供给者，劳动的全部所得归居民，生产中资本投入的收益在企业、居民和国外三者之间进行合理分配。因此，最终形成的居民总收入包括劳动收入、资本份额的报酬、政府和企业等对居民的转移支付收入和居民在国外取得的收益，可由式(4.28)表示：

$$YH = W \cdot \bar{L} + shif_{hk} \cdot R \cdot \bar{K} + ratehg \cdot YG + ratehe \cdot YENT + JMGWSY \cdot \phi \tag{4.28}$$

居民可支配收入是在扣除居民个人所得税和居民储蓄后的剩余部分，居民效用函数可采用Cobb-Douglas效用函数形式。企业收入即所拥有的资本要素收入，可由式(4.29)表示：

$$YENT = shifent_{ent} \cdot R \cdot \bar{K} \tag{4.29}$$

企业需要用一部分收益缴纳企业所得税，还需要转移支付一部分收益给居民，剩余的收益以企业储蓄形式存在。政府收入包括企业直接税、个人所得税、生产税、进口关税和政府在国外取得的收入，可由式(4.30)表示。

$$YG = ti_h \cdot YH + tient \cdot (1 - ratehe) \cdot YENT + \sum tm_a \cdot \phi \cdot PWM \cdot QM_a + \sum t_a^p \cdot PA_a^p \cdot QA_a + ZFGWSR \cdot \phi \tag{4.30}$$

同时，政府把取得的收入主要用于对居民和企业的转移支付、政府消费、政府储蓄。

其中，W、R 分别为劳动、资本的价格，$\bar{L}$、$\bar{K}$ 分别为总劳动、总资本，$shif_{hk}$ 为居民的资本收入份额，$shifent_{ent}$ 为企业在总资本中收入的份额，tient 为企业的直接税税率，ti_h 为个人所得税税率，tm_a 为进口关税税率，ratehg 为政府给居民的转移支付占总政府收入的份额，ratehe 为企业给居民的转移支付占企业总收入的份额，YG、YENT 分别为政府以及企业的收入，JMGWSY 为居民的国外收入，ZFGWSR 为政府的国外收入。

宏观闭合模块。该模块主要描述 CGE 模型的均衡关系。本节是在新古典闭合规则框架下，使用长期比较静态分析的方法进行模拟。模型假定要素市场出清，劳动和资本的总供给量设定为外生，并且两者均可以在部门之间自由流动，可分别由式(4.31)、式(4.32) 表示。

$$\sum L_c = \bar{L} \tag{4.31}$$

$$\sum K_c = \bar{K} \tag{4.32}$$

针对天然气产业的特性，本节引入了两个额外设定。第一，考虑到天然气产业的规模经济性比较明显，借鉴张晓光(2009) 对规模经济的处理方式，在原本的关于天然气开采业的生产函数的设定方式下加入了固定成本系数，可由式(4.33) 表示。

$$QZ_j = \alpha^{EKL}\left[\delta_1^{EKL} EK_{jc}^{\frac{\gamma_{4c}-1}{\gamma_{4c}}} + (1 - \delta_1^{EKL}) L_{jc}^{\frac{\gamma_{4c}-1}{\gamma_{4c}}}\right]^{\frac{\gamma_{4c}}{\gamma_{4c}-1}} + \psi_j \tag{4.33}$$

其中，QZ_j 表示在天然气产业中第 $j(j=1,\ 2,\ 3)$ 个企业的产出，ψ_j 为第 $j(j=1,\ 2,\ 3)$ 个企业的固定成本系数。

第二，考虑到国内天然气开采业主要由中石油、中石化以及中海油垄断运营。本节参考 Hoffmann(2002)以及 Konan 和 Assche(2007)的研究成果，假定寡头垄断企业并不实行价格歧视行为，对不同的经济主体按照同一价格销售天然气商品，从而能够推出不同经济主体对寡头垄断企业的需求弹性，进而构建了能够反映天然气开采业非完全竞争特征的 CGE 模型。

此外，本节对“存在价格管制”和“不存在价格管制”两种情景进行了对比研究。在存在价格管制时，假定政府对天然气的最终消费价格进行管制，但是政府并不直接管制天然气价格，而是通过税收或者补贴间接管制天然气价格。因此，可以通过引入一个虚拟税(tq)来反映天然气价格管制的特征，在存在价格管制的情景下，虚拟税内生；在不存在价格管制的情景下，虚拟税外生，可由式(4.34)表示。

$$(1 - tq) \cdot PQ_a \cdot QQ_a = PDC_a \cdot QDC_a + PM \cdot QM_a \tag{4.34}$$

本节构建的 CGE 模型以社会核算矩阵(SAM)作为数据基础，数据主要来源于 2012 年投入产出表，《中国统计年鉴 2013》《中国财政年鉴 2013》《国际收支平衡表 2013》和《中国能源统计年鉴 2013》等统计资料。最初构建的 SAM 表并不平衡，本节采用 RAS 方法进行调整。此外，要求解 CGE 模型，需要知道模型中的各种参数。本节的解决方法是通过哈伯格惯例校准得到模型中的各种份额参数以及规模系数并通过查阅相关文献(Bao et al.，2013)得到模型中的替代弹性参数。

4.2.2 政策模拟

据 BP(2015)数据测算，近 10 年来国际主要天然气市场的价格年平均波动幅度在 10%~20%之间。因此，本节在是否对天然气价格进行管制两种情景下分别以国际天然气价格上涨 10%、20%以及下降 10%、20%的幅度来模拟国际天然气价格波动对居民生活以及产业结构的影响。以下主要从居民、产业部门两个方面对该问题进行分析。

4.2.2.1 对居民生活的影响

国际天然气价格波动对居民生活的影响如表 4.9 所示。模拟结果显示，在不存在政府管制的情况下，国际天然气价格上涨对消费者物价指数(CPI)有正向冲击，而国际天然气价格下降对消费者物价指数有负向影响。在存在政府管制的情况下，国际天然气价格波动对消费者物价指数造成的影响微弱。由此可见，在应对国际天然气价格上涨造成的输入性通货膨胀方面，政府对天然气的价格管制存在积极意义。

表 4.9　　**国际天然气价格波动对居民生活的影响**

	不存在管制				存在管制			
	+10%	+20%	-10%	-20%	+10%	+20%	-10%	-20%
CPI	0.03	0.06	-0.03	-0.08	0.00	0.00	0.00	0.00
居民福利(EV)	-0.02	-0.04	0.02	0.05	-0.02	-0.04	0.02	0.03

在居民福利方面，国际天然气价格上涨具有负向影响，而国际天然气价格下降对居民福利则存在正向影响。在不存在价格管制与存在价格管制两种情景下，国际天然气价格波动对居民福利影响的效果相同。

4.2.2.2　对产业结构的影响

国际天然气价格改变后将会导致经济体系内原本的各种产品之间的相对价格发生变化，价格的相对变化导致资源重新配置，经济体系原本的均衡状态被打破。各产品的相对价格变化将会导致中间投入部门对各种产品的投入结构发生变化，各经济主体也会调整其消费结构，最终导致经济体系内部原本的产业结构重新调整。对产业结构的变动，本节借鉴王少平等(2008)、干春晖等(2011)以及王韬等(2014)的研究，将产业结构变动分为合理化和高级化两方面。产业结构合理化用 TL 值表示，其反映的是产业之间协调程度与资源有效利用程度两方面内容，产业结构越合理、越均衡时，TL 值越接近于零，TL 值与产业结构合理化呈负相关关系，可由式(4.35)表示。

$$\mathrm{TL} = \sum_{i=1}^{n} \frac{Y_i}{Y}\ln\left(\frac{Y_i/L_i}{Y/L}\right) \tag{4.35}$$

其中，Y 表示产值，L 表示就业，i 表示不同的产业部门，n 表示产业部门总数。

产业结构高级化用 TS 值表示，该指标是对产业结构转型的度量，反映的是服务业在经济体系中的地位。TS 值越大意味着服务业在产业结构中的地位越大，表明产业结构在转型升级，可由式(4.36)所示。

$$\mathrm{TS} = \frac{Y_3}{Y_2} \tag{4.36}$$

其中，Y_3 表示第三产业产值，Y_2 表示第二产业产值。

表 4.10　　**国际天然气价格波动对天然气开采业的影响**

	不存在管制				存在管制			
	+10%	+20%	-10%	-20%	+10%	+20%	-10%	-20%
TL	-0.07	-0.14	0.08	0.18	0.00	-0.01	0.00	0.01
TS	0.03	0.06	-0.03	-0.07	-0.07	-0.14	0.07	0.14

表 4.10 计算了不同情景下的 TL 值与 TS 值的变动情况。从表 4.10 中的模拟结果来看，在不存在政府管制的情景下，国际天然气价格的上涨会使得 TL 值下降、TS 值增加。这表明国际天然气价格上涨将会促进我国产业结构改善、产业结构更加合理以及高级化程度加深，并且经济体系中资源利用更加有效，产业结构更加协调的同时也在转型升级，服务业将会在产业结构中扮演越来越重要的角色，但国际天然气价格下降则正好起到相反的作用。值得注意的是，在政府对天然气价格进行管制的情景下，国际天然气价格变动对 TL 值的影响较小，对 TS 值的影响则恰好与不存在政府管制的情景相反。

从表 4.11 中的模拟结果来看，在不存在政府管制的情景下，国际天然气价格上涨提高了国产天然气相对于国际天然气商品的竞争力，国内天然气供应商的生产积极性受到了较强的刺激，天然气的产出随之增加。对除天然气之外的能源行业而言，国际天然气价格上涨导致除燃气业以外的能源行业的产出均出现一定程度的上涨。这主要是由于国际天然气价格上涨后提高了国内经济主体所消费的天然气价格，导致能源消费中替代效应的产生，经济主体倾向于消费其余可替代能源。除能源行业外，建筑业以及服务业的产出也同样出现一定程度增长，而燃气业、农业、化学工业、交通运输业、轻工业以及重工业则出现不同程度的下降，其中燃气业以及化学工业在中间投入部分所使用的天然气较多，其所受的负面冲击也较大。

表4.11　**国际天然气价格波动对产出的影响**

	不存在管制				存在管制			
	+10%	+20%	-10%	-20%	+10%	+20%	-10%	-20%
天然气开采业	0.24	0.45	-0.28	-0.62	0.00	0.00	0.00	0.00
石油开采业	0.16	0.30	-0.19	-0.40	0.01	0.03	-0.01	-0.03
煤炭开采业	0.12	0.22	-0.14	-0.30	0.02	0.04	-0.02	-0.04
石油加工业	0.12	0.23	-0.14	-0.30	0.01	0.02	-0.01	-0.02
燃气业	-0.41	-0.78	0.46	0.98	-0.01	-0.01	0.01	0.01
电力业	0.01	0.02	-0.01	-0.03	0.02	0.03	-0.02	-0.04
农业	-0.04	-0.07	0.04	0.09	0.00	-0.01	0.00	0.01
化学工业	-0.21	-0.39	0.24	0.52	0.01	0.02	-0.01	-0.02
建筑业	0.13	0.25	-0.14	-0.32	0.06	0.12	-0.06	-0.11
交通运输业	-0.02	-0.04	0.02	0.05	0.00	0.01	0.00	-0.01
轻工业	-0.06	-0.11	0.06	0.14	-0.01	-0.01	0.01	0.01
重工业	-0.02	-0.05	0.03	0.06	0.04	0.08	-0.04	-0.08
服务业	0.01	0.01	-0.01	-0.01	-0.03	-0.06	0.03	0.06

在存在政府管制的情景下，国际天然气价格波动后，政府为了稳定物价以及保证国内天然气价格稳定会对天然气价格进行管制。在这种情景下，天然气由于受到政府管制，不仅维持了天然气价格的相对稳定，也保证了国内物价水平的稳定，降低了天然气价格波动对不同产业部门产出的影响。

从表4.12中的模拟结果来看，在不存在政府管制的情景下，国际天然气价格的上涨对国内各产业部门的生产成本有推动作用，尤其是天然气产业以及化学工业；国际天然气价格下降则会降低各部门的中间成本投入，使得其生产成本有下降的趋势。因此，如果不对国际天然气价格上涨采取措施，势必会给我国经济带来输入性通货膨胀，不利于中国经济的发展。在政府对天然气价格进行管制的情景下，天然气最终消费价格保持不变，国内物价水平相对稳定，国际天然气价格波动对各产业部门的生产成本影响微弱。

表 4.12 **国际天然气价格波动对成本价格的影响**

	不存在管制				存在管制			
	+10%	+20%	-10%	-20%	+10%	+20%	-10%	-20%
天然气开采业	0.26	0.50	-0.29	-0.61	0.00	0.00	0.00	0.00
石油开采业	0.02	0.03	-0.02	-0.04	0.00	0.00	0.00	0.00
煤炭开采业	0.03	0.06	-0.03	-0.07	0.00	0.00	0.00	0.00
石油加工业	0.04	0.08	-0.04	-0.10	0.00	0.00	0.00	0.00
燃气业	0.41	0.78	-0.46	-0.98	0.00	0.00	0.00	0.00
电力业	0.03	0.06	-0.03	-0.07	0.00	0.00	0.00	0.00
农业	0.03	0.06	-0.03	-0.07	0.00	0.00	0.00	0.00
化学工业	0.15	0.28	-0.17	-0.36	0.00	0.00	0.00	0.00
建筑业	0.03	0.06	-0.03	-0.07	0.00	0.00	0.00	0.00
交通运输业	0.02	0.05	-0.02	-0.06	0.00	0.00	0.00	0.00
轻工业	0.03	0.06	-0.03	-0.08	0.00	0.00	0.00	0.00
重工业	0.04	0.07	-0.04	-0.09	0.00	0.00	0.00	0.00
服务业	0.02	0.03	-0.02	-0.04	0.00	0.00	0.00	0.00

4.2.3 研究结论以及政策建议

本节通过构建天然气部门非完全竞争的 CGE 模型，在是否对天然气价格进行管制这两种情境下模拟了国际天然气价格波动对中国经济的影响。本节可以得出以下主要结论：①居民生活。在无政府管制的情景下，国际天然气价格上涨对消费者物价指数有正向影响，即引起输入性通货膨胀，对居民福利有负面影响，国际天然气价格下降则起到相反的作用效果；在政府管制的情景下，国际天然气价格上涨对消费者物价指数影响较小，并且不利于提高居民福利水平，国际天然气价格下降的影响则相反。②产业结构。在不存在政府管制的情景下，国际天然气价格上涨将会改善我国产业结构，使得产业结构更加合理、高级化程度加深。具体而言，国际天然气价格上涨使得各产业部门的生产成本增加，并且能够促进除燃气之外的能源行业、建筑业以及服务业的产出增长，但是对燃气业、农业、化学工业、交通运输业、轻工业以及重工业的产出产生了负面影响。在政府管制的情景下，国际天然气价格波动对产业部门的生产成本影响较小，对产业结构的影响也相对较小，但是对产业结构的高级化影响与不存在政府管制时产生的影响作用相反。

从能源更替的国际经验以及我国政府优化能源结构的政策导向判断，未来中国天然气消费的比重必然会逐步上升，而国内天然气的储量瓶颈将导致天然气的对外依存度继续增加。国际天然气价格波动对中国经济的影响亦将随之放大，国际天然气价格波动的风险不容忽视。本节结合我国国情以及模型模拟结果，提出如下政策建议：

第一，保障低收入人群的消费需求，采取有针对性的补贴政策。在不存在政府管制与存在政府管制的情景下，国际天然气价格上涨均对居民福利产生不利影响。此外，在不存在政府管制的情景时，国际价格上涨会对产业部门的生产成本造成冲击，从而对中国经济造成输入性通货膨胀，提高了国内消费者物价指数。天然气产业具有明显的公共事业性质，随着未来天然气对外依存度的进一步提升，国际天然气价格上涨对居民福利的影响程度会进一步加大。因此，国家在制定相关政策时，需要对居民尤其是低收入群体有所偏重，通过给予直接的经济补贴或是其他方式的补偿来降低国际天然气价格上涨所带来的不利影响。

第二，密切监视国际天然气价格波动，对天然气价格采取放松与管制相结合的政策。国际天然气价格的波动性较强，有时在一两个月内的波动幅度会超过50%。模拟结果表明：在不存在政府管制时，国际天然气价格提高能够促进我国产业结构改善，使得产业结构更加合理、高级化程度加深，而国际天然气价格下降则起到相反的作用。在存在政府管制时，对产业结构高级化的影响与不存在政府管制时的影响相反。因此，政府应该对天然气价格进行密切监视，对天然气价格采取放管相结合的政策，从而优化我国产业结构，推进产业结构的转型升级。

第三，理顺价格形成机制，形成国产天然气与进口天然气公平竞争的市场格局。我国天然气定价尚未完全市场化，国际天然气价格与国内天然气价格脱钩较为严重，天然气净进口量的逐渐增加，倒逼我国加快天然气价格改革的步伐。考虑各种平衡，理顺天然气定价机制，使国产天然气与进口天然气充分竞争，对于破解当前国内天然气产业垄断性较强难以引入市场竞争的难题和促进国有垄断企业提高经营效率、降低生产成本具有积极意义。

第 5 章　能源价格与股票市场的交互效应研究

前面章节研究了能源价格波动对宏观经济的影响以及能源价格波动对产业影响的异质性。研究表明，能源价格波动向 PPI 的传导机制存在区制差异及行业异质性，除此之外，政府的管制对国际天然气价格波动和中国经济的影响存在差异。

而能源价格与股市间的关系也一直都是受到众多国内外学者关注的持续性热点话题，已经存在丰富的实证结果证实两者之间存在较为密切的联动关系——股票市场在一定程度上反映了能源类资源的定价水平与社会预期，反过来，能源价格又为股市上资金供求双方提供了行动方向和决策依据。研究两者间的关系对于管理者制度决策和投资者的投资决策都具有重要的现实意义。

本章共设有四节。第一节首先采用迭代主因子法计算综合性能源价格指数(CEPI)，并使用 Morlet 小波对 CEPI 和各股票指数月收益率数据进行连续小波变换、交叉小波变换及小波相位求解，分析变量间的交互关系；然后通过 Granger 因果关系检验，进一步分析潜在的线性与非线性关系。第二节以国际原油价格、原油进口国家(中国、美国、日本、印度)和原油出口国家(沙特、俄罗斯、加拿大、墨西哥)股市代表性股票为主要研究对象，运用交叉小波变换相关理论对两者的相互关系进行考察；然后基于多分辨分解进行因果关系检验，得到国际油价与原油进出口国家股市在时-频域下较为具体的动态依赖关系，并提出一些参考建议。第三节基于极大重叠离散小波变换对油价与各国股指序列进行多分辨分解，然后基于此分析油价与各国股市的多尺度因果关系。第四节是对本章的总结。

5.1　基于连续小波的能源价格与能源类股票的交互影响

针对前文所述问题，本节的研究在构建综合性能源价格指数的基础上，提供多尺度下能源价格变动与能源类股票收益率相互依赖关系的可靠证据，为中国能源与能源类股票之间关系的研究做出贡献。本节使用了 Morlet 连续小波来研究各指标间的关系，这既保证了不会丢失任何时频域信息，也不需要假设特定的参数模型去拟合变量运动特征，避免了传统计量模型在研究金融时间序列时对波动性、协方差和结构性突变作出的特定假设，因此小波方法对时间序列特征的刻画具有更明显的客观性与实用价值。具体体现为：

构建综合性的能源价格指标是为了更好地反映一段时期内一国或地区能源价格的综合变动轨迹，便于更系统全面地把握该国家或地区能源的供求行情变化及消耗结构变动，进而在此基础上考量能源价格与市场经济中的其他行业部门间的联动关系。当前国内关于中国综合能源价格指标构建的相关文献中，王俊博(2017)在以往能源价格指数的基础上构建了 Divisia 能源价格指数，并运用计量模型分析了能源价格对中国化工行业股票的影响；杨明慧(2017)以 Divisia 能源价格指数为基础，运用方差分析和 VAR 模型分析了能源价格变动对中国电力和公共事业行业股价的影响。而周德才等(2017)则通过借鉴金融状况指数构建的方法体系，运用 MS-FAVAR 模型测算了中国 1999 年至 2014 年的能源价格状况指数。

部分学者通过将小波方法运用于经济指标的预测，结果证实引入该方法后的模型预测效果更为理想。其中，Bento 等(2018)基于 Bat 算法、小波变换和人工神经网络提出了一种具有自动调整最佳仿真参数能力的新型短期价格预测方法，并将该方法运用于实证中，对西班牙和 PJM 地区电力市场预测结果进行比较；彭潇然等(2017)以 1990 至 2014 年的上证指数为研究对象，基于 sym4 小波变换，使用神经网络训练函数建立预测模型，最后将实证结果和常规 BP 神经网络预测效果进行对比，发现小波神经网络预测精度更佳；杜建卫和王超峰(2008)、沈烨(2017)利用 Mallat 小波对股价数据进行多分辨分析，证实了使用经小波滤波后的序列进行预测比直接使用传统预测方法的结果更为理想。梁强等(2005)将小波分析引入石油价格预测实证中，同样证实基于小波分析的长期预测效果显著。此外，大多数学者运用交叉小波变换、小波相干性和相位差等统计量分析了不同指标之间在多时频上的相互依赖及领先滞后关系（Boubaker 和 Raza（2017）、Cai 等（2017）、Liu（2017）、Dong 等（2018）），其中部分实证研究中，分析者基于小波变换的多尺度分解结果，运用 Granger 因果关系检验以反映或揭示不同经济指标间可能存在的线性或非线性关系等信息（Reboredo 等（2017）、Junsheng 等（2018））。Sharif 等（2017）采用连续小波变换、交叉小波以及小波相干率等小波相关理论对新加坡 1983—2016 年的月度发电量和经济增长的关系进行研究，发现两者存在长期的显著关系，并且存在发电量和经济增长之间的长期单向因果关系，以及中期的双向因果关系；Reboredo 等（2017）运用离散小波和连续小波研究了不同时间尺度下石油和可再生能源股票之间的相互影响，并使用线性和非线性 Granger 检验方法探究石油价格和可再生能源股票价格间的因果关系，结果表明不同时间尺度下两者间的相互关系也不尽相同；Boubaker 和 Raza（2017）运用多元计量模型和小波分析方法，探讨了全球油价波动对金砖国家股市的溢出效应；国内文献中孙晓云（2018）首次将 Morlet 小波运用于国内经济和股市的关系研究中，得到中国经济增长和股市在短、中期高度正相关且股市引领经济增长的证据。现阶段国内经济领域应用的相关文献还比较有限，存在很大的探讨空间和研究价值。

5.1.1 小波相关理论和非线性 Granger 因果检验

小波理论是一种用于分析时间序列的数学工具，该工具基于一对经过特殊构造的函数 ϕ 和 ψ 的二元伸缩和平移得到标准正交基，其中 ϕ 和 ψ 分别被称为父小波和母小波的基函数，且满足：

$$\begin{aligned}\int\phi(t)\,\mathrm{d}t = 1\\ \int\psi(t)\,\mathrm{d}t = 0\end{aligned}\tag{5.1}$$

其中，数据序列中的趋势性、低频信息由父小波获取，而细节性、高频信息则由母小波获取。通过伸缩和平移变换得到的对应小波基由以下过程给出：

$$\begin{cases}\phi_{j,\ k}(t) = 2^{j/2}\phi(2^j t - k)\\ \psi_{j,\ k}(t) = 2^{j/2}\phi(2^j t - k)\end{cases}\tag{5.2}$$

其中，$j=1,2,\cdots,J$表示小波函数的尺度伸缩参数，用于辅助小波函数捕获数据序列中的局部频率特征，$k=1,2,\cdots,2^j$为小波的位移参数，用于分析过程的重新定位。据此，$L^2(\mathbb{R})$空间内的所有函数都可扩展对应到该组小波基上，表示为一组小波基上各小波函数的线性组合形式。

5.1.1.1　连续小波

连续小波是由被称为母小波的单个小波创建的函数，它是一个实数平方可积函数，由下式给出：

$$\psi_{\tau,s}(t)=\frac{1}{\sqrt{s}}\psi\left(\frac{t-\tau}{s}\right) \tag{5.3}$$

其中，$\sqrt{s}$是一个标准化常数，保证了小波具有单位方差，τ和s分别为进行小波定位及衡量小波扩张和拉伸的位置参数和尺度参数。小波需要满足可容许条件，这意味着小波在时域和频域都有一个有效的时频定位。

每个小波都有特定的功能，有助于表征不同的数据特征。本实证使用的Morlet连续小波常被应用于经济和金融数据分析中来研究振幅和相位。Morlet小波由包含正弦和余弦的中心频率处振荡的高斯窗傅里叶变换组成，具体形式如下：

$$\psi(t)=\pi^{-\frac{1}{4}}e^{iw_0t}e^{-\frac{t^2}{2}} \tag{5.4}$$

其中，$\pi^{-\frac{1}{4}}$为标准化因子，保证小波具有单位方差，$e^{-\frac{t^2}{2}}$为一单位标准差的高斯包络线，e^{iw_0t}为复正弦曲线，可自行设定参数w_0的值来实现时间和频率局部化之间的适当平衡。

连续小波变换用于分析给定时间序列的频率信息的时间演变，其定义式为：

$$W_x(s)=\int_{-\infty}^{\infty}x(t)\frac{1}{\sqrt{s}}\psi^*\left(\frac{t}{s}\right) \tag{5.5}$$

其中，$*$表示复共轭，尺度参数s用于检测序列$x(t)$中对应的较高频或较低频成分。

为表征两个序列在时域和频域的相互依赖关系，需要使用的相关概念包括小波功率谱、交叉小波功率和交叉小波变换。小波功率谱测量对每个时间尺度上序列的方差贡献，交叉小波功率捕捉的是时频空间中的协方差贡献，具有连续小波

变换 $W_n^X(s)$ 和 $W_n^Y(s)$ 的时间序列 $x(t)$ 和 $y(t)$ 的交叉小波定义为：

$$W_n^{XY}(s) = W_n^X(s) W_n^{Y*}(s) \tag{5.6}$$

其中，* 表示复共轭。

两个序列之间在时间和频率上的共同移动可以使用小波相干性来测量，Torrence 和 Webster(1999) 提出“平方小波相干系数”来衡量小波相干性：

$$R_n^2(s) = \frac{|(s^{-1} W_n^{XY}(s))|}{(s^{-1}\ |W_n^X(s)|^2)(s^{-1}\ |W_n^Y(s)|^2)} \tag{5.7}$$

其中 s 是时间和尺度的平滑算子。$R_n^2(s)$ 表征序列间的依赖程度，当存在弱依赖时，其数值接近 0；当存在强依赖关系时，其数值接近于 1。小波相干系数的理论分布是未知的，其统计显著性通过蒙特卡洛过程模拟得到。

小波相干相位差用于捕获两个时间序列在时频空间中的负向或正向相关关系以及序列之间的领先-滞后关系。Torrence 和 Webster 将小波相干相位差定义为：

$$\varphi_{xy}(s) = \tan^{-1}\left(\frac{\Im(s^{-1}(W_n^{XY}(s)))}{\Re(s^{-1}W_n^{XY}(s))}\right) \tag{5.8}$$

其中，$\Im$ 和 $\Re$ 分别是平滑功率谱的实部和虚部。两个时间序列之间的相位关系为：当箭头指向右(左)侧时，序列同(反)向变动，呈正(负)相关；当箭头朝下(上)时，第二(第一)序列将引导第一(第二)序列。

5.1.1.2 离散小波

离散小波可用于将序列 $y(t)$ 分解为不同时间尺度：

$$y(t) = \sum_k s_{J,k}\phi_{J,k}(t) + \sum_k d_{J,k}\psi_{J,k}(t) + \sum_k d_{J-1,k}\psi_{J-1,k}(t) + \cdots + \sum_k d_{1,k}\psi_{1,k}(t) \tag{5.9}$$

其中，$\phi(t)$ 又称为尺度函数，$\psi(t)$ 又称为小波函数，系数 $s_{J,k}$，$d_{J,k}$，…，$d_{1,k}$ 为测度对应小波函数对总体信号贡献的小波系数。由此，时间序列 $y(t)$ 可以运用 J 级多分辨分解表示为：

$$y(t) = S_j(t) + D_j(t) + D_{j-1}(t) + \cdots + D_1(t) \tag{5.10}$$

其中，频率分量 D_j 对应由时间尺度 2^j 产生的冲击解释的短期、中期和长期变化，S_j 是原序列去除 D_1，…，D_j 后的残差，可以根据需要确定 J 的值来自行设定多分辨水平。最高频率分量 D_1 代表 $2^1=2$ 单位(短期效应)的时间尺度下的序列变动，分量 D_2 测度 $2^2=4$ 单位(较短期效应)的时间尺度下的序列变动，同理，分量 D_3，D_4，…，D_J 分别代表从 2^3 到 2^J 单位的中、长期时间尺度下的序列变动。

5.1.1.3 交叉小波变换

交叉小波基于小波变换理论，将连续小波变换和交叉谱分析相结合形成新的分析方法，可以分析在时间频域内不同时间序列间的联动特征、相位结构和领先-滞后关系。对于两个不同的时间序列 $x(t)$ 和 $y(t)$，经过连续小波变换后为 $W_n^X(s)$ 和 $W_n^Y(s)$，两者进行交叉小波后定义如下：

$$W_n^{XY}(s)=W_n^X(s)\ W_n^{Y*}(s) \tag{5.11}$$

①小波相干。小波相干指交叉小波谱和各序列谱的积的比值，说明了各时间序列在不同时-频域下的关联关系。小波相干系数值 $R_n^2(s)$ 的取值范围为(0，1)，当相干系数值接近1时，说明序列间存在高度相关性；反之当相干系数值越接近0，表明二者相关性越弱。时间序列 $x(t)$ 和 $y(t)$ 的小波相干方程如下：

$$R_n^2(s)=\frac{|S(s^{-1}W_n^{XY}(s))|^2}{S(s^{-1}|W_n^X|^2)\cdot S(s^{-1}|W_n^Y|^2)} \tag{5.12}$$

②小波相位差。相位指频域上时间序列在伪周期上的位置，小波相位差表明在伪周期中 $x(t)$ 和 $y(t)$ 相位的相关性，说明了两个时间序列波动的领先-滞后关系，从而反映两变量间因果关系随时间变化的特征。

$$\varphi_{xy}(s)=\tan^{-1}\left(\frac{\Im(s^{-1}W_n^{XY}(s))}{\Re(s^{-1}W_n^{XY}(s))}\right),\ \varphi_{xy}\in[-\pi,\ \pi] \tag{5.13}$$

式中，$\Im$ 指平滑功率谱的虚部，$\Re$ 指它的实部。$\varphi_{xy}=0$ 时，表明两序列同相，进行正相关的同向运动，$\varphi_{xy}=-\pi$ 或 $\varphi_{xy}=\pi$，说明两序列反相，进行反相关的异向运动。

对于金融经济时间序列的连续小波时-频特征分析，文献多采用 Morlet 小波对序列进行连续小波变换。因此，本节选择 Morlet 母小波函数进行连续小波变换，分析国际油价与各国股指收益率序列的时频特征。

5.1.1.4 极大重叠离散小波

小波变换通常包括离散小波和连续小波变换，离散小波变换可以更加有效地对时间序列进行时 - 频域分析，避免连续小波变换分析过程中带来的信息冗余。时间序列 X 通过离散小波变换得到变换后离散小波变换系数 W，可将时间序列 X 的离散小波变换表示为 $W=\omega x$，其中 W 是列向量，长度为 $N=2^j$，ω 是 $N\times N$ 的实数矩阵。具体公式如下：

$$W=\begin{bmatrix} W_1 \\ W_2 \\ \vdots \\ W_J \\ V_J \end{bmatrix}=\begin{bmatrix} \omega_1 X \\ \omega_2 X \\ \vdots \\ \omega_J X \\ v_J X \end{bmatrix}=\begin{bmatrix} \omega_1 \\ \omega_2 \\ \vdots \\ \omega_J \\ v_J \end{bmatrix} X=\omega X \tag{5.14}$$

X 由离散小波系数 W 重构而成，且离散小波变换具有规范正交性，即

$$X=\omega^T W \text{ 且 } \|W\|^2=\|X\|^2 \tag{5.15}$$

极大重叠小波变换是一个高度冗余的非正交变换。它不需要考虑样本数量是否为 2 的整数级，且避免了离散小波变换对起始点选择的敏感性问题，是基于离散小波的优化。对任意长度为 N 的时间序列 $x(t)$，极大重叠离散小波变换的小波系数和尺度系数分别为：

$$\widetilde{W}_J=\sum_{l=0}^{L_j-1}\widetilde{h}_{j,\ l}\, x_{t-\mathrm{mod}\ N} \tag{5.16}$$

$$\widetilde{V}_J=\sum_{l=0}^{L_j-1}\widetilde{g}_{j,\ l}\, x_{t-\mathrm{mod}\ N} \tag{5.17}$$

$$\widetilde{h}_{j,\ l}=h_{j,\ l}/2^{j/2} \tag{5.18}$$

$$\widetilde{g}_{j,\ l}=g_{j,\ l}/2^{j/2} \tag{5.19}$$

其中 $\widetilde{W}_J$ 和 $\widetilde{V}_J$ 中各个元素是通过极大重叠离散小波滤波器 $\{\widetilde{h}_{j,\ l}\}$ 和尺度滤波器 $\{\widetilde{g}_{j,\ l}\}$ 形成的。高频部分 $\widetilde{W}_J$ 和低频部分 $\widetilde{V}_J$ 构成了时间序列 $x(t)$ 第 j 层的极大重叠离散小波变换。通过小波分解得到多分辨过程：

$$\|X\|^2=\sum_{j=1}^{J}\|\widetilde{W}_j\|^2+\|\widetilde{V}_j\|^2 \tag{5.20}$$

5.1.2 综合性能源价格指数的构建

5.1.2.1 指标选取与说明

综合考虑数据的时效性和变量选取的合理性，本节选取了反映国内外原油、煤炭、天然气、发电用电等共12个价格变量构建综合性能源价格指数(见表5.1)，样本区间为2007年1月至2019年2月。数据来源于国家统计局、Wind数据库和美国能源署官网。

表5.1 各能源价格指标说明

指标命名	指标说明	指标类型
CI	中国煤炭开采业和洗选业工业品出厂价格指数	煤炭价格类
QHD	中国秦皇岛大同优混平仓价	
AC	澳大利亚动力煤出口月度平均价	
YC	印度尼西亚动力煤出口月度平均价	
OI	中国石油和天然气开采业工业品出厂价格指数	原油价格类和天然气价格类
GI	燃气生产和供应业行业出厂价格指数	
DQ	大庆原油月均现货价	
WTI	美国西德克萨斯轻质原油现货价	
Brent	欧洲布伦特原油现货价	
Henry	美国亨利港天然气现货价	
EI	中国电力、热力工业品出厂价格指数	其他指标类
PPIRM	中国燃料、动力购进价格指数	

针对表5.1中各指标选取做如下说明：

第一，本节的指标选取考虑到了相关能源领域国内外的关联性、重要性和数据的可得性。根据长期以来中国能源消费以煤炭为主、石油次之、天然气及其他清洁能源为辅的结构特点，选取上述变量数据。同时，考虑到中国电力及燃料动力等重要因素，加入了EI、PPIRM两个相关指标。

第二，国外煤炭指标的选择基于数据的可获得性、全球煤炭资源格局和对中国煤炭进口实际情况的考量。2015 年，中国煤炭进口国中，印度尼西亚(7376.25 万吨)和澳大利亚(7090.78 万吨)分别位居第一和第二，进一步以 2016 年全球数据为例，中国煤炭生产量为 34.1 亿吨，位居全球第一，同时澳大利亚和印度尼西亚均在全球前列；煤炭进口量排名中，中国仍位居全球第一，并且该年的全球煤炭出口量排名显示，澳大利亚和印度尼西亚分别位居世界第一和第二。近年来中国煤炭进口量大幅提升，且主要来源为印度尼西亚和澳大利亚等国家，因此本节中国外煤炭价格指标选择了印度尼西亚和澳大利亚出口动力煤炭价格。由于政府政策等原因，上述关于中国煤炭消费实际现状的考察结果已明显不同于周德才等(2017)基于 1999 年 1 月至 2014 年 12 月进行指标构建时的实际情况，因此指标选取在此也做出了相应的调整。

第三，指标的选取考虑到了国外原油价格和天然气价格因素是因为中国对进口油气的高度依赖，这种依赖关系使得国内油价变动受国际变动的影响明显。

5.1.2.2 数据预处理与指标构建

首先，为消除汇率变动的影响，使用人民币兑美元的月平均汇价将各指标中以美元为单位的价格指标(DQ、WTI、Brent、Henry、AC、YC)通过对应的汇率时间序列换算成人民币计价，使用定基(2006 年为基期)PPI 对所有现价指标进行价格平减，得到各指标的实际价格序列。同时，为便于比较分析，将 PPIRM、CI、OI、EI、GI 调整为以 2006 年为基期的价格指数。

其次，依次进行以下数据处理：对所有指标使用 X-12 方法进行季节性调整，以消除季节性因素；进行样本缺口值计算，本节借鉴 Goodhart 和 Hofmann(2001)等学者采用的 H-P 滤波方法，根据对月度数据滤波的需要，设定参数值为 14400，从而得到样本的趋势值，进一步计算得到各指标的缺口值，具体计算公式为指标的缺口值=原样本变量值-样本趋势值(郭晔和杨娇，2012)；对所选指标进行标准化处理，以消除变量间量纲的影响，使用变量名加后缀_gap 表示原指标对应的变量缺口值。

单位根检验结果表明所有指标均为平稳序列，因此可以进行指标构建。本节具体采用迭代主因子法进行公共因子求解，按照特征根大于 1 的原则得到了前 3 个公共因子，并通过因子旋转以更好地进行因子释义，各个指标在 Fac1、Fac2、

Fac3 上的因子载荷结果见表 5. 2。可以观察到，多个国内外原油价格、天然气类的指标在 Fac1 上的载荷相对较大，因此将 Fac1 命名为国内外原油价格公因子，同理，将 Fac2 命名为国内外煤炭价格公因子，Fac3 命名为电力价格公因子。

表 5. 2　**综合性能源价格指标在公因子上的载荷**

因子类别	指标名称	Fac1 上的载荷	Fac2 上的载荷	Fac3 上的载荷
国内外原油价格公因子	PPIRM_gap	0. 76	0. 564	0. 226
	OI_gap	0. 915	0. 281	0. 163
	DQ_gap	0. 955	0. 133	0. 023
	WTI_gap	0. 955	0. 029	−0. 068
	Brent_gap	0. 97	0. 042	−0. 009
	Henry_gap	0. 703	0. 213	−0. 099
国内外煤炭价格公因子	CI_gap	0. 246	0. 928	0. 18
	QHD_gap	0. 403	0. 741	−0. 056
	AC_gap	0. 072	0. 648	0. 058
	YC_gap	−0. 051	0. 793	0. 214
电力价格公因子	EI_gap	−0. 3	0. 221	0. 559
	GI_gap	0. 389	0. 091	0. 544

最后，参考林海明(2013)、段春夏(2018)等的研究，以因子旋转后的方差贡献率为权重，得到综合性能源价格指数，具体结果见图 5. 1。

5. 1. 3　实证分析

5. 1. 3. 1　数据选取

本节关于能源价格与股市交互效应的实证分析选取的相关股票指标主要包括两个方面。衡量股票市场整体价格变动的综合性指数有上证 180 指数(SZ180)和沪深 300 指数(HS300)；衡量股市中能源行业价格变动的指数有上证 180 能源指数(SZ180E)、沪深 300 能源指数(HS300E)和中证 500 能源指数(ZZ500E)。

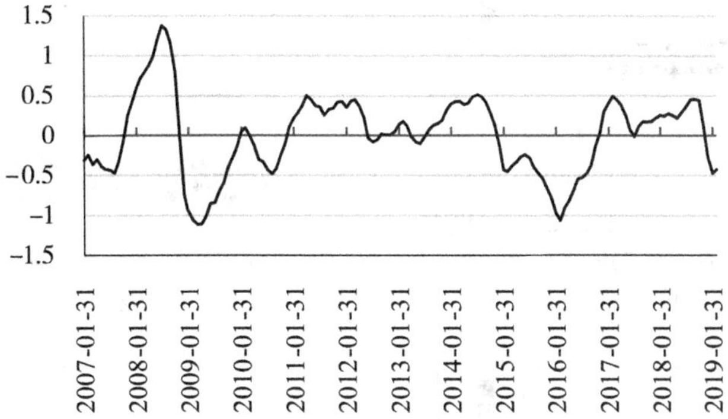

图 5.1　综合性能源价格指数

5.1.3.2　实证结果

通过使用 Morlet 小波对综合性能源价格指数（comprehensive energy price index，CEPI）和各股票指数月收益率数据进行连续小波变换、交叉小波变换及小波相位求解，得到变量间交互关系的实证结果。

图 5.2 为 CEPI 与各能源股票指数的连续小波变换结果。其中横轴表示时间，纵轴表示频率（已换算成时间单位（月份）表示），图中白色轮廓圈出的区域为在 5%水平下的显著性区域，由使用相位随机化替代序列的蒙特卡罗模拟估计得到。颜色分布从偏亮色调到偏暗色调表示由时-频域所定位的局部区域处，反映小波功率谱能量的系数值从小到大。从图中结果可以看出，综合性能源价格指数的显著性区域及系数值较高区域主要集中在低频段上，这表示能源价格对长期波动反应明显，但对短期的、快速的剧烈冲击反应较弱；而各股票指数的高能量区域则主要集中在中高频段上，表示股票市场能对较短时间内的剧烈冲击迅速做出反应，这与一般事实相符。在 2007 年至 2011 年的中低频率，特别是在两至三年的频率带上所有指标都表现出了明显波动。此外，连续小波变换结果图示中，中低频率带上，各股票指数前期亮、暗色调相互交织地分布于图中，后期则以暗色调为主，因此不排除指标序列发生结构性变动的可能。

图 5.3 为 CEPI 与各能源股票指数的交叉小波变换，图中每一位置的色调表

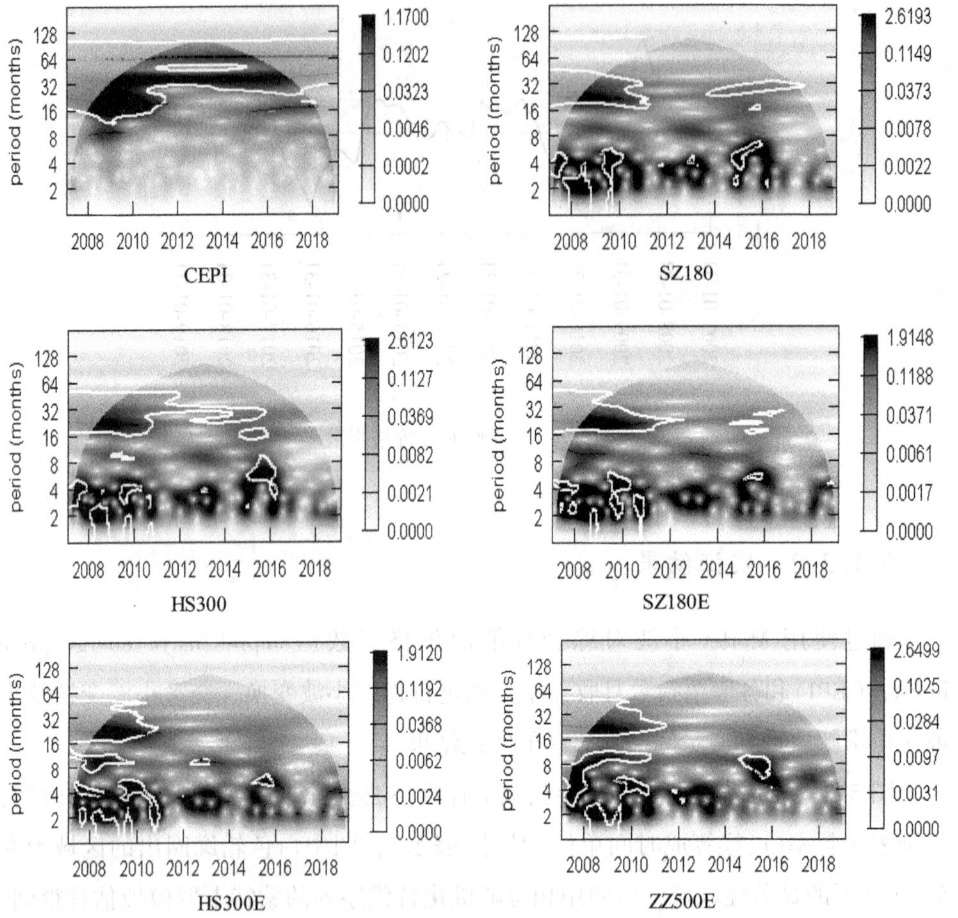

图 5.2　CEPI 与各能源股票指数的连续小波变换

示在局部时频定位及其周围处，所研究变量之间的局部协方差的大小。通过对显著性区域内两者间的相互关系分析可知，总体来看，从高频到低频，CEPI 与各股票指数间的协方差系数值随着频率的降低呈增大趋势，并且这种关系在中长期(2 年上下)更为显著；在 2007 年下半年至 2011 年，两者间在 2~3 年尺度上的相互影响最为明显；在本实证所考察样本区间内，双方关系随时间的推移呈逐渐减弱的趋势；从图中还可以看到，在 2~3 年时间尺度上，不同时间段内箭头所指方向有所不同，即两者的相互关系在不同时间段上发生了变动，明显的分界点出现在 2013 年左右，2013 年前箭头指向左和左下，2013 年后箭头指向右侧，可以

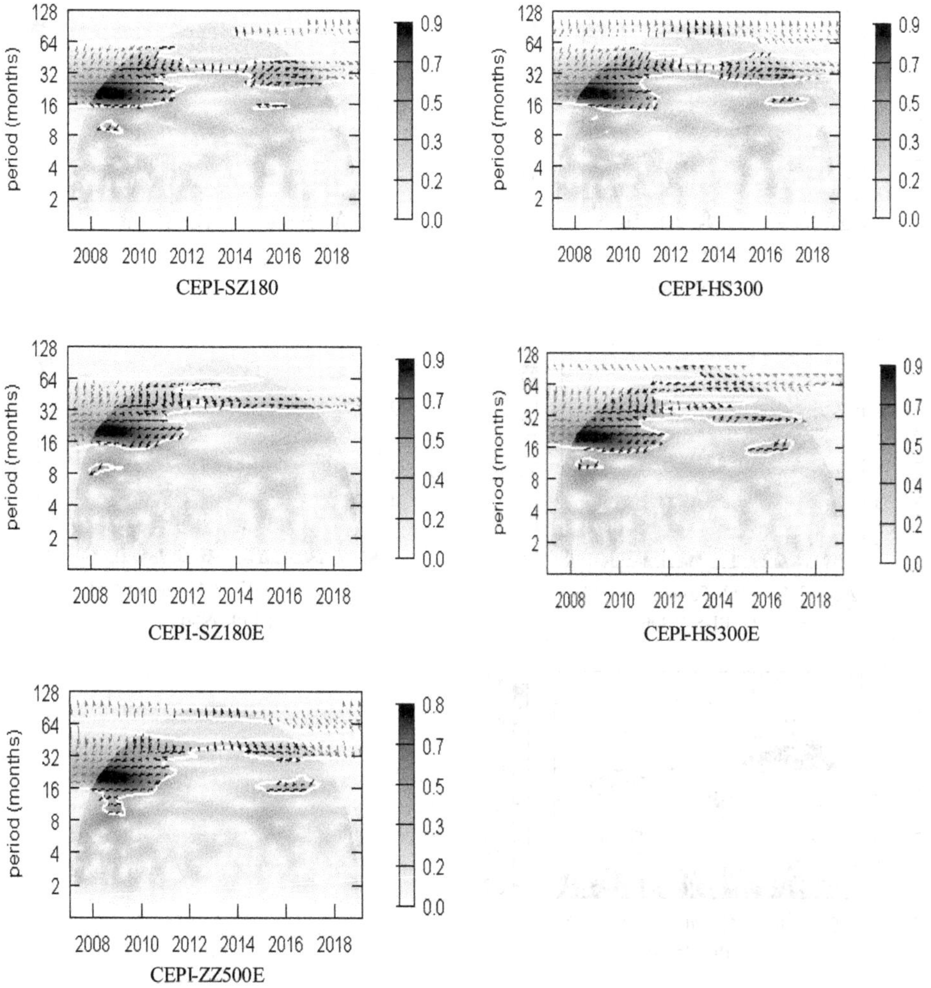

图 5.3　CEPI 与各能源股票指数的交叉小波变换

通过进一步研究两者的相干性和相位差进行详细考察。

图 5.4 为 CEPI 指数与各能源股票指数的相干性分析及相位差结果。该图主要体现了两者在不同时频尺度上的相互依赖关系及可能存在的领先-滞后关系。图中，时-频域上的局部相关性的统计显著性由蒙特卡洛模拟估算得到。偏暗色调为高度相关区域，偏亮色调为相关性较弱区域，显著区域中箭头方向则表示两者间的正(负)相关及领先-滞后关系。由图中可以观察到：虽然在 1~2 月的频率

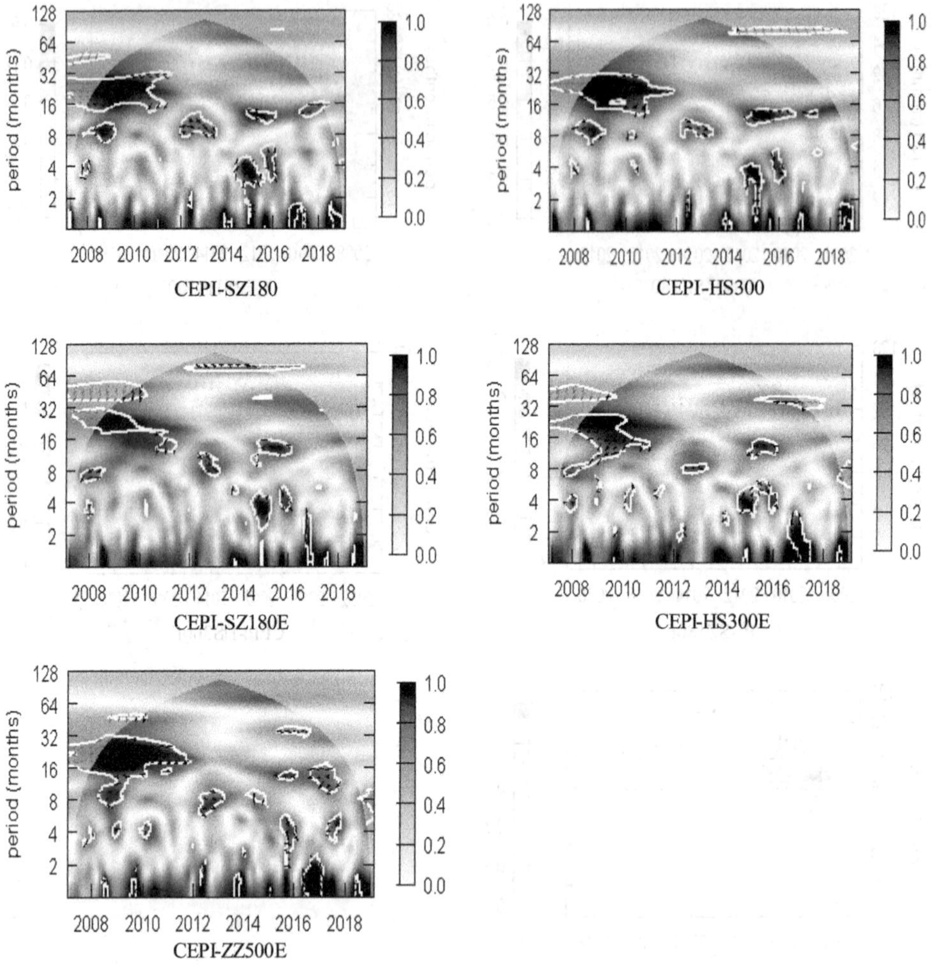

图 5.4　CEPI 与各能源股票指数的相干性和相位差

尺度上，暗色调在样本范围内持续存在，但根据蒙特卡洛模拟结果，该区域内的统计结果在 5%的水平上不显著，即对应的两者的依赖关系不具有统计意义。从不同频率来看，能源价格指数与股票市场、能源类股票指数的相互依赖关系在中低频上更为明显。值得关注的是，在 2～3 年的频率上，能源价格和股票市场、能源类股票指数在 2013 年之前表现出较强的相互依赖关系，但这种关系在 2013 年以后明显减弱。进一步比较可以看到，2014 年后，能源价格与股市综合指数的相互关系在相对较高的频率段(1 年左右)逐渐显现并持续存在；而能源价格与能源行业股票收益率的相互关系却明显降低且持续性差。

总体来看，能源价格与股市、能源类股票指数收益率之间在高频状态下不存在相互依赖性，在中低频上双方的相互依赖性则表现为一个动态变化的过程。首先，能源价格与整体股票市场在2007—2013年这一时间段内相互关系十分显著，图中箭头主要指向左侧表明双方存在负相关，且不存在领先-滞后关系；2013年后两者在1年左右的频域上同样表现出负相关关系，同时，箭头在样本部分时间段内指向左上侧，表明在该时期内股票市场收益率和能源综合价格间存在领先-滞后关系。同时，在2013年前，能源价格与能源行业股票收益率同样负相关，不同的是部分区域箭头指向左下侧，表示该时期内能源类股票指数收益率的变动引起了能源价格的变动；而2014年至2018年间的结果显示相互关系主要表现为正相关，且不存在领先-滞后关系。

5.1.3.3　Granger 因果关系检验结果

在运用小波变换理论对能源价格与股票市场、能源类股票的联动关系进行研究的基础上，为进一步分析潜在的线性与非线性关系，实证最后进行了 Granger 因果关系检验。

表5.3和表5.4分别为基于原序列的检验结果。通过表5.3易知，在1%的置信水平下，能源价格是各股票指数的 Granger 原因，反之则不成立。为提高非线性 Granger 检验效果，得到更可靠的结论，实证参考了杨子晖和赵永亮(2014)对于非线性 Granger 检验时各参数的模拟效果，设定带宽参数 $\varepsilon = 1.5\sigma$ 。根据表5.4中的检验结果，在10%的置信水平下，能源价格和各股票指数间存在双向的非线性 Granger 因果关系。通过比较发现，相较于传统 Granger 因果关系检验，非线性检验能得到更为丰富的变量间结构信息。

在进一步进行多尺度非线性 Granger 因果关系检验时，采用长度 $L=8$ 的 Daubechies 最小非对称小波滤波器对指标序列进行最大重叠离散小波变换，考虑到样本容量、数据频率因素，对各时间序列进行7级($J = 7$)小波分解，并对所得的各级小波系数进行因果关系测试。

表5.3 Granger因果关系检验

指标	滞后阶数	原假设				检验结果
		CEPI不是股票指数的Granger原因		股票指数不是CEPI的Granger原因		
		F	P	F	P	
CEPI & SZ180	4	5.642	0.000***	0.710	0.587	CEPI→SZ180
CEPI & HS300	4	5.875	0.000***	0.647	0.630	CEPI→HS300
CEPI & SZ180E	2	6.533	0.002***	1.601	0.205	CEPI→SZ180E
CEPI & HS300E	2	6.883	0.001***	1.778	0.173	CEPI→HS300E
CEPI & ZZ500E	3	6.271	0.001***	1.719	0.166	CEPI→ZZ500E

注：①滞后阶数主要按照AIC准则进行确定；②*、**、***分别表示在10%、5%、1%的置信水平下拒绝原假设。

表5.4 非线性Granger因果关系检验

指标	滞后阶数	原假设				检验结果
		CEPI不是股票指数的Granger原因		股票指数不是CEPI的Granger原因		
		T_n	P	T_n	P	
CEPI & SZ180	4	1.437	0.07*	2.614	0.004***	CEPI↔SZ180
CEPI & HS300	4	1.561	0.059*	2.417	0.008***	CEPI↔HS300
CEPI & SZ180E	2	1.662	0.048*	2.220	0.013**	CEPI↔SZ180E
CEPI & HS300E	2	1.519	0.064*	2.217	0.013**	CEPI↔HS300E
CEPI & ZZ500E	3	2.076	0.019**	1.901	0.029**	CEPI↔ZZ500E

注：①滞后阶数主要按照AIC准则进行确定；②*、**、***分别表示在10%、5%、1%的置信水平下拒绝原假设。

通过表5.5可以观察到，在较高频率(短期)上，能源价格和各股票指数之间在10%的置信水平下不存在因果关系或关系微弱，而在中低频上则存在从能源价格到股票指数的因果关系，特别是在8~32月，这与图5.3和图5.4中的结论基本一致。除此之外，在较高频率还可以观察到当能源价格发生波动时，能源类股票的响应速度略迟缓于整体股市。

表 5.5　　**多尺度非线性 Granger 因果关系检验**

时间尺度	滞后期数	原假设				检验结果
		CEPI 不是股票指数的 Granger 原因		股票指数不是 CEPI 的 Granger 原因		
		T_n	P	T_n	P	
CEPI & SZ180						
D_1	5	0.241	0.405	0.818	0.207	×
D_2	5	1.896	0.029**	0.123	0.451	CEPI→SZ180
D_3	5	1.903	0.029**	0.760	0.224	CEPI→SZ180
D_4	5	1.587	0.056*	2.361	0.009***	CEPI←SZ180
D_5	5	1.452	0.073*	1.634	0.051*	CEPI ↔ SZ180E
D_6	5	1.088	0.138	1.409	0.079*	CEPI←HS300
D_7	5	2.206	0.014**	0.650	0.258	CEPI→SZ180
CEPI & HS300						
D_1	5	1.069	0.143	0.799	0.212	×
D_2	5	1.752	0.040**	0.187	0.426	CEPI→HS300
D_3	5	2.195	0.014**	0.698	0.243	CEPI→HS300
D_4	5	1.509	0.066*	2.428	0.008***	CEPI←HS300
D_5	5	1.508	0.066*	1.549	0.061*	CEPI ↔ SZ180E
D_6	5	1.413	0.079*	1.007	0.157	CEPI→HS300
D_7	5	2.543	0.005***	-0.238	0.594	CEPI→HS300
CEPI & SZ180E						
D_1	5	1.335	0.091*	0.352	0.362	CEPI→SZ180E
D_2	5	0.273	0.392	0.538	0.295	×
D_3	5	2.452	0.007***	0.387	0.349	CEPI→SZ180E
D_4	5	2.174	0.015**	1.958	0.025**	CEPI ↔ SZ180E
D_5	5	1.293	0.098*	0.622	0.267	×
D_6	5	2.390	0.008***	0.793	0.214	CEPI→SZ180E

续表

时间尺度	滞后期数	原假设				检验结果
		CEPI 不是股票指数的 Granger 原因		股票指数不是 CEPI 的 Granger 原因		
		T_n	P	T_n	P	
D_7	5	3.056	0.001***	0.582	0.280	CEPI→SZ180E
CEPI & HS300E						
D_1	5	1.480	0.070*	0.265	0.396	×
D_2	5	0.370	0.356	0.437	0.331	×
D_3	5	2.077	0.019**	0.875	0.191	CEPI→HS300E
D_4	5	2.423	0.008***	2.002	0.023**	CEPI ↔ HS300E
D_5	5	1.331	0.091*	0.896	0.185	×
D_6	5	2.517	0.006***	0.428	0.334	CEPI→HS300E
D_7	5	2.983	0.001***	1.700	0.045**	CEPI ↔ HS300E
CEPI & ZZ500E						
D_1	5	1.344	0.090*	−0.523	0.700	×
D_2	5	1.798	0.036**	−0.206	0.581	CEPI→ZZ500E
D_3	5	2.228	0.013**	0.944	0.172	CEPI→ZZ500E
D_4	5	1.897	0.029**	2.542	0.006***	CEPI ↔ ZZ500E
D_5	5	1.592	0.056*	1.227	0.110	×
D_6	5	1.472	0.071*	1.285	0.099*	×
D_7	5	2.389	0.008***	2.305	0.011**	CEPI↔ZZ500E

注：①滞后阶数主要按照 AIC 准则进行确定；②*、**、***分别表示在 10%、5%、1%的置信水平下拒绝原假设；③“×”表示两者间不存在 Granger 因果关系。

相较于线性关系，能源价格与股市之间非线性、多尺度非线性关系的探讨表现出了更复杂综合的联动特征，这也在一定程度上印证了前述实证运用小波方法进行交互关系研究的必要性。一方面，中国能源价格的变动和能源股票是彼此影响、相互作用的，能源市场的价格波动会触动股市上相应股价的应激反应，同时，当诸如宏观政策、能源行业及公司决策调整等因素导致能源股票价格变动时，实体经济中的各类能源价格也会做出反应；另一方面也应注意到这种互动式的关系模式并非短期灵敏，更多是在中长期做出反应。

5.2 国际油价与原油进出口国股票市场的联动性分析

原油作为一种重要的能源形态，其价格波动会显著影响一国的经济发展、物价水平和汇率等，股市作为一国经济的晴雨表，能很好地反映经济体的经济发展情况，所以原油价格与各国股票市场之间自然是息息相关的。加之石油价格战以及美国市场不稳定的情况，油价与股市的动态关系更加复杂。另外，国际上大多数学者普遍以国际原油价格作为能源价格的替代变量，因此对油价和股市变动关系的研究具有重要意义，研究两者之间的联动性是很有必要的。基于此，本节对国际原油价格与原油进出口国家股票市场的联动关系进行了详细的研究。

原油价格与各国股市的关系不言而喻，但在不同国家和地区所表现的作用方向及程度有所不同。传统计量经济模型虽然能在一定程度上解决两者之间的关系变化，但由于原油价格频繁波动和股票市场日趋复杂的情况，无法从更细致的波动期来深入地分析变量间关系的变化情况。基于此，本节采用小波分析工具，从时-频域上对国际原油价格与股票市场联动关系进行多尺度分析，为国际油价与股票市场动态关系的相关研究提供一定的参考。

本节以原油价格与股市的影响机理为理论基础，以国际原油价格、原油进口国家(中国、美国、日本、印度)和原油出口国家(沙特、俄罗斯、加拿大、墨西哥)股市代表性股票为主要研究对象，运用交叉小波变换相关理论对两者的相互关系进行考察。最后基于多分辨分解进行因果关系检验，得到国际油价与原油进出口国家股市在时-频域下较为具体的动态依赖关系，并提出一些参考建议。

5.2.1 指标选取与处理

5.2.1.1 指标选取

美国西德克萨斯中质原油(WTI)现货价格作为国际原油通用价格，具有良好的流动性及很高的价格透明度，是全球原油价格的风向标。据此，本节选取 WTI

月度现货价格代表国际原油价格，数据来源于美国能源署官网。

中国、美国、日本和印度，是全球原油采购的四大进口国。而沙特和俄罗斯一直以来都是原油出口大国，加拿大和墨西哥的原油出口量也比较多。同时，这 8 个国家拥有完善的股票市场。所以，对于股票市场，本节主要选取的原油进口国家股票指数：中国上证综合指数(SH)、美国标准普尔 500 指数(SP500)、日本日经 225 指数(N225)和印度 SENSEX 指数(SENSEX)；原油出口国家股票指数：沙特 TASI 指数(TASI)、俄罗斯 RTS 指数(RTS)、加拿大 TSX 指数(TSX)和墨西哥 BOLSA 指数(BOLSA)，总共 8 个国家的代表性股票数据作为衡量指标，选取的指标满足以下标准：①被研究的国家需要拥有完善的股票市场；②所选国家必须在原油进出口国家中排名前 20 位。

为与国际原油价格数据频率保持一致，选取原油进出口国家股票指数的月度收盘价数据，数据来源于 Wind 数据库。所考察样本区间为 2000 年 1 月至 2020 年 10 月，样本量为 250。

5.2.1.2　指标预处理

以国际原油价格和各国股票指数的月度价格收益率作为研究对象，收益率的计算采用对数形式，收益率具体计算公式如下：

$$R_{it} = \ln P_{it} - \ln P_{it-1},\ i = 1,\ 2;\ t = 1,\ 2,\ \cdots,\ 250 \tag{5.21}$$

其中，R 代表收益率，P 代表各指标收盘价，i 代表第 i 个指标，t 代表第 t 期交易日。金融序列的对数收益率能表示股票指数的收益波动，满足数据的平稳性特征，同时在统计特征方面也更为明显，有利于挖掘序列的波动特征。

5.2.1.3　统计特征分析

本研究期是根据数据可用性选择的，旨在涵盖近年来重大经济和政治事件，比如美国“9・11”事件、第二次海湾战争、金融危机以及石油价格战等。图 5.5 给出了 2000 年 1 月至 2020 年 10 月以美元计算的 WTI 原油价格。

在研究期间，油价走势显示出了一些明显的高峰和低谷，主要峰值出现在 2007—2008 年之间，还有比较大的波动体现在 2014—2016 年以及 2020 年 4 月底的油价雪崩。2001 年互联网泡沫破裂导致全球经济衰退，加之 OPEC 增产，市场

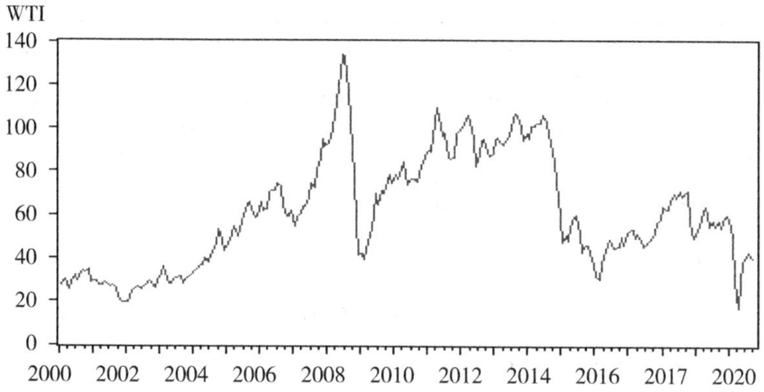

图 5.5 WTI 原油月度价格(美元/桶)变动趋势图

供过于求，之后 OPEC 宣布限产保价，石油需求也大幅回升，油价自 2002 年以每桶 21 美元开始启动，一路上涨。2007 年 11 月 OPEC 组织进一步调整生产协议，加剧了 OPEC 国家的减产行为，2008 年 6 月油价达到最高点 147 美元，由于全球金融危机使原油需求出现负增长，油价在下半年暴跌。之后 OPEC 减产保价，经济逐步平稳。2010 年各国经济回暖，特别是亚洲国家经济反弹，油价上升。2014 年 6 月至 2016 年 1 月，美国页岩油革命后，产量迅速增加，而且欧佩克不愿意减产，美国解除对伊朗的经济制裁，除此之外全球对原油需求不足，供过于求，最终导致油价下跌。然后产油国进行合作共同减产，油价上升。2018 年下半年油价下跌，主要由于中美贸易纷争叠加 OPEC 增产冲击，之后 OPEC+达成减产协议，原油供给端收缩，需求端贸易纷争阶段性缓解。2020 年新冠疫情的暴发导致各地停工停产，且 2020 年 3 月 OPEC+战略会议没有达成减产协议，反而增产，致使全球对原油需求下降，原油库存大量堆积，在 4 月底 WTI 油价暴跌至负值。

表 5.6 对国际原油价格和各国股票指数收益率序列进行了描述性统计分析。

表 5.6 **国际油价变化率与股票指数收益率的描述性统计**

统计量	WTI	SH	SP500	N225	SENSEX	TASI	RTS	TSX	BOLSA
最小值	−0.568	−0.283	−0.186	−0.272	−0.273	−0.298	−0.449	−0.195	−0.208

续表

统计量	WTI	SH	SP500	N225	SENSEX	TASI	RTS	TSX	BOLSA
最大值	0.546	0.243	0.119	0.121	0.249	0.179	0.305	0.106	0.153
均值	0.002	0.003	0.003	0.001	0.008	0.005	0.007	0.002	0.007
标准差	0.107	0.075	0.044	0.056	0.066	0.070	0.098	0.041	0.053
偏度	-0.965	-0.517	-0.729	-0.774	-0.659	-0.794	-0.596	-1.270	-0.594
峰度	10.934	4.941	4.421	4.433	5.411	5.143	5.065	7.031	4.461
JB 统计量	702.05	51.24	43.814	46.978	79.829	75.138	60.176	239.06	37.571
（P 值）	0.000***	0.000***	0.000***	0.000***	0.000***	0.000***	0.000***	0.000***	0.000***
ADF 统计量	-6.810	-4.705	-5.719	-5.790	-5.886	-5.180	-6.338	-6.287	-5.612
（P 值）	0.01**	0.01**	0.01**	0.01**	0.01**	0.01**	0.01**	0.01**	0.01**

注：*、**、***分别表示在10%、5%、1%的显著性水平下拒绝原假设。

通过对国际油价变化率和股票指数收益率的描述性统计分析可知：各指标均值都为正值且偏离零的程度不大；原油价格的标准差与各国股票指数相比较大，各国股票指数的标准差相差不大；各指数序列的偏度均小于零，呈现左偏分布，其中上证指数收益率序列的左偏程度最小，且各指数序列的峰度都大于3，表示服从尖峰分布，其中国际原油价格的峰度最大，美国SP500指数收益率的峰度最小；各指数收益率的JB统计量均大于临界值，在1%的显著性水平下拒绝原假设，说明各序列均为非正态分布，即各指数收益率分布具有非对称、尖峰厚尾特性，这符合一般金融序列的特点。原序列在取对数进行一阶差分后均通过ADF检验，在99%的显著性水平下呈平稳性，说明各指数序列服从一阶单整，用对数差分后的序列表示国际油价与股票指数序列的收益波动。

5.2.2　国际油价与原油进口国股市联动特征分析

本节主要包括基于Morlet连续小波变换的国际原油价格与原油进口国股市各自的波动特征分析和油价与原油进口国股市两序列间的相关程度及领先-滞后关系。

5.2.2.1 国际油价与原油进口国股市的波动特征分析

将国际原油价格与各国股票价格收益率序列分别经过 Morlet 连续小波变换，得到连续小波变换系数并计算小波功率谱，它显示了局部市场相对于时频域的方差演变，其中较大的方差由较高强度的谱表示，从而表现序列的能量分布，揭示单个变量的时频波动特征。

(1)国际油价波动特征分析。国际原油价格和各国股票价格指数收益率时间序列连续小波变换功率谱图见图 5.6。图中横轴表示时间，纵轴(左轴)表示波动周期尺度(用时间单位月份表示)，纵轴(右轴)表示频率，周期时间尺度与频率呈反向相关关系，时间尺度越大，频率越低。图中粗黑色实线圈出的区域表示在 95%的置信水平下通过 F 检验的显著振荡周期，近似半个椭圆的细黑色实线为影响锥曲线，影响锥曲线外的区域受边界效应影响，本节不予研究。

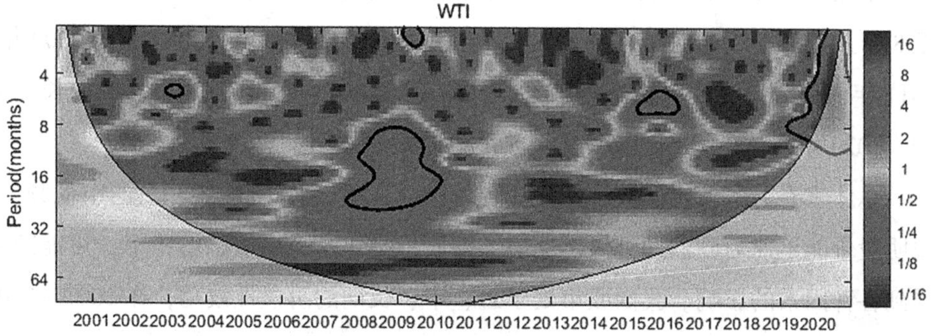

图 5.6 WTI 原油价格的连续小波变换功率谱图

从图中结果可以看出，国际原油价格变动在时-频域内的剧烈波动依次为：2002 年前后 4 至 6 个月的短期波动，2007 年至 2009 年 8 至 32 个月的中期波动，2015 年至 2016 年 4 至 8 个月的短期波动，2018 年末至 2020 年 10 月 2 至 12 个月的中短期波动。

总体来看，2020 年短期剧烈波动程度最大，这与 OPEC+战略会议未达成减产协议，且 COVID-19 疫情致使很多地区停工停产，原油需求下降，原油产量过剩，4 月底国际原油价格出现雪崩这一事实呼应。第二个是 2008 年金融危机下油价的中期剧烈波动。然后是油价在 2015—2016 年和 2002 年前后的短期波动。油价的波动尺度主要分布在短期和中期，说明油价可以很快对剧烈的冲击做出反应。

(2)原油进口国股市波动特征分析。中国、美国、日本和印度股票指数的连续小波变换功率谱图见图 5.7。从图中结果可看出，上证指数价格收益率在时-频域内的剧烈波动依次为：2007 年至 2009 年 2 至 6 个月的短期波动，2004 年至 2011 年 16 至 58 个月的中长期波动，2015 年至 2016 年 2 至 8 个月的短期波动。SP500 价格收益率在时-频域内的剧烈波动依次为：2001 年至 2003 年 2 至 8 个月的短期波动，2006 年至 2011 年 2 至 48 个月的短、中、长期波动，2019 年至 2020 年 10 月 2 至 8 个月的短期波动。N225 价格收益率在时-频域内的剧烈波动依次为：2000 年、2001 年 2 至 6 个月的短期波动，2008 年至 2010 年 2 至 16 个月的中短期波动，2016 年前后 4 至 8 个月的短期波动，2020 年前后 2 至 4 个月的短期波动。SENSEX 价格收益率在时-频域内的剧烈波动依次为：2001 年前后 2 至 8 个月的短期波动，2004 年前后 10 至 16 个月的中期波动，2008 年至 2009 年、2011 年前后 2 至 8 个月的短期波动，2007 年至 2011 年 8 至 48 个月的中长期波动，2020 年初至 2020 年 10 月 2 至 8 个月的短期波动。

总体来看，股市剧烈波动主要在各阶段的高频以及 2008 年左右的中低频上，说明股价能迅速对剧烈冲击做出反应，即股价是非常脆弱敏感的指标，可能随时受到各种因素的影响。我国股市处于短、中、长期的阶段性波动，在 2007—2009 年和 2015—2016 年两个阶段波动最为显著。2004 年开始股权分置改革和 2005 年汇率的调节以及全球金融危机等事件导致上证指数出现短期和中长期的剧烈波动；2015 年是我国股市罕见的股灾，上证指数剧烈波动。美国股市也处于短、中、长期的阶段性波动，在 2001 年受“9・11”事件的影响美股停市，之后迎来股价暴跌，2003 年 SARS 病毒对美股的影响只是短暂的，美股表现强势；2008 年至 2010 年金融危机及危机后经济回暖，美股呈现出短、中、长期波动；2019 年出现短期波动以及 2020 年新冠病毒，原油暴跌加之股市自身原因导致的显著短期波动，美国页岩油气公司所受冲击尤为明显。日经 225 指数剧烈波动主要是 2008 年至 2010 年的中短期波动和其他阶段的短期剧烈波动。印度孟买指数波动也主要集中在 2008—2010 年的高、中、低频上的波动。

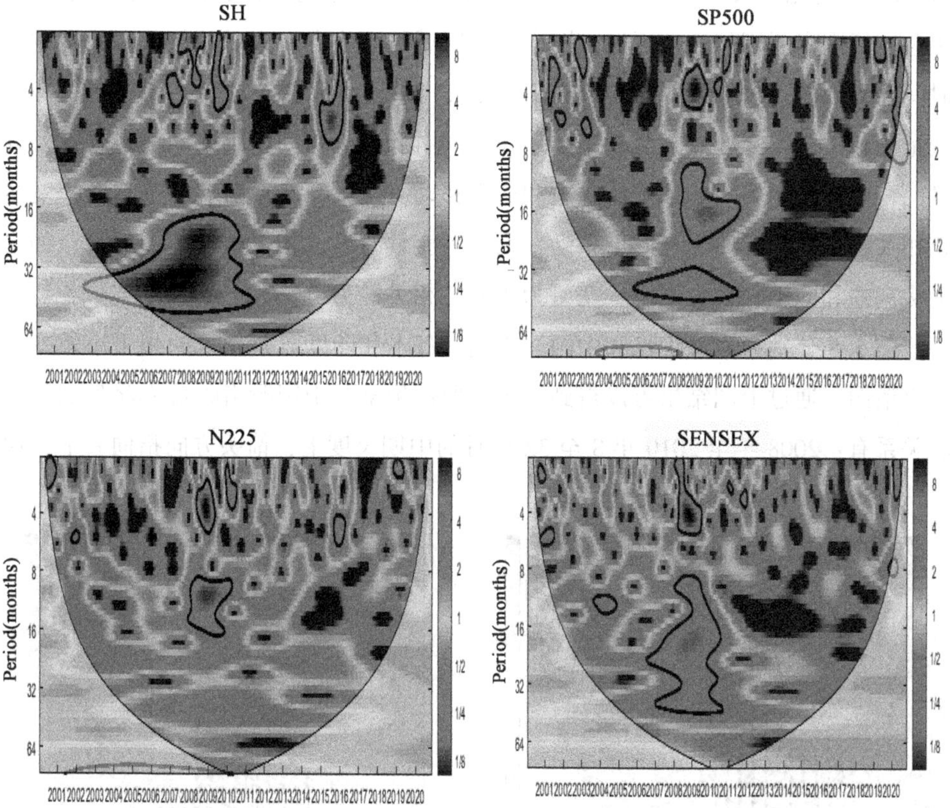

图 5.7 原油进口国股市的连续小波变换功率谱图

相比较来看，美国股市在 2020 年波动明显，印度和日本次之，中国股市则相对有韧性，2020 年 3 月中旬开始中国呈现积极向好趋势，复工复产，且央行如期定向降准，重大政策的实施对资本市场起到了一定的缓冲作用，波动不是很显著。

5.2.2.2 国际油价与原油进口国股市的时-频域联动特征分析

通过小波相干相位谱图可以在时-频域下发现国际油价与各股票指数收益率序列的共同变化区域，测算两序列间的相关程度及领先-滞后关系。

如图 5.8 所示，横轴表示时间，左纵轴表示波动周期尺度，右纵轴表示小波相干能量，高相干性意味着强相关性。两个时间序列间的相干程度大小由图中各时-频域下的能量大小表示。图中近似半个椭圆的细黑色实线为影响锥曲线，粗黑色实线圈出了剧烈波动区域。图中显著区域的箭头方向表示相位关系，即两个时间序列间的正(负)相关和领先-滞后关系。如果箭头指向右侧，则表明这两个变量正相关，反之亦然。另外，如果箭头向右和向上移动，则第一变量在前，并且两个变量正相关。如果箭头向右和向下移动，则第一变量滞后，并且两个变量正相关。如果箭头向左和向上移动，则第一变量滞后，相关性为负；或者，如果箭头向左和向下移动，则第一变量为领先，相关性为负。

图 5.8 分别为原油价格和中国、美国、日本和印度股票指数的相干小波变换功率谱图。通过上图结果可以得到，国际原油价格与中国股指收益率序列的强关联关系有：2008 年至 2010 年 8 至 32 个月的中期尺度上，箭头方向指向右上，说

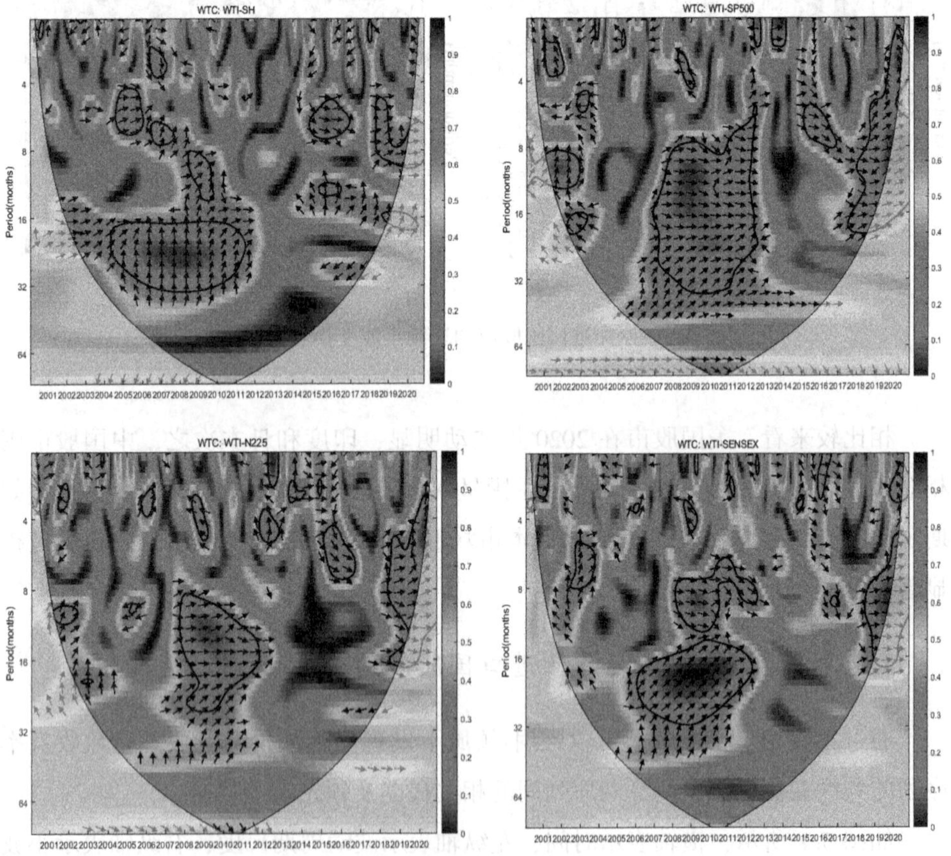

图 5.8　油价与原油进口国股市的相干相位功率谱图

明油价与中国股市正相关且呈现“WTI-SH”的领先-滞后关系；2015—2016年、2018年及2020年在4至8个月的高频上箭头向右，表明油价与上证综指呈强烈的正相关，不存在领先-滞后关系。国际原油价格与美国股指收益率序列的强关联关系有：2008—2011年8至32个月的中期尺度上箭头向右，表明油价与美国股指呈强烈的正相关；2015—2016年6至8个月的短期尺度上，箭头指向右下，表明两者正相关且存在“WTI-SP500”的领先-滞后关系；2018年至今油价与美国股指在4至20个月的中短周期上呈正相关关系，且油价领先，美股滞后。国际原油价格与日本股指收益率序列的强关联关系有：2008—2011年8至32个月的中期尺度上箭头向右，表明油价与日本股指呈强烈的正相关；2015—2016年4至8个月的短期尺度上，箭头指向右下，表明二者正相关且存在“WTI-N225”的领先-滞后关系；2018年至2020年10月油价与日本股指在4至16个月的短、中周期上呈正相关关系，且油价领先，日经225指数滞后。国际原油价格与印度孟买指数收益率序列的强关联关系有：2007—2011年8至32个月的中期尺度上箭头向右上，表明油价与印度孟买指数呈强烈的正相关且存在“WTI-SENSEX”的领先-滞后关系；2018年至2020年10月油价与美国股指在4至16个月的中短周期上呈正相关关系，不存在领先-滞后关系。

总体来看，对比4个石油进口国发现，在2008年至2010年左右、2015年至2016年、2018年至2020的中期和4至8个月的短期尺度上，原油价格与各国股市基本正相关，且各石油进口国在2008年至2010年8至32个月的中期尺度上存在油价领先、股市滞后的关系，美国和日本在2018年至2020年的4至16个月的短、中周期尺度上存在油价领先、股市滞后的关系。在2至4个月的短期尺度上的石油和股票价格波动频繁，无明显联动特征。与其他国家相比，油价与中国上证综指在2020年前后这个时间段内联动的显著性区域明显小于其他国家。在整体研究样本范围内，油价与美国SP500指数序列的小波相干显著性区域明显大于其他国家，说明油价与美国股指的相关性比其他原油进口国家更强。

5.2.3 国际油价与原油出口国股市联动特征分析

本节主要论述基于Morlet连续小波变换的国际原油价格与原油出口国股市各自的波动特征和油价与原油出口国股市两序列间的相关程度及领先-滞后关系。

5.2.3.1　原油出口国股市的波动特征分析

沙特、俄罗斯、加拿大和墨西哥股票指数的连续小波变换功率谱图如图 5.9 所示。从图中结果可看出，TASI 价格收益率在时-频域内的剧烈波动依次为：2006 年至 2009 年 2 至 32 个月的中、短期波动，2015 年 2 个月的短期波动。RTS 价格收益率在时-频域内的剧烈波动依次为：2000 年至 2001 年 2 至 8 个月的短期波动，2007 年至 2011 年 2 至 64 个月的短、中、长期波动，2020 年初至 2020 年 10 月 2 至 4 个月的短期波动。TSX 指数价格收益率在时-频域内的剧烈波动依次为：2000 年至 2001 年 2 至 8 个月的短期波动，2008 年至 2011 年 2 至 48 个月的短、中、长期波动，2019 年至 2020 年 10 月 2 至 8 个月的短期波动。墨西哥 BOLSA 指数价格收益率在时-频域内的剧烈波动依次为：2001 年至 2001 年 2 至 16 个月的中短期波动，2007 年至 2009 年 2 至 48 个月的短、中、长期波动。

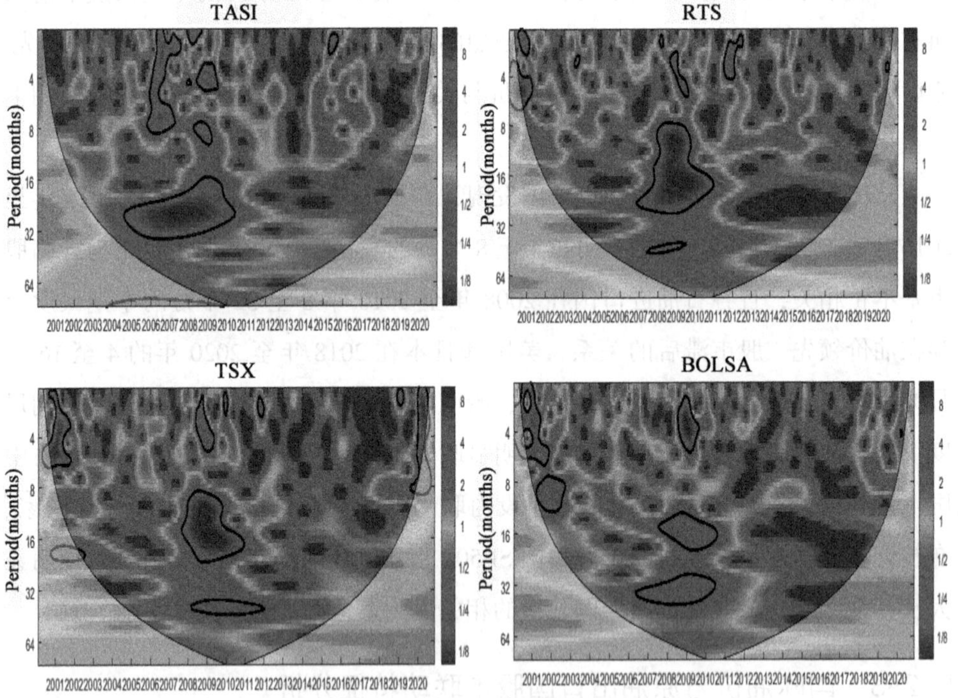

图 5.9　原油出口国股市的连续小波功率谱图

总体来看，沙特、俄罗斯、加拿大和墨西哥四个石油出口国主要在 2001 年前后、2007 年至 2010 年和 2020 年前后这三个时间段出现剧烈的阶段性波动。在 2007 年至 2010 年均出现高、中、低频上的剧烈波动。2020 年加拿大股市短期波动最剧烈，沙特、俄罗斯和墨西哥股市则波动不太显著。

5.2.3.2 国际油价与原油出口国股市的时-频域联动特征分析

原油价格和沙特、俄罗斯、加拿大和墨西哥股票指数的相干小波变换功率谱图如图 5.10 所示。通过上图结果可以得到，国际原油价格与石油出口国股指收益率序列的强关联关系有：2002 年前后中期(8 至 16 个月)，2007 年至 2012 年中长期(8 至 28 个月)，箭头指向右上方，表明油价和各国股市正相关且存在油价领先、股市滞后的关系；在 2015—2016 年中期尺度(8 至 24 个月)上，油价和沙特、俄罗斯、加拿大股市正相关且存在油价领先、股市滞后的关系，油价与墨

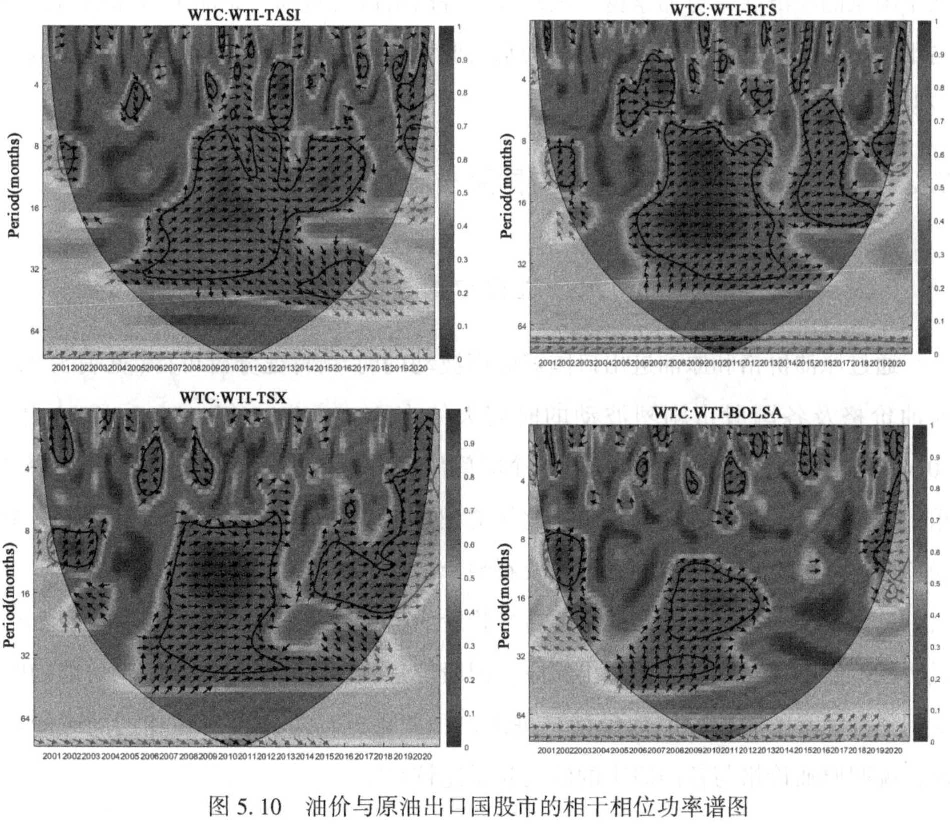

图 5.10 油价与原油出口国股市的相干相位功率谱图

西哥股市协动不显著；2014 年至 2016 年 32 个月至 48 个月的长期尺度上，油价与沙特股市呈正相关关系，且存在“WTI-TASI”的领先-滞后关系结构；2020 年前后 2 至 16 个月的中高频上，油价与各国股市正相关且存在油价领先、股市滞后的关系。

总体来看，油价与石油进口国股市在整个时间段内基本都呈正相关关系，且油价领先于股市，主要是石油被视为石油出口国的主要出口收入来源，因此国际原油价格上涨对石油出口国的股票价格产生积极影响。除此之外，沙特股市与油价在 2014 年至 2016 年低频上呈现出股市领先、油价滞后的关系，说明沙特股市与油价在中长期的领先-滞后关系比较复杂，存在不同时间尺度上的领先和滞后。对比来看，油价与沙特和俄罗斯股市的相干性在样本研究范围内的显著性区域较大，主要是由于石油工业是沙特经济的主要支柱，沙特的原油出口在全球占很大比重，俄罗斯石油出口与其他国家相比，也占很大比重，所以国际油价波动与这两个国家的经济联系更加紧密。加拿大经济以出口为基础，原油出口在总出口中占很大一部分。从图中可以看到，加拿大股市与原油价格波动的相干性区域也比较明显。

5.2.4　国际油价与原油进出口国股市的联动特征对比分析

5.2.4.1　国际油价与原油进出口国家股市波动特征综合比较

通过原油价格和原油进出口国家股市波动的时-频特征分析可得(见表 5.7)：原油价格及各国股市剧烈波动的时间大体在 2000—2003 年、2007—2010 年、2014—2016 年和 2018—2020 年这四个时间段内，这四个时间段内都发生了一些重大事件以及实施了一些政策等，比如美国“9·11”事件、第二次海湾战争、金融危机、美国页岩油技术的发展以及石油价格战等。

总体来看，股市剧烈波动主要在各阶段的高频以及 2008 年左右的中低频上，说明股价能迅速对剧烈冲击做出反应，即股价是非常脆弱敏感的指标，可能随时受到各种因素的影响。原油价格与进出口国股市波动主要聚集在相同的时间段内，说明原油价格与各国股市的波动联系比较紧密。

表 5.7　　**国际油价及各国股市的时-频波动特征**

指标波动特征	时间段			
	2000—2003 年	2007—2010 年	2014—2016 年	2018—2020 年
WTI 原油	短期波动	中期波动	短期波动	中短期波动
原油进口国				
中国	无	短、中、长期波动	短期波动	无
美国	短期波动	短、中、长期波动	无	短期波动
日本	短期波动	短期、中期波动	短期波动	短期波动
印度	短期波动	短、中、长期波动	无	短期波动
原油出口国				
沙特	无	短、中、长期波动	短期波动	无
俄罗斯	短期波动	短、中、长期波动	无	短期波动
加拿大	中短期波动	短、中、长期波动	无	短期波动
墨西哥	中短期波动	短、中、长期波动	无	短期波动

相比较来看，除中国外，原油进口国主要在 2000—2003 年、2007—2010 年和 2018—2020 年这三个时间段出现剧烈的阶段性波动。而中国主要在 2006—2010 年和 2014—2016 年波动比较显著，主要是由于 2004 年开始股权分置改革，2005 年汇率的调节，2008 年全球金融危机和 2015 年前后全球复杂的背景下中国股市高杠杆场外配资。美国股市在 2020 年波动明显，印度和日本次之，中国股市则相对有韧性，波动不是很显著。沙特、俄罗斯、加拿大和墨西哥四个石油出口国主要在 2001 年前后、2007 年至 2010 年和 2020 年前后这三个时间段出现剧烈的阶段性波动，在 2007 年至 2010 年均出现高、中、低频上的剧烈波动，并且 2020 年加拿大股市短期波动最剧烈，沙特、俄罗斯和墨西哥股市则波动不太显著。

从原油价格与原油进出口国家股市波动特征比较中可得出以下结论：

(1)在样本研究期内，原油价格与原油进出口国家股市剧烈波动主要发生在 2000—2003 年、2007—2010 年、2014—2016 年和 2018—2020 年这四个时间段内，主要是 2000 年与总需求相关的石油价格冲击，美国互联网泡沫破灭，“9·11”恐怖袭击事件，美国次贷危机引发的全球金融危机，美国页岩油技术的发展，俄罗斯货币危机，2015 年全球石油需求低迷，石油价格战，COVID-19 以及一些自然灾害等事件发生时期内。另外，原油价格与原油进出口国家股市的波动联系比较紧密。

(2)股市剧烈波动主要在各阶段的高频以及 2008 年左右的中低频上，说明股价能迅速对剧烈冲击做出反应，即股价是非常脆弱敏感的指标，可能随时受到各种因素的影响。

(3)在 2020 年新冠疫情和石油价格战的双重交叠下，美国、印度、加拿大股市 8 个月左右的短期波动最剧烈，中国股市则相对有韧性，波动不是很显著。

5.2.4.2　国际油价与原油进出口国家股市时-频域联动特征综合比较

根据表 5.8 中对原油价格与原油进出口国家股市相互关系在整体水平上的比较，可得出以下结论：

表 5.8　　国际油价与原油进出口国家在整体水平上的关联特征

指标	相关性	“领先-滞后”关系
油价 & 原油进口国股市		
油价 & 中国股市	相关性一般，基本呈正相关	“油价-股市”
油价 & 美国股市	相关性较强，基本呈正相关	“油价-股市”
油价 & 日本股市	相关性一般，基本呈正相关	“油价-股市”
油价 & 印度股市	相关性一般，基本呈正相关	“油价-股市”
油价 & 原油出口国股市		
油价 & 沙特股市	相关性很强，基本呈正相关	交替出现
油价 & 俄罗斯股市	相关性很强，基本呈正相关	“油价-股市”
油价 & 加拿大股市	相关性强，基本呈正相关	交替出现
油价 & 墨西哥股市	相关性一般，基本呈正相关	“油价-股市”

(1)根据前述时-频分析结果，原油价格与原油进出口国家股市变动整体水平的关联关系主要表现在中长期频域，但由于各国经济政策不同，油价与各国股市整体水平上的关联关系也各具特征。

(2)在整体样本范围内，原油进口国中，油价与美国 SP500 指数序列的小波相干显著性区域明显大于其他国家，说明油价与美国股指的相关性比其他国家更强。主要是因为美国不仅是原油进口大国，还是原油生产国，2020 年美页岩油气公司所受冲击尤为明显。油价与原油出口国中沙特和俄罗斯股市的相干性在样本研究范围内的显著性区域较大，加拿大股市与原油价格波动的相干性区域也比较明显。与原油进口国相比，原油出口国股市与原油价格波动的相干性明显要强，主要是因为原油出口国出口收入大都比较依赖原油资源，而股市作为一国经济的晴雨表，油价与原油出口国股市的相依性特征自然更加显著。

(3)对于原油进口国和原油出口国来说，原油价格和各国股市均正相关，即油价上涨，股市利好，油价下跌，股市可能利空。石油市场与股票市场在中长期表现出趋同的现象。股价变化与油价变化本身就有波动，较高频上两者间的关联性在正负间摆动，有时候油价与股价朝着同一方向变动，有时候又朝着相反的方向移动。但是总体来讲，国际油价与股票价格在中长期表现为正相关，出现这种现象可能是一些共同的影响因素导致的，比如对原油总体需求的变动、风险偏好的变化及总体不确定性增加等。

总体而言，原油与各国股市的领先-滞后结构主要为“油价-股市”，但对于原油价格与原油进出口国家股市变动的具体因果关系则需通过多分辨分解下的 Granger 因果检验得出进一步的结论。

5.3 基于 MODWT 的国际油价与各国股市多分辨因果分析

通过上节基于交叉小波变换研究油价与各国股票收益率的时-频特征，得到两者在不同时-频域上存在着一定的相关性和领先-滞后关系，为进一步了解油价与各国股市的相互作用提供支持，本节基于极大重叠离散小波变换对油价与各国股指序列进行多分辨分解，然后基于此分析油价与各国股市的多尺度因果关系。

5.3.1 国际油价与原油进口国股市的多分辨因果关系分析

对于时间序列的小波多分辨分解，主要是分析研究石油价格和股票市场在不同时间尺度上的相互依赖性。小波是一种滤波方法，它涉及将时间序列分解为不同的频率分量，每个分辨率都与其时间尺度相匹配。信号较低的尺度表现为在非常短的时间段内的较高频率的时间序列分量，较高的尺度对应于在很长时间段内的较低频率的分量。

对不同时间序列分析时，小波基的选取没有一个统一的规则，大多数研究通过已有文献中的实证经验进行选取，在进行小波分解时，计算过程中误差会随着分解层数的增加逐渐增大，因此小波分解层数不应太大。为尽量保留完整的信息以及减少因小波分解后产生的边际效应，本节小波函数的选取基于 Daubechies 最小非对称小波滤波器且宽度选择 8，即 LA(8)，将各指标时间序列分解为 6 个尺度，尺度 *D*1 表示 2~4 个月，尺度 *D*2 表示 4~8 个月，尺度 *D*3 表示 8~16 个月，尺度 *D*4 表示 16~32 个月，尺度 *D*5 表示 32~64 个月，尺度 *D*6 表示 64~128 个月，以及最后分解得到的趋势层 *S*6 表示大于 128 个月。其中 *D*1~*D*2 表示短期尺度下的序列波动，*D*3~*D*4 表示中期波动，长期波动包括尺度 *D*5 和尺度 *D*6，*S*6 表示原时间序列滤掉高频波动部分后剩下的长期趋势。

进行非线性 Granger 因果关系检验时，根据已有文献中的实证经验以及模拟试验情况设置带宽参数 $\varepsilon = 1.5\sigma$，从而保证检验结果的真实性和可靠性。

表 5.9　　**多尺度线性 Granger 因果关系检验**

指标	Lag	H_0				检验结果
		WTI 不是 Stock Index 的 Granger 原因		Stock Index 不是 WTI 的 Granger 原因		
		F	*P*	*F*	*P*	
WTI & SH						
原序列	2	3.380	0.036**	1.343	0.263	WTI→SH
*D*1	3	1.976	0.118	0.094	0.963	×
*D*2	3	12.161	0.000***	3.318	0.021**	WTI↔SH
*D*3	3	6.518	0.000***	10.561	0.000***	WTI↔SH
*D*4	3	13.009	0.000***	2.933	0.034**	WTI↔SH
*D*5	3	4.511	0.004***	0.982	0.402	WTI→SH
*D*6	3	42.581	0.000***	14.629	0.000***	WTI↔SH
*S*6	3	17.767	0.000***	8.098	0.000***	WTI↔SH

续表

指标	Lag	H$_0$				检验结果
		WTI 不是 Stock Index 的 Granger 原因		Stock Index 不是 WTI 的 Granger 原因		
		F	*P*	*F*	*P*	
WTI & SP500						
原序列	2	1.370	0.256	13.440	0.000***	WTI←SP500
*D*1	3	2.118	0.099*	3.000	0.031**	WTI↔SP500
*D*2	3	6.845	0.000***	14.716	0.000***	WTI↔SP500
*D*3	3	0.070	0.976	2.697	0.047**	WTI←SP500
*D*4	3	3.399	0.019**	9.050	0.000***	WTI↔SP500
*D*5	3	0.410	0.746	4.645	0.004***	WTI←SP500
*D*6	3	35.510	0.000***	25.043	0.000***	WTI↔SP500
*S*6	3	35.619	0.000***	11.404	0.000***	WTI↔SP500
WTI & N225						
原序列	1	0.016	0.899	12.382	0.001***	WTI←N225
*D*1	3	1.485	0.219	2.583	0.054*	WTI←N225
*D*2	3	6.437	0.000***	8.807	0.000***	WTI↔N225
*D*3	3	1.638	0.181	6.704	0.000***	WTI←N225
*D*4	3	7.137	0.000***	5.753	0.001***	WTI↔N225
*D*5	3	0.474	0.701	4.709	0.003***	WTI←N225
*D*6	3	31.514	0.000***	17.402	0.000***	WTI↔N225
*S*6	3	74.662	0.000***	17.386	0.000***	WTI↔N225
WTI & SENSEX						
原序列	1	0.588	0.444	26.191	0.000***	WTI←SENSEX
*D*1	3	0.496	0.686	3.934	0.009***	WTI←SENSEX
*D*2	3	4.305	0.006***	9.243	0.000***	WTI↔SENSEX
*D*3	3	0.537	0.657	5.540	0.001***	WTI←SENSEX
*D*4	3	6.861	0.000***	12.550	0.000***	WTI↔SENSEX
*D*5	3	4.780	0.003***	6.628	0.000***	WTI↔SENSEX
*D*6	3	40.202	0.000***	17.460	0.000***	WTI↔SENSEX
*S*6	3	9.306	0.000***	1.646	0.179	WTI→SENSEX

注：①滞后阶数主要由 AIC 准则确定；②*、**、***分别表示在 10%，5%，1%的显著水平下拒绝原假设。

从表 5.9 中可以看到，除中国是油价波动对股市波动产生影响，其余三个国家都是股市波动对原油波动产生影响。考虑到在不同时间尺度下的情况不同，进一步在小波多分辨分解的基础上研究。在多分辨分解下，在中长期四个进口国家基本都是油价和股市相互影响，长期趋势上除了油价波动对印度股市产生单方面影响外，中国、美国和日本都是油价与股市波动相互产生影响，基于多分辨分解的因果关系大体一致。

表 5.10 **多尺度非线性 Granger 因果关系检验**

指标	Lag	H_0				检验结果
		WTI 不是 Stock Index 的 Granger 原因		Stock Index 不是 WTI 的 Granger 原因		
		T_n	P	T_n	P	
WTI & SH						
原序列	2	1.742	0.041**	1.355	0.088*	WTI↔SH
*D*1	3	1.174	0.120	-0.052	0.521	×
*D*2	3	-1.014	0.845	0.352	0.362	×
*D*3	3	0.160	0.436	0.632	0.264	×
*D*4	3	0.758	0.224	0.181	0.428	×
*D*5	3	1.145	0.126	0.363	0.358	×
*D*6	3	1.452	0.073*	1.202	0.115	WTI→SH
*S*6	3	2.899	0.002***	1.463	0.072*	WTI↔SH
WTI & SP500						
原序列	2	0.910	0.181	1.997	0.023**	WTI←SP500
*D*1	3	1.949	0.026**	0.875	0.191	WTI→SP500
*D*2	3	2.682	0.004***	1.245	0.107	WTI→SP500
*D*3	3	2.008	0.022**	0.549	0.291	WTI→SP500
*D*4	3	0.164	0.435	0.170	0.433	×
*D*5	3	2.755	0.003***	-1.536	0.938	WTI→SP500
*D*6	3	0.926	0.171	1.389	0.082*	WTI←SP500
*S*6	3	4.541	0.000***	0.693	0.244	WTI→SP500

续表

指标	Lag	H$_0$				检验结果
		WTI 不是 Stock Index 的 Granger 原因		Stock Index 不是 WTI 的 Granger 原因		
		T_n	P	T_n	P	
WTI & N225						
原序列	1	1.056	0.146	2.326	0.010**	WTI←N225
*D*1	3	0.787	0.216	0.502	0.308	×
*D*2	3	1.553	0.060*	1.565	0.059*	WTI↔N225
*D*3	3	1.753	0.040**	2.480	0.007***	WTI↔N225
*D*4	3	-0.369	0.644	-0.723	0.765	×
*D*5	3	1.832	0.033**	-0.351	0.637	WTI→N225
*D*6	3	0.745	0.228	1.020	0.154	×
*S*6	3	3.175	0.001***	2.365	0.009***	WTI↔N225
WTI & SENSEX						
原序列	1	0.809	0.209	1.884	0.030**	WTI←SENSEX
*D*1	3	1.420	0.078*	0.490	0.312	WTI→SENSEX
*D*2	3	1.401	0.081*	0.759	0.224	WTI→SENSEX
*D*3	3	2.393	0.008***	0.782	0.217	WTI→SENSEX
*D*4	3	0.046	0.482	-1.458	0.928	×
*D*5	3	1.256	0.105	0.499	0.309	×
*D*6	3	2.354	0.009***	3.072	0.001***	WTI↔SENSEX
*S*6	3	2.380	0.008***	3.863	0.000***	WTI↔SENSEX

注：①滞后阶数主要由 AIC 准则确定；②*、**、***分别表示在 10%，5%，1%的显著性水平下拒绝原假设。

与传统的格兰杰因果检验相比，非线性格兰杰因果检验能得到更为具体丰富的变量间的因果关系（见表 5.10）。继续对油价与原油出口国股市的因果关系进行探讨，油价与中国股市在多分辨分解下的中高频上没有显著的因果关系，在长期尺度上原油价格波动是引起中国股市变动的原因，在长期趋势上原油价格和中国股市互为因果，互相牵制。原油价格与美国股市变动的因果关系在短、中、长期上主要是原油价格波动引起美国股市变动。原油价格波动主要在中期尺度上对日本股市产生影响，在长期趋势上原油价格与美国股市互相影响。原油价格在中短期尺度上（*D*1+*D*2+*D*3）对印度股市有单向因果关系，在长期尺度 *D*6 和长期趋势 *S*6 上与印度股市有双向的格兰杰因果关系。

研究发现，在高频上容易出现油价与各国股市不存在因果关系的现象，其中中国最为明显。除此之外，原油价格变化率中高频上对美国和印度股市波动产生影响。在低频和长期趋势上，油价与四个原油进口国家股市的变动互为因果，互相牵制。

5.3.2　国际油价与原油出口国股市的多分辨因果关系分析

从表 5.11 中油价与原油出口国股市的线性格兰杰因果关系中可得：油价与原油出口国股市的关系在多分辨分解的基础上大体均互为因果，互相影响。其中油价与沙特股市的原始序列变动的因果关系为互相影响，与其他原油出口国家相比，沙特股市与原油的关系更为密切。除此之外，总体来说，原油出口国股市与油价的波动关系比原油进口国股市与油价的波动关系更为密切，这与油价和进出口国家股市时-频特征分析的结果一致。

表 5.11　　**多尺度线性 Granger 因果关系检验**

指标	Lag	H_0				检验结果
		WTI 不是 Stock Index 的 Granger 原因		Stock Index 不是 WTI 的 Granger 原因		
		F	*P*	*F*	*P*	
WTI & TADAWUL						
原序列	1	2.835	0.094*	17.664	0.000***	WTI↔TADAWUL
*D*1	3	0.927	0.429	1.748	0.158	×
*D*2	3	5.590	0.001***	8.750	0.000***	WTI↔TADAWUL
*D*3	3	4.619	0.004***	5.223	0.001***	WTI↔TADAWUL
*D*4	3	5.120	0.002***	6.851	0.000***	WTI↔TADAWUL

续表

指标	Lag	H0				检验结果
		WTI 不是 Stock Index 的 Granger 原因		Stock Index 不是 WTI 的 Granger 原因		
		F	*P*	*F*	*P*	
*D*5	3	2.148	0.095***	1.945	0.123	WTI→TADAWUL
*D*6	3	35.709	0.000***	8.329	0.000***	WTI↔TADAWUL
*S*6	3	31.698	0.000***	28.821	0.000***	WTI↔TADAWUL
WTI & RTS						
原序列	1	0.003	0.954	34.922	0.000***	WTI←RTS
*D*1	3	3.143	0.026**	2.824	0.039**	WTI↔RTS
*D*2	3	13.468	0.000***	16.124	0.000***	WTI↔RTS
*D*3	3	3.294	0.021**	11.753	0.000***	WTI↔RTS
*D*4	3	2.711	0.046**	10.496	0.000***	WTI↔RTS
*D*5	3	4.496	0.004***	0.863	0.461	WTI→RTS
*D*6	3	29.880	0.000***	13.415	0.000***	WTI↔RTS
*S*6	3	61.409	0.000***	35.130	0.000***	WTI↔RTS
WTI & TSX						
原序列	1	0.174	0.677	58.157	0.000***	WTI←TSX
*D*1	3	2.213	0.087*	8.638	0.000***	WTI↔TSX
*D*2	3	19.293	0.000***	29.723	0.000***	WTI↔TSX
*D*3	3	2.740	0.044**	18.395	0.000***	WTI↔TSX
*D*4	3	2.808	0.040**	12.782	0.000***	WTI↔TSX
*D*5	3	4.174	0.007***	1.149	0.330	WTI→TSX
*D*6	3	82.779	0.000***	25.308	0.000***	WTI↔TSX
*S*6	3	11.189	0.000***	11.893	0.000***	WTI↔TSX
WTI & BOLSA						
原序列	1	0.486	0.486	19.291	0.000***	WTI←BOLSA
*D*1	3	3.075	0.028**	3.766	0.011**	WTI↔BOLSA
*D*2	3	4.094	0.007***	4.335	0.005***	WTI↔BOLSA

续表

指标	Lag	H0				检验结果
		WTI 不是 Stock Index 的 Granger 原因		Stock Index 不是 WTI 的 Granger 原因		
		F	*P*	*F*	*P*	
*D*3	3	2.071	0.105	8.603	0.000***	WTI←BOLSA
*D*4	3	6.748	0.000***	11.748	0.000***	WTI↔BOLSA
*D*5	3	0.370	0.775	2.024	0.111	×
*D*6	3	34.937	0.000***	11.655	0.000***	WTI↔BOLSA
*S*6	3	57.967	0.000***	2.555	0.056*	WTI↔BOLSA

注：①滞后阶数主要由 AIC 准则确定；②*、**、***分别表示在 10%，5%，1%的显著性水平下拒绝原假设。

从表 5.12 中油价与原油出口国股市的非线性 Granger 因果关系检验结果看，原油与沙特股市在短期(高频)没有因果关系，中长期(*D*4+*D*5)沙特股市波动对原油价格产生影响，在滤掉高频波动的长期趋势上原油价格与股票市场互为因果，相互影响。油价与俄罗斯股市在中短期出现单项因果关系及二者关系不显著的现象，在低频及长期趋势上油价波动对俄罗斯股市产生影响，在 *D*5 长期尺度上股市对油价波动产生影响。油价与加拿大股市在中短期基本为油价是引起股市变动的原因，在长期尺度和长期趋势上油价与股市变动互为因果。原油价格与墨西哥股市的关系在 *D*2 时间尺度上不显著，在中长期(*D*3+*D*4+*D*6)上股市收益率对原油价格波动产生影响，在长期趋势上原油价格和墨西哥股市波动互相影响。

表 5.12　　**多尺度非线性 Granger 因果关系检验**

指标	Lag	H0				检验结果
		WTI 不是 Stock Index 的 Granger 原因		Stock Index 不是 WTI 的 Granger 原因		
		T_n	*P*	T_n	*P*	
WTI & TADAWUL 原序列	1	2.175	0.015	3.124	0.001***	WTI↔TADAWUL

续表

指标	Lag	H₀				检验结果
		WTI 不是 Stock Index 的 Granger 原因		Stock Index 不是 WTI 的 Granger 原因		
		T_n	P	T_n	P	
$D1$	3	-0.565	0.714	-0.544	0.707	×
$D2$	3	0.715	0.237	0.072	0.471	×
$D3$	3	0.186	0.426	1.058	0.145	×
$D4$	3	1.828	0.034**	-1.203	0.886	WTI←TADAWUL
$D5$	3	0.793	0.214	1.729	0.042**	WTI←TADAWUL
$D6$	3	0.329	0.371	-0.431	0.667	×
$S6$	3	1.283	0.099*	3.086	0.001***	WTI↔TADAWUL
WTI & RTS						
原序列	1	0.677	0.249	2.196	0.014**	WTI←RTS
$D1$	3	0.341	0.366	1.174	0.120	×
$D2$	3	0.880	0.189	1.536	0.062*	WTI←RTS
$D3$	3	2.231	0.013**	0.370	0.356	WTI→RTS
$D4$	3	-0.050	0.520	0.071	0.472	×
$D5$	3	3.099	0.001***	1.340	0.090*	WTI↔RTS
$D6$	3	3.470	0.000***	0.791	0.214	WTI→RTS
$S6$	3	2.031	0.021**	0.499	0.309	WTI→RTS
WTI & TSX						
原序列	1	0.742	0.229	2.208	0.014**	WTI←TSX
$D1$	3	1.988	0.023**	0.970	0.166	WTI→TSX
$D2$	3	1.951	0.026**	1.723	0.042**	WTI↔TSX
$D3$	3	1.601	0.055*	0.660	0.255	WTI→TSX
$D4$	3	1.473	0.070*	0.799	0.212	WTI→TSX
$D5$	3	1.116	0.132	1.581	0.057*	WTI→TSX
$D6$	3	1.826	0.034**	3.064	0.001***	WTI↔TSX
$S6$	3	2.037	0.021**	4.181	0.000***	WTI↔TSX

续表

指标	Lag	H₀				检验结果
		WTI 不是 Stock Index 的 Granger 原因		Stock Index 不是 WTI 的 Granger 原因		
		T_n	P	T_n	P	
WTI & BOLSA						
原序列	1	0.854	0.197	1.997	0.023**	WTI←BOLSA
*D*1	3	1.412	0.079*	1.240	0.107	WTI→BOLSA
*D*2	3	0.482	0.315	−0.629	0.735	×
*D*3	3	1.268	0.102	1.866	0.031**	WTI←BOLSA
*D*4	3	0.624	0.266	1.884	0.030**	WTI←BOLSA
*D*5	3	1.323	0.093*	−0.676	0.751	WTI→BOLSA
*D*6	3	−0.097	0.539	2.771	0.003***	WTI←BOLSA
*S*6	3	1.323	0.093*	2.575	0.005***	WTI↔BOLSA

注：①滞后阶数主要由 AIC 准则确定；②*、**、***分别表示在 10%，5%，1%的显著性水平下拒绝原假设。

对比来看，与其他国家相比，沙特股市与原油价格的原始序列波动互为因果，说明沙特股市与原油资源的关系密切，相依性较高。在小波多分辨分解下，原油出口国股市与原油价格波动的显著关系也主要聚集在中长期。

5.3.3　国际油价与原油进出口国股市的多分辨因果对比分析

通过对比分析原油价格与原油进出口国股市的因果关系，并结合油价与各国股市的时-频特征分析，主要可得出以下结论：

(1)总体来看，油价与各国股市在高频上容易出现油价与股市不存在因果关系的现象，在低频和长期趋势上，油价与原油进出口国股市的变动互为因果，互相牵制。

(2)总体来说，原油出口国股市与油价的波动关系比原油进口国股市与油价的因果关系更为密切，这与油价和进出口国股市时-频特征分析的结果一致。股市作为一国经济的晴雨表，与原油进口国相比，原油出口国股市的跌宕更易引起原油价格的波动。

(3)在原油进口国中，通过中国股市与国际原油价格在高频上的比较，发现两者之间不存在因果关系。在原油出口国中，油价与沙特股市的原始序列变动的因果关系为互相影响，与其他原油出口国相比，沙特股市与原油价格的关系更为密切，相依性较高。

5.4 本章小结

本章首先使用小波相关理论研究了中国 2007 年 1 月至 2019 年 2 月能源价格与能源类股票指数间的交互关系，研究结论表明中国能源价格与股票市场、能源类股票指数收益率的联动关系在不同时间尺度、不同样本区间上的表现有所不同；在整体股市、能源类股票指数间虽有不同，但差异甚微。具体包括以下特征。

第一，频率尺度上的差异。能源价格和股票市场、能源类股票在短期内都不存在相互依赖关系，在中长期则关系显著。这表明短期内双方之间不存在任何有规律可循的相互关联，因此该关系对于股市中的短期利益诉求者不具备参考价值，而在中长期特别是研究频率为 2~3 年时，两者存在较为明显的关联特征，即能源价格的趋势性特征有一定的长期效应上的可参考性。第二，时期差异。双方关系的动态变化以 2013 年前后为分界线得以明显区分。在 2007 年至分界线之前，交叉小波变换和小波相干性分析结果图中表现出强烈的、持续的负相关特征，此后这种关系明显减弱，且局部化特征明显。第三，行业间存在差异，但差异微小。具体来看，能源价格和整体股市在 2013 年前表现出负相关关系，且相互之间不存在领先-滞后关系；在此后时期内，两者在较高频(1 年左右)继续保持负相关关系，在局部时期内整体股市与能源价格间存在领先-滞后关系。同样地，能源价格和能源行业股票在 2013 年前表现出负相关关系，部分时间段内能源行业股票收益率和能源价格间存在领先-滞后关系；而 2014 年至 2018 年的结果显示相互关系主要表现为正相关，不存在领先-滞后关系。

以上实证结果提供了三个方面的启示：其一，重要经济政策的施行和重大经济事件的发生将对能源市场、股市产生深刻且长远的影响。经济金融危机爆发后的很长一段时期，能源价格和能源股票收益呈现出反向变动关系，同时能源股价变动引起能源市场波动。同样2013年前后中国深化结构性改革进入关键时期的一系列重要举措，对能源市场和股市相互关系产生了转折性且存在至今的重要影响。其二，继续进行股市结构调整和制度完善仍十分必要。通过比较能源价格对综合股票指数、能源类股票指数的实证结果，发现两者之间差异微小，这是由于中国上市公司中工业企业比重过高导致的。由于早期政府偏向性政策及经济建设需要，上市公司中从事第二产业的传统企业占比远高于第一、三产业，和美国等较为成熟证券市场相比，中国证券市场存在明显的不均衡现象，由此导致了国内上市公司中对能源高需求的企业占比过高，使得能源价格对综合股市和能源类股票的比较结果差异微小。其三，高频域内股市对外部因素的灵敏性和实体经济中能源价格的稳定性的特征使得两者在该频域上无现实意义，相比之下，两者间的中长期联动特征则更具参考性。

原油作为能源的重要组成部分，其价格变动对经济的发展起着重要的作用。因此本章研究原油价格与股市之间的关系，以国际原油价格和原油进出口国股市为主要研究对象，在原油价格对股市的影响机理的理论分析基础上，采用小波相关理论为分析工具，对原油价格与原油进口国和原油出口国的联动关系进行研究探讨。首先，本章对所研究对象及文中运用的分析工具的相关文献进行归纳总结，通过分析总结，证明了国际原油价格会对股票市场的波动产生一定的影响，且对原油进口国和原油出口国股市的影响会有所不同。其次，运用Morlet小波变换对两者的相互关系进行考察，并基于多分辨分解进行因果关系检验，得到国际油价与原油进出口国股市在时-频域下较为具体的动态依赖关系。

本章的研究结论表明，原油价格与原油进出口国股票市场的联动关系具体包括以下特征：

第一，原油价格与原油进出口国股票市场在较高频上波动频繁，参考价值不高，在中长期上二者关系显著，有规律可循，因此主要关注原油价格与原油进出口国股票市场在较低频上的关联关系。

第二，从小波时-频特征分析可得，原油价格与股票市场的关系紧密，对二者的关系研究是十分有必要的。原油价格及各国股市剧烈波动的时间大体在2000—2003年、2007—2010年、2014—2016年和2018—2020年这四个时间段内，而这四个时间段内均发生了一些重大的经济政策事件，表明重大经济政策事件的发生会对原油市场与各国股票市场产生长久深远的影响。

第三，对于原油进口国和原油出口国来说，原油价格和各国股市均正相关，即油价上涨，股市利好，油价下跌，股市可能利空。石油市场与股票市场在中长期表现出趋同的现象。股价变化与油价变化本身就有波动，较高频上两者间的关联性在正负间摆动，有时候油价与股价朝着同一方向变动，有时候又朝着相反的方向移动。但是总体来讲，国际油价与股票价格在中长期表现为正相关。就像之前文献预测的那样，油价与股市的波动并不总是反周期的。而出现这种现象的原因可能是由于一些共同的影响因素导致的，比如对原油总体需求的变动、风险偏好的变化及总体不确定性增加等。除此之外，总体来说，原油价格与各国股票市场在多分辨分解下的因果关系基本互相影响，互相牵制。

第四，原油进口国中，油价与美国股市的相关性比其他国家更强。油价与原油出口国中沙特、俄罗斯和加拿大股市的关联关系比较紧密。与原油进口国相比，原油出口国股市与原油价格波动的相关性明显要强，主要是因为原油出口国出口收入大都比较依赖原油资源，而股市作为一国经济的晴雨表，油价与原油出口国股市的相依性特征自然更加显著。另外，原油出口国股市的跌宕更易引起原油价格的波动。

第五，在 2020 年新冠疫情和石油价格战的双重交叠下，原油价格与各国股票市场的关系在中短期尺度上均呈现出一定的相关性，其中原油价格与中国股票市场的关系同其他国家相比显著程度不是很大。

第6章　环境规制、绿色技术创新的涟漪效应研究

前面几章主要研究了能源消费对宏观经济的影响及能源价格与资本市场的交互影响，研究表明，能源价格波动对宏观经济有很大影响，中国能源类行业周期波动明显滞后于宏观经济景气波动，而且不确定性、油价与汇率三者都在不同方面、不同程度地影响着我国的经济运行状况；能源价格波动对我国产业影响具有异质性；中国能源价格与股票市场、能源类股票指数收益率的联动关系在不同时间尺度、不同样本区间上的表现都有所不同。本章开始讨论环境规制与技术进步的关系。

毋庸置疑，现阶段一些城市空气质量得到明显改善，这应归结于地方政府重视环境及环境管制的结果，诸如通过污染企业关停或外迁方式控制地区污染物排放。然而，空气污染物质的易扩散特性，决定其并非单纯某一地区局部的环境治理问题，再加上地方经济的竞争性和地区之间差异性的环境政策，易导致环境规制引发污染就近转移问题。那么环境规制是否会引致涟漪效应？而差异化的环境规制涟漪效应的形成机理又如何呢？本章将对这些问题进行验证。

本章共设两节。第一节是关于环境规制引致涟漪效应的实证检验，首先是通过构建空间面板杜宾模型(SDM)来检验异质性相邻条件下环境规制涟漪效应，并设定了4个空间权重矩阵分析不同性质邻地的结果差异以及不同性质邻地耦合的涟漪效应；然后以污染企业投资占全部企业投资的比重作为因变量，分别检验不同相邻约束下的环境规制是否引致邻地污染产业投资规模变化，并在此基础上分别引入环境规制与污染产业投资占比(winv)的交互项以及污染产业投资占比与收入水平的交乘项，来检验环境规制所导致的污染产业投资转移对绿色技术创新的影响以及污染产业转移对绿色技术进步的影响；最后得出结论并给出建议。第二

节首先是通过运用SDM，在不同权重矩阵设定下验证三种环境规制涟漪效应的存在性以及不同权重矩阵耦合情况下涟漪效应的差异；然后通过引入三个不同的因变量来分别研究不同环境规制涟漪效应的形成机理；最后得出结论并提出建议以及研究的不足与展望。

6.1 环境规制引致涟漪效应的实证性检验

近年来随着全球极端天气频发与能源枯竭压力增大，环境问题成为全球急需破解的课题之一。但经济发展同样重要，不能因为保护环境而“因噎废食”。故学术界对环境规制和绿色技术创新做了大量的研究。

涟漪效应最早由美国教育心理学家杰考白·库宁提出，他将其定义为，当有人发现别人破坏规则后，却未对破坏规则的行为承担责任，就会激发他人破坏规则的行为。如果破坏规则的人处于较高的社会地位，有较大的影响力，那么此种模仿行为波及的范围会更广，导致的后果也会更加严重。有时也称为“同心圆效应”，如同在平静的湖面投入石子后泛起的一圈圈波纹，若无传播阻碍，这种同心圆会荡漾至很远的地方。此后，涟漪效应被应用于不同领域，例如在社会领域，网络舆情涟漪效应；在环境领域，雾霾天气的时空扩散；在经济领域，个人消费的增加对他人甚至社会的影响；在计算机科学领域，当一个模组修改导致其他模组修改时，也是涟漪效应的展现。

环境规制对绿色技术创新也存在涟漪效应。具体来说，当某个地区建立环境规制时，城市之间地缘相接，经济联系密切，产业、人员流动等客观条件促使本地的环境规制不仅对本地区的企业技术创新产生作用，也会对邻地企业的技术创新产生相应影响，如同向平静的湖水中投放石子，石子入水后会产生波纹，带动邻地的创新行为。它可以看成环境规制在一定空间范围相互影响的结果。

6.1.1 设计与数据来源说明

一般的，当环境规制强度跨越某临界点时，环境规制将会转变技术进步方向，两者通常呈现“U”形特征(李斌等，2013；陈超凡，2016)。为此，本节结合本地环境规制库兹涅茨“U”形特征，将环境规制及其平方项引入计量模型，构建空间面板杜宾模型检验异质性相邻条件下环境规制涟漪效应即"本地-邻地"绿色技术进步效应，计量模型设计如下：

$$Y_{it} = \delta_0 + \rho_0 \mathrm{WG\_tech}_{it} + \beta_1 \mathrm{ER}_{it} + \beta_2 \mathrm{ER}_{it}^{\ 2} + \beta_3 X_{it} + \theta_1 \mathrm{WER}_{it} + \theta_2 \mathrm{WER}_{it}^{\ 2} + \theta_3 \mathrm{WX}_{it} + \varepsilon_{it} \tag{6.1}$$

其中，被解释变量 Y_{it} 分别采用绿色技术专利数量 $\mathrm{G\_tech}_{it}$，以及研发人员人均专利产出 $\mathrm{GB\_tech}_{it}$ 两种指标衡量，根据世界知识产权组织提供的绿色专利清单中列示的绿色专利国际专利分类(IPC)编码，通过设置发明单位地址，从中国知网专利数据库搜索获取，用以考察环境规制对整体及剔除规模效应后绿色技术进步的影响；ER_{it} 为第 i 个省区市在 t 年的环境规制强度，采用经济方式型环境规制表征的方法，这明显有别于张成等(2011)采用污染治理投入等指标设定环境规制的思路，即以地方政府针对企业征收的年度排污费占 GDP 比重来衡量环境规制。因为地方政府对辖区内污染排放企业征收排污费，将有利于企业污染成本从外部化向内部化转变，并明确环境治理主体的权责利，即谁污染谁治理、谁消耗谁承担的原则，发挥环境规制对企业绿色技术创新的激励作用。通常该指标值越大，表明环境规制强度越高；X_{it} 为控制变量的集合；δ_0 为不随个体变化的截距项；β_i 为各解释变量的估计系数；W 为所选取的空间权重矩阵；θ_i 为解释变量的空间交互项系数；ρ_0 为被解释变量空间滞后待估系数；ε_{it} 为计量模型的随机误差项。

为了刻画不同性质邻地的环境规制涟漪效应，本节分别构建反映地理相邻、经济相邻以及产业相邻的三类权重矩阵，用以刻画区域在地理距离和经济及产业距离上的邻近关系，其中地理相邻矩阵分别采用反距离矩阵 W_1 以及反距离平方矩阵 W_2，即 i 地区与 j 地区之间距离的倒数以及距离倒数的平方衡量(董直庆和王辉，2019)。经济相邻矩阵分别采用经济反距离矩阵 W_3 以及经济反距离平方矩阵 W_4，即 i 地区与 j 地区之间人均 GDP 差距的倒数及其平方项衡量(金刚和沈坤荣，2018)。产业相邻矩阵参考经济相邻矩阵的设计思路，基于研究绿色技术目的，分别采用产业反距离矩阵 W_5 以及产业反距离平方矩阵 W_6 即各地区污染产业规模差距的倒数及其平方项衡量。

其他控制变量设计如下：行政管制(gr)：在中国转型经济体内，资源主要通过政府主导型和市场主导型两类方式配置，分别引入国有及国有控股工业资产占规模以上工业企业资产的比重(os)，以及财政支出占 GDP 的比重(gov)，控制资产所有制结构以及行政干预对技术创新的影响；研发资本(k)：选取各地区研究与开发机构 R&D 经费支出占企业利润的比重来衡量；宋冬林等(2011)研究认为，设备与建筑资本投资是影响技术进步的重要因素，设备资本投资越多，资本体现式技术进步越快。王林辉和袁礼(2012)则以固定资产投资占全社会固定资产投资的比重来衡量投资结构，发现要素结构变化将显著改变要素生产率。可见资产投资结构可能也是技术进步的重要影响因素，为此引入资本存量的设备与建筑之比(ks)，控制资产投资结构可能对绿色技术进步的影响；污染企业资产占社会总资产的比重(struc)：采用国务院 2006 年公布的《第一次全国污染源普查方案》中明确规定的 11 个重污染行业资产之和与全部行业资产之比来表征；外商直接投资(fdi)：虽然对 fdi 与绿色技术的关系并未形成共识，诸如宋马林等(2013)发现，外商投资涌入中国并非以互利共赢为前提，更多是资源掠夺式开发，进而降低中国的环境技术效率。然而，李斌等(2011)的研究结论则正好相反，认为外商投资有利于中国治污技术改进。为此，本节引入外商直接投资(fdi)，以各地区外商直接投资额占 GDP 的比重表示(李斌等，2011；宋马林和王舒鸿，2011)，以控制 fdi 对绿色技术进步可能存在的影响；经济发展水平(ed)：李斌等(2011)认为地区经济发展水平对治污技术进步并未产生显著影响，反而经济发展水平高的地区更倾向于保持原有污染技术。而董直庆等(2015)认为地区经济发展水平是环境规制对清洁技术创新 U 形转折的重要条件，认为地区经济发展水平会显著促进清洁技术进步，为此本节经济发展水平指标采用各地区人均地区生产总值衡量，同时为剔除物价变动对产出的影响，以 2003 年为基期，利用地区人均 GDP 指数平减得到各地区人均实际地区生产总值。基于数据的可得性，在此，选取除西藏和港澳台地区以外的 30 个省区市 2003—2011 年的面板数据作为样本。除非特别说明，指标数据来源于历年中国知网专利数据库、中国工业企业数据库、《中国统计年鉴》以及《中国环境统计年鉴》，表 6.1 为本节变量的描述性统计。

依据指标数据，观察本地-邻地环境规制与绿色技术进步的变动趋势，图 6.1 及图 6.2 的散点图及其相应拟合线表明，无论在本地还是邻地，环境规制与本地-邻地的绿色技术创新均表现出明显的 U 形关系。不过，两者在 U 形的曲度和周期上存在一定程度的差异，指标数据的统计特征先行验证了计量模型设定形式的合理性。

表6.1 **变量的描述性统计**

变量	均值	标准差	最小值	最大值	变量数量
G_tech(千件)	0.2760	0.4932	0.0010	3.036	270
GB_tech	0.0296	0.0504	0.0002	0.3265	270
er(%)	0.0616	0.0520	0.002	0.4596	270
k	13.7355	1.9519	10.6271	19.9740	270
ed	1.9521	1.3576	0.3701	7.4436	270
os	0.4472	0.1913	0.1073	0.8337	270
fdi	0.0291	0.0224	0.0009	0.1050	270
gov	0.1814	0.0768	0.0791	0.5791	270
ks	0.2919	0.0831	0.1406	0.6070	270
winv	0.3211	0.0982	0.1651	0.5954	270
struc	0.4244	0.1331	0.1826	0.9012	270

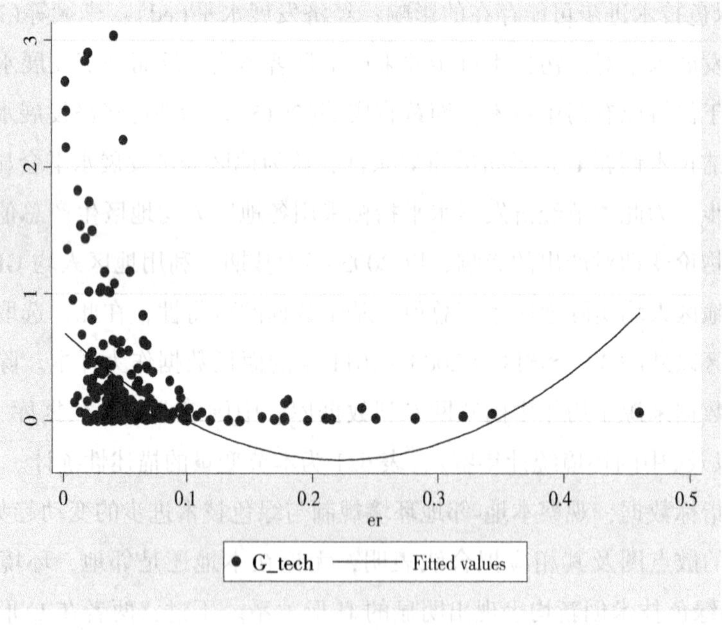

图6.1 环境规制与本地绿色技术进步的关系

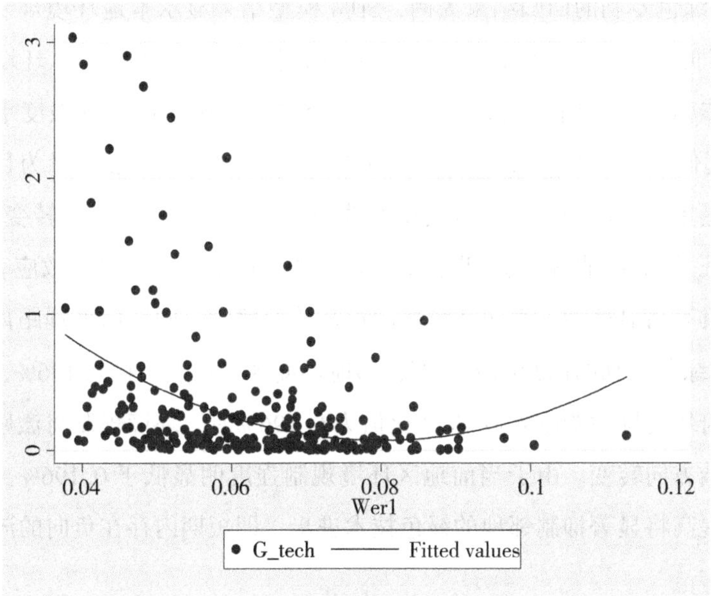

图 6.2　环境规制与邻地绿色技术进步的关系

6.1.2　环境规制涟漪效应的存在性及其邻地性质检验

6.1.2.1　环境规制涟漪效应的存在性

环境规制和绿色技术进步的散点图表明，无论本地还是邻地，环境规制与绿色技术进步均可能表现出某种 U 形关系特征，数据的统计特征在某种程度上验证公式(6.1)所示的计量模型设定的合理性。为进一步考察环境规制对“本地-邻地”绿色技术进步产生多大影响？本节采用空间面板杜宾模型，结合公式(6.1)实证检验环境规制涟漪效应的强弱。

表 6.2 为环境规制本地-邻地绿色技术进步效应的检验结果。结果显示：①无论以总体绿色专利产出还是人均绿色专利产出衡量，环境规制的本地绿色技术进步效应 U 形特征都突出。在两种权重矩阵中，环境规制变量 er 的一次项系数和二次项系数分别为负号和正号，且至少在 10%的置信水平上显著，说明整体上中国省区市环境规制对本地绿色技术创新确实表现出先抑后扬的“U”形作用后果，即绿色技术创新水平先随环境规制强度增加而降低，当环境规制跨越规制拐点之后，绿色技术创新水平随环境规制的增强而提高。以地理距离平方矩阵

(W_2) 人均绿色专利的回归结果为例，SDM 模型结果显示本地环境规制拐点约在 0.208%，即地方政府年度排污费收入占 GDP 比值为 0.208%时，环境规制将激励技术进步朝清洁方向转变。不过，当前全国各省域环境规制强度平均值仅为 0.06%，远低于拐点水平 0.208%，暗示当前阶段以改善环境质量为目的的短期环境政策趋紧，反而会取得适得其反的效果，对向绿色技术方向转变形成抑制，进一步验证了“波特假说”的合理性。②环境规制的邻地技术进步效应表现出类 U 形特征且具有高显著性，表明环境规制存在涟漪效应。同样以地理距离平方矩阵 (W_2) 人均绿色专利的回归结果为例，邻地环境规制拐点约在 0.196%，即相邻地区地方政府年度排污费收入占 GDP 比值为 0.196%时，环境规制将激励邻地技术进步朝清洁方向转变。由于当前地区环境规制强度明显低于 0.196%，暗示环境规制强度提高将显著抑制邻地的绿色技术进步，即短期内存在负向的涟漪效应。

表 6.2　　**环境规制“涟漪效应”的存在性检验**

		W_1		W_2	
		G_tech	GB_tech	G_tech	GB_tech
本地效应	er	−2.622**	−0.215*	−2.376**	−0.193*
		(1.105)	(0.116)	(1.070)	(0.111)
	er^2	6.072**	0.532**	5.439**	0.463*
		(2.361)	(0.248)	(2.353)	(0.243)
	k	0.128***	0.012***	0.125***	0.012***
		(0.031)	(0.003)	(0.031)	(0.003)
	ed	0.199**	0.020**	0.217**	0.023**
		(0.064)	(0.007)	(0.070)	(0.007)
	os	1.458***	0.140***	1.366***	0.133***
		(0.287)	(0.030)	(0.299)	(0.031)
	fdi	−3.009**	−0.384***	−2.314*	−0.307**
		(1.103)	(0.116)	(1.226)	(0.127)
	gov	−2.129**	−0.237***	−2.183**	−0.240**
		(0.668)	(0.070)	(0.763)	(0.079)

续表

		W_1		W_2	
		G_tech	GB_tech	G_tech	GB_tech
本地效应	ks	1.146**	0.113**	1.151**	0.111**
		(0.483)	(0.051)	(0.479)	(0.049)
	struc	-1.091***	-0.113***	-1.436***	-0.152***
		(0.307)	(0.032)	(0.327)	(0.034)
邻地效应	er	-19.694**	-1.900*	-8.641**	-0.826**
		(9.852)	(1.035)	(3.669)	(0.379)
	er^2	48.255**	4.915**	21.302**	2.102**
		(18.998)	(1.996)	(7.408)	(0.766)
	k	0.741**	0.084**	0.276**	0.031**
		(0.244)	(0.026)	(0.092)	(0.009)
	ed	-0.126	-0.042	0.033	-0.010
		(0.370)	(0.039)	(0.150)	(0.016)
	os	3.099	0.164	1.137	0.057
		(2.034)	(0.213)	(0.753)	(0.077)
	fdi	-31.070**	-3.340**	-12.962**	-1.355**
		(10.658)	(1.126)	(4.028)	(0.420)
	gov	-15.321**	-1.511**	-2.832	-0.278
		(4.827)	(0.507)	(1.823)	(0.189)
	ks	-3.692	-0.387	-1.202	-0.134
		(3.099)	(0.325)	(1.120)	(0.116)
	struc	8.280***	0.856***	3.664***	0.373***
		(2.374)	(0.248)	(0.868)	(0.089)
	Spa-rho	-1.799***	-1.562***	-0.547***	-0.443***
		(0.280)	(0.291)	(0.114)	(0.119)
	N	270	270	270	270
	R-sq	0.481	0.460	0.481	0.478

注：括号内为标准误，***、**、*分别表示在1%、5%、10%的水平下显著。

6.1.2.2　涟漪效应的邻地性质：地理相邻、经济相邻还是产业相邻

一些文献指出，地方政府的环境规制存在逐底竞争特征（Woods，2006）。亦有文献认为，地方政府之间的环境规制竞争表现为竞相向上的形式（Fredriksson 和 Millimet，2002），而 Konisky（2007）的研究则指出由于区域之间的异质性，环境规制的逐底竞争与竞相向上模式皆存在，金刚和沈坤荣（2018）的研究进一步指出，中国经济相邻地区环境规制表现为竞相向上的竞争模式，而地理相邻地区则呈现出逐底竞争模式。前述研究表明，地理相邻地区的环境规制存在涟漪效应。那么，这种效应是否仅出现在距离相邻的区域？在经济相邻地区涟漪效应存在吗？为了细分对比结果，进一步将经济相邻细分为经济相邻和产业相邻。表 6.3 呈现了经济相邻与产业相邻条件下，环境规制绿色技术进步的涟漪效应检验结果。

表 6.3　　环境规制涟漪效应的邻地性质检验：经济相邻还是产业相邻

		经济相邻				产业相邻			
		W_3		W_4		W_5		W_6	
		G_tech	GB_tech	G_tech	GB_tech	G_tech	GB_tech	G_tech	GB_tech
本地效应	er	-1.624*	-0.158*	-1.697*	-0.164*	-1.929*	-0.213**	-2.034*	-0.226**
		(0.860)	(0.082)	(0.890)	(0.087)	(1.080)	(0.109)	(1.070)	(0.107)
	er^2	3.411*	0.336*	3.504*	0.339*	4.612*	0.500**	4.469*	0.488**
		(1.974)	(0.189)	(2.039)	(0.198)	(2.363)	(0.238)	(2.345)	(0.234)
	k	0.112***	0.010***	0.104***	0.010***	0.151***	0.015***	0.161***	0.016***
		(0.027)	(0.003)	(0.028)	(0.003)	(0.032)	(0.003)	(0.032)	(0.003)
	ed	-0.244***	-0.026***	-0.392***	-0.039***	0.087	0.010	0.098	0.011*
		(0.065)	(0.006)	(0.076)	(0.007)	(0.064)	(0.006)	(0.065)	(0.006)
	os	0.767**	0.070**	0.750**	0.073**	1.271***	0.120***	1.285***	0.120***
		(0.259)	(0.025)	(0.264)	(0.026)	(0.269)	(0.027)	(0.272)	(0.027)
	fdi	2.115*	0.168	1.662	0.102	-1.199	-0.198	-0.921	-0.163
		(1.149)	(0.110)	(1.172)	(0.114)	(1.300)	(0.131)	(1.290)	(0.129)

续表

		经济相邻				产业相邻			
		W_3		W_4		W_5		W_6	
		G_tech	GB_tech	G_tech	GB_tech	G_tech	GB_tech	G_tech	GB_tech
本地效应	gov	-1.365**	-0.165**	-1.193*	-0.154**	-0.094	-0.042	-0.216	-0.048
		(0.641)	(0.061)	(0.654)	(0.064)	(0.778)	(0.078)	(0.790)	(0.079)
	ks	1.009**	0.073*	0.947**	0.070*	0.924**	0.079*	1.003**	0.083*
		(0.422)	(0.040)	(0.425)	(0.041)	(0.470)	(0.047)	(0.466)	(0.047)
	struc	-1.560***	-0.145***	-1.206***	-0.112***	-1.651***	-0.151***	-1.671***	-0.148***
		(0.288)	(0.028)	(0.307)	(0.030)	(0.358)	(0.036)	(0.369)	(0.037)
邻地效应	er	-1.847	-0.170	-0.408	-0.051	-6.606**	-0.657**	-2.849**	-0.293**
		(2.281)	(0.218)	(1.482)	(0.144)	(2.392)	(0.241)	(1.313)	(0.131)
	er^2	6.086	0.568	1.722	0.181	12.025**	1.183**	4.044	0.412
		(4.742)	(0.454)	(3.114)	(0.303)	(5.945)	(0.598)	(3.256)	(0.326)
	k	0.423***	0.046***	0.193***	0.022***	-0.311***	-0.031***	-0.142**	-0.015***
		(0.087)	(0.008)	(0.053)	(0.005)	(0.078)	(0.008)	(0.044)	(0.004)
	ed	0.221	0.018	0.478***	0.037**	0.297*	0.028	0.124	0.012
		(0.216)	(0.021)	(0.143)	(0.014)	(0.170)	(0.017)	(0.091)	(0.009)
	os	1.813**	0.178**	1.084**	0.110**	-0.053	0.017	0.000	0.014
		(0.757)	(0.072)	(0.433)	(0.042)	(0.759)	(0.076)	(0.426)	(0.043)
	fdi	-6.564**	-0.704**	-4.282**	-0.473**	-3.723	-0.410	-1.240	-0.150
		(2.531)	(0.243)	(1.552)	(0.152)	(4.030)	(0.406)	(2.180)	(0.219)
	gov	0.711	0.091	0.174	0.027	-2.466	-0.170	-1.869*	-0.156
		(1.286)	(0.123)	(0.783)	(0.076)	(1.751)	(0.176)	(0.963)	(0.096)
	ks	1.130	0.167**	0.310	0.076	1.474	0.181*	0.814	0.097
		(0.873)	(0.083)	(0.570)	(0.055)	(1.041)	(0.105)	(0.592)	(0.059)
	struc	-0.040	-0.023	0.208	0.006	-1.778**	-0.222**	-1.221**	-0.150***
		(0.712)	(0.068)	(0.454)	(0.044)	(0.827)	(0.083)	(0.454)	(0.045)
Spa-rho		0.380***	0.420***	0.276***	0.304***	0.055	0.081	0.008	0.026
		(0.078)	(0.072)	(0.052)	(0.049)	(0.089)	(0.090)	(0.054)	(0.053)
N		270	270	270	270	270	270	270	270
R-sq		0.231	0.229	0.307	0.249	0.118	0.083	0.357	0.327

注：括号内为标准误，***、**、*分别表示在1%、5%、10%的水平下显著。

结果显示：不同性质邻地的结果差异显著。在四种权重矩阵下，环境规制的本地效应皆呈现显著的U形特征，但经济相邻与产业相邻条件下，环境规制的邻地效应差异明显，经济相邻地区，环境规制的绿色技术扩散效应并不显著。产业相邻地区环境规制对本地绿色技术创新呈现显著U形关系，暗示环境规制的邻地绿色技术进步效应即涟漪效应，主要来自地理相邻以及产业相邻的环境规制结果。原因在于，不同地区存在差异化的环境政策竞争模式，地理相近以及产业相近地区由于资源产业转移的便利性，加之环境污染的公共属性，可能存在逐底竞争的规制形式。而经济相邻地区经济发展水平趋同，较少承接邻近地区环境规制趋紧引致的污染产业迁移，进而表现出竞相向上的规制竞争形式。

6.1.2.3 不同性质邻地耦合的涟漪效应

结果表明，地理相邻与产业相邻地区，环境规制涟漪效应明显，而经济相邻地区环境规制涟漪效应却不明显。当然，相关结论与省际污染产业转移的事实吻合，即污染产业转移存在距离限制(董直庆和王辉，2019)与就近转移特征(沈坤荣等，2017)。

一个自然的问题是，地理和产业相邻地区存在涟漪效应，那么若地理相邻同时叠加产业相邻地区，环境规制涟漪效应会得到强化吗？基于此，本节进一步参考董直庆和王辉的研究设计，分别构建地理产业距离矩阵W_7和W_8，分析地理产业距离耦合条件下环境规制涟漪效应。表6.4中的结果显示，在考虑地理距离的情况下，地理相邻和产业相邻叠加的地区，环境规制邻地效应明显强于单一地理相邻的情况。权重矩阵W_7和W_8下环境规制的邻地绿色技术进步呈现U形关系，负向系数明显增大，双重相邻叠加地区涟漪效应更突出。

表6.4 **不同性质相邻叠加地区环境规制的涟漪效应检验**

		W_7		W_8	
		G_tech	GB_tech	G_tech	GB_tech
本地效应	er	-3.430**	-0.304**	-3.290***	-0.293**
		(1.049)	(0.111)	(0.982)	(0.105)
	er^2	7.279**	0.640**	7.298***	0.647**
		(2.315)	(0.245)	(2.202)	(0.235)

续表

		W_7		W_8	
		G_tech	GB_tech	G_tech	GB_tech
本地效应	k	0.113***	0.010**	0.131***	0.012***
		(0.031)	(0.003)	(0.030)	(0.003)
	ed	0.170**	0.019**	0.170**	0.020**
		(0.067)	(0.007)	(0.068)	(0.007)
	os	1.205***	0.119***	1.291***	0.130***
		(0.253)	(0.027)	(0.262)	(0.028)
	fdi	-3.723**	-0.463***	-3.262**	-0.415***
		(1.142)	(0.121)	(1.164)	(0.124)
	gov	-2.438***	-0.275***	-2.646***	-0.287***
		(0.659)	(0.070)	(0.718)	(0.077)
	ks	0.890*	0.095*	0.992**	0.104**
		(0.535)	(0.057)	(0.493)	(0.053)
	struc	-1.457***	-0.145***	-1.563***	-0.164***
		(0.326)	(0.034)	(0.320)	(0.034)
邻地效应	er	-39.378**	-3.971**	-15.202**	-1.461**
		(13.650)	(1.443)	(5.058)	(0.540)
	er^2	72.908**	7.203**	31.582***	3.018**
		(24.001)	(2.538)	(9.349)	(0.998)
	k	0.222	0.034	0.171	0.020*
		(0.273)	(0.029)	(0.107)	(0.011)
	ed	-0.373	-0.072	-0.090	-0.028
		(0.519)	(0.055)	(0.192)	(0.021)
	os	2.887	0.077	2.033**	0.117
		(2.748)	(0.289)	(0.921)	(0.098)
	fdi	-17.202*	-1.628*	-12.225**	-1.259**
		(9.235)	(0.979)	(3.962)	(0.426)
	gov	-19.268**	-1.598*	-3.736	-0.318
		(8.964)	(0.947)	(2.893)	(0.309)

续表

		W_7		W_8	
		G_tech	GB_tech	G_tech	GB_tech
邻地效应	ks	−2.832	−0.226	0.216	0.027
		(4.349)	(0.458)	(1.593)	(0.169)
	struc	9.453***	0.807**	4.553***	0.442***
		(2.738)	(0.288)	(1.071)	(0.114)
	Spa-rho	−0.434*	−0.284	−0.307**	−0.178
		(0.243)	(0.227)	(0.113)	(0.118)
	N	270	270	270	270
	R-sq	0.573	0.559	0.513	0.505

6.1.3 涟漪效应的形成机理检验

6.1.3.1 环境规制与邻地污染产业投资转移效应

在不同空间相邻矩阵设定下，环境规制涟漪效应即“本地-邻地”技术创新方向存在明显差异。那么，一地的环境规制是如何引发属地和邻地绿色技术进步方向转变的呢？内生技术进步理论指出，不同类型技术创新的相对利润(Acemoglu等，2012)以及环境规制所引致的“遵循成本”及“创新补偿”效应(Popp等，2009；张成等，2011)均会改变企业的技术创新方向。再加上地方政府间环境规制的“逐底竞争”(Konisky，2007)，往往会引致区域间污染产业转移(沈坤荣等，2017)，在弱化环境规制的属地技术进步效应的同时，诱致邻近地区污染产业结构变动，进而改变邻地不同性质技术创新的利润，引发邻地绿色技术进步方向转变。

事实果真如此吗？本节首先以污染企业投资占全部企业投资的比重作为因变量(winv)，分别检验不同相邻约束下的环境规制是否引致邻地污染产业投资规模变化，结果见表6.5。

表6.5中的结果显示：在地理相邻以及产业相邻地区，本地环境规制显著提升了相邻地区的污染产业投资水平，印证了前面的推断，即环境规制使企业

之间污染产业投资结构发生转变，本地环境规制的提升显著提高相邻地区的污染产业投资水平。同时相较于仅考虑地理距离（W_2）以及产业距离（W_6）下本地环境规制的污染投资转移系数分别为0.180和0.045，考虑地理产业距离情况下W_8的回归系数为0.271。这表明地理相邻地区，地区污染产业规模越大，本地环境规制的污染投资转移程度越大，即地区污染产业规模强化了地理相邻地区的污染投资转移趋势。

表6.5　　环境规制诱发邻地污染产业投资转移的存在性检验

		地理相邻		产业相邻		地理产业相邻	
		W_1	W_2	W_5	W_6	W_7	W_8
		Winv	Winv	Winv	Winv	Winv	Winv
本地效应	er	0.042**	0.022	0.003	0.003	0.050**	0.029*
		(0.016)	(0.016)	(0.015)	(0.015)	(0.015)	(0.015)
	k	0.003**	0.001	0.004***	0.004***	0.002**	0.001
		(0.001)	(0.001)	(0.001)	(0.001)	(0.001)	(0.001)
	ed	-0.006**	-0.005*	-0.007***	-0.007**	-0.008**	-0.007**
		(0.002)	(0.002)	(0.002)	(0.002)	(0.002)	(0.003)
	os	0.015	0.010	0.032***	0.031***	0.013	0.004
		(0.010)	(0.010)	(0.009)	(0.009)	(0.009)	(0.009)
	fdi	0.046	-0.001	0.096**	0.110**	0.079**	0.015
		(0.040)	(0.042)	(0.042)	(0.042)	(0.040)	(0.042)
	gov	-0.065**	-0.039	0.022	0.018	-0.076**	-0.051**
		(0.024)	(0.026)	(0.025)	(0.026)	(0.023)	(0.026)
	ks	-0.028	-0.009	-0.010	-0.014	-0.020	0.006
		(0.018)	(0.017)	(0.015)	(0.015)	(0.019)	(0.018)
	wuran	0.064***	0.056***	0.050***	0.047***	0.057***	0.053***
		(0.011)	(0.011)	(0.011)	(0.012)	(0.012)	(0.011)

续表

		地理相邻		产业相邻		地理产业相邻	
		W_1	W_2	W_5	W_6	W_7	W_8
		Winv	Winv	Winv	Winv	Winv	Winv
邻地效应	er	0.485***	0.180***	0.073**	0.045**	0.652***	0.271***
		(0.127)	(0.048)	(0.033)	(0.019)	(0.171)	(0.070)
	k	0.051***	0.019***	0.004*	0.003**	0.052***	0.023***
		(0.009)	(0.003)	(0.003)	(0.001)	(0.009)	(0.004)
	ed	−0.033**	−0.015**	0.021***	0.012***	−0.011	−0.015**
		(0.014)	(0.005)	(0.005)	(0.003)	(0.018)	(0.007)
	os	0.202**	0.065**	0.051**	0.020	0.288**	0.095**
		(0.070)	(0.025)	(0.024)	(0.014)	(0.088)	(0.032)
	fdi	0.729*	0.219	−0.374**	−0.174**	0.504	0.201
		(0.387)	(0.133)	(0.129)	(0.070)	(0.326)	(0.140)
	gov	−0.631***	−0.176**	0.039	0.000	−0.729**	−0.273**
		(0.176)	(0.062)	(0.056)	(0.031)	(0.315)	(0.103)
	ks	−0.608***	−0.151***	0.036	0.015	−1.045***	−0.287***
		(0.115)	(0.041)	(0.033)	(0.019)	(0.154)	(0.057)
	wuran	0.158*	0.059**	0.043	0.017	0.110	0.042
		(0.085)	(0.029)	(0.026)	(0.015)	(0.093)	(0.036)
	Spa	−0.205	0.190*	−0.290**	−0.136**	0.070	0.188*
		(0.241)	(0.105)	(0.090)	(0.054)	(0.208)	(0.110)
	N	270	270	270	270	270	270
	R-sq	0.106	0.170	0.118	0.163	0.154	0.280

注：括号内为标准误，***、**、*分别表示在1%、5%、10%的水平下显著。

6.1.3.2 污染产业投资转移效应一：污染转移的绿色技术创新抑制效应检验

前述回归结果表明，本地环境规制会引致相邻地区污染产业投资规模增大，那么，这种环境规制引发的污染产业投资规模变化，是否为邻地绿色技术创新的主要动力？为此，本节在回归分析中引入环境规制与污染产业投资占比的交互项，检验环境规制所导致的污染产业投资转移对绿色技术创新的影响，结果见表6.6。不同权重矩阵回归结果显示，在本地的绿色技术进步效应检验中，加入控制变量 winv 后，环境规制的本地-邻地绿色技术创新一次项及二次项系数皆发生显著变化，说明相邻地区环境规制引致污染产业投资转移，确实改变了邻地绿色技术进步创新激励。erwi 系数显著为负，说明污染产业投资抑制了环境规制对绿色技术创新的激励作用，且在地理产业距离矩阵 W_8 中 erwi 系数为-22.086，显著大于仅考虑地理距离与产业距离单一相邻距离条件下的系数-19.981和-19.368，表明地理相邻地区，地区污染产业规模会显著增强污染投资转移对邻地绿色技术进步的抑制作用。

表 6.6　**环境规制涟漪效应的形成机理检验(一)**

		地理相邻地区		产业相邻地区		地理产业相邻叠加地区	
		W_1	W_2	W_5	W_6	W_7	W_8
		G_tech	G_tech	G_tech	G_tech	G_tech	G_tech
本地效应	er	2.575	2.258	2.056	2.387	0.731	1.078
		(2.123)	(2.120)	(2.201)	(2.190)	(2.034)	(1.893)
	er^2	6.756**	6.151**	5.664**	5.980**	9.740***	9.574***
		(2.242)	(2.293)	(2.394)	(2.364)	(2.273)	(2.072)
	winv	6.360***	5.480**	3.801*	3.780*	8.578***	7.902***
		(1.689)	(1.805)	(2.016)	(1.989)	(1.762)	(1.653)
	erwi	-22.168**	-19.981**	-16.464**	-19.368**	-21.345**	-22.086**
		(6.997)	(7.458)	(8.265)	(8.141)	(7.010)	(6.879)
	k	0.077**	0.072**	0.176***	0.176***	0.053*	0.081**
		(0.031)	(0.032)	(0.034)	(0.033)	(0.031)	(0.028)
	ed	0.218***	0.265***	0.030	0.030	0.318***	0.304***
		(0.065)	(0.071)	(0.075)	(0.074)	(0.074)	(0.069)
	os	1.263***	1.292***	1.296***	1.241***	1.084***	1.251***
		(0.276)	(0.290)	(0.271)	(0.273)	(0.252)	(0.248)
	fdi	-3.702***	-2.865**	-2.093	-1.514	-4.614***	-4.058***
		(1.048)	(1.172)	(1.304)	(1.304)	(1.111)	(1.065)

续表

		地理相邻地区		产业相邻地区		地理产业相邻叠加地区	
		W_1	W_2	W_5	W_6	W_7	W_8
		G_tech	G_tech	G_tech	G_tech	G_tech	G_tech
本地效应	gov	-1.557**	-1.498**	-0.189	-0.244	-1.848**	-1.758**
		(0.647)	(0.742)	(0.761)	(0.779)	(0.647)	(0.669)
	ks	1.586**	1.492**	1.191**	1.348**	1.302**	1.213**
		(0.508)	(0.483)	(0.470)	(0.470)	(0.516)	(0.452)
	struc	-1.331***	-1.643***	-1.757***	-1.816***	-1.475***	-1.676***
		(0.306)	(0.324)	(0.362)	(0.371)	(0.334)	(0.305)
邻地效应	er	1.830	-2.012	5.486	4.243	-112.411***	-27.828**
		(17.975)	(6.668)	(5.109)	(2.923)	(27.142)	(9.426)
	er^2	49.378**	21.623**	14.914**	6.215*	78.428**	31.731***
		(19.212)	(7.459)	(5.891)	(3.229)	(24.233)	(8.964)
	winv	38.988***	16.063***	-1.273	0.896	18.848*	13.904***
		(11.296)	(4.587)	(4.459)	(2.563)	(10.379)	(4.193)
	erdi	-97.322	-29.832	-50.838**	-30.830**	234.922**	37.642
		(66.897)	(23.956)	(18.481)	(10.739)	(76.120)	(27.265)
	k	0.397	0.168*	-0.258**	-0.121**	-0.269	-0.011
		(0.249)	(0.094)	(0.083)	(0.046)	(0.278)	(0.105)
	ed	-0.148	-0.005	0.018	-0.041	0.363	0.097
		(0.378)	(0.160)	(0.180)	(0.099)	(0.524)	(0.189)
	os	0.979	0.370	-0.194	-0.068	-2.533	0.418
		(1.982)	(0.738)	(0.778)	(0.438)	(2.738)	(0.873)
	fdi	-32.051**	-13.903***	-5.270	-1.982	-12.773	-12.717***
		(10.245)	(3.944)	(4.027)	(2.178)	(9.084)	(3.699)
	gov	-10.299**	-2.077	-3.496**	-2.098**	-23.829**	-4.503*
		(4.740)	(1.753)	(1.716)	(0.943)	(8.938)	(2.686)
	ks	2.056	0.944	1.072	0.923	-0.852	1.734
		(3.520)	(1.264)	(1.037)	(0.588)	(4.645)	(1.521)
	struc	5.825**	2.824***	-1.309	-1.253**	9.294***	4.250***
		(2.292)	(0.840)	(0.846)	(0.463)	(2.602)	(0.978)

续表

	地理相邻地区		产业相邻地区		地理产业相邻叠加地区	
	W_1	W_2	W_5	W_6	W_7	W_8
	G_tech	G_tech	G_tech	G_tech	G_tech	G_tech
rho	-2.009^{***}	-0.661^{***}	0.021	−0.013	−0.262	-0.389^{***}
	(0.277)	(0.111)	(0.090)	(0.054)	(0.224)	(0.111)
N	270	270	270	270	270	270
R-sq	0.473	0.446	0.120	0.357	0.428	0.442

注：括号内为标准误，***、**、*分别表示在1%、5%、10%的水平下显著。

6.1.3.3 污染产业投资转移效应二：收入增长的绿色技术创新激励效应

前述结果显示，环境规制对邻地绿色技术进步表现为类U形关系，那么，什么原因会导致环境规制的邻地绿色技术进步效应出现由负到正的逆转呢？事实上，污染产业投资转移短期内往往抑制地区绿色技术创新，但产业投资也会促进邻地收入增长，其收入效应将会提高地区的技术研发投入，进而使绿色技术创新方向发生转变。事实是否果真如此？本节在回归分析中加入污染产业投资占比(winv)与收入水平(ed)的交乘项(edwi)，从收入效应视角检验污染产业转移对绿色技术进步的影响。结果显示，edwi指标的回归系数显著为正，证实环境规制下污染产业投资转移确实可以通过提高邻地收入水平促进邻地的绿色技术进步。

表6.7　**环境规制涟漪效应的形成机理检验(二)**

		地理相邻		产业相邻		地理产业相邻	
		W_1	W_2	W_5	W_6	W_7	W_8
		G_tech	G_tech	G_tech	G_tech	G_tech	G_tech
本地效应	er	-2.733^{**}	-2.470^{**}	-1.788^{*}	-2.074^{**}	-3.407^{***}	-3.378^{***}
		(1.118)	(1.034)	(1.043)	(1.022)	(1.015)	(0.936)
	er^2	5.572^{**}	4.959^{**}	4.515^{**}	4.554^{**}	6.754^{**}	6.840^{***}
		(2.316)	(2.226)	(2.264)	(2.222)	(2.193)	(2.060)
	edwi	0.924^{**}	1.306^{***}	1.991^{***}	2.394^{***}	0.635^{*}	1.249^{***}
		(0.340)	(0.335)	(0.442)	(0.451)	(0.334)	(0.316)

续表

		地理相邻		产业相邻		地理产业相邻	
		W_1	W_2	W_5	W_6	W_7	W_8
		G_tech	G_tech	G_tech	G_tech	G_tech	G_tech
本地效应	winv	5.481***	4.955**	2.546	2.468	7.200***	7.421***
		(1.615)	(1.698)	(1.995)	(1.938)	(1.634)	(1.631)
	k	0.070**	0.045	0.122***	0.114***	0.047	0.042
		(0.031)	(0.032)	(0.035)	(0.034)	(0.030)	(0.029)
	ed	−0.254	−0.409**	−1.126***	−1.384***	0.042	−0.298
		(0.212)	(0.205)	(0.287)	(0.294)	(0.212)	(0.193)
	os	1.185***	1.158***	0.789**	0.627**	0.850**	0.987***
		(0.308)	(0.303)	(0.303)	(0.306)	(0.271)	(0.267)
	fdi	−3.640***	−2.853**	−2.099	−1.204	−4.722***	−4.277***
		(1.057)	(1.147)	(1.326)	(1.331)	(1.072)	(1.084)
	gov	−2.097**	−2.101**	−0.787	−1.077	−2.539***	−2.516***
		(0.673)	(0.745)	(0.748)	(0.762)	(0.655)	(0.698)
	ks	1.993***	1.795***	1.289**	1.399**	1.091**	1.231**
		(0.502)	(0.469)	(0.458)	(0.449)	(0.498)	(0.459)
	struc	−1.325***	−1.609***	−1.380***	−1.300***	−1.255***	−1.549***
		(0.309)	(0.318)	(0.367)	(0.372)	(0.325)	(0.310)
邻地效应	er	−22.250**	−10.076**	−5.713**	−2.385*	−50.938***	−20.805***
		(9.959)	(3.643)	(2.328)	(1.253)	(13.312)	(5.035)
	er^2	45.873**	21.555**	10.700*	3.389	89.498***	38.838***
		(18.785)	(7.179)	(5.708)	(3.079)	(23.484)	(9.207)
	edwi	−4.912*	−2.534**	0.134	−0.088	−12.660***	−4.309***
		(2.690)	(0.935)	(0.939)	(0.578)	(2.123)	(0.921)
	winv	28.871**	12.201**	−0.883	2.654	24.017**	12.144**
		(10.981)	(4.343)	(4.029)	(2.364)	(9.265)	(3.942)
	k	0.610**	0.246**	−0.237**	−0.104**	0.566**	0.175
		(0.255)	(0.095)	(0.078)	(0.044)	(0.283)	(0.111)
	ed	2.791*	1.559**	0.060	0.110	7.599***	2.610***
		(1.634)	(0.594)	(0.605)	(0.376)	(1.350)	(0.591)

续表

		地理相邻		产业相邻		地理产业相邻	
		W_1	W_2	W_5	W_6	W_7	W_8
		G_tech	G_tech	G_tech	G_tech	G_tech	G_tech
邻地效应	os	2.496	0.993	0.913	0.551	1.634	1.253
		(2.163)	(0.770)	(0.797)	(0.443)	(2.748)	(0.942)
	fdi	-27.657**	-10.881**	-10.916**	-6.177**	0.369	-8.198**
		(10.490)	(3.877)	(4.185)	(2.279)	(9.047)	(3.862)
	gov	-10.543**	-1.549	-3.134*	-2.500**	-15.309*	-2.410
		(4.733)	(1.729)	(1.693)	(0.921)	(8.673)	(2.742)
	ks	2.481	0.293	2.202**	1.204**	-8.644*	-0.860
		(3.554)	(1.283)	(1.088)	(0.613)	(4.714)	(1.659)
	struc	7.160**	3.550***	-1.644**	-1.317**	12.120***	5.643***
		(2.329)	(0.840)	(0.832)	(0.447)	(2.609)	(1.041)
	rho	-1.726***	-0.490***	0.037	-0.003	-0.142	-0.154
		(0.291)	(0.118)	(0.095)	(0.055)	(0.227)	(0.122)
	N	270	270	270	270	270	270
	R-sq	0.468	0.451	0.054	0.202	0.385	0.452

注：括号内为标准误，***、**、*分别表示在1%、5%、10%的水平下显著。

6.1.4 结论及政策建议

本节利用中国2003—2011年30个省区市的数据，构建空间面板模型检验在异质性相邻条件下，中国环境规制涟漪效应即本地-邻地绿色技术创新激励，并进一步分类检验环境规制涟漪效应的形成机理。结果发现：一是环境规制的涟漪效应显著，环境规制会同时改变本地-邻地绿色技术创新激励。二是在异质性相邻约束条件下，环境规制的涟漪效应差异性明显，一方面，环境规制的本地绿色技术进步效应受制于其门槛值且表现出U形特征，即只有当规制强度跨越规制拐点时，环境规制才能推动本地绿色技术进步。另一方面，地理相邻以及产业相邻地区环境规制的邻地效应呈现显著的 U 形特征，经济相邻地区环境规制的邻地效应并不明显。三是环境规制涟漪效应主要通过污染产业投资转移方式实现。企业寻租和成本规避将会使规避地企业朝邻地转移污染产业，进而改变邻地技术创新利润。而且地理相邻地区污染产业规模越大，环境规制的污染产业投资转移强度越大，环境规制的涟漪效应越明显。然而，邻地污染产业承接也会引发邻地收入增长，进而不会永久恶化邻地绿色技术进步。

毫无疑问，经济新常态下我国经济面临增长和环境相容困境，绿色技术进步无疑是解决这类问题的有力工具。然而，若完全依靠自由市场，绿色技术创新天然存在不足。为此，通过政策规制改变技术创新利润方式推动技术进步朝绿色方向转变尤其关键，相关政策建议如下：

①选择适宜性政策规制方向和力度。我国非清洁生产、非清洁产品和非清洁技术在未来较长一段时间内仍然存在，若无政策规制激励，技术创新朝绿色方向转变缓慢。但不同地区经济发展水平、产业结构和要素禀赋存在较大差距，环境规制作为地方政府竞争的有力工具，对区域间产业结构调整和技术进步方向转变具有重要影响。为此，政府应准确界定不同地区环境规制的力度，以及环境规制对本地-邻地绿色技术进步的影响差异，选择合适的政策实施时机和强度实现最优的规制效果。

②应实施激励约束相容的差异化环境规制政策。各地区绿色技术进步对环境规制的反应敏感度不同，在环境规制政策实施过程中，政府应认识到环境规制可能存在的技术进步偏向，防止环境规制偏离绿色技术进步方向。同时，现阶段环境质量和经济增长并未实现同步协调发展，政府还应权衡环境规制可能引发绿色技术进步与经济增长的差异化后果。

③构建区域间协同相容的环境规制体系。环境规制作为制约污染性企业减排和绿色技术创新激励的重要手段，需要以市场化手段提高污染企业的减排成本，引导企业技术创新朝绿色方向发展。然而，由于地区间环境规制力度和经济发展水平不同，企业将会通过政策规避和寻租行为，加大环境规制的实施难度和削弱整体政策规制的实施效果。因此，政府应全面考量本地-邻近地区的环境规制形式，结合地理相邻和产业相邻约束，建立区域协同治理体系，避免政策规制差异引发企业寻租和污染产业转移，使政策着力点更加精准和提高政策有效性。

6.2 差异化环境规制对我国绿色技术创新的涟漪效应分析

6.2.1 差异化环境规制现状分析

本节将环境规制分为命令控制型、市场激励型和自愿型三类，下面将分别对每一类做现状分析。

6.2.1.1 命令控制型环境规制现状分析

命令控制型环境规制，是指政府通过出台有关环境方面的法律法规、规章制度，强制性要求企业执行，并对未执行企业进行相应处罚的行为。我国现如今的命令控制型环境规制很多，在此主要介绍使用最广泛的环境法律法规、“三同时”制度及污染治理投资三种。

(1)环境法律法规

我国环境规制法律的起步阶段，应追溯至1979年，也即我国第一部环境基本法——《中华人民共和国环境保护法(试行)》。此后，伴随着改革开放的脚步，我国环境规制法律体系也日臻完善。各项法律法规构成了我国命令控制型环境规制的基础，为我国环境保护领域奠定了坚实的法律基础。现阶段，我国环境规制法律体系见表6.8：

表6.8 我国现行环境规制法律体系

法律体系	法律名称
根本法	宪法
基本法	中华人民共和国环境保护法
环境预防法律	中华人民共和国环境影响评价法
环境污染防治法律	水污染防治法 大气污染防治法 环境噪声污染防治法

续表

法律体系	法律名称
环境污染防治法律	固体废弃物污染环境防治法 海洋环境保护法 放射性污染防治法 土壤污染防治法
循环型社会法	中华人民共和国清洁生产促进法 循环经济促进法 可再生能源法

(2)“三同时”制度

“三同时”制度为我国首创，诞生于 1972 年，具有明显的计划经济色彩，核心内涵便是环保项目与主体工程建设项目应“同时设计、同时施工、同时投产使用”。在我国经济发展初期它对我国环境保护事业起到了突出作用。我国建设项目“三同时”投资情况见图 6.3。

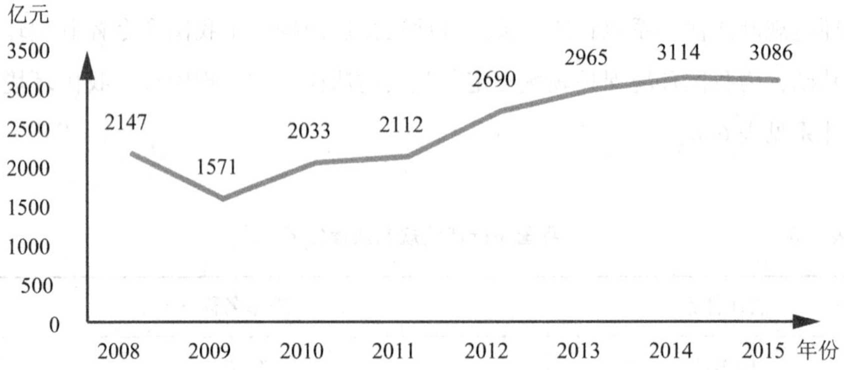

图 6.3　我国建设项目“三同时”投资情况

资料来源：根据《环境统计年报》绘制。

虽然在发展中，“三同时”制度也出现过执行率低下、难度大、效果差等问题，甚至充斥着“废除论”的观点，但是其以“预防为主、防治结合”的原则，在环境管理领域仍有重要意义。目前，主流观点认为“三同时”制度有其存在的必要性，一是因为它是我国命令控制型环境规制的重要组成部分，具有广泛的适用性和实施的行政强制性，可以对企业起到一定威慑力，规范企业行为。二是它体现了环境法预防的原则，其从源头治理的规定是最经济、最有效的措施。随着我国环保事业的不断发展，“三同时”制度也在进行不断改良，向着更适合我国环境保护的方向发展。

(3)污染治理投资

如果说出台法律法规来强制企业进行环境保护属于事前预防行为——“未雨绸缪”，那么政府进行污染治理投资就属于事后行为——“亡羊补牢”。环境污染治理投资，是从国家层面对突出的环境问题予以改善，体现了国家对环境问题的重视及治理的决心，主要包括对城市环境基础设施建设、工业污染源治理及完成环保验收项目的投资。到目前为止，我国运用污染治理投资已取得一定的经济效益、社会效益和生态效益。

图 6.4 显示了自 2006 年以来我国环境治理投资额的变动情况，可以看出其间虽然有小幅下降，但整体保持上升趋势。这与我国将“生态文明建设”纳入五位一体的范畴密不可分，大规模的退耕还林、还草等措施、各种环境监测设施的完善、环境检测人员的增加，都为污染治理投资提供了资金支持。

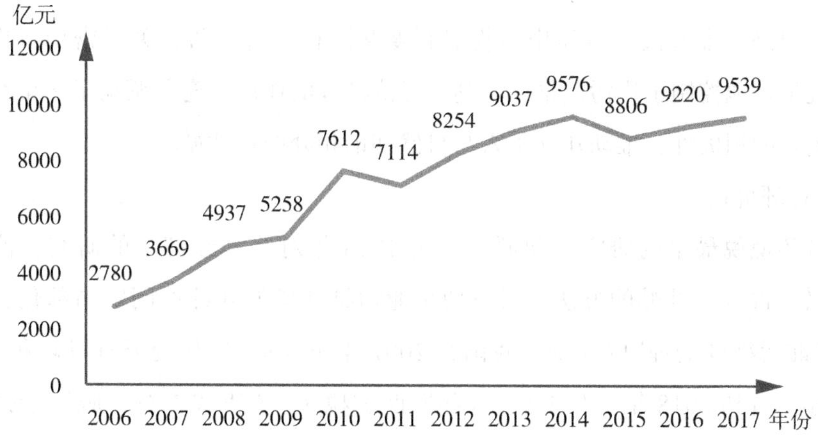

图 6.4 我国环境治理投资额

资料来源：根据《中国环境统计年鉴》绘制。

6.2.1.2　市场激励型环境规制现状分析

(1)排污权交易

排污权交易制度是指政府首先规定一定量的污染排放总量，在不超过总量的前提下，市场主体可以平等自愿地交易排污量进行项目调剂，最终达到减少排污量和保护环境的目的。它最早由美国经济学家黛尔斯提出，在美国施行后获得了巨大的经济效益和社会效益。20 世纪 80 年代，我国在水污染治理领域引入此制度，之后又将范围扩大到大气污染防治、噪声污染防治、固体废物污染防治等领域，其中应用最广的当属碳排放交易。现如今，《环境保护法》已明确提及排污权交易制度，各省区市也以地方条例的形式对排污许可证制度制定了具体标准，例如《太原市二氧化硫排污交易管理办法》等。随着法律体系的完善和市场的规范，排污权交易将发挥更大的作用。

(2)排污收费制度

排污收费制度指国家对排放污染物或超过规定的标准排放污染物的企业，依照国家法律规定征收排污费。它最早在 20 世纪初的德国出现雏形，随着污染现象在世界的蔓延，“谁污染谁治理”的原则被应用于世界各国。2003 年我国《排污费征收使用管理条例》正式施行，此制度在 2018 年《环境保护税法》正式生效后作废。但是，排污权交易和排污收费制度共同存在时，两者关系密切，相辅相成，既很好地控制了排污总量，又利用经济杠杆的作用，充分调动了污染企业减排、创新的积极性，推动建立了人与自然和谐相处的良性循环。

(3)环境税

对环境税最早的研究，起源于庇古 1918 年对福利经济学的研究，他认为政府以征税或者补贴的方法，可以使企业污染环境的外部性问题内部化，从而践行“谁污染谁治理”的原则。我国在 2007 年正式提出“研究开征环境税”的具体措施，直到 2018 年 1 月 1 日，《环境保护税法》才正式施行，脱胎于排污收费制度的环境税，可谓十年磨一剑。2018—2019 年环境保护税收入分季度数见表 6.9。

表 6.9 **2018—2019 年环境保护税收入分季度数**

2018 年	入库数(亿元)	2019 年	入库数(亿元)
第一季度	46	第一季度	55
第二季度	53	第二季度	53
第三季度	52	第三季度	50
第四季度	58	第四季度	53
合计	209	合计	211

资料来源:《环境保护税实施两周年评估和制度完善建议》。

与 2015 年我国排污费收入 178 亿元相比，2018 年同比增长 17.4%，可以看出我国环保“费改税”后的收入增长潜力。虽然环境税在征收范围、税率水平和优惠档次上尚有待提升，但总的来说，环境税不仅使企业环保意识大幅提高，绿色技术创新的积极性被充分调动，而且是适应我国产业结构升级、经济新常态和满足高质量发展的重要举措。

6.2.1.3 自愿型环境规制现状分析

(1)自愿协议

自愿协议是基于整个工业部门或单个企业自愿的原则，与政府签订的有关自愿节能减排的内容。虽然没有法律的强制性，但是其“自愿”的行为仍是有标准的，当企业未能达成减排目标时，政府可能会采取某种惩罚性措施。自愿协议由于其适用性、灵活性强且成本低的特点，得到了各国政府的青睐，例如荷兰的“基准自愿协议”、加拿大的“工业节能活动”、美国的能源之星项目。我国于 2000 年将此模式引入，首先将济南钢铁集团总公司和莱芜钢铁集团有限公司选为自愿协议政策试点企业，从此拉开了我国自愿协议的大幕。经过 20 多年的发展，各省区市都有了自己的自愿协议，这对于更好地发挥市场自身作用和适应经济新常态必不可少。

(2)环境认证

主要指 ISO14000 系列，是国际标准化组织（ISO）继 ISO9000 标准之后制定的环境管理国际标准。ISO14001 是 ISO14000 系列标准的主干标准，是该系列标准中唯一用于认证的标准，该体系是一个有组织有计划，而且协调运作的管理活动，其中有规范的运作程序、文件化的控制机制，其目的在于防止对环境的不利影响。人们普遍认为，通过环境认证的企业，相当于获得了国际贸易的“绿色通行证”，不仅是对自身能力的一种认可，也能塑造优秀企业形象，增加客户黏性，促进企业健康可持续发展。同时，ISO14001 为环境监测部门提供了一套行之有效的管理手段，无形中减轻了环境监督的压力。

(3)公众参与

公众参与即指在政府决策的过程中，充分考虑个人、社会团体和其他组织的呼声，彰显民本情怀，也是自下而上的重要监督机制。在有关环境立法的完善中，民众自发的各种运动及社会各领域专家在理论和舆论上的呼声起了至关重要的作用。在我国，公众参与主要表现在环境信访和政务公开方面。我国环境信访工作情况见表 6.10。

表 6.10　　**环境信访工作情况**

年份	来信总数/封	来访批次/批	来访人次/次	来信、来访已办结数量/件	电话/网络投诉数/件	电话/网络投诉办结数/件
2011	201631	53505	107597	251607	852700	834588
2012	107120	43260	96145	159283	892348	888836
2013	103776	46162	107165	151635	1112172	1098555
2014	113086	50934	109426	152437	1511872	1491731
2015	121462	48010	104323	161252	1646705	1611007

资料来源：《环境统计年报》。

2014 年，我国制定了《关于推进环境保护公众参与的指导意见》，提出要创新环境治理新模式，开创公众有序有效参与环保事务新局面。表 6.10 展现了“十二五”期间我国环境信访情况，从中可以看出我国公民环境保护意识的增强。同时，我国还积极加强对社会环保团体的培训，提高公众参与工作的系统性和前瞻性。对于信息公开，不仅包含空气、水质量等污染状况的数据公开，而且包括环境监管执法、环境影响评价等方面的信息公开。

6.2.2 差异化环境规制对绿色技术创新的涟漪效应机理及研究假设

6.2.2.1 命令控制型环境规制对绿色技术创新的涟漪效应

在6.2.1中已经提到，命令控制型环境规制的实施主体是政府，作用对象是整个市场主体。政府通过制定有关排污的各项标准，以强制手段命令企业执行，并根据企业执行的结果进行惩罚或奖励。命令控制型环境规制出台后，本地企业面临突然提升的环境规制，而短时间内又无法改进生产技术和产品，只能先将资金投放到使污染排放物达标的环节中。但随着时间的推移，企业在污染排放物治理的过程中不断创新，命令控制型环境规制开始发挥着正向激励作用。对于邻地企业，本地严格的环境规制可能使投资者"望而却步"，从而寻找环境规制洼地，避开高环境规制地区，将一部分投资"驱赶"至邻地，提高邻地的绿色技术创新。但长期来看，在命令控制型环境规制影响下的企业，通过绿色技术创新提高了自身综合实力，在本地也营造了更好的营商环境，从而"吸收"来自外界的投资，在与邻地企业比较中也处于优势地位，进而抑制邻地企业的绿色创新。

进一步考虑涟漪效应传递的机理，由于命令控制型环境规制是行政手段，其作用对象针对整个市场，势必会对市场化程度造成影响。当市场资源配置失灵时，政府出台相应措施引导市场规范发展，形成政府"看得见的手"与市场"看不见的手"此消彼长、互为补充的局面。因此，当命令控制型环境规制较强时，市场自身力量就较弱，而市场本身一旦有了政府的"烙印"，企业的行为就会受到更多的约束，其发展也会有环境成本的顾虑，进而降低自身的绿色技术创新。因此提出以下假说：

假说一：命令控制型环境规制对本地绿色技术创新的效应呈现"U形"，对邻地绿色技术创新产生"倒U形"效应；

假说二：命令控制型环境规制会通过影响市场化程度来影响绿色技术创新。

6.2.2.2 市场激励型环境规制对绿色技术创新的涟漪效应分析

市场激励型环境规制与命令控制型环境规制相比，最大的特点就是手段不再强硬化。虽也是政府主导，例如税收政策、排污许可证交易等，但给予了企业自主选择权。以排污许可交易为例，其本质是让企业发生的负外部效应内部化，当企业从事生产活动，造成资源消耗和环境污染时，需要购买“排污许可”，践行“谁污染谁治理”的原则，政府再以征收的排污费收入进行污染治理和有针对性的补贴。因此，在市场激励型环境规制实施初期，一方面，由于本地企业的生产技术无法立即更新，它们势必会购买较多的排污许可，挤压企业的资金，从而降低企业绿色技术创新积极性，另一方面，它们也会积极地寻找环境规制宽松的经济欠发达地区，即所谓“污染天堂”，对于邻地来说，选择增加投资的同时也就选择了保持现有的技术水平，总体来看，短期内无论对本地还是邻地，都呈现对绿色技术创新的抑制作用。但若技术长期得不到更新，本地企业不仅所生产的产品会丧失竞争力，而且仍旧需要面临较高的环境成本；邻地的企业也会随着污染的加剧面临严格环境规制的出台，因此从长期看，企业会增加绿色技术创新的动力以保证企业的存续性。

市场激励型环境规制具有某些经济产品的特性，会使企业尤其是高污染企业在各个省份之间发生转移。而这种环境规制引起的污染企业转移，势必会对企业的绿色技术创新造成影响。每一次转移都需要资金的支持，配置新的固定资产、人员，这个“从头开始”的过程也是绿色技术创新的开发和运用过程，基于此，提出以下假说：

假说三：市场激励型环境规制对本地及邻地绿色技术创新的效应呈现“U形”；

假说四：市场激励型环境规制会通过污染企业的转移影响绿色技术创新。

6.2.2.3　自愿型环境规制对绿色技术创新的涟漪效应分析

自愿型环境规制的实施主体主要为行业协会和企业自身，现广泛认可的有自愿协议、环境认证和公众参与等。如果企业管理者接受自愿协议或进行环境认证，那么自愿型环境规制将推动企业进行绿色技术创新。这是由于这两类自愿型环境规制以企业自愿为前提，一方面，在此类环境规制指引下，企业会迎合市场、民众需求，不断进行绿色技术创新，注重长远利益，进而打造自身优势，确保较强的市场竞争力，实现可持续发展。另一方面，也可以获取政府的认可，从而得到诸如减税降费、财政补贴等政策扶持。而公众参与的自愿型环境规制则与市场激励型环境规制类似，以人们的环保意识为基础，以环境信息公开为依托，伴随着舆论的呼声和人大、政协会议、听证会等形式，在前期势必会给企业造成压力，而企业无法短时间内完成技术升级，便表现出对绿色技术创新的抑制作用。从长期来看，企业经过权衡利弊，认识到走绿色创新之路是必然选择，则会拥有进行绿色技术创新的动力。而公众参与的影响不以行政区划分为界限，故对本地及邻地的效应呈现出一致的趋势。

公众参与的自愿型环境规制引起人们环保意识增强，势必是因为人们在日常生活中已经看到了只顾经济发展而对环境造成的伤害。环境污染严重，一方面影响人们的身体健康，另一方面也影响了人们愉悦的情绪、舒心的休闲生活，让人们的精神追求打折扣，最终抑制人力资源的优化，从而影响技术创新。故提出以下假说：

假说五：自愿型环境规制(本节均指公众参与形式的自愿型环境规制)对本地及邻地绿色技术创新的效应均呈现“U形”；

假说六：自愿型环境规制会通过人力资源质量影响绿色技术创新。

6.2.3 变量及权重矩阵的选择与说明

6.2.3.1 被解释变量及核心自变量的选择与说明

对于被解释变量，绿色技术创新参考张旭(2017)用新产品销售收入与污染物排放量之比(GTI)(污染物包括工业废水排放量、工业二氧化硫排放量和一般工业废物产生量之和)来衡量。新产品销售收入来源于《中国科技统计年鉴》《中国科技年鉴》，污染物排放量来源于各地区统计年鉴，考虑到数据可得性，最终选取2006—2017年各省区市的数据来度量。

对于核心自变量，分别从三个维度来度量差异化环境规制：

命令控制型环境规制，多以政府为主体，采用强制性、行政化手段对市场进行干预，考虑到数据的连续性和可得性，本节参考韩晶等(2014)运用各地区污染治理投资额与第二产业增加值的比值来度量(ER1)。污染治理投资额直接体现了一地政府对环境的重视程度，用第二产业增加值进行调整则重点关注对初级产品进行再加工的行业中环境治理所占的份额。污染治理投资额来源于《中国环境统计年鉴》。

市场激励型环境规制采用排污费收入与 GDP 的比重度量(ER2)。不同于命令控制型的直接效应，市场激励型更强调通过作用于市场进而激发企业的内生动力。排污费收入本着谁污染谁治理的原则，强调企业作为市场主体的责任意识。由于 2015 年后《中国环境统计年鉴》不再公布排污费收入，本节全部用排污费解缴入库金额来代替。数据来源于《中国环境年鉴》。

自愿型环境规制(公众参与)，以居民为主，侧重度量人们的环保意识，本节借鉴吴磊等(2020)的方法，选取人大、政协环境议案和提案数来衡量(ER3)。人大、政协等机构关注民生，反映民情，其环境议案和提案数的多少，一定程度上反映了当地居民对环境的关注和监督程度。对此变量进行取对数处理，来消除较大的离散程度。数据来源于《中国环境统计年鉴》。

6.2.3.2　控制变量的选择及说明

本节对控制变量的选取，分别从产业结构、行政管制、经济发展水平和外商投资四个维度决定，依次是：

第三产业增加值占 GDP 的比重(STR)。三产占比反映了地区产业结构，环境规制是在客观存在的产业结构下产生的，其效果的好坏也依赖于本地区基本的产业环境。若地区初始的产业结构较优，暗含了本地区有较庞大的资金优势和较小的环境规制阻力，则绿色技术创新的实现更加容易。

财政支出占 GDP 的比重(GOV)。财政支出占比反映了行政干预对绿色技术创新的影响。由于绿色技术创新前期投入较大，加之企业行为具有一定惯性，即企业更倾向于沿袭既往行为模式的组织趋势，因此政府的合理干涉有助于促进绿色技术创新行为的发生，防止企业对环境变化反应迟钝或失当。

国有及国有控股企业占规模以上工业企业资产的比重(OWN)。国企规模占比反映行政管理强度，根据孙晓华等(2013)的研究，不同资产所有制结构对技术创新的影响具有差异性，其中国有企业体现了较强的追赶效应和增长效应，因此本节采用国有企业的规模占比衡量我国资产所有制结构，以控制其对绿色技术创新的影响。

人均 GDP(PGDP)。李斌等(2013)在分析了经济发展水平与技术进步的关系后，认为经济水平并未对治污技术进步产生显著影响，反而高经济发展水平地区更倾向于保持原有污染技术。而董直庆等(2015)则正好相反，认为经济发展水平会促进绿色技术创新。因此引入经济水平，控制其对绿色技术的影响，本节对人均 GDP 以 2006 年价格为基期进行平减，剔除价格变动的影响。

外商直接投资占 GDP 的比重(FDI)。就外商直接投资对技术创新的影响，研究结果略显差异。李晓钟和张小蒂(2008)认为 FDI 对区域一般技术创新有一定的促进提升作用，而范承泽等(2008)则认为 FDI 对我国研发投入的净效应为负，陈劲等(2007)认为 FDI 对区域创新能力作用有限，因此本节加入 FDI 控制其对绿色技术创新的影响。以上数据均来自《中国工业统计年鉴》以及各省区市历年统计年鉴。

6.2.3.3 传导机制变量的选择及说明

市场化指数(MI)衡量地区市场化发展水平和程度，来自樊纲、王小鲁和朱恒鹏编写的《中国市场化指数》。李瑞琴(2019)认为，环境规制总体的绿色工艺创新与绿色产品创新效应受到了市场化进程的正向调节。马富萍和茶娜(2012)在研究环境规制对技术创新绩效的影响时，引入市场化指数衡量制度环境，同样得出了与李瑞琴相同的结论，认为市场化指数起着正向调节作用。因此，本节引入市场化指数，分析其调节作用的存在性及方向。

污染企业投资(IPE)，采用污染企业投资占全部企业投资的比重衡量，其中污染产业的选取参考沈坤荣等(2017)选定的 11 个重污染行业。吴朝霞(2016)通过博弈模型，研究了环境规制与区际污染产业转移之间的关系，结果表明在环境规制下，污染主体能够控制自身转移行为，将外部效应内部化。周丽娜(2017)却得出了相反的结论，认为“污染避难所”的假说存在，尤其是中西部地区，一旦降低环境规制，污染产业就会纷至沓来。而张平和张鹏鹏(2016)在研究中，认为环境规制对污染企业转移的作用是分阶段的，呈现先抑制后促进的门槛特征。因此，本节引入污染企业投资的传导变量，分析其调解作用的存在性及方向。数据来源于《中国工业统计年鉴》。

人均受教育年限(EDU)，代表人力资本质量。王洪庆(2016)、纪建悦等(2019)研究发现，环境规制较低时，通过影响人力资本来促进经济增长；反之则抑制经济增长。周杰琦和梁文光(2020)基于人力资源的视角发现，环境规制通过人力资源来影响高质量发展，并且其影响也是非线性的。以上研究说明人力资源质量是环境规制传导其影响的重要途径。而马淑琴等(2019)证实，人力资源质量会显著提高绿色技术创新，因此把人力资源质量作为传导机制变量。数据来源于《中国统计年鉴》及各省区市统计年鉴。计算方法采用以下公式：

人均受教育年限=(样本含小学文化程度人口数×6+初中×9+高中×12+大专及以上×16)/6 岁以上抽样总人口。

变量说明见表 6.11。

表 6.11　　**变 量 说 明**

	变量名称	均值	最小值	最大值	标准差
因变量	新产品收入占比(GTI)	5.182	0.041	45.144	7.658
核心自变量	命令控制型环境规制(ER1)	3.087	0.707	13.739	1.895
	市场激励型环境规制(ER2)	0.458	0.016	4.596	0.433
	自愿型环境规制(ER3)	2.516	1.204	3.767	0.445
控制变量	三产占比(STR)	0.423	0.286	0.806	0.091
	财政支出占比(GOV)	0.222	0.084	0.627	0.096
	国企规模占比(OWN)	0.507	0.139	0.836	0.176
	人均 GDP(PGDP)	3.338	0.575	11.443	2.024
	外商直接投资占比(FDI)	0.387	0.047	5.705	0.520
传导机制变量	市场化指数(MI)	5.999	2.330	10.000	1.745
	污染企业投资(IPE)	19.606	2.817	42.321	8.004
	人均受教育年限(EDU)	8.796	6.594	13.227	1.005

6.2.3.4　空间权重矩阵的说明

空间权重矩阵是空间计量分析的前提，度量区域间的空间距离。本节对区域间的度量分别采用地理距离、经济距离、产业距离和耦合距离。参考董直庆、王辉(2019)的方法，首先，构建了三种地理距离，分别为反距离矩阵(W)、反距离平方矩阵(W_1)和一阶邻接矩阵(W_2)；其次构建经济距离矩阵(WG)，以各地区人均GDP之差的倒数(金刚和沈坤荣，2018)衡量；再次构建产业距离矩阵(WC)，以各地区污染产业规模(污染产业平均从业人数，数据来源于中宏经济数据库的行业板块)差距的倒数衡量；最后构建三种耦合距离矩阵，分别是经济×产业矩阵(WGC)、地理×产业矩阵(WWC)和地理×经济矩阵(WWG)。

6.2.4 变量描述性统计

6.2.4.1 绿色技术创新的时空分布

图6.5显示了绿色技术创新在时间维度的变化。关注新产品销售收入可以看出，销售额随着时间的递增而递增，但由于绿色技术创新同时要兼顾环境因素，加入工业三废进行调整后，发现绿色技术创新增速加快，说明一方面我国新产品收入逐年提升，另一方面污染排放增速放缓或下降，两者逐渐形成剪刀差，故比值增幅有扩大趋势。

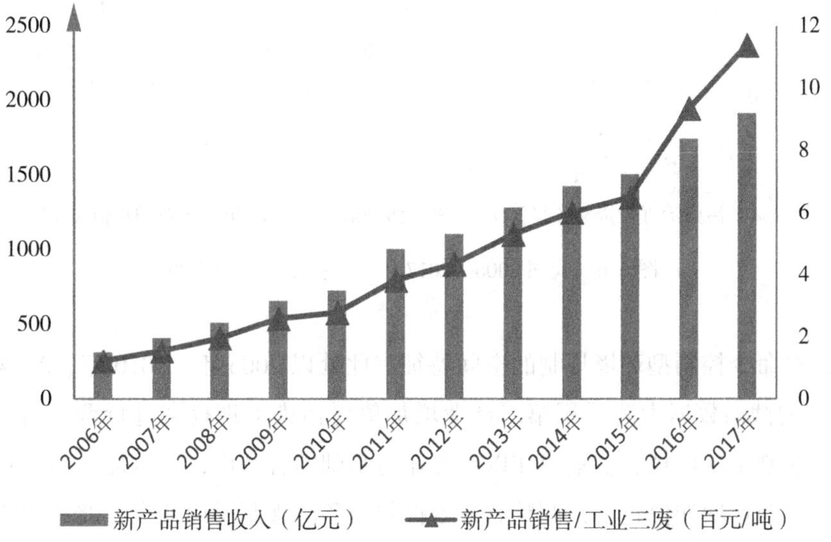

图6.5 我国2006—2017年绿色技术创新

针对绿色技术创新时空维度的特征，此处以2006年、2010年、2014年和

2017年的截面数据为例。[①]首先从空间维度可以明显发现空间分布与我国东中西部经济发展水平较吻合，呈现西部销售收入最少，中部居中，东部最高的特点，尤其是以广东、江苏、浙江等为代表的沿海地区，数值最大。其次从时间的维度可以得出与图6.5一致的结论。

6.2.4.2 命令控制型环境规制的时空分布

图6.6显示了命令控制型环境规制的时间维度特征。从污染治理投资额角度看，除了2015年有小幅下降外，其余年份呈上升趋势，且自2013年后数值逐渐趋稳，说明我国政府污染治理投资进入平稳化发展期。加入第二产业增加值合成命令控制型环境规制后，数据平稳的态势更加明显，且有缓慢下降的趋势。

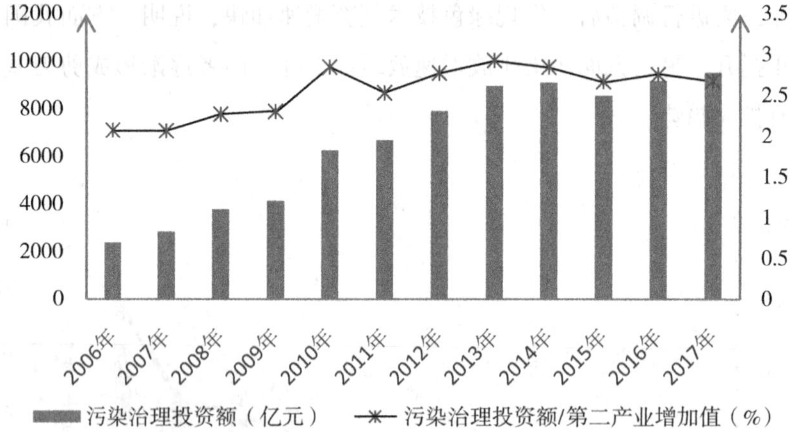

图6.6 我国2006—2017年命令控制型环境规制

针对命令控制型环境规制的空间特征，此处以2006年、2010年、2014年和2017年的截面数据为例。[②]用第二产业增加值对污染治理投资进行调整后，区域间命令控制型环境规制多集中在以重工业为基础的省区市，这可能是由于这些省区市第二产业增加值较小，调整后命令控制型环境规制反而变大，北京由于其功能地位的特殊性，命令控制型环境规制高居第一。从时间维度也可以得出与图6.6一致的结论。

①② 由于篇幅原因，省略了地图可视化展示，如有需要可向作者索取。

6.2.4.3 市场激励型环境规制的时空分布

图 6.7 显示了市场激励型环境规制随时间变化的特征。从 2006 年至 2017 年的 12 年间，排污费收入呈现波动中上升的趋势，但总体来说较稳定。而由于我国 GDP 增速快于排污费收入的增速，合成的市场激励型环境规制变量反而逐年下降。

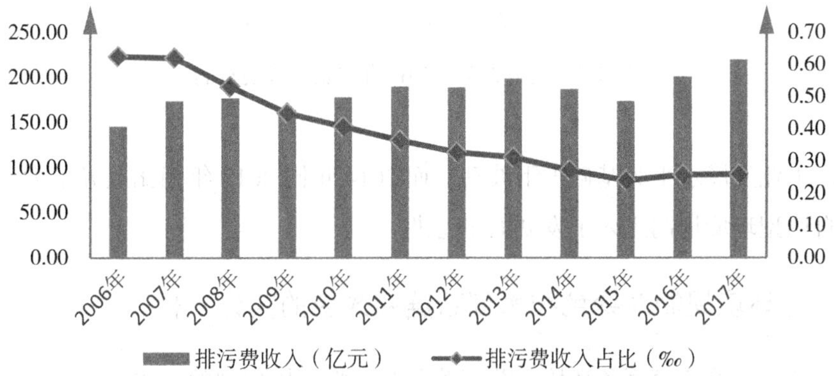

图 6.7 我国 2006—2017 年市场激励型环境规制

通过市场激励型环境规制的空间特征，[①]可以看出整体差异较小，其中高值地区以宁夏、山西、内蒙古为代表，即集中在经济欠发达地区，这可能是由于较低的 GDP 总量而拉高了市场激励型环境规制的总值。虽然市场激励型环境规制整体表现为逐年递减，但可以发现东部地区递减的速度较快。

6.2.4.4 自愿型环境规制的时空分布

图 6.8 反映了自愿型环境规制的时间特征，总体呈现先升后降的趋势，其中人大议案数与总体趋势保持较一致，政协提案数在 2012 年达到一个小高峰，此后逐渐回落至稳定水平。

通过自愿型环境规制的空间特征，[②]可以发现高值地区集中在东南沿海经济发达地区，由东向西逐渐递减，这与命令控制型和市场激励型的分布相似，都以

①② 由于篇幅原因，省略了地图可视化展示，如有需要可向作者索取。

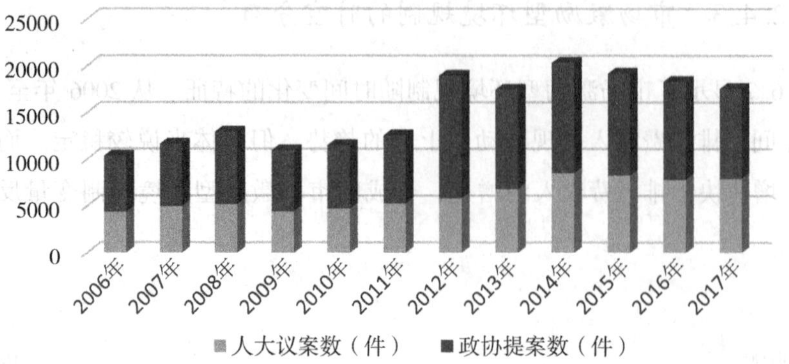

图6.8　我国2006—2017年自愿型环境规制

本地区工业发展水平为基础上下波动。而2014年同2017年相比差异不大，说明目前自愿型环境规制进入了发展的平稳期。

6.2.5　环境规制对绿色技术创新涟漪效应的实证分析

本节结合波特模型和环境库兹涅茨曲线，将环境规制的二次项引入模型，由空间面板杜宾模型可知，具体的模型为：

$$Y_{it} = \varepsilon_0 + \rho_0 W \times \mathrm{nti}_{it} + \beta_1 \mathrm{ER}_{it} + \beta_2 \mathrm{ER}_{it}^2 + \beta_3 X_{it} + \theta_1 \mathrm{WER}_{it} + \theta_2 \mathrm{WER}_{it}^2 + \theta_3 \mathrm{WX}_{ij} + u_i + \varepsilon_{ij}(i = 1, \cdots, n;\ t = 1, \cdots, T) \tag{6.2}$$

其中，nti为被解释变量绿色技术创新，X_{it}为控制变量的矩阵。

6.2.5.1　环境规制涟漪效应的存在性

本节运用空间面板杜宾模型，在反距离矩阵(W)、反距离矩阵的平方(W_1)和一阶邻接矩阵(W_2)的约束下，依次进行命令控制型、市场激励型和自愿型环境规制涟漪效应的存在性检验。

(1)命令控制型环境规制涟漪效应的存在性。表6.12显示了命令控制型环境规制的涟漪效应，W×dep. va系数在1%的显著性水平下显著。其中，本地效应显示所有环境规制的一次项系数均为负，环境规制二次项系数均为正；邻地效应则正好相反，除了W_2矩阵外，环境规制的一次项系数为负，环境规制二次项系数为正，且所有环境规制的系数均在10%的显著性水平下显著。这代表着关于命令控制型环境规制对绿色技术创新的影响，本地将呈现“先抑后扬”的趋势，即在命令控制型环境规制发挥作用后，由于政策的时间滞后性和企业行为的惯性，企业的绿色技术创新行为不会立马展现。由于环境规制下企业成本的骤然提升，企业的逐利本性驱使其寻找成本转移的对象和渠道，在政策实施和企业行为调整的磨合期，企业不得不主动或被动地为了长期利益而进行技术创新，以顺应大势，走可持续发展之路。而在邻地范围内则呈现出“先扬后抑”的效果。即随着环境规制的增大，将促进邻地的绿色技术创新，这可能是由于企业为了寻找“环境规制洼地”，有意识地将产业向低环境规制地区转移，规避为治理环境所产生的企业成本，在向邻地转移的过程中必定伴随着投资行为的发生，或间接促进邻地绿色技术进步。不过 W 和 W_2 约束下，邻地效应的环境规制二次项系数绝对值均小于本地效应，说明无论是对本地的“先抑后扬”还是对邻地的“先扬后抑”，环境规制的涟漪效应都以作用于本地为中心，向邻地扩散时有所递减。那么这种涟漪效应什么时候出现正负号的转变呢？计算可知，三种地理矩阵的本地效应符号激变值分别为 5.122、5.097 和 4.354，结合命令控制型环境规制的均值 3.087 来看，目前为止我国命令控制型环境规制对绿色技术创新的影响还停留在本地以抑制为主，邻地以促进为主的阶段。

表 6.12　　**命令控制型环境规制涟漪效应存在性**

	变量	W	W_1	W_2
本地效应	ER	-2.021^{***}	-1.923^{***}	-1.856^{***}
		(−6.662)	(−6.565)	(−6.453)
	ER^2	0.197^{***}	0.189^{***}	0.213^{***}
		(7.446)	(7.337)	(8.873)
	STR	37.619^{***}	35.588^{***}	28.618^{***}
		(9.824)	(9.643)	(8.771)
	GOV	-10.840^{***}	-11.318^{***}	-3.608^{***}
		(−3.142)	(−3.501)	(−1.119)
	OWN	5.465^{***}	5.737^{***}	4.821^{***}
		(3.339)	(3.836)	(2.784)

续表

	变量	W	W_1	W_2
本地效应	PGDP	1.130***	0.977***	2.175***
		(5.415)	(4.907)	(12.096)
	FDI	0.289	0.289	-0.634***
		(0.661)	(0.709)	(-1.544)
邻地效应	w×ER	2.013**	0.869*	-0.743***
		(2.524)	(1.888)	(-1.161)
	w×ER²	-0.153**	-0.067*	-0.019***
		(-2.517)	(-1.897)	(-0.368)
	w×STR	-8.923	-2.776	-10.068***
		(-1.072)	(-0.521)	(-1.873)
	w×GOV	-3.951	1.089	-8.759***
		(-0.681)	(0.301)	(-1.789)
	w×OWN	2.982	0.584	-2.550***
		(0.922)	(0.292)	(-0.946)
	w×PGDP	0.035	0.202	-0.979***
		(0.090)	(0.806)	(-3.097)
	w×FDI	-0.029	-0.257	-3.665***
		(-0.023)	(-0.422)	(-4.008)
	截距项	-14.727***	-13.560***	—
		-4.430	-6.138	—
	W×dep. va	0.381***	0.272***	0.405***
		(4.985)	(5.282)	(6.159)
	R-sq	0.786	0.794	0.808
	N	360	360	360

注：括号内为标准误，*、**、*** 分别表示在 10%、5%、1%的水平下显著，下同。

（2）市场激励型环境规制涟漪效应的存在性。表 6.13 显示了市场激励型环境规制的涟漪效应，W×dep. va 系数在 1%的显著性水平显著。与命令控制型环境规制相比，无论是对本地还是对邻地来说，环境规制的一次项系数均为负，二次项系数均为正，说明环境规制对绿色技术创新均呈现“先抑后扬”的趋势。考虑到市场激励型环境规制以作用于市场为主，强调间接作用，政府给出选项，企业自主交易，在初始阶段企业进行绿色技术创新的动力不足，或进行创新的行为未能转化为实际利益输入，且挤占企业资本空间，故对绿色技术创新起着抑制作用。随着时间的推移，或由于企业观念和客观环境的改变，或由于企业的研发行为得到利益回报，环境规制开始对绿色技术创新产生促进作用，而产业和资源的流动性不仅将这种“先抑后扬”的效应作用于本地，还外溢至邻地。三种地理矩阵下，这种涟漪效应的转变，本地效应依次在 2.162、2.111、2.177，邻地效应依次在 2.283、2.364 和 2.468 时到来，与市场激励型环境规制的均值 0.458 相差甚远。

表 6.13 **市场激励型环境规制涟漪效应存在性**

	变量	W	W_1	W_2
本地效应	ER	−5.823***	−5.748***	−3.963***
		(−4.835)	(−4.800)	(−3.279)
	ER^2	1.347***	1.361***	0.910***
		(4.183)	(4.238)	(2.896)
	STR	32.001***	24.880***	36.256***
		(9.337)	(7.983)	(11.831)
	GOV	−9.419**	−10.530***	−8.589**
		(−2.564)	(−3.012)	(−2.388)
	OWN	6.751***	6.894***	5.989***
		(3.712)	(4.095)	(3.139)
	PGDP	1.333***	1.217***	2.057***
		(6.749)	(6.197)	(10.811)
	FDI	−0.014	0.178	−0.756*
		(−0.029)	(0.402)	(−1.697)

续表

	变量	W	W_1	W_2
邻地效应	w×ER	−9.857***	−6.240***	−9.480***
		(−3.127)	(−3.626)	(−3.210)
	w×ER^2	2.159**	1.320***	1.920***
		(2.556)	(2.991)	(2.384)
	w×STR	−33.391***	−25.161***	−21.442***
		(−5.587)	(−6.664)	(−4.082)
	w×GOV	−14.950***	−5.771	−19.613***
		(−2.280)	(−1.414)	(−3.432)
	w×OWN	11.437***	5.153**	6.440*
		(3.072)	(2.299)	(1.756)
	w×PGDP	0.124	0.316***	−0.846***
		(0.317)	(1.281)	(−2.447)
	w×FDI	0.878	0.405	−2.829***
		(0.671)	(0.610)	(−2.839)
	W×dep. va	0.443***	0.352***	0.234***
		(6.216)	(7.304)	(3.144)
	R-sq	0.749	0.781	0.781
	N	360	360	360

对于控制变量，财政支出占 GDP 比重的系数均为负，说明较高的财政支出占比会抑制绿色技术创新的产生。高财政支出预示着高政策干预度，而绿色技术创新内因驱动明显，过高的财政支出会产生过犹不及的效果。人均 GDP 系数为正，表明经济发展水平高的地区，其绿色技术创新的能力强。经济发达地区，资本禀赋较优，有着较高的教育水平和雄厚的资金实力，这都有利于绿色技术创新的萌芽和发展。而外商直接投资占 GDP 的系数不显著，说明外商直接投资对我国绿色技术创新的效果存在不确定性，还需靠自主创新。

(3)自愿型环境规制涟漪效应的存在性。表 6.14 显示了自愿型环境规制的涟漪效应，W×dep. va 系数在 1%的显著性水平下显著。与市场激励型环境规制相似，自愿型环境规制涟漪效应在本地和邻地也呈现出“先抑后扬”的趋势，计算可知 W、W_1 和 W_2 的拐点值分别为2.074、2.095 和2.085，而根据自愿型环境规制均值2.516 可知，虽也未到达环境规制效应的拐点，但是却是三种环境规制中最接近拐点值的。不同的是，环境规制在邻地效应中二次项系数均大于本地效应，说明一地自愿型环境规制对邻地绿色技术创新的效应大于对本地绿色技术创新的效应。若本地自愿型环境规制程度高，可能无形中形成模范效应，以点带面，周围地区也从中学习，带动邻地绿色技术创新。

表6.14　　**自愿型环境规制涟漪效应存在性**

	变量	W	W_1	W_2
本地效应	ER	-6.652*	-6.767**	-5.642
		(-1.711)	(-1.996)	(-1.459)
	ER^2	1.604*	1.615**	1.353
		(1.903)	(2.178)	(1.591)
	STR	41.423***	39.435***	41.682***
		(11.318)	(11.238)	(12.397)
	GOV	-11.561***	-11.689***	-9.245**
		(-2.679)	(-2.888)	(-2.106)
	OWN	6.765***	7.074***	6.847***
		(3.518)	(3.938)	(3.247)
	PGDP	1.304***	1.063***	1.998***
		(6.340)	(5.336)	(10.659)
	FDI	0.280	0.403	-0.467
		(0.587)	(0.898)	(-1.011)
邻地效应	w×ER	-14.827***	-12.876***	-11.109**
		(-2.588)	(-3.108)	(-2.290)
	w×ER^2	3.415**	2.843***	2.912**
		(2.401)	(2.936)	(2.490)

续表

	变量	W	W_1	W_2
邻地效应	w×STR	-10. 152	-3. 391	-6. 632
		(-1. 213)	(-0. 674)	(-0. 859)
	w×GOV	-6. 405	-1. 231	-12. 872**
		(-0. 910)	(-0. 277)	(-2. 011)
	w×OWN	12. 422**	6. 016**	3. 934
		(2. 366)	(2. 027)	(0. 996)
	w×PGDP	0. 385	0. 400	-0. 817**
		(0. 964)	(1. 599)	(-2. 372)
	w×FDI	-0. 168	-0. 019	-2. 300**
		(-0. 125)	(-0. 027)	(-2. 135)
	W×dep. va	0. 301***	0. 235***	0. 227***
		(3. 721)	(4. 475)	(2. 966)
	R-sq	0. 759	0. 764	0. 776
	N	360	360	360

6. 2. 5. 2　不同空间矩阵约束下的涟漪效应

(1)经济相邻、产业相邻下的绿色技术创新涟漪效应。针对不同地方政府在环境规制上所采取的举措，不同学者得出了不同的结论。由于地方政府的环境规制存在逐底竞争特征，即经济发展较差的地区通过降低环境保护标准，以牺牲环境为代价获取域外资金的青睐。地方政府之间的环境规制竞争表现为竞相向上的形式，使环境整体向着更有利于经济与环境之间的平衡方向发展。中国经济相邻地区环境规制表现为竞相向上的竞争模式，而地理相邻地区则呈现出逐底竞争模式。本节证实了环境规制在地理相邻的约束下存在对绿色技术创新的涟漪效应。推而广之，当变换地区“邻居”的定义，采用经济距离矩阵(WG)和产业距离矩阵(WC)的情况下，这种环境规制对绿色技术创新的涟漪效应是否还存在?

表 6.15 展示了命令控制型、市场激励型和自愿型环境规制在经济距离矩阵和产业距离矩阵下对绿色技术创新的涟漪效应。可以看出，对于产业距离矩阵来说，命令控制型和市场激励型环境规制对绿色技术创新均存在着“先抑后扬”的涟漪效应，而自愿型环境规制的涟漪效应不明显。究其原因，命令控制型和市场激励型环境规制给了产业相邻地区污染转移的便利性，而自愿型环境规制主要依靠本地区公民和企业的自觉意识，经济相邻或产业相邻的地区对这种主观的自觉意识影响并不明显。在经济相邻矩阵约束下，三种环境规制均仅对本地绿色技术创新产生“先抑后扬”的涟漪效应，对邻地的效应不显著，因为污染产业转移与经济相邻地区的关联性并不强烈，经济相邻更多代表着相似的发展水平，而污染产业的转移更多依赖地理相邻及产业链的上下游关系，进而环境规制的绿色技术创新扩散效应不明显。

表 6.15 **经济相邻、产业相邻的涟漪效应**

变量		命令控制型		市场激励型		自愿型	
		WG	WC	WG	WC	WG	WC
本地效应	ER	-2.066***	-1.632***	-5.005***	-5.046***	-10.753**	-11.892***
		(-6.376)	(-5.694)	(-3.626)	(-4.379)	(-2.520)	(-3.378)
	ER^2	0.221***	0.180***	1.164***	1.272***	2.384***	2.386***
		(8.011)	(7.280)	(3.298)	(4.201)	(2.580)	(3.130)
	STR	30.154***	21.713***	35.218***	23.323***	39.285***	29.295***
		(7.821)	(6.126)	(8.932)	(6.593)	(10.990)	(8.855)
	GOV	-7.918***	-17.422***	-11.484***	-20.114***	-12.751***	-22.541***
		(-2.693)	(-5.798)	(-3.601)	(-6.227)	(-3.562)	(-6.911)
	OWN	4.577***	9.963***	4.887***	12.198***	8.460***	12.528***
		(2.821)	(6.529)	(2.807)	(7.069)	(4.503)	(7.152)
	PGDP	2.398***	1.459***	2.431***	1.429***	2.287***	1.405***
		(9.028)	(9.117)	(8.510)	(8.415)	(8.016)	(8.387)
	FDI	-0.479	0.652	-0.978**	0.573***	-0.585	0.443
		(-1.065)	(1.601)	(-2.003)	(1.299)	(-1.214)	(1.015)

续表

变量		命令控制型		市场激励型		自愿型	
		WG	WC	WG	WC	WG	WC
邻地效应	w×ER	-0.092	-2.705***	-0.428	-3.451*	-6.280	5.531
		(-0.136)	(-4.595)	(-0.191)	(-1.710)	(-1.257)	(1.204)
	$w×ER^2$	0.097	0.252***	0.309	0.794*	1.408	-1.835*
		(1.397)	(4.354)	(0.580)	(1.626)	(1.219)	(-1.674)
	w×STR	-25.914***	-22.207***	-26.968	-35.621***	-11.102	-7.280***
		(-3.486)	(-3.654)	(-3.571)	(-5.491)	(-1.387)	(-0.989)
	w×GOV	4.030	11.438**	2.767	5.587	0.694	4.689
		(1.187)	(1.999)	(0.713)	(0.889)	(0.173)	(0.785)
	w×OWN	-4.145	-5.298**	-4.744	-3.736	4.799	-10.645***
		(-1.496)	(-1.978)	(-1.613)	(-1.041)	(1.389)	(-2.974)
	w×PGDP	-0.505	1.635**	-0.754	1.338***	0.163	1.348***
		(-0.917)	(4.798)	(-1.266)	(3.871)	(0.272)	(4.072)
	w×FDI	0.185	2.792**	-1.139	4.044***	-1.063	2.944**
		(0.100)	(2.526)	(-0.600)	(3.363)	(-0.580)	(2.543)
	W×dep. va	-0.059	0.166**	-0.019	0.350***	-0.132*	0.247***
		(-0.841)	(2.462)	(-0.271)	(5.772)	(-1.852)	(3.788)
	R-sq	0.781	0.819	0.739	0.775	0.756	0.795
	N	360	360	360	360	360	360

(2)地理与经济距离矩阵耦合下的绿色技术创新涟漪效应(见表 6.16)。在地理与经济距离矩阵耦合下，三种环境规制对本地绿色技术创新均存在“先抑后扬”的作用，但是对邻地的绿色技术创新作用各不相同。命令控制性环境规制在邻地存在“先扬后抑”的作用，与地理距离矩阵相似；自愿型环境规制则在邻地也一直保持着“先抑后扬”趋势，市场激励型环境规制对绿色技术创新的作用仅止步于本地，邻地效应并不显著。同时，与仅关注地理距离矩阵相比，无论是环境规制的一次项系数还是二次项系数的绝对值都有所减小，以命令控制型环境规制为例，在反距离矩阵下，本地效应和邻地效应的环境规制一次项、二次项系数

的绝对值分别为 2. 021、0. 197、2. 013、0. 153，而地理经济矩阵系数的绝对值为 1. 800、0. 175、1. 301、0. 078，这是由于在矩阵耦合的过程中，存在权重一大一小相互抵消的情况，故绿色技术创新的涟漪效应相应减弱。

表 6. 16　　**地理经济相邻的涟漪效应**

	变量	命令控制型	市场激励型	自愿型
		WWG	WWG	WWG
本地效应	ER	-1. 800***	-6. 452***	-10. 125***
		(-5. 900)	(-5. 019)	(-2. 672)
	ER^2	0. 175***	1. 610***	2. 346***
		-6. 413	-5. 029	-2. 834
	STR	35. 365***	26. 342***	38. 850***
		-10. 035	-7. 31	-10. 911
	GOV	-8. 770***	-11. 699***	-12. 400***
		(-3. 249)	(-4. 024)	(-3. 509)
	OWN	4. 481***	4. 322***	6. 562***
		-2. 95	-2. 655	-3. 689
	PGDP	1. 064**	0. 765**	0. 846***
		-3. 5	-2. 46	-2. 783
	FDI	0. 128	0. 017	0. 214
		-0. 31	-0. 037	-0. 476
邻地效应	w×ER	1. 301***	-1. 575	-8. 219*
		-2. 922	(-0. 891)	(-1. 943)
	w×ER^2	-0. 078**	0. 512	1. 831*
		(-2. 147)	-1. 228	-1. 882
	w×STR	-16. 013***	-30. 684***	-11. 499**
		(-2. 925)	(-7. 315)	(-2. 296)
	w×GOV	-1. 484	-1. 502	-2. 119
		(-0. 516)	(-0. 479)	(-0. 600)

续表

变量		命令控制型	市场激励型	自愿型
		WWG	WWG	WWG
邻地效应	w×OWN	4.935**	4.672**	9.285***
		-2.35	-2.091	-3.638
	w×PGDP	0.634	1.041**	1.098***
		-1.508	-2.465	-2.698
	w×FDI	0.049	0.494	-0.2
		-0.053	-0.491	(-0.202)
	截距项	-12.296***	—	—
		(-5.906)	—	—
	W×dep. va	0.270***	0.406***	0.246***
		-5.141	-8.637	-4.633
	R-sq	0.837	0.799	0.832
	N	360	360	360

(3)经济产业、地理产业相邻的绿色技术创新涟漪效应。继续对经济距离和产业距离、地理距离和产业距离矩阵进行耦合，三种环境规制绿色技术创新的效应见表6.17。可以看出，除了命令控制型环境规制在经济距离和产业距离耦合下在本地和邻地均存在“先抑后扬”的作用外，其他环境规制对绿色技术创新的作用均停留在本地，未扩散至邻地。

表6.17　　**经济产业、地理产业相邻的涟漪效应**

变量		命令控制型		市场激励型		自愿型	
		WGC	WWC	WGC	WWC	WGC	WWC
本地效应	ER	-1.736***	-1.771***	-5.269***	-5.425***	-6.820	-9.121***
		(-5.558)	(-6.461)	(-4.559)	(-5.709)	(-1.749)	(-3.118)
	ER^2	0.201***	0.163***	1.310***	1.304***	1.344	2.073***
		(7.499)	-6.758	(4.314)	-5.156	(1.569)	-3.259

续表

变量		命令控制型		市场激励型		自愿型	
		WGC	WWC	WGC	WWC	WGC	WWC
本地效应	STR	23.317***	24.247***	31.479***	14.767***	30.670***	24.990***
		(6.290)	-6.817	(9.285)	-5.371	(8.583)	-8.352
	GOV	-16.640***	-12.982***	-15.232***	-13.142***	-19.885***	-12.135***
		(-5.675)	(-4.089)	(-5.367)	(-4.264)	(-5.747)	(-3.802)
	OWN	8.288***	7.026***	8.421***	7.722***	10.781***	7.822***
		(5.156)	-4.562	(5.292)	-4.847	(5.911)	-4.869
	PGDP	0.856***	0.620***	0.411*	0.655***	0.751***	0.596***
		(3.825)	-3.303	(1.862)	-3.962	(3.155)	-3.703
	FDI	0.507	0.759**	0.256	0.838**	0.350	0.770**
		(1.179)	-2.006	(0.602)	-2.274	(0.759)	-2.069
邻地效应	w×ER	-2.241***	-0.711*	2.695	-1.874	-8.157*	3.451
		(-3.600)	(-1.727)	(1.485)	(-1.488)	(-1.827)	-0.977
	w×ER^2	0.305***	0.05	-0.369	0.459	1.479	-1.380*
		(5.158)	-1.539	(-0.873)	-1.431	(1.436)	(-1.672)
	w×STR	-14.356**	-0.375***	-4.337	-29.949***	3.961	-8.367**
		(-2.556)	(-0.081)	(-0.661)	(-9.189)	(0.543)	(-2.016)
	w×GOV	13.041***	5.727***	6.761	4.888	8.245	1.368
		(3.195)	-1.37	(1.567)	-1.2	(1.716)	-0.329
	w×OWN	-8.648***	0.176***	2.234	1.350***	-4.116	-6.324**
		(-3.168)	-0.082	(0.664)	-0.596	(-1.209)	(-2.503)
	w×PGDP	1.135***	1.951***	1.652***	1.737***	1.617***	1.511***
		(3.018)	-7.857	(4.890)	-7.386	(4.264)	-6.742
	w×FDI	2.579***	1.558**	2.943***	2.227***	2.576***	1.011
		(3.081)	-2.003	(3.616)	-2.957	(2.915)	-1.337
	截距项	—	-11.957***	-17.996***	—	—	—
		—	(-6.312)	(-7.446)	—	—	—

续表

变量		命令控制型		市场激励型		自愿型	
		WGC	WWC	WGC	WWC	WGC	WWC
	$W\times$dep. va	0.124*	0.108**	0.251***	0.467***	0.114**	0.360***
		(1.955)	-2.381	(5.861)	-10.646	(1.768)	-7.439
	R-sq	0.795	0.837	0.789	0.799	0.773	0.832
	N	360	360	360	360	360	360

6.2.6 差异化环境规制涟漪效应的形成机理

在不同空间相邻矩阵设定下，环境规制涟漪效应即"本地-邻地"技术创新方向存在明显差异。那么，一地的环境规制是如何引发本地和邻地绿色技术进步方向转变的呢？内生技术进步理论指出，不同类型技术创新的相对利润以及环境规制所引致的"遵循成本"及"创新补偿"效应均会改变企业的技术创新方向。再加上地方政府间环境规制的"逐底竞争"，往往引发邻地绿色技术进步方向转变。本节将分别探讨不同环境规制涟漪效应的形成机理。

6.2.6.1 命令控制型环境规制涟漪效应的形成机理

党的十八届三中全会指出，经济体制改革是全面深化改革的重点，核心问题是处理好政府和市场的关系，使市场在资源配置中起决定性作用和更好发挥政府作用。命令型环境规制本质上是为了规避市场无序发展而采取的行政手段，本节欲探讨命令控制型环境规制与市场化的关系，引入市场化指数作为因变量。结果见表6.18，可以看出，具有行政色彩的环境规制无论是对本地还是邻地的市场化指数均存在抑制作用，这与政府"看得见的手"和市场"看不见的手"互为补充的现实一致。同时，在10%的显著性水平下，$w\times$ER 的系数绝对值大于 ER 的系数绝对值，说明环境规制对邻地的市场化抑制作用要强于本地。

表 6.18　　　　　　**命令控制型环境规制对市场化指数的影响**

	变量	W	W1	WG	WC	WWC	WWG
本地效应	ER	-0.101***	-0.093***	-0.095***	-0.088***	-0.074***	-0.074***
		(-5.018)	(-4.723)	(-4.314)	(-4.942)	(-3.545)	(-3.666)
	STR	5.886***	6.584***	6.638***	4.987***	6.521***	6.026***
		(10.123)	(11.671)	(10.241)	(9.090)	(10.735)	(10.520)
	GOV	-7.907***	-7.935***	-7.489***	-8.106***	-8.230***	-7.822***
		(-14.771)	(-15.383)	(-15.065)	(-17.462)	(-16.277)	(-15.499)
	OWN	-2.244***	-2.178***	-2.494***	-2.222***	-2.460***	-2.104***
		(-8.695)	(-9.091)	(-8.765)	(-9.386)	(-8.659)	(-8.538)
	PGDP	0.291***	0.256***	0.271***	0.210***	0.386***	0.337***
		(8.970)	(8.070)	(6.074)	(8.579)	(12.264)	(11.381)
	FDI	-0.159***	-0.224***	-0.194**	-0.109*	-0.244***	-0.199***
		(-2.287)	(-3.367)	(-2.501)	(-1.722)	(-3.328)	(-2.843)
邻地效应	w×ER	-0.125**	-0.095***	0.123***	0.064	-0.237***	-0.116***
		(-2.346)	(-3.014)	(2.881)	(1.498)	(-3.909)	(-2.053)
	w×STR	-0.629	1.367	-1.349	0.682	0.881	-0.240
		(-0.484)	(1.636)	(-0.944)	(0.601)	(0.593)	(-0.174)
	w×GOV	7.514***	6.183***	3.326***	4.828***	6.722***	8.321***
		(8.106)	(10.126)	(4.880)	(5.228)	(8.895)	(7.726)
	w×OWN	1.906***	1.368***	4.002***	2.242***	2.427***	1.256**
		(3.962)	(4.280)	(8.998)	(5.522)	(4.174)	(2.413)
	w×PGDP	-0.211***	-0.249***	0.069	-0.003	-0.387***	-0.344***
		(-3.592)	(-6.541)	(0.719)	(-0.059)	(-5.934)	(-6.690)
	w×FDI	0.319	0.149	-0.283	0.215	-0.390	0.282
		(1.641)	(1.487)	(-0.883)	(1.246)	(-1.526)	(1.214)
	W×dep. va	0.727***	0.657***	0.494***	0.631***	0.737***	0.737***
		(17.755)	(22.188)	(10.201)	(15.981)	(17.913)	(18.569)
	R-sq	0.826	0.809	0.858	0.865	0.815	0.816
	N	360	360	360	360	360	360

环境规制对市场化指数存在抑制的涟漪效应，这种抑制作用是否会传导至绿色技术创新？引入环境规制与市场化指数的交互项 ERMI，检验环境规制导致的市场化变动对绿色技术创新的影响。由表6.19可知，加入MI和ERMI后，环境规制对本地绿色技术创新的U形作用仍然显著，但各变量系数变化明显，对邻地的绿色技术创新作用不确定，说明市场化变动会对本地及邻地环境规制的绿色技术创新效应形成干扰，同时MI系数为正，形成命令控制型环境规制—市场化指数—绿色技术创新的传导机制，具体来说，环境规制的增加，会导致市场化指数减小，而市场化指数减小进一步导致绿色技术创新减小。ERMI的系数皆为正，证实环境规制下确实可以通过对市场化指数的影响，进而促进本地和邻地的绿色技术进步。

表6.19　　**命令控制型环境规制的绿色技术创新机理检验**

	变量	W	W1	WG	WC	WWC	WWG
本地效应	ER	−2.199***	−2.510***	−2.414***	−2.260***	−2.103***	−2.057***
		(−7.086)	(−8.444)	(−7.119)	(−7.387)	(−6.516)	(−6.319)
	ER^2	0.113***	0.117***	0.060**	0.061**	0.101***	0.103***
		(4.528)	(4.702)	(2.096)	(2.351)	(3.756)	(3.924)
	STR	18.335***	17.356***	9.973***	7.662**	17.083***	14.646***
		(5.203)	(5.012)	(2.599)	(2.215)	(4.611)	(3.907)
	GOV	14.241***	13.435***	8.383**	−0.574*	9.857***	13.302***
		(3.953)	(3.713)	(2.540)	(−0.159)	(2.785)	(3.670)
	OWN	10.353***	9.253***	10.290***	12.054***	8.585***	11.145***
		(6.742)	(6.420)	(6.255)	(7.502)	(4.991)	(7.117)
	PGDP	0.420**	0.441**	1.757***	1.272***	0.902***	0.755***
		(2.056)	(2.236)	(6.705)	(7.734)	(4.184)	(3.775)
	FDI	0.720*	0.815***	0.092	0.664*	0.266	0.203
		(1.951)	(2.293)	(0.235)	(1.853)	(0.673)	(0.518)
	MI	2.281***	1.896***	0.764***	0.689*	1.923***	2.366***
		(6.416)	(5.430)	(2.343)	(1.794)	(5.270)	(6.413)
	ERMI	0.223***	0.262***	0.369***	0.329***	0.229***	0.226***
		(4.615)	(5.619)	(7.549)	(6.928)	(4.502)	(4.536)

续表

	变量	W	W1	WG	WC	WWC	WWG
邻地效应	$w\times ER$	-0.216	-1.061**	-1.261	-2.660***	-0.068	0.432
		(-0.249)	(-2.169)	(-1.538)	(-4.156)	(-0.072)	(0.390)
	$w\times ER^2$	-0.220***	-0.131***	0.080	0.218***	-0.100	-0.132**
		(-3.414)	(-3.333)	(1.287)	(3.268)	(-1.495)	(-2.068)
	$w\times STR$	5.391	3.974	-0.927	-7.503	13.951***	31.616***
		(0.741)	(0.818)	(-0.119)	(-1.118)	(1.549)	(3.393)
	$w\times GOV$	-22.496***	-15.082***	-11.620***	-1.685	-18.870***	-31.492***
		(-3.662)	(-3.605)	(-2.993)	(-0.296)	(-3.668)	(-4.572)
	$w\times OWN$	-8.828***	-7.900***	-3.200	-5.193**	-10.920***	-18.554***
		(-3.065)	(-4.131)	(-1.145)	(-2.018)	(-3.200)	(-5.333)
	$w\times PGDP$	0.695*	0.912***	0.936*	1.504***	0.197	0.547
		(1.771)	(3.454)	(1.799)	(4.594)	(0.465)	(1.393)
	$w\times FDI$	-0.909	-0.741	1.268	2.923***	-3.734***	-3.551***
		(-0.862)	(-1.358)	(0.779)	(2.997)	(-2.649)	(-2.605)
	$w\times MI$	-4.376***	-3.665***	-2.673***	-1.384***	-3.264***	-4.241***
		(-9.082)	(-9.579)	(-6.631)	(-2.920)	(-6.091)	(-7.946)
	$w\times ERMI$	0.427***	0.382***	0.191	0.020	0.120	0.111
		(3.010)	(4.636)	(1.623)	(0.153)	(0.782)	(0.663)
	$W\times$dep. va	0.384***	0.244***	-0.060	0.233***	0.278***	0.193**
		(5.115)	(4.732)	(-0.858)	(3.562)	(3.322)	(2.201)
	R-sq	0.851	0.854	0.840	0.857	0.844	0.848
	N	360	360	360	360	360	360

6.2.6.2 市场激励型环境规制涟漪效应的形成机理

市场激励型环境规制往往引致区域间污染产业转移(沈坤荣等，2017)，在弱化环境规制的本地技术进步效应的同时，诱致邻近地区污染产业结构变动，进而改变邻地不同性质技术创新的利润。事实是否如此？本节首先以污染企业投资占全部企业投资的比重作为因变量(IPE)，分别检验不同相邻约束下的环境规制是否引致污染产业投资规模变化问题，结果见表6.20。可以看出，无论在何种相邻约束下，市场激励型环境规制均对本地和邻地的污染企业投资占比产生正向促进作用。市场激励型环境规制的施行，导致高污染企业为应对这种间接的调解作用而采取增加投资措施。进一步比较环境规制对污染企业投资占比的系数可以发现，除了在产业距离矩阵下，*w*×ER 的系数均高于 ER 的系数，意味着其他所有距离约束下，环境规制使企业污染产业投资结构发生转变，本地环境规制的提升对邻地污染企业投资的促进作用大于对本地污染企业投资的作用，说明发生了污染企业向邻地转移的情况。其中反距离矩阵约束下的环境规制系数最大，为1.057，表明地理相邻地区环境规制对污染企业投资占比作用最大。

表6.20 市场激励型环境规制对污染企业投资的影响

	变量	W	W1	WG	WC	WWG
本地效应	ER	0.432***	0.460***	0.276***	0.612***	0.200**
		(6.866)	(7.375)	(3.577)	(9.020)	(2.406)
	STR	-3.175***	-2.134***	-4.961***	-3.582***	-3.271***
		(-7.748)	(-5.654)	(-10.889)	(-8.094)	(-6.954)
	GOV	3.490***	2.889***	3.492***	2.195***	4.153***
		(7.942)	(6.810)	(8.860)	(5.296)	(10.226)
	OWN	-1.277***	-1.060***	0.024	0.020	-0.564**
		(-5.919)	(-5.238)	(0.110)	(0.093)	(-2.483)
	PGDP	0.048***	0.042*	-0.035***	0.087***	0.030***
		(2.063)	(1.762)	(-1.009)	(4.076)	(0.696)
	FDI	-0.268***	-0.243***	-0.249***	-0.296***	-0.293***
		(-4.768)	(-4.490)	(-4.189)	(-5.256)	(-4.711)
邻地效应	*w*×ER	1.057***	0.493***	0.478***	0.536***	0.526***
		(5.512)	(5.366)	(4.710)	(5.435)	(5.645)
	w×STR	1.424***	2.227***	3.143***	2.164***	3.196***
		(1.987)	(4.933)	(3.638)	(2.640)	(5.785)

续表

	变量	W	W1	WG	WC	WWG
邻地效应	w×GOV	-0.844	-0.902*	-2.894***	1.208	-3.131***
		(-1.060)	(-1.778)	(-6.157)	(1.516)	(-7.058)
	w×OWN	1.643***	1.325***	2.470***	1.038**	1.749***
		(3.903)	(5.067)	(7.161)	(2.445)	(5.836)
	w×PGDP	0.051	-0.048***	0.169**	-0.135***	-0.022
		(1.176)	(-1.696)	(2.391)	(-3.272)	(-0.404)
	w×FDI	-0.003	0.135	1.067***	0.567***	0.298**
		0.515***	(1.658)	(4.646)	(3.721)	(2.151)
	W×dep. va	0.515***	0.476***	0.171***	0.671***	0.392***
		(8.350)	(11.600)	(2.807)	(17.055)	(8.488)
	R-sq	0.671	0.599	0.647	0.483	0.555
	N	360	360	360	360	360

上述回归结果已经表明，本地环境规制会同时导致本地及邻地污染产业投资规模增大，这种环境规制引发的污染产业投资规模变化是否为绿色技术创新的主要动力还有待验证。为此，引入环境规制与污染企业投资占比的交互项 ERIPE，检验因环境规制变动引起的污染企业投资变动是否会对企业创新行为起作用，结果见表 6.21。可以看出，加入 IPE 和交互项 ERIPE 后，环境规制一次项和二次项系数均发生显著变化，说明环境规制引致污染企业投资转移，切实改变了本地和邻地绿色技术创新的作用效果。由交互项的定义可知，环境规制的总效应 = ER 系数+ERIPE 系数×IPE 值。以反距离矩阵 W 为例，加入 IPE 变量后，环境规制 ER 的实际结果由-5.8235 变为-4.456，现阶段由于我国远未达到 U 形拐点值，则环境规制一次项系数绝对值的缩减，说明污染产业转移会对承接地环境规制的绿色技术创新效应形成干扰，减少了环境规制对绿色技术创新的抑制作用。

表6.21　　　市场激励型环境规制的绿色技术创新机理检验

	变量	W	W1	WG	WC	WWG
本地效应	ER	−9.001***	−8.531***	−7.434***	−9.391***	−8.114***
		(−4.632)	(−4.616)	(−3.243)	(−5.134)	(−4.068)
	ER^2	0.246	0.197	−0.270	0.078	−0.292
		(0.543)	(0.459)	(−0.495)	(0.185)	(−0.613)
	STR	32.657***	29.985***	28.885***	21.974***	26.203***
		(8.132)	(8.559)	(6.219)	(5.674)	(6.482)
	GOV	−10.610***	−12.879***	−12.521***	−20.378***	−11.411***
		(−2.712)	(−3.569)	(−3.446)	(−6.235)	(−3.390)
	OWN	6.168***	7.395***	7.619***	12.268***	5.940***
		(3.269)	(4.305)	(4.304)	(7.309)	(3.646)
	PGDP	1.127***	0.997***	2.123***	1.384***	0.826***
		(5.634)	(5.161)	(7.515)	(7.950)	(2.839)
	FDI	−0.025	0.261	−0.632	0.505	−0.022
		(−0.052)	(0.587)	(−1.260)	(1.134)	(−0.049)
	IPE	−1.400**	−1.043*	−1.853***	−1.205**	−1.875***
		(−2.145)	(−1.700)	(−2.696)	(−2.184)	(−3.136)
	ERIPE	2.319***	2.301***	2.440**	2.765***	2.483***
		(2.723)	(2.924)	(2.271)	(3.696)	(2.682)
邻地效应	w×ER	−9.687*	−6.508**	−0.801	−6.238**	−2.869
		(−1.925)	(−2.535)	(−0.237)	(−2.100)	(−1.172)
	w×ER^2	−2.782**	−1.448**	−1.518*	−1.070	−2.285***
		(−2.106)	(−2.112)	(−1.933)	(−1.552)	(−3.706)
	w×STR	−25.091***	−21.045***	−22.601***	−24.388***	−23.684***
		(−3.924)	(−5.014)	(−2.870)	(−3.590)	(−5.228)
	w×GOV	−7.677	0.061	6.899	5.652	3.149
		(−1.135)	(0.015)	(1.516)	(0.916)	(0.836)
	w×OWN	12.364*	6.186***	2.193	−1.471	7.480***
		(3.375)	(2.788)	(0.686)	(−0.418)	(3.430)

续表

	变量	W	W1	WG	WC	WWG
邻地效应	w×PGDP	0.751***	0.643***	0.150	1.565***	1.243***
		(1.892)	(2.677)	(0.249)	(4.538)	(3.077)
	w×FDI	-0.035***	-0.250	0.646	3.918***	0.171
		(-0.028)	(-0.391)	(0.341)	(3.308)	(0.179)
	w×IPE	-4.241***	-3.416***	-2.885***	-2.544***	-3.154***
		(-3.522)	(-4.622)	(-3.091)	(-3.084)	(-4.338)
	w×ERIPE	6.261***	3.792***	2.366*	3.400***	3.932***
		(3.153)	(3.295)	(1.613)	(2.916)	(3.627)
	W×dep. va	0.293***	0.234***	-0.098	0.218***	0.257***
		(3.648)	(4.501)	(-1.375)	(3.263)	(4.907)
	R-sq	0.777	0.786	0.758	0.798	0.782
	N	360	360	360	360	360

6.2.6.3 自愿型环境规制涟漪效应的形成机理

自愿型环境规制主要依靠公众参与，其渠道有人大和政协会议、听证会、信访和投诉。本节欲从人力资源视角探究环境规制的绿色技术创新效应。首先引入代表人力资源的人均受教育年限作为被解释变量，研究环境规制对人力资源的影响。由表6.22的结论可知，自愿型环境规制与人力资源在本地呈显著负相关关系，由于本节中度量自愿型环境规制的指标采用人大议案和政协提案数，而议案和提案数多的地区，往往是重经济发展、轻生态保护的结构不合理地区，这些地区环境污染严重，影响人们的身体健康和可持续发展动力，进而抑制人力资源的优化。而在邻地，在产业距离和经济距离下呈现正相关关系，本地的环境规制提高会引致邻地人力资源素质上升。

表 6.22　　　　**自愿型环境规制对人力资源的影响**

	变量	W2	WG	WC	WWC	WWG
本地效应	ER	-0.195***	-0.261***	-0.253***	-0.211***	-0.181***
		(-2.834)	(-4.236)	(-3.658)	(-3.151)	(-2.715)
	STR	3.470***	3.011***	2.863***	2.963***	2.864***
		(9.174)	(8.052)	(6.589)	(7.738)	(7.338)
	GOV	-3.072***	-3.882***	-4.549***	-2.693***	-2.645***
		(-6.362)	(-10.812)	(-10.497)	(-6.153)	(-6.100)
	OWN	0.998***	1.353***	1.875***	1.300***	1.146***
		(4.524)	(7.131)	(8.735)	(6.270)	(6.082)
	PGDP	0.204***	0.384***	0.247***	0.234***	0.246***
		(9.723)	(12.706)	(11.412)	(11.518)	(11.551)
	FDI	0.209***	0.090*	0.141**	0.136***	0.205***
		(3.994)	(1.757)	(2.446)	(2.607)	(3.876)
邻地效应	*w*×ER	0.011	0.393***	0.344***	-0.124	-0.304
		(0.078)	(3.064)	(2.697)	(-0.722)	(-1.604)
	w×STR	-2.193***	0.082	0.831	-4.121***	-2.694***
		(-2.676)	(0.099)	(0.874)	(-4.165)	(-2.464)
	w×GOV	1.732**	2.807***	4.648***	1.456***	-0.206
		(2.450)	(6.558)	(5.842)	(2.499)	(-0.240)
	w×OWN	-0.622	-1.348***	-0.756*	-2.048***	-0.999*
		(-1.497)	(-3.593)	(-1.741)	(-3.974)	(-1.926)
	w×PGDP	0.016	-0.337***	0.070	0.014	0.150***
		(0.382)	(-5.426)	(1.483)	(0.265)	(2.881)
	w×FDI	-0.662***	-1.013***	-0.595***	-0.808***	-0.782***
		(-5.461)	(-4.978)	(-3.902)	(-4.754)	(-4.703)
	W×dep. va	0.533***	0.486***	0.053	0.616***	0.401***
		(9.292)	(9.523)	(0.749)	(11.206)	(5.414)
	R-sq	0.809	0.813	0.815	0.800	0.834
	N	360	360	360	360	360

由上述内容可知，环境规制对人力资源存在抑制的涟漪效应，这种抑制作用是否会传导至绿色技术创新？因此引入环境规制与人力资源的交互项 EREDU，检验环境规制导致的人力资源变动对绿色技术创新的影响。由表 6.23 可知，加入 EDU 和 EREDU 后，环境规制一次项与二次项系数变化明显，说明人力资源变动会对本地及邻地环境规制的绿色技术创新效应形成干扰，形成命令控制型环境规制—人力资源—绿色技术创新的传导机制，具体来说，EDU 系数显著为正，说明受教育水平提高可以加快本地区绿色技术创新，但是 EREDU 系数显著为负，暗示环境规制的增加会降低人力资源素质，而环境规制引致的人力资源素质下降会抑制本地和邻地的绿色技术创新。

表 6.23　　　　**自愿型环境规制对绿色技术创新的抑制检验**

	变量	W2	WG	WC	WWC	WWG
本地效应	ER	-0.930***	-0.966	-7.762	-5.501	-8.967
		(-0.182)	(-0.159)	(-1.481)	(-0.971)	(-1.521)
	ER^2	2.212***	2.329**	3.325***	2.376***	3.091***
		(2.423)	(2.292)	(3.997)	(2.560)	(3.265)
	STR	34.756***	32.761**	23.550***	35.815	33.030***
		(9.436)	(8.495)	(6.944)	(9.254)	(8.372)
	GOV	-2.336***	-8.154***	-13.729***	-11.083***	-9.037**
		(-0.514)	(-2.004)	(-3.720)	(-2.584)	(-2.095)
	OWN	5.660***	7.823***	10.191***	3.233	6.535***
		(2.703)	(3.998)	(5.663)	(1.509)	(3.422)
	PGDP	1.626***	1.371***	1.017***	1.389***	1.388***
		(7.941)	(3.886)	(5.418)	(6.222)	(6.019)
	FDI	-0.762***	-0.600	0.103	-0.665	-0.822*
		(-1.616)	(-1.233)	(0.242)	(-1.370)	(-1.649)
	EDU	4.065***	4.032**	3.882***	3.065**	3.305**
		(3.364)	(2.547)	(3.139)	(2.149)	(2.288)
	EREDU	-0.965***	-1.041*	-0.913*	-0.556	-0.561
		(-1.964)	(-1.656)	(-1.788)	(-0.990)	(-0.971)

续表

	变量	W2	WG	WC	WWC	WWG
邻地效应	w×ER	−21.507***	37.267***	5.007	−27.334*	−19.622
		(−2.892)	(2.980)	(0.490)	(−1.918)	(−1.265)
	w×ER^2	3.249	0.139	−3.712**	5.521*	5.987*
		(1.501)	(0.088)	(−2.001)	(1.824)	(1.825)
	w×STR	−3.198	−9.612	−6.381	−9.688	4.748
		(−0.414)	(−1.162)	(−0.878)	(−0.948)	(0.434)
	w×GOV	−17.033***	0.294	−4.578	−7.059	−5.377
		(−2.696)	(0.064)	(−0.732)	(−1.189)	(−0.626)
	w×OWN	4.467	10.806***	−8.833**	16.612***	7.250
		(1.146)	(2.969)	(−2.352)	(2.944)	(1.260)
	w×PGDP	−0.926**	1.568**	1.705***	0.638	0.698
		(−2.100)	(2.225)	(3.853)	(1.057)	(1.231)
	w×FDI	−1.084	1.362	3.902***	−1.885	−0.360
		(−0.985)	(0.677)	(3.381)	(−1.139)	(−0.217)
	w×EDU	−3.160*	9.789***	−4.097	−3.159	−0.904
		(−1.844)	(2.850)	(−1.406)	(−0.878)	(−0.231)
	w×EREDU	1.002	−4.365***	1.047	0.643	−0.800
		(1.432)	(−3.076)	(0.841)	(0.411)	(−0.494)
	W×dep. va	0.251***	−0.108	0.290***	−0.001	0.009
		(3.334)	(−1.526)	(4.597)	(−0.010)	(0.092)
	R-sq	0.787	0.772	0.807	0.779	0.770
	N	360	360	360	360	360

6.2.7 结论及政策建议

6.2.7.1 结论

基于本节环境规制对绿色技术创新涟漪效应存在性及传导机制的实证分析，

得出以下结论：

第一，不同环境规制均存在绿色技术创新的涟漪效应，但非一致性明显。命令控制型环境规制对本地的绿色技术创新效应主要表现为U形特征，邻地表现为倒U形特征，且这种涟漪效应以作用于本地为中心，向邻地扩散时有所递减；市场激励型和自愿型环境规制的绿色技术创新在本地和邻地表现为一致的U形特征，其中自愿型环境规制对邻地绿色技术创新的效应大于对本地绿色技术创新的效应，所有绿色技术创新的涟漪效应均为到达由负转正或由正转负的拐点。

第二，不同空间距离矩阵下的涟漪效应差距明显。对于产业距离矩阵来说，命令控制型和市场激励型环境规制均存在着“先抑后扬”的涟漪效应，而自愿型环境规制的产业涟漪效应不明显。在经济相邻矩阵约束下，三种环境规制均仅对本地产生“先抑后扬”的涟漪效应，对邻地的效应不显著。在地理与经济距离矩阵耦合下，三种环境规制对本地绿色技术创新均存在“先抑后扬”的作用，但是对邻地的绿色技术创新作用各不相同。命令控制型环境规制在邻地存在“先扬后抑”的作用，自愿型环境规制则保持“先抑后扬”趋势，市场激励型环境规制对绿色技术创新的邻地效应并不显著。同时，与仅关注地理距离矩阵和经济距离矩阵相比，无论是环境规制的一次项系数还是二次项系数的绝对值都有所减小，存在抵消的情况。对经济距离和产业距离、地理距离和产业距离矩阵进行耦合发现多数环境规制的绿色技术创新的作用均停留在本地，未扩散至邻地。

第三，不同环境规制绿色技术创新涟漪效应的机制不同。命令控制型环境规制存在市场化发展的绿色技术创新激励效应；市场激励型环境规制存在污染转移的绿色技术创新激励效应；自愿型环境规制存在人力资源视角的绿色技术创新抑制效应。

6.2.7.2 政策建议

根据前文的研究结果，本节提出如下政策建议：

第一，紧密结合现阶段经济发展状况，采取适时适当的规制政策。本节研究发现，由于三种环境规制对本地和邻地均未到达由负转正的临界值，故政府要在环境规制负向作用阶段坚定不移地执行政策，不可因效果不明显而半途而废，应寻找有效缩短临界值和负向程度的措施，加快进入环境规制的促进阶段。为此，一方面政府应树立正确的政绩观。环境治理是一项长期工程，政策实施后无法达到立竿见影的效果，这就需要政府管理者有耐心，有担当，更加注重“潜绩”的追求，保证政策实施的连贯性。另一方面，应建立对环境规制及绿色技术创新效应的长期监测机制，制定各个阶段明确的标准和合理的目标，精准把握环境规制的差异化效应，及早发挥环境规制对绿色技术创新的激励作用。

第二，由于不同环境规制的绿色技术创新效应存在差异性，因此对于不同环境规制要分别度量、认识和实施。命令控制型环境规制对本地和邻地的绿色技术创新的作用方向相反，政府在运用中应结合实际按照适度原则，把握对本地效应和对邻地效应的平衡。在事前方面，建立健全现有环境法律体系，补齐环境行政管理法律及环境惩罚法律空白，同时加强“三同时”制度的改良，尤其是“同时使用”的有效性，使其适应如今新时代下的市场规律；在事后方面，继续加大污染治理投资规模，成立专项小组，做到专款专用，协同推动高质量发展与生态环境保护。

市场激励型和自愿型环境规制对本地和邻地均呈现 U 形特征，也未到达由负转正的临界值。因此，一方面，政府应继续实行环境税措施，对环境税征收范围进一步细分以达到普适性，研讨最优税率水平，出台更多税收优惠政策，提高优惠档次，让积极创新的企业享受到更多政策红利。另一方面，畅通公众参与机制，完善信访制度、听证会制度；加大政务公开力度，对环境状况、环境监管等领域做到信息公开的及时性、全面性；营造绿色创新氛围，发挥传统媒体和新媒体的媒介作用，鼓励更多企业自愿加入创新行列中。

第三，针对不同环境规制绿色技术创新涟漪效应的机理，运用不同手段缩短负向效应过程。对于命令政策型环境规制，加快市场化进程将有助于抑制环境规制对绿色技术创新的负向作用，因此，创造更加开放、公平的现代化市场环境就显得尤为重要。在具体工作中，要发挥市场的资源配置作用，坚持改革开放进程，深化“放管服”改革，营造亲清政商关系，加深市场化程度。

对于市场激励型环境规制，由于污染转移会激励环境规制的绿色技术创新，故有必要继续加大对污染企业的投资，使资金精准到位，加快污染企业的产业升级改造，减少污染物排放总量，促进绿色技术创新。

自愿型环境规制会通过影响人力资源的素质来影响绿色技术创新，应通过加大政府教育投资、促进城乡教育协同发展，针对不同人群增加培训的次数和丰富培训的内容，促进教育公平，提高人均受教育水平，逐步提高人力资源素质。

6.2.8 不足与展望

本节通过对环境规制进行细分，研究了不同环境规制对绿色技术创新的涟漪效应，但仍存在以下两点不足：

第一，数据层面，其一，由于数据的可得性，排污费于2018年起停止征收，改成环境税，故数据仅止于2017年。其二，一些省区市的个别指标缺失，本节采用统计方法推断得出，与真实值之间存在差距。

第二，没有考虑区域差异，比如东、中、西部地区或者长江经济带、中原城市群等地区的绿色技术创新涟漪效应。

因此，在以后的工作中，一方面，可从完善数据指标入手，另一方面，可以分区域研究绿色技术创新的涟漪效应差异。

第7章　我国省际环境污染差异度量及时空分布研究

第6章研究了差异化环境规制对绿色技术创新涟漪效应的存在性及传导机制，研究表明，不同环境规制均存在绿色技术创新的涟漪效应，但非一致性明显；而且不同空间距离矩阵下的涟漪效应差距明显；不同环境规制绿色技术创新涟漪效应的机制不同。因此对于环境规制要分别度量、认识和实施。

在上一章的实证分析中，环境规制以地方政府对企业征收的年度排污费占GDP比重来衡量。实际中为了改善环境质量，降低污染物的排放，实现经济发展和环境保护的“双赢”，需要从理论上认识环境和经济发展关系的一般性规律，厘清污染产生的根源，并据此提出长效的治理规划。从环境污染产生的根源来看，现代化工业发展过程中化石能源的大量使用是导致污染的最主要原因，尤其是能源强度较高的国家污染更加严重，可见能源强度控制在治理环境污染方面的重要性。而传统的EKC曲线只是考虑了经济发展和收入水平，如果不考虑能源强度，必会带来误导性的政策倾向。因此本章将会从能源强度视角来理解中国的环境库兹涅茨曲线。除此之外，雾霾污染事件也开始由鲜有发生到高频爆发，绿色城市概念不断深入人心，应如何推进城市建设和新型城镇化？在此转型过程中，城市的空间结构开始由城市单中心向多中心化进行转移，这对于城镇建设是至关重要的。因此本章也会针对城市多中心化对雾霾污染的影响进行研究。

本章共设两节。第一节是从能源强度的视角理解中国的EKC。首先是基于中国2003—2017年省级面板数据，采用面板平滑转换回归（PSTR）模型实证分析收入水平对环境污染的非线性影响，并确定能源强度的EKC阈值；其次，考察了由能源强度的异质性引起的省际和地区差异；最后得出结论并提出相关对策。第二节是探讨省域城市多中心化对雾霾污染影响的时空分布。首先通过构建多中心化指标体系，得到各省域多中心化指数，绘制空间分布图分析多中心化现状；然后从全局和局部的视角，通过计算2000—2018年30个省区市PM2.5浓度的全局莫兰指数和局部莫兰指数，验证雾霾污染的空间自相关性；最后通过结合STIRPAT模型和环境库兹涅茨理论，以及AIC信息准则、拉格朗日乘子(LM)检验和似然比(LR)检验，探究空间滞后模型、空间误差模型和空间杜宾模型在研究城市多中心化指标对雾霾污染影响上的适用性。同时结合豪斯曼检验结果和最优拟合优度值，最终选定基于不同维度的城市多中心化指标，引用地理空间权重矩阵，通过构建带固定效应的空间杜宾模型，来分析城市多中心化与雾霾污染的关系。

7.1　能源强度视角的中国环境库兹涅茨曲线特征与阐释

纵观现有文献研究，我们发现对中国环境库兹涅茨曲线的研究还有如下两个方面需要进一步探讨。其一，在研究方法上，不论是基于时间序列数据还是面板数据，其主要的模型形式是包含人均GDP二次项或三次项的基准模型，而这一模型设定具有一定的人为主观性。其二，现有文献在分析EKC的过程中对能源强度的关注相对较少，而能源使用是造成环境污染的主要原因。Gonzalez等(2005)提出的面板平滑转换模型使模型回归系数在不同回归“区制”之间平滑转换，不仅可以更好地捕捉面板数据的非线性特征，而且避免了人为设定模型形式的主观性。

又由前文可知，在不考虑能源强度的情况下，仅仅将环境库兹涅茨曲线理解为经济发展和收入水平提升可以自然地带来环境的改善，可能会带来误导性的政策倾向。因此，从能源强度的角度理解中国的EKC具有重要的理论和实践意义。本研究使用中国2003—2017年省级面板数据，采用面板平滑转换模型实证分析收入水平对环境污染的非线性影响，并确定能源强度的EKC阈值。此外，还考察了由能源强度的异质性引起的省际和地区差异。与现有文献相比，本研究做出了两个新的贡献。首先，它从能源强度的角度而不是传统的收入门槛来确定中国的EKC门槛。其次，基于省域差异，明确不同发展阶段地区环境问题的治理措施，为这一问题的研究提供了新框架。

7.1.1　PSTR 模型和变量选取

经典的 EKC 文献中主要模型形式是引入收入的二次项对污染排放进行回归，本节与之不同的是，PSTR 模型可以自然地捕捉变量之间的非线性特征，不需要人为设定，而我们重点强调了能源强度是影响污染排放的主要根源，因此我们在模型中引入了能源强度变量。与此同时，我们将能源强度作为 PSTR 模型的转换变量，即假定收入对污染排放的影响程度随着能源强度的变化而变化。此外，在参照肖挺和刘华(2014)以及齐红倩和王志涛(2015)等文献的基础上，我们选取产业结构和环境规制强度作为控制变量。我们建立的 PSTR 模型形式如下：

$$\begin{cases} Y_{it} = \alpha_i + \beta_1 \mathrm{PGDP}_{it} + \beta_2 \mathrm{IS}_{it} + \beta_3 \mathrm{ER}_{it} + \\ \sum_{k=1}^{K} (\beta_1^k \mathrm{PGDP}_{it} + \beta_2^k \mathrm{IS}_{it} + \beta_3^k \mathrm{ER}_{it}) \Gamma^k(\mathrm{IE}_{it}) + \varepsilon_{it} \\ \Gamma^k(\mathrm{IE}_{it}, \gamma^k, \overline{\mathrm{IE}}_h^k) = \left[1 + \exp\left(-\gamma^k \prod_{h=1}^{H_k} (\mathrm{IE}_{it} - \overline{\mathrm{IE}}_h^k)\right)\right]^{-1} \end{cases} \tag{7.1}$$

其中，被解释变量 Y_{it} 代表污染排放强度，核心解释变量 PGDP_{it} 为人均 GDP，转换变量 IE_{it} 代表能源强度，控制变量 IS_{it} 和 ER_{it} 分别代表产业结构和环境规制强度。α_i 为代表个体固定效应的参数，ε_{it} 为随机扰动项。$t(t = 1 \sim T)$ 为样本时间跨度。$\Gamma^k(k = 1 \sim K)$ 为 Logistic 形式的转换函数，并且每个转换函数中包含 $h(h = 1 \sim H_k)$ 个位置参数，$\overline{\mathrm{IE}}_h^k$ 为位置参数，γ^k 为平滑参数。

在具体数据处理方面，本节的被解释变量污染排放强度使用工业二氧化硫排放量与实际工业增加值的比值表示，其中，选取二氧化硫一方面是因为二氧化硫统计数据较为全面，数据质量相对较高，另一方面是由于我国能源结构主要以煤炭为主，而煤炭产生的主要污染物是二氧化硫，构成了大气污染的主要组成部分，二氧化硫也是现有文献常用的变量之一。由于工业增加值并不发布增长率指数，我们使用各地区名义工业增加值占名义 GDP 的比重乘以实际 GDP 进行计算，而实际 GDP 是以 2003 年为基期使用 GDP 指数调整所得。解释变量实际人均 GDP 同样是以 2003 年为基期使用人均 GDP 指数调整所得。转换变量能源强度由能源消费总量与地区实际 GDP 的比值表示。本节选取的能源强度的代理变量也是现有文献常用的，比如廖进球和徐加涛(2019)运用这一代理变量分析了企业创新与能源强度的关系，赵新刚等(2019)在产业转移视角下研究了中国能源强度的空间分布特征和收敛性。根据现有文献的处理方法，产业结构由第二产业产值占比表示，环境规制强度以废气治理完成投资额与工业二氧化硫排放量之比表示。为了计算污染排放的收入弹性，我们在计算过程中对污染排放和实际人均 GDP 数据做自然对数处理。所有原始数据均来自历年《中国统计年鉴》《中国环境统计年鉴》《中国能源统计年鉴》和中经网统计数据库，样本时间跨度为 2003—2017 年，样本个体包含中国 30 个省、自治区和直辖市(未含西藏和港澳台地区)。其中，2003 年之前数据和西藏以及港澳台地区数据均存在缺失，我们将其排除在样本之外。

在上述设定下，污染排放的收入弹性可以表示如下：

$$\delta_{it} = \frac{\partial Y_{it}}{\partial \mathrm{PGDP}_{it}} = \beta_1 + \sum_{k=1}^{K} \beta_1^k \Gamma^k(\mathrm{IE}_{it}) \tag{7.2}$$

可见，污染排放的收入弹性系数是模型线性部分和非线性部分的组合，随着转换变量能源强度的变动而演变。本节运用非线性最小二乘法(NLS)对模型参数进行估计，然后进一步计算污染排放的收入弹性系数。关于 PSTR 模型更为具体的介绍以及详细检验和估计过程见 González 等(2005)以及 Fouquau 等(2008)，本节不再赘述。

7.1.2 污染排放和能源强度区域差异的描述性统计

本节计算使用数据的描述性统计见表 7.1。可以看出，样本期内污染排放强度、人均 GDP、能源强度、产业结构以及环境规制强度均表现出区域或时间差异性。其中，污染排放强度和人均 GDP 的标准差均比较大，而污染排放强度的最大值可达 1802.889(2003 年宁夏)，最小值仅为 8.713(2016 年上海)；人均 GDP 最大值为 128994.000(2017 年北京)，最小值为 3701.000(2003 年贵州)；能源强度最大值为 4.689(2004 年宁夏)，最小值为 0.284(2016 年北京)；产业结构最大值为 0.615(2008 年山西)，最小值为 0.143(2017 年北京)；环境规制强度最大值为 2.825(2017 年北京)，最小值为 0.127(2017 年内蒙古)。

表 7.1　　模型使用数据的描述性统计

变量	Y	PGDP	IE	IS	ER
单位	吨/亿元	元	万吨标准煤/亿元		万元/吨
均值	287.372	26276.536	1.392	0.368	0.498
标准差	289.236	16352.430	0.773	0.084	0.271
最大值	1802.889	128994.000	4.689	0.615	2.825
最小值	8.713	3701.000	0.284	0.143	0.127
样本量	450				

为了更为全面地认识污染物排放强度和能源强度的区域和时间差异性，我们对东部、中部、西部和东北等四个区域的平均水平进行对比分析。其中，由于篇幅所限，我们仅选取了样本前、中和后期的四个代表性时点，即 2003 年、2008 年、2014 年和 2017 年，统计结果见表 7.2。从时间差异来看，无论是全国还是不同区域，污染排放强度和能源强度整体均呈现下降的趋势，可见我国近年来产业结构调整、技术进步和节能减排措施均起到了一定的效果，能效使用效率有所提高，而污染排放情况也总体改善，这一结果与林伯强和杜克锐(2014)的研究结果一致。从区域差异来看，我国污染排放强度和能源强度均呈现由西向东的“阶梯式”递减格局。其中，除 2003 年外，东北地区污染排放强度和能源强度介于东部和中部的平均水平之间，其水平更接近于中部地区；而中部地区污染排放强度和能源强度与全国平均水平十分接近。上述结果与现有研究基本一致，表明我国污染排放和能源效率存在明显的区域差异。由于东部地区率先发展，其产业结构调整和技术进步水平明显快于中西部地区，而中部地区快于西部地区；与此同时，在东部地区大力实行环境规制策略的作用下，大量污染型产业转移至中西部地区，尤其是西部地区承接污染产业相对更多。上述两个原因共同导致了我国污染排放强度和能源强度的“阶梯式”递减格局。此外，我们还可以发现，低污染排放往往伴随着低能源强度，这与本节研究的出发点一致。在此基础上，我们进一步实证分析能源强度视角下收入对污染排放影响的非线性特征，识别其能源强度“门槛值”。

表 7.2　　污染排放强度和能源强度平均水平的区域统计对比

区域	2003 年		2008 年		2014 年		2017 年	
	污染排放强度	能源强度	污染排放强度	能源强度	污染排放强度	能源强度	污染排放强度	能源强度
东部	266.84	1.21	127.14	1.08	60.66	0.83	42.12	0.67
中部	501.62	1.86	234.68	1.63	120.31	1.24	91.33	1.08
西部	827.54	2.49	481.57	2.30	279.70	2.00	187.56	1.86
东北	192.97	1.82	151.81	1.46	83.53	1.10	75.67	0.84
全国	505.48	1.79	265.73	1.61	144.27	1.30	98.43	1.14

7.1.3 能源强度视角下中国“环境库兹涅茨曲线”的实证分析

7.1.3.1 模型检验和估计结果

PSTR 模型属于非线性回归模型，鉴于其复杂性和动态性，需要通过统计检验来确定数据是否存在非线性特征，并识别转换函数和位置参数的个数。首先，对计算数据非线性特征进行检验，结果见表 7.3。可以看出，基于 LM、LMF 和 LRT 统计量的检验结果均拒绝模型不存在非线性特征的原假设(P 值均为 0)，表明本节实证使用的数据具有非线性特征，因此我们建立的模型具有合理性。

表 7.3　　模型的非线性检验结果

统计量	统计值
Wald Tests (LM)	79.114 (0.000)
Fisher Tests (LMF)	32.148 (0.000)
LRT Tests (LRT)	90.130(0.000)

注：括号内为统计量对应的 P 值。

其次，我们通过统计检验来确定转换函数的个数，从现有研究来看，通常情况下转换函数 $k = 1 - 2$。因此，我们对本节的模型进行检验，并根据 AIC 和 BIC

准则判断最优的转换函数个数。从表 7.4 的检验结果可以看出，在本节建立的模型中，当 $k=1$ 即一个转换函数时，其 AIC 和 BIC 统计量取值均小于 $k=2$ 即两个转换函数时的取值。因此，我们选取 $k=1$，即模型只存在一个转换函数。

表 7.4　　**模型转换函数个数检验结果**

统计量	$k=1$	$k=2$
AIC	-3.778	-3.763
BIC	-3.692	-3.617

最后，我们确定一个转换函数中位置参数的个数，其统计检验结果见表 7.5。可以看出，当只存在一个位置参数即 $h=1$ 时，LM、LMF 和 LRT 统计量值均明显大于存在两个以上位置参数即 $h \geq 2$ 时的取值。因此，我们选择一个位置参数。综合上述检验结果来看，本节使用的数据具有非线性特征，适合 PSTR 模型设定，最终我们选取 $k=1$ 和 $h=1$，即一个转换函数和一个位置参数。

表 7.5　　**模型位置参数个数检验结果**

统计量	$h=1$	$h \geq 2$
LM	40.532	13.165
LMF	13.714	4.021
LRT	42.165	13.755

在上述模型设定的基础之上，我们采用非线性最小二乘法对模型进行估计，估计结果见表 7.6。从总体估计结果来看，核心解释变量人均 GDP 和控制变量产业结构的系数均在 1%的水平下显著，表明模型估计效果良好。人均 GDP 线性部分的系数为负，而非线性部分的系数为正，表明收入水平提升对污染排放的影响具有一定复杂性，需要综合两个部分的系数进行分析。同样，产业结构线性部分的系数为正，而非线性部分的系数为负，也表明产业化结构对污染排放的影响具有复杂的非线性机制。环境规制强度并不显著，其可能的原因在于我国目前环境规制的规模相对较小，而主要的规制手段也并非直接的治理投入，而是对污染型

产业和企业的限制及其迁移，尤其是东部地区大量的污染型企业正在逐步向中西部落后地区转移。因此，在现阶段环境治理投入对污染排放的影响并不显著。位置参数的估计结果表明，收入水平对污染排放非线性影响的能源强度临界值为0.9168，即当能源强度低于临界值时，污染排放的收入弹性处于低区制状态；当高于临界值时，弹性系数处于高区制状态。平滑参数的估计结果相对较小(5.0146)，表明回归系数在高低区制之间的转换相对较为平滑，而非突变式变动。

表7.6 **模型估计结果**

变量	线性部分		非线性部分	
人均GDP	β_1	-1.2374***(0.0435)	β_1^1	3.9200***(0.0348)
产业结构	β_2	2.3950***(0.4814)	β_2^1	-5.8120***(0.6840)
环境规制强度	β_3	0.2570(0.1768)	β_3^1	-0.348(0.2520)
位置参数	0.9168			
平滑参数	5.0146			

注：括号内数值代表标准差，***代表系数在1%的水平下显著。

为了更为清晰地展现污染排放收入弹性的变动特征，并进一步探讨能源强度视角下我国EKC是否存在问题，我们根据公式(7.2)计算不同区制内污染排放收入弹性的系数变动范围。其中，能源强度最大值为4.689，计算得出其相应的污染排放收入弹性为2.56；高低区制转换的临界值为0.9168，相应的弹性系数为0.62；能源强度最小值为0.284，相应的弹性系数为-0.71。由此我们可以得出，在低区制内，污染排放收入的弹性处于-0.71~0.62的范围。进一步通过计算可以得出，当能源强度为0.7670时，污染排放收入弹性为0，即0.7670为EKC的能源强度“门槛值”。当能源强度高于“门槛值”时，污染排放收入弹性为正，即收入水平的上升加剧了污染排放程度；当能源强度低于“门槛值”时，污染排放收入弹性为负，即收入水平的上升降低了污染排放程度。以上结果表明，中国存在“倒U形”的环境库兹涅茨曲线，其能源强度“门槛值”为0.7670。可见，能源视角下环境库兹涅茨曲线的逻辑是：在跨过“门槛值”之前，产业结构以污染型产业为主，生产技术水平相对较低，能源强度也相对较高，收入增长造成了污染的加剧；当跨过“门槛值”后，随着收入水平的上升，产业结构优化和生产技术进步导致能源强度的降低，进而导致污染排放的降低，其本质是经济发展模式经历了从高能耗和高污染向能源集约型和环境友好型转变的过程。

7.1.3.2　基于能源强度异质性的省际和区域差异分析

由于我国各个省区市和区域之间的经济发展水平和能源强度存在明显的异质性，因此，为了对比不同地区污染排放收入弹性的差异，我们进一步对 30 个省区市以及东部、中部、西部和东北地区跨过环境库兹涅茨“倒 U 形”曲线“门槛值”的时间点进行对比分析，结果见表 7.7。可以发现，在样本期内跨过环境库兹涅茨曲线能源强度“门槛值”的省市仅有 7 个，主要是沿海发达省份和直辖市，即北京、天津、上海、江苏、浙江、福建、广东。其中，北京跨过“门槛值”的时间较早(2007 年)，天津相对较晚(2014 年)，其他省市跨过“门槛值”的时间范围为 2009—2012 年。除了上述 7 个省市以外，其他地区在 2014 年均未达到“门槛值”。从区域对比来看，东部、中部、西部、东北地区以及全国平均水平均未达到“门槛值”，但 2017 年东部能源强度和“门槛值”较为接近，而西部能源强度仍然高达 2 左右。

从区域差异来看，东部发达省市依托港口，加之改革开放政策的支持，对外开放时间较早，产业结构调整速度更快，通过技术引进其生产技术水平相对较高，因此单位产值能源消耗较低，近年来其能源强度出现了快速的下降。在这一发展模式之下，部分东部发达省市成功跨过了环境库兹涅茨曲线的“门槛值”，近年来一定程度上实现了经济增长和环境保护的双赢，即其能源效率较高的发展方式在促进收入水平增长的同时降低了污染排放强度。而部分东部地区和广大中西部地区经济发展方式相对较为落后，产业结构调整较慢，生产技术水平和能源效率相对较低，尤其是中西部地区污染排放强度明显高于东部地区。一方面，中西部地区经济发展依赖于高耗能和高污染排放的产业，而其技术水平短期内对能源效率的提升作用有限；另一方面，东部地区将污染型产业转移至中西部地区，这也是东部能源效率高于中西部的原因之一。因此，部分东部地区和中西部地区均未跨过能源强度“门槛值”，如果未来产业结构和生产技术水平没有明显的改善，这部分地区收入水平提升将不能有效抑制污染排放，其经济增长和环境保护的“两难”现象将更加突出。

表 7.7　　各地区达到能源强度“门槛值”的年份对比

地区	北京	天津	河北	山西	内蒙古	辽宁	吉林	黑龙江	上海
年份	2007	2014	—	—	—	—	—	—	2011
能源强度	0.757	0.762	1.459	2.249	1.923	1.197	1.015	1.088	0.719
地区	江苏	浙江	安徽	福建	江西	山东	河南	湖北	湖南
年份	2012	2010	—	2012	—	—	—	—	—
能源强度	0.766	0.768	0.893	0.752	0.809	0.980	1.020	1.103	1.027
地区	广东	广西	海南	重庆	四川	贵州	云南	陕西	甘肃
年份	2009	—	—	—	—	—	—	—	—
能源强度	0.744	1.007	0.835	1.110	1.118	2.124	1.423	1.185	1.701
地区	青海	宁夏	新疆	东部	中部	西部	东北	全国	
年份	—	—	—	—	—	—	—	—	
能源强度	2.966	3.409	2.954	0.829	1.236	1.999	1.100	1.302	

注：“—”表示在样本期内该地区未跨过“门槛值”，其相应的能源强度值为 2014 年的水平。

与此同时，我们发现部分省份虽然没能跨过能源强度“门槛值”，但是跨过了收入水平对污染排放影响的高区制和低区制的临界值(0.9168)，包括安徽、江西和海南。在此基础上，我们将样本包含的 30 个省区市划分为三种类型，2014 年能源强度跨过“门槛值”的省市为环保型省市(能源强度低于 0.7670)，跨过高区制和低区制临界值但未跨过“门槛值”的省区市为低污染省区市(能源强度范围为 0.7670~0.9168)，未跨过高区制和低区制临界值的省区市为高污染省区市(能源强度高于 0.9168)。需要说明的是，本节在实证过程中使用的数据为空气主要污染物工业二氧化硫排放量，因此我们划分的结果不代表其他污染物的排放情况，比如北京 PM2.5 污染较为严重，但是在工业二氧化硫排放的层面上我们将其划分为环保型地区；本节划分的标准是能源强度，即能源消费和人均 GDP 的相对水平，而衡量污染情况的污染排放强度也是工业二氧化硫排放量和工业增加值的相对水平，两者均非绝对水平，故而本节的划分结果不代表地区的绝对污染排放水平。我们将具体的划分结果总结为表7.8，根据不同地区的实际情况，需要制定有针对性和差异性的环境治理政策。

表7.8 各地区达到能源强度"门槛值"的年份对比

类型	环保型	低污染	高污染
能源强度	小于0.7670	0.7670~0.9168	大于0.9168
省份(自治区、直辖市)	北京 天津 上海 江苏 浙江 福建 广东	安徽 江西 海南	河北 山西 内蒙古 辽宁 吉林 黑龙江 山东 河南 湖北 湖南 广西 重庆 四川 贵州 云南 陕西 甘肃 青海 宁夏 新疆

7.1.4 结论和对策

本节从环境污染产生的根源出发，从能源强度的视角重新审视中国的环境库兹涅茨曲线，并基于区域能源强度异质性进行了对比分析。本节的主要创新是首次从能源强度的视角考察环境库兹涅茨曲线，并从区域差异的视角提出治理对策，为这一领域的研究提供了新的框架。研究结果表明，我国污染排放强度和能源强度均呈现由西向东的"阶梯式"递减格局；收入水平对污染排放非线性影响的能源强度临界值为0.9168，当能源强度低于临界值时，污染排放的收入弹性处于低区制状态，当高于临界值时，弹性系数处于高区制状态；中国存在"倒U形"的环境库兹涅茨曲线，其能源强度"门槛值"为0.7670。在此基础上，本节将样本包含的30个省区市划分为环保型省区市、低污染省区市和高污染省区市。据此，本节从宏观治理、微观治理和区域治理的角度提出如下环境治理对策：

(1)宏观治理思路。从全国平均水平来看，我国能源强度依然较高，未能跨过环境库兹涅茨曲线的"门槛值"，因此继续高耗能的粗放经济发展模式将会进一步加剧环境污染。现阶段环境治理的总体思路应是实现经济增长和环境保护的"双赢"，不应通过行政干预限制污染型企业的数量，而应当提升其发展质量，降低能源强度；应当通过技术进步和产业结构调整形成集约型发展模式，进而在保持经济中高速增长的同时持续降低能源强度，使其尽快跨过“门槛值”，实现由经济发展带动环境治理的良性循环。

(2)微观治理对策。从微观治理来看，应当以促进技术进步和产业结构调整为出发点。一方面，生产企业尤其是高污染企业应贯彻实施相应规划，继续引进和学习国外的先进技术和经验，继续加强绿色生产技术的自主研发和创新，促进设备的更新换代，实现中高端的绿色制造。另一方面，政府应当通过市场化的手段鼓励和“倒逼”企业转型，首先，根据能源强度“门槛值”设定奖励标准，给予环保型企业和地区更多的财政转移支付和其他奖励；其次，对高污染型企业征收“污染税”，以这一方式“倒逼”企业技术进步，降低能源强度；最后，应鼓励绿色金融发展，即引导信贷资金更多地向环保型企业倾斜，同时也对污染型企业的绿色技术改造进行资金扶持。

(3)区域治理对策。我国污染排放强度和能源强度由西向东“阶梯式”递减的格局决定了环境治理策略制定的差异性。就东部而言，应继续发挥产业结构和生产技术优势降低能源强度，可以进一步降低污染排放强度，但是，不应当继续鼓励东部污染产业向中西部地区转移，这无疑加剧了中西部地区的环境压力，而应当促进本地污染型企业的技术进步，形成绿色发展模式。对于中西部地区而言，加快产业结构调整是现阶段的重中之重，应借助东部地区的发展经验促进第三产业和环保型产业发展，对落后产业和高污染产业进行技术改造。进一步从本节的分类来看，环保型省区市应通过经验交流和技术交流等方式，给予低污染和高污染省区市更多的技术支持和发展模式借鉴。

当然，本节的研究也有一定的不足，由于不同国家的国情存在差异，基于发达国家数据的研究是否与本节一致，也就是说本节的研究结论是否具有普适性有待进一步检验，后续研究应当从国际经验的一般性角度探讨能源强度视角下的EKC问题。

7.2　我国省域城市多中心化对雾霾污染影响的时空分布

由于我国在早期大力发展经济时，并未合理考虑环境成本，导致在一段较长时间内我国经济的高速发展都伴随着日益突出的环境污染问题。尤其到2013年，我国出现了大面积的雾霾污染，城市空间质量相较于世界卫生组织推荐的空气质量标准不达标。雾霾污染导致越来越多的人身体健康得不到保障，以雾霾污染为代表的环境污染越发受到学界关注。

7.2.1　城市化建设对环境污染的影响研究

随着经济的快速发展，城市化建设也进入飞速发展时期。在城市化建设的过程中，世界各国都无可避免地面临过环境污染问题。从 20 世纪 70 年代起，国外学者就陆续针对城市化和大气污染的关系展开研究。而我国针对其研究起步较晚，但随着大众对雾霾污染认知的加深、对环境保护关注度的持续提高，近年来国内相关研究成果也大量涌现。

在对城市化和环境污染的影响关系研究中，由于城市化不是受单一因素影响的单一变化过程，而是包含人口、社会、经济、土地等在内的多维度系统变化过程，因此大多数学者在研究城市化对环境污染影响时可以考虑从特定单维城市化角度或多维城市化角度入手展开分析。其中，在考虑从特定城市化角度研究其对环境的影响时，城市化通常表示为人口城市化。杨冬梅(2014)通过构建 VAR 模型，从人口城市化角度说明其对环境污染存在滞后性贡献，表明人口城市化在短期内对环境污染产生负向影响，但从长期来看能给环境污染带来正向影响；刘伯龙(2015)利用改进的 STIRPAT 模型，探究人口城镇化与雾霾的关系，结果表明人口城镇化的发展对雾霾污染产生正的影响，同时其影响存在区域异质性；刘晓红(2016)通过协整检验和 FMOLS 回归，说明人口城镇化水平的提高会导致 PM2.5 浓度的增长。部分学者选择从多维角度构建城市化指标研究其对环境的影响。王家庭等(2010)以环境库兹涅茨曲线为基础，从人口城市化、经济城市化、地域城市化、生活方式城市化角度说明城市化对环境污染的影响，结果表明城市化对环境污染确实产生反“U”形非线性影响，且随着经济城市化、生活方式城市化、空间城市化的发展，废水污染情况会日益严重；段博川等(2016)通过构建空间面板模型和门槛面板回归模型，从人口城市化与土地城市化角度说明两者对环境污染都存在明显的正向影响，且人口城市化的影响要显著大于土地城市化的影响；刘晨跃等(2017)利用中介效应方法说明人口城市化和产业城市化对当地和邻接地区的雾霾污染均产生显著影响，而土地城市化对其并未产生显著影响；高明等(2018)从人口城市化、经济城市化、土地城市化三个角度研究城市化对空气质量的影响，结果表明不同角度城市化对环境的影响效果不同，其中人口城市化和经济城市化对空气污染产生“U”形影响。

在验证城市化建设对环境污染的影响效果时，国内外学者存在两种看法：一是推动城市化进程会导致环境污染加剧，二是城市化发展会对环境污染产生非线性的影响。在国外研究中，Cole 等(2004)基于 STIRPAT 模型，研究表明较高城市化率在一定程度上促进了碳排放污染，但对二氧化硫排放没有显著影响；Poumanyvong 等(2010)通过改进 STIRPAT 模型，验证城镇化率对碳排放存在正向影响；Martínez 等(2011)通过在模型中加入预测因子，构建改进的 STIRPAT 模型，认为城镇化与碳排放之间存在倒“U”形关系。在国内研究中，黄金川等(2004)运用主成分分析构建综合城市化指标，采用层次分析方法，得到重庆库区城市化与生态环境存在正 U 形曲线耦合关系，表明当前的城市化发展对生态环境的依赖性大于其破坏性；任春艳等(2005)根据人口和社会经济活动构建综合城镇化强度指标，证明环境变化与城市发展在短期内呈环境库兹涅茨曲线特征；杜江等(2008)对环境库兹涅茨曲线假说进行扩展，从人口城市化角度说明废水、废物、废气和二氧化硫与城市化水平之间存在倒“U”形曲线关系，而烟尘和粉尘与城市化水平存在正“U”形曲线关系；李姝(2011)基于 GMM 估计方法，以全社会住宅建设投资作为城市化指标，认为城市化与当前的环境污染之间存在显著的正向相关性；冷艳丽等(2015)从人口城市化角度提出城市化进程的推进会对雾霾污染产生正向影响；王琰(2017)通过引入空间滞后模型和 OLS 线性回归模型，从人口和土地两个维度说明城市化和空气污染间存在环境库兹涅茨曲线关系，即城市空气污染状况随着城市化水平的增高，先增高后降低。

7.2.2　城市多中心化指标构建研究

随着城市化进程的不断推进，单中心城市的发展受到一定局限，城市交通堵塞、资源环境恶化等系列问题频发，为保证城市化建设的可持续发展，多中心空间发展战略成为我国城市化建设的重要目标被提出。

在学界，对于城市多中心化的研究，国外开始时间较早，可以追溯到 20 世纪 80 年代。C. B. Fawcett(1932)通过对英国人口分布的分析，提出英国“集合城市”概念；Gottmann(1957)根据美国人口普查局绘制的地图，重点关注美国东北沿海地区形成的“大都市带”；Hall(206)使用“多中心巨型城市区域”概念，同时从形态和功能两个角度出发分析欧洲特大城市区域；Riguelle(2007)从就业角度对比利时城市群的中心分散情况进行分析。在国内，赵璟等(2009)运用空间面板数据方法研究我国西部地区的城市群空间结构演变特点，结果表明城市区由早期的单中心逐步向多中心转变；张浩然等(2012)通过运用位序规模法则分析城市群空间结构与经济绩效的相关关系；李佳洺等(2014)从经济聚集和人口聚集角度对城市群多中心性进行测度，分析城市群聚集水平与经济增长率之间的关系。

在对城市多中心化的广泛研究中，学者们通常从形态多中心化和功能多中心化两个方面构建城市多中心化指标。

形态多中心化是指在特定空间范围内测度城市要素的中心化水平。其通常使用常住人口、就业人口、土地利用、夜光遥感、经济表现等指标来进行量化测度，测量方法通常包括位序规模分析、首位度、基尼系数等。Liu(2016)采用标准差分析方法，从城市人口占比角度，构建人口城市多中心化指标；孙斌栋等(2017)通过位序规模分析，运用人口规模数据构建人口城市多中心化指标；高丽娜(2018)通过城市经济空间密度指标及城市经济聚集度对城市群平均经济聚集度的占比，来构建经济城市多中心化指标；李诗(2018)从人口和土地两个方面，结合建成区土地面积、市辖区人口和夜间灯光数据三类数据，运用位序规模法则构建省域城市多中心化指标；王磊等(2018)从人口规模分布和产业空间布局两个维度出发，运用位序规模法则从常住人口入手，构建人口城市多中心化指标，同时选取产业的空间分散度指数即SP指数，衡量产业空间结构；刘修岩等(2020)根据夜间灯光亮度数据，运用基尼系数法、位序规模法则，测算经济城市多中心化指标和人口城市多中心化指标，运用省域内栅格单位面积基尼系数作为位置城市多中心化指标。

功能多中心化是从网络分析角度出发，基于功能联系的需要而在地理上根据节点量化城市在城市群中的中心化水平。其通常从交通流、物流、人流以及知识信息流等角度展开研究，通过测度网络各节点中心性，采用标准差分析、位序规模分析、基尼系数等方法计算多中心性。罗震东等(2011)通过收集城市长途客车班次和高铁经停班次来代替交通流建立多中心化指标；彼得·霍尔等(2009)基于通勤流角度，运用自容量法和全新多中心城市测度方法(Green，2004)建立功能性多中心城市指数；姚常成等(2020)利用城际合作发表的期刊论文数量来表示城市群内的知识联系程度，运用位序规模法则构建知识城市多中心化指标；马秀馨等(2020)基于网络分析视角，根据城市各子中心"重要性"(以 LandScan 人口分布数据为基础指标)的标准差来构建城市多中心化指标。

通过上述文献梳理可以发现，无论是对雾霾污染影响的研究还是对城市多中心化指标构建的研究，以往文献在理论和方法上都已有颇为丰富的成果。在雾霾污染的影响研究中，可以看到人口规模、经济增长、产业聚集、能源消费、环境规制都是影响雾霾污染的主要原因；在城市化对环境的影响分析中可以看到基于 STIRPAT 模型、环境库兹涅茨曲线理论的研究结果；在城市多中心化指标构建理论中可以看到城市多中心化指标构建主要分为形态型和功能型两个方面。上述结论为本节的研究提供了重要的理论和研究视角，但尚且存在不足：一是现有关于城市化建设对雾霾污染的研究主要聚焦单一城市化角度，而忽视了城市多中心分布对雾霾污染的影响；二是在城市多中心化指标构建中，还缺乏将形态、功能多中心结合的多维度城市多中心化综合指标。

基于此，本节以省域城市多中心化对雾霾污染的影响为题，通过构建多维城市多中心化指标，引入 STIRPAT 模型和环境库兹涅茨曲线理论，分析城市多中心化对雾霾污染的影响效果，以对现有研究进行适当补充，从而为探寻城市化建设与环境保护协调发展提供理论指导和启示。

7.2.3　省域城市多中心化与雾霾污染的现状分析

随着我国单中心城市建设不断发展，我国城市交通堵塞、资源环境恶化等问题日益普遍。为解决我国城镇、地区发展不平衡、资源分配不均、部分地区资源环境负担过重的问题，我国逐步从建设单中心城市向建设多中心城市转型。为深入了解我国多中心化城市建设与雾霾污染的现状，本节拟基于不同维度省域城市多中心化指标，根据 2000—2018 年我国除青海、西藏和港澳台地区外 29 个省区市的城市多中心化数据和雾霾污染数据，从时间趋势和空间分布两个方向分析我国省域城市多中心化与雾霾污染的发展现状与变化趋势。

7.2.3.1 指标构建与数据说明

(1)多中心化指标体系构建。城市多中心化通俗来讲是指多个城市间由于城市功能或城市要素水平相似而出现多个中心城市聚集的现象。根据上文文献综述可知，对于城市多中心化指标的构建，目前学者们普遍从形态多中心化和功能多中心化两大方向入手进行研究。其中，形态多中心化强调测量多个城市中特定城市要素水平高的多个中心城市的聚集度，而功能多中心化强调测量多个城市中城市对外流通水平高的多个中心城市的聚集度。因此，结合以往学者研究，本节分别从形态多中心化和功能多中心化两方向入手，在形态多中心化方面选择经济、人口和土地三个维度构建形态多中心化指标，说明省域范围内经济中心城市、人口中心城市和土地中心城市的集聚水平；在功能多中心化方面选择客运流通量和货运流通量两个维度构建功能多中心化指标，说明省域范围内客运交通和货运流通重点城市的聚集情况。

(2)数据说明及处理。①位序规模法则。位序规模法则是目前最广泛使用的城市空间结构测算方法，本节基于上述构建的多中心化指标体系，结合刘修岩等的研究思路，拟根据其方法测算我国各省域不同维度的城市多中心化指标。

参照文献做法和理论基础，本节通过位序规模法则将省域内的城市规模与规模排序联系起来，反映城市空间结构，具体形式如下：

$$\ln R_{ij} = C - q_i \ln P_{ij} \tag{7.3}$$

其中，R_{ij} 表示省域 i 内城市 j 的夜间灯光数据(单位面积人口、市辖区建成区土地面积、货运总量、客运总量) 排名，P_{ij} 表示相应排名城市 j 的夜间灯光数据总值，C 为常数。

位序规模法则通过对省域内每个城市的夜间灯光数据总值进行排序后，分别选取排名前两位、前三位、前四位的城市相关值代入公式(7.3)进行回归，得到系数 q_i 的平均值，作为省域 i 的经济多中心化指数(人口多中心化指数、土地多中心化指数、货运多中心化指数、客运多中心化指数)。其中，当多中心化指数大于1时，说明省域内城市空间结构呈现多中心化状态；当多中心化指数小于1时，说明省域呈现单中心状态，单中心城市起主导作用。

②多中心化指标数据说明。为保证构建指标的准确性和可靠性，测算土地、

货运和客运城市多中心化指标的原始数据——市辖区建成区土地面积、货运总量和客运总量均来自2001—2019年《中国城市统计年鉴》，测算人口多中心化指标的原始数据来源于橡树岭国家实验室的LandScan人口数据集，测算经济多中心化指标的原始数据来源于美国国家海洋和大气管理局发布的夜间灯光数据。同时，由于西藏、青海两个省份的地级市数据存在大量缺失，本节最终只构建了除西藏、青海、港澳台地区外的29个省区市的城市多中心化指标。

(3)雾霾污染数据说明及处理。由于PM2.5浓度是判断雾霾污染的重要因素，本节选择PM2.5浓度年度均值作为反映我国省域雾霾污染情况的数据。同时，为确保获得完整并可靠的2000—2018年各省区市PM2.5浓度年均数据，本节的原始数据均来自达尔豪斯大学大气成分分析组官方网站。其中，需要说明的是，该原始数据是利用NASA卫星以及地面监测站数据综合估测得到的栅格数据，因此，为获得所需数据格式，本节进一步通过ArcGIS软件结合中国最新行政区域矢量图将此栅格数据解析成省域层面0.01°×0.01°的栅格PM2.5浓度年度均值数据。

7.2.3.2 省域城市多中心化的现状分析

为更直观了解我国各维度省域城市多中心化的空间分布特征，本节运用ArcGIS软件分析2018年我国经济多中心化指数、人口多中心化指数、土地多中心化指数、货运多中心化指数和客运多中心化指数的空间分布图。①

首先，从经济多中心化角度可以发现，我国华东地区呈现典型的多中心空间分布，而我国西南地区、东北地区的经济多中心化发展形势并不明显。这与我国西南地区和东北地区经济活动大多由省域内的单一中心城市发起并主导，我国华东地区经济较为发达、综合技术较为先进，省域内部分城市经济发展实力差异不大，当地政府支持发展新兴城市的现状相符。其次，从人口多中心化角度可以发现，我国北方依然普遍呈现人口向省域内单一中心城市聚集的现象，而我国南方，尤其是华东地区，省域内人口逐渐分散，呈现多中心空间分布特征。再次，从土地多中心化角度来看，我国省域内土地规模分布较为集中，多数省区市的土地规模偏向单一中心城市聚集，只有少数省份，如山东、河北，由于积极筹备发

① 由于篇幅原因，省略了地图可视化展示，如有需要可向作者索取。

展旅游业和高新技术产业，其土地规模分布正逐步向多中心化靠拢。最后，从货运多中心化和客运多中心化角度可以发现，由于我国东部地区小商品生产、销售产业较为发达，因此该地区省域城市货运流通量较大，导致我国东部货运多中心化形势明显优于其他地区；同时，由于受到地理位置影响，港口、码头、旅游景区较为分散的省域，其客运多中心化指标较高。

综上，从整体来看，我国省域内城市的经济、人口分布较为分散，普遍呈现多中心空间分布状态；而土地规模、货运流通分布向单一城市聚集，普遍呈现单中心空间分布状态。从局部来看，我国华东地区的省域城市多中心化指标在经济、人口、土地和货运方面都明显高于其他地区的省域城市多中心化指标，说明我国华东地区呈现多维度中心化空间分布，城市发展政策更倾向于多中心发展，地区城市化转型较有成效。

7.2.3.3　省域雾霾污染的现状分析

(1)雾霾污染的变化趋势。为更加直观了解我国雾霾污染的发展情况，本节以 PM2.5 年均浓度作为雾霾污染指标，从华北、东北、华东、华中、华南、西南和西北七个地区入手，通过绘制图 7.1 来展示我国 2000—2018 年雾霾污染的变化趋势。

如图 7.1 所示，从整体来看，我国雾霾污染呈现先增加后下降的“倒 U 形”变化趋势。即以 2011—2013 年为节点，我国雾霾污染在 2011 年以前总体呈现上升趋势；而在 2013 年以后，由于我国逐步重视雾霾污染问题，绿色发展蒸蒸日上，我国雾霾污染总体呈现下降趋势。分地区来看，我国华中地区和华东地区的 PM2.5 年均浓度一直居高不下，且明显高于我国其他地区，说明相较其他地区，我国华中、华北地区雾霾污染问题最为严重；而我国西南地区和东北地区的 PM2.5 浓度一直处于低位，且 PM2.5 年均浓度值极低，说明我国西南地区和东北地区的雾霾污染并不严重，空气质量较好。

(2)雾霾污染的空间分布情况。基于上述 PM2.5 年均浓度变化趋势，本节进一步考察我国雾霾污染的时空分布情况。

首先，从时间趋势来看，通过比较 2000—2018 年我国 PM2.5 年均浓度时空分布图，可以发现，我国雾霾污染极其严重的省份数量总体上呈现先增多后减少

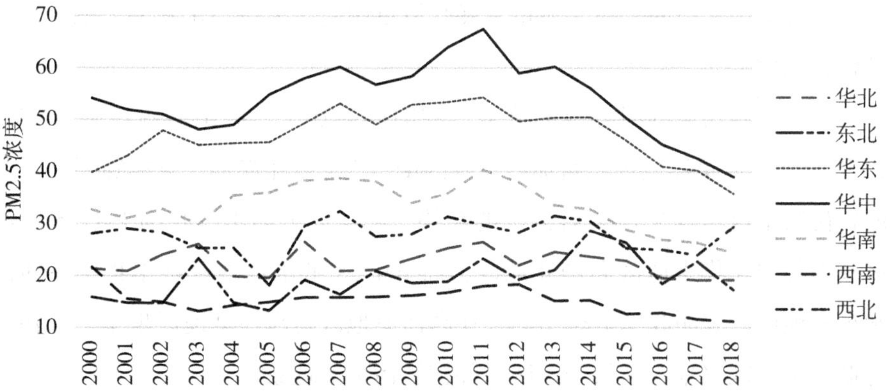

图 7.1 我国各地区 PM2.5 年均浓度历年变化趋势图

的趋势，即以 PM2.5 年均浓度 50 为界，浓度超过 50 的省份视为雾霾污染极其严重的省份，而该类型省份数量由 2003 年的山东、河南、安徽三省，逐步扩散到 2008 年、2013 年华中、华东地区的大部分省份，再逐步缩小到 2018 年仅剩的河南省。其次，从空间分布来看，我国 PM2.5 年均浓度高的地区基本集中在我国华中地区和华北地区，而我国 PM2.5 年均浓度低的地区主要集中在我国西南地区和东北地区，并且我国雾霾污染存在高污染地区与高污染地区聚集、低污染地区与低污染地区聚集、高污染地区向外扩散污染的现象。

7.2.3.4 小结

为了解我国多维度省域城市多中心化与雾霾污染的现状，本节从时间趋势和空间分布两个方向，基于不同维度省域城市多中心化指标，根据 2000—2018 年除青海、西藏和港澳台地区外的 29 个省区市的城市多中心化数据和雾霾污染数据，分析我国省域城市多中心化与雾霾污染的发展现状与变化趋势。

从省域城市多中心化指标的发展现状来看，在整体上，我国省域内城市的经济、人口分布较为分散，普遍呈现多中心空间分布状态；而土地规模、货运流通分布向单一城市聚集，普遍呈现单中心空间分布状态。说明我国省域经济多中心化、人口多中心化发展形势较好，土地多中心化、货运多中心化发展形势基本不明显。在空间分布上，我国华东地区的省域城市多中心化指标在经济、人口、土地和货运方面都明显高于其他地区的省域城市多中心化指标，说明我国华东地区呈现多维度中心化空间分布，城市发展政策更倾向于多中心化发展，地区城市化转型较有成效。

从我国雾霾污染的时空分布来看，在时间趋势上，我国雾霾污染以 2011—2013 年为节点，整体呈现先增加后下降的倒“U”形变化趋势，且雾霾污染极其严重的省份数量也呈现先增多后减少的趋势。在空间分布上，我国 PM2.5 高浓度地区基本集中在华中地区和华北地区，而 PM2.5 低浓度地区基本集中在西南地区和东北地区，表明我国雾霾污染存在高污染地区与高污染地区聚集、低污染地区与低污染地区聚集、高污染地区向外扩散污染的现象。

7.2.4　省域雾霾污染的空间关联分析

通过上述对雾霾污染的现状分析可以发现，我国雾霾污染存在较为明显的地区差异和区域聚集。其中，华中、华东地区的雾霾污染程度相对其他地区普遍偏高，而西南、东北地区雾霾污染程度相对其他地区却明显偏低。为进一步验证我国雾霾污染的空间相关性，本节拟从全局和局部的视角采用空间计量中的莫兰指数来求证我国雾霾污染的空间自相关性。

7.2.4.1　方法理论基础

(1)空间权重矩阵确定。在进行空间相关性分析之前，首先要对空间权重矩阵进行设定。空间权重矩阵是空间统计、空间计量经济学的一个重要概念，是反映个体在空间中相互依赖关系的主要工具。w_{ij} 表示空间中第 i 个个体对空间中第 j 个个体的影响程度。常见的空间权重矩阵有三种：邻接权重矩阵、地理距离权重矩阵和经济距离权重矩阵。

空间邻接矩阵是根据观测点在地理空间上的相邻关系来构造的空间权重矩阵。具体形式如下：

$$w_{ij} = w_{ji} = \begin{cases} 1, & i \in \{j\} \\ 0, & i \notin \{j\} \end{cases} \tag{7.4}$$

其中，i，$j = 1$，2，…，N 是处于不同位置的个体观测点；$\{j\}$ 是与观测点 i 有共同边界的邻近观测点的集合。当观测点 j 与观测点 i 相邻时，w_{ij} 等于 1；

当观测点 j 与观测点 i 不相邻时，w_{ij} 等于0。

地理距离权重矩阵是根据观测点在地理空间上的地理距离来构造的空间权重矩阵。该方法是假定空间相互作用的强度取决于地区间的质心距离。常见的地理距离矩阵有反距离权重矩阵，即依据观测点间的距离，当距离越远时影响权重越小，当距离越近时影响权重越大。具体形式如下：

$$w_{ij} = \frac{1}{d_{ij}} \tag{7.5}$$

K-邻接权重矩阵指离每个观测点最近的 K 个观测点距离构建的地理距离权重矩阵。

经济距离权重矩阵是利用经济和社会因素计算虚拟的经济距离来设定更加复杂的空间权重矩阵。

本节在构建空间权重矩阵时，分别构建了合适的邻接权重矩阵、K-邻接权重矩阵、反距离权重矩阵和经济距离权重矩阵，试图从多角度权重矩阵入手，验证雾霾污染的空间自相关性和城市多中心化与雾霾污染的关系。

(2)全局空间相关性检验。全局莫兰指数是度量空间相关性的一个重要指标，其反映了区域与区域间相互影响的程度，说明了区域间在空间维度上的相关性。其具体计算公式如下：

$$I = \frac{n\sum_{i}\sum_{j} w_{ij}(x_i - \bar{x})(x_j - \bar{x})}{\sum_{i}\sum_{j} w_{ij}\sum_{i}(x_i - \bar{x})^2} \tag{7.6}$$

当全局莫兰指数 I 经过方差归一化处理后，其值是介于 -1 到1之间的常数。即当 I 的取值大于0时，表示指标数据在空间上存在正的自相关性；当 I 的取值小于0时，表示指标数据在空间上存在负的自相关性；当 I 的取值接近于0时，表示指标数据的空间分布是随机的，即不存在空间自相关。

(3)局部空间相关性检验。由于全局莫兰指数只能验证指标数据是否存在空间自相关性，不能反映具体的聚集情况和相关程度。因此，引入局部莫兰指数对其进行进一步分析，以此研究指标数据的局部自相关关系和局部空间聚集情况。

$$I_i = \frac{n(x_i - \bar{x})\sum_{j\neq i} w_{ij}(x_j - \bar{x})}{\sum_{i}(x_i - \bar{x})^2} \tag{7.7}$$

式中，I_i 表示局部莫兰指数，当 I_i 的取值大于0时，表示指标特征相似的数据相互集聚，即出现高-高聚集和低-低聚集现象；当 I_i 的取值小于0时，表示指标特征相异的数据相互集聚，即出现高-低聚集和低-高聚集现象。

其中，LISA聚类图展示了具体的局部空间聚集情况。其中高-高聚集(H-H)表示本地与周边区域的要素数据均高；高-低类聚集(H-L)表示本地的要素数据高，而周边区域的要素数据低；低-低聚集(L-L)表示本地及其周边区域的要素数据均低；而低-高聚集(L-H)表示本地的要素数据低，周边区域的要素数据高。

7.2.4.2　雾霾污染的全局空间关联分析

基于上述理论分析，为保证结果的稳健性，本节分别选用邻接权重矩阵、地理距离权重矩阵和经济距离权重矩阵计算2000—2018年我国29个省区市(未含青海、西藏和港澳台地区)PM2.5浓度的全局莫兰指数。根据stata软件生成的结果可以发现，在1%的置信水平下，运用邻接权重矩阵和地理距离权重矩阵生成的结果均较为显著，而运用经济距离权重矩阵生成的结果非常不显著。由此，本节初步认为，单从不同区域经济发展的差异上考虑，我国雾霾污染并不具有一定的空间自相关性。

同时，根据表7.9可知，由邻接权重矩阵和 *K*-邻接权重矩阵和反距离权重矩阵生成的全局莫兰指数在2000—2018年间均为正数，且值均在0.4水平线上下波动，说明我国雾霾污染在地理空间上确实存在一定的空间自相关关系，且空间聚集效应较强。

表7.9　　**三种权重矩阵下PM2.5浓度值的Moran's *I***

Variables	W_1(0-1邻接权重矩阵)			W_2(*K*-邻接权重矩阵)			W_3(地理距离权重矩阵)		
	I	*z*	*p*-value*	*I*	*z*	*p*-value*	*I*	*z*	*p*-value*
y2000	0.241	2.153	0.016	0.293	2.816	0.002	0.207	2.675	0.004
y2001	0.517	4.112	0.000	0.424	3.785	0.000	0.292	3.475	0.000
y2002	0.562	4.417	0.000	0.474	4.169	0.000	0.357	4.124	0.000
y2003	0.560	4.425	0.000	0.439	3.911	0.000	0.312	3.679	0.000

续表

Variables	W_1(0-1 邻接权重矩阵)			W_2(K-邻接权重矩阵)			W_3(地理距离权重矩阵)		
	I	z	p-value*	I	z	p-value*	I	z	p-value*
y2004	0.592	4.634	0.000	0.460	4.053	0.000	0.356	4.114	0.000
y2005	0.583	4.573	0.000	0.436	3.864	0.000	0.316	3.707	0.000
y2006	0.462	3.734	0.000	0.307	2.850	0.002	0.220	2.746	0.003
y2007	0.592	4.669	0.000	0.448	3.983	0.000	0.320	3.765	0.000
y2008	0.545	4.293	0.000	0.359	3.244	0.001	0.249	3.007	0.001
y2009	0.568	4.483	0.000	0.446	3.965	0.000	0.313	3.685	0.000
y2010	0.561	4.438	0.000	0.448	3.982	0.000	0.304	3.600	0.000
y2011	0.557	4.388	0.000	0.440	3.901	0.000	0.273	3.260	0.001
y2012	0.540	4.263	0.000	0.359	3.246	0.001	0.256	3.092	0.001
y2013	0.578	4.598	0.000	0.429	3.860	0.000	0.291	3.492	0.000
y2014	0.564	4.457	0.000	0.403	3.616	0.000	0.270	3.240	0.001
y2015	0.565	4.493	0.000	0.421	3.794	0.000	0.258	3.136	0.001
y2016	0.557	4.438	0.000	0.398	3.602	0.000	0.265	3.212	0.001
y2017	0.564	4.471	0.000	0.441	3.938	0.000	0.287	3.427	0.000
y2018	0.542	4.300	0.000	0.440	3.924	0.000	0.295	3.508	0.000

为更加深入了解我国雾霾污染空间相关性的变化趋势，本节利用 Geoda 软件，运用0-1 邻接权重矩阵(W_1)绘制 2001 年、2009 年、2018 年的 Moran's I 散点图，希望以此验证我国 PM2.5 浓度的空间相关关系。由图 7.8 可知，以 PM2.5 均值为中心，散点图可分为一、二、三、四共四个象限。其中，第一象限表示高-高聚集，即表示在该象限省份的 PM2.5 浓度均高于年度均值，且其相邻地区的 PM2.5 浓度也高于年度均值；第三象限表示低-低聚集，即表示在该象限省份的 PM2.5 浓度均低于年度均值，且其相邻地区的 PM2.5 浓度也低于年度均值。由此，比较图 7.2 中的 3 幅子图，可以发现，大多数 PM2.5 浓度观测点在各年均落在第一、第三象限，而极少落在第二、第四象限，说明我国的 PM2.5 浓度在

空间分布上存在正的关联性，即表明不同地区相邻省份的雾霾污染大多存在高-高或低-低的正相关关系。同时，由于各年的观测点分布规律基本一致，本节认为我国雾霾污染的空间相关关系较为稳定，即存在稳定的空间正相关。

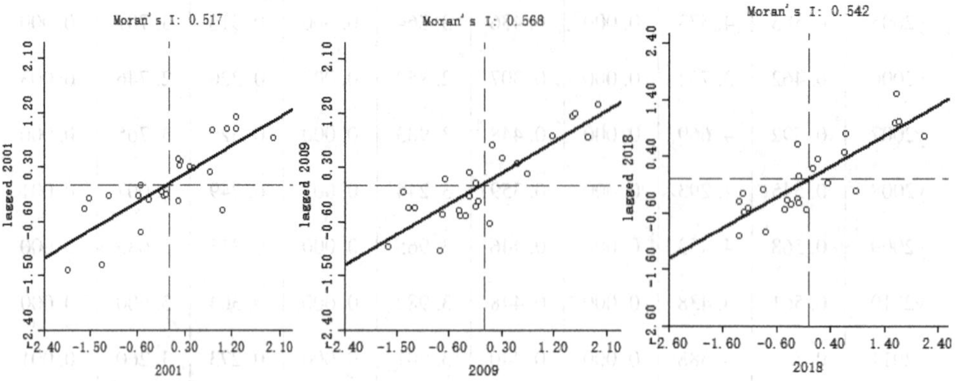

图7.2 29个省区市PM2.5浓度全局莫兰指数散点图

7.2.4.3 雾霾污染的局部空间关联分析

由于全局莫兰指数只能从整体检验我国雾霾污染是否存在空间自相关性，而不能准确知道其中局部区域的空间聚集情况，本节进一步分析我国雾霾污染的局部空间相关关系。

本节选取2000—2018年间较具代表性的2000年、2009年和2018年的PM2.5浓度聚集地图(PM2.5年均浓度时空分布图)来反映雾霾污染的局部空间相关性。在2000年的PM2.5浓度局域空间自相关分布中，湖北省和陕西省呈现高-高聚集状态，黑龙江省、辽宁省和吉林省呈现低-低聚集状态，其他省份均不显著；在2009年的空间分布中，安徽省、河南省、湖北省、江苏省和山东省均呈现高-高聚集状态，吉林省和黑龙江省呈现低-低聚集状态；而在2018年的空间分布中，安徽省、河南省、湖北省、江苏省和山东省依旧呈现高-高聚集状态，但呈现低-低聚集状态的只有吉林省。

综上，我国雾霾污染存在显著的局部空间自相关性，且在局部空间聚集上主要呈现高-高聚集和低-低聚集状态。其中雾霾污染的高-高聚集主要集中分布在我国华中地区和华东地区，而低-低聚集主要集中分布在我国东北地区，且从动态演变趋势来看，我国雾霾污染的高-高聚集区域在不断扩大，而低-低聚集区域在逐渐缩小。这一结果与前文雾霾污染的现状分析和全局空间相关分析结果基本一致。

7.2.4.4 小结

为进一步探测省域雾霾污染的空间自相关性，本节从全局和局部的视角，通过计算2000—2018年29个省区市PM2.5浓度的全局莫兰指数和局部莫兰指数，验证雾霾污染的空间自相关性。

从全局空间自相关视角来看，雾霾污染存在显著且稳定的空间正相关关系。首先，从历年全局莫兰指数值加以分析，可以发现，基于0-1邻接权重矩阵，我国历年的PM2.5浓度全局莫兰指数基本集中在0.55的水平线上，且其莫兰指数p值均明显小于1%和5%的显著性水平，由此说明雾霾污染在地理空间上确实存在一定的空间自相关关系，且空间聚集效应较强。再从全局莫兰指数散点图加以分析，可以发现，历年我国PM2.5浓度观测点均大多落在第一、第三象限，说明雾霾污染多存在高-高或低-低聚集现象，由此说明PM2.5浓度在空间分布上存在显著且稳定的正关联性。

从局部空间自相关视角来看，我国雾霾污染在局部上存在一定的空间自相关性，且其空间聚集分布在历年呈现一定的同质性。雾霾污染的局部空间聚集主要呈现高-高聚集和低-低聚集状态。其中雾霾污染的高-高聚集主要集中在华中地区和华东地区，而低-低聚集主要集中在东北地区，且从动态演变趋势来看，雾霾污染的高-高聚集区域在不断扩大，而低-低聚集区域在逐渐缩小。

7.2.5 模型理论基础

经典面板数据模型建立在各变量相互独立的假设之上，而忽略了样本数据间可能存在的空间依赖性。为考虑变量间不可忽略的空间相关关系，本节拟用空间面板模型进行分析。目前，空间面板模型主要包含三类：空间滞后模型、空间误差模型和空间杜宾模型。

(1)空间滞后模型。空间滞后模型，也称为空间自回归模型，是指在模型中设置因变量空间滞后因子的回归模型。该模型主要用于研究被解释变量自身的空间溢出效应，适用于研究一个机构或地区的经济行为受其邻近机构或地区经济行为溢出的影响而进行模仿决策的情形。具体设定为：

$$Y = \lambda WY + X\beta + \varepsilon\ ,\ \varepsilon \sim N(0,\ \sigma^2 I) \tag{7.8}$$

(2)空间误差模型。空间误差模型是指对模型中的误差项设置空间滞后因子的回归模型。该模型主要通过误差项的空间自相关设置将空间依赖效应反映出来，适用于研究机构或地区之间的相互作用因所处的相对位置不同而存在差异的情况。具体设定为：

$$Y = \beta X + \mu\ ,\ \mu = \rho W\mu + \varepsilon,\ \varepsilon \sim N(0,\ \sigma^2 I) \tag{7.9}$$

(3)空间杜宾模型。空间杜宾模型是空间滞后模型和空间误差模型的扩展形式，可通过对空间滞后模型和空间误差模型增加相应的约束条件设立。该模型的特点是，既考虑了因变量的空间相关性，又考虑了自变量的空间相关性。具体设定为：

$$Y = \lambda W_1 Y + X\beta_1 + W_2 X\beta_2 + \varepsilon\ ,\ \varepsilon \sim N(0,\ \sigma^2 I) \tag{7.10}$$

其中，W_1和 W_2均为空间权重矩阵。W_1表示因变量 Y 的空间相关关系，W_2表示自变量 X 的空间相关关系，两者可以设置为相同或不同的矩阵。

为构建合适的空间面板模型，本节拟根据 LM 检验、LR 检验、Hausman 检验结果，在空间滞后模型、空间误差模型和空间杜宾模型中选择最优模型进行分析。

7.2.6　空间面板模型构建与变量选取

7.2.6.1　模型设定

通过分析城市多中心化与雾霾污染的现状和验证雾霾污染的空间自相关关系，本节认为省域城市多中心化与雾霾污染均呈现明显的区域分布特征，且雾霾污染在全局和局域层面均呈现显著的空间相关性。因此，以地区间相互独立为假设前提的传统计量分析方法已不再适合。基于此，本节拟采用空间计量模型实证研究省域城市多中心化对雾霾污染的影响。首先构建一般的空间计量模型，模型的具体形式为：

$$y = \alpha + \lambda Wy + \beta X + \delta WX + \mu \quad (7.11)$$

式中 y 为被解释变量，X 为解释变量，α 为常数项，β 为解释变量 X 的参数，μ 为满足正态独立同分布的随机扰动项，W 为已知的空间权重矩阵，λ 和 δ 分别为被解释变量和解释变量的空间效应系数。

然后，结合 STIRPAT 模型将代表环境质量、人口规模、人均收入以及技术水平的变量加入模型，同时，根据环境库兹涅茨理论，引入各项解释变量的二次项探究其相关因素与环境质量之间的非线性关系。

因此，本节得到最终空间计量模型：

$$y = \alpha + \lambda Wy + \beta_i X + \beta_j (X)^2 + \delta_x WX + \beta_z Z + \delta_z WZ + \mu \quad (7.12)$$

其中，y 为被解释变量 PM2.5 的浓度；X 为主要解释变量，包含经济多中心化、人口多中心化、土地多中心化、货运多中心化和客运多中心化；Z 为控制变量。根据 STIRPAT 模型，本来控制变量中应包含人口因素(P)、居民富裕程度(A)以及技术水平(T)，但由于解释变量 X 中已包含人口因素(人口多中心化)和经济因素(经济多中心化)，为避免重复，将人口因素和经济因素从控制变量中剔除。同时，结合上述文献梳理，发现产业结构、外商直接投资也是影响环境污染的重要原因，为尽可能避免遗漏变量对模型估计结果产生偏误，控制变量最终包含研发投入、产业结构、外商直接投资和环境规制。

7.2.6.2 变量选择与说明

根据上述对模型的基本设定，本节对模型变量的基本情况进行简要说明。

(1)被解释变量：本节将 PM2.5 年均浓度设为被解释变量，以此衡量我国各地区雾霾污染程度。其中，本节所用到的 PM2.5 年均浓度数据均从达尔豪斯大学大气成分分析组官方网站获得，并通过 ArcGIS 软件结合中国最新行政区域矢量图进行解析得到。

(2)解释变量：本节的解释变量为省域城市多中心化指数。而由于城市多中心化是一个复杂且系统的过程，涉及多个方面。因此，本节从形态多中心化、功能多中心化两个方向，分别从经济、土地、人口、货运和客运五个角度，设置解释变量。其中，多中心化指标皆利用地级市相关原始数据，通过位序规模法则测度得到。需要说明的是，测度土地、货运和客运多中心化指标的原始数据——市辖区建成区土地面积、货运总量和客运总量均来自《中国城市统计年鉴》，测算人口多中心化指标的原始数据来源于橡树岭国家实验室的LandScan人口数据集，测算经济多中心化指标的原始数据来源于美国国家海洋和大气管理局(NOAA)发布的夜间灯光数据集。其中，原始的LandScan人口数据集和NOAA发布的夜间灯光数据集均为全球栅格数据，本节主要参照曹子阳等学者的研究，利用ArcGIS软件进一步修正提取得到所需的各省域地级市数据。

(3)控制变量：基于STIRPAT模型和相关文献，本节选择产业结构、环境规制、外商直接投资和研发投入作为模型的控制变量。其中，产业结构采用省域内第二产业增加值占GDP的比重来度量；环境规制采用环境节能保护支出占地方财政预算支出的比重来度量；外商直接投资采用省域内地市级实际利用外资总额(已换算为人民币)占GDP的比重来度量；研发投入采用科学技术支出占地方财政预算支出的比重来度量。同时，需要说明的是，以上控制变量的原始数据均来自2001—2019年《中国统计年鉴》和《中国城市统计年鉴》。变量选择及定义见表7.10。

表7.10 **变量选择及定义**

变量类型	变量名称	指标名称
被解释变量	PM2.5	PM2.5年均浓度
解释变量	tra_v	货运多中心化
	pas_v	客运多中心化
	economics	经济多中心化
	population	人口多中心化
	land	土地多中心化
	tra_2	货运多中心化二次项
	pas_2	客运多中心化二次项
	eco_2	经济多中心化二次项
	pop_2	人口多中心化二次项
	land_2	土地多中心化二次项

续表

变量类型	变量名称	指标名称
控制变量	ind_srt	产业结构
	env_reg	环境规制
	for_inv	外商直接投资
	res_inp	研发投入

7.2.7 省域城市多中心化对雾霾污染的影响分析

7.2.7.1 模型选择

根据模型设定，本节首先通过构建经典面板模型来识别OLS回归残差是否具有空间相关性。根据LR检验结果可知，由于其P值显著小于1%，因此认为其存在显著的空间效应，即可以初步认定该模型适合构建空间面板模型。

同时，在确定构建空间面板模型的基础上，本节进一步采用拉格朗日乘子检验即LM检验来选择具体适合的空间面板模型。在LM检验中，共包含LM_lag，LM_error，稳健LM_lag和稳健LM_error四种检验统计量，其中LM_lag和稳健LM_lag检验统计量用来诊断空间滞后模型，而LM_error和稳健LM_error检验统计量用来诊断空间误差模型。由表7.11可知，LM检验中的LM_lag和LM_error、稳健LM_lag和稳健LM_error均在1%的显著性水平下通过检验，因此本节初步认为应该选择空间杜宾模型进行建模。同时，为保证模型选择的准确性和可靠性，本节会在后文提供相应的LR检验和Wald检验来二次判断空间杜宾模型是否需要退化为空间滞后模型或空间误差模型。

在初步确定建立空间杜宾模型的基础上，本节进一步对模型进行Hausman检验，来确定该模型是选择固定效应还是随机效应。在Hausman检验中，当模型的检验统计量无法通过显著性检验时，表示不拒绝原假设，即应该选择随机效应；当检验统计量显著通过检验时，表示拒绝原假设，即选择固定效应。根据表7.12，在0-1邻接权重矩阵(W_1)、K-邻接权重矩阵(W_2)和地理距离权重矩阵(W_3)三种权重矩阵下，空间杜宾模型的Hausman检验结果均为负数，不能直接比较，因此本节拟通过进一步比较不同模型间的信息准则、拟合优度值和LR检验结果来对模型进行选择。

表7.11　　　　**模型选择的检验统计量**

	OLS回归		
R^2	0.0877		
Obs	475		
	空间相关性检验		
	W_1(0-1邻接权重矩阵)	W_2(K-邻接权重矩阵)	W_3(地理距离权重矩阵)
LM_lag	253.7968***	387.9973***	404.7348***
LM_error	311.0473***	425.8033***	452.1096***
稳健LM_lag	3.8813**	8.6980***	6.4618**
稳健LM_error	61.1318***	46.5040***	53.8366***
Hausman(SDM)	-16.1196	-0.5384	-11.0578
LR-test	765.1277***		

注：*，**，***分别表示检验的显著性水平为10%，5%，1%。

表7.12　　　　**空间模型诊断检验结果**

		空间滞后模型		空间误差模型		空间杜宾模型	
		固定效应	随机效应	固定效应	随机效应	固定效应	随机效应
W_1	AIC	2616.1209	2876.6794	2630.3023	2909.3846	2607.5084	2868.5416
	R^2	0.9375	0.9339	0.8330	0.9328	0.9392	0.9359
	LR_fe	LR(sar-sdm)：23.65***			LR(sem-sdm)：50.79***		
	LR_re	LR(sar-sdm)：36.14***			LR(sem-sdm)：55.10***		
W_2	AIC	2643.6254	2913.1655	2659.1394	2938.843	2642.2464	2915.9446
	R^2	0.9273	0.9231	0.8347	0.9221	0.9280	0.9238
	LR_fe	LR(sar-sdm)：35.43***			LR(sem-sdm)：56.08***		
	LR_re	LR(sar-sdm)：25.22**			LR(sem-sdm)：50.90***		

续表

		空间滞后模型		空间误差模型		空间杜宾模型	
		固定效应	随机效应	固定效应	随机效应	固定效应	随机效应
W_3	AIC	2657. 4335	2930. 9534	2671. 2541	2951. 6023	2646. 0183	2923. 5235
	R^2	0. 9253	0. 9210	0. 8352	0. 9200	0. 9267	0. 9225
	LR_fe	LR(sar-sdm): 31. 84***			LR(sem-sdm): 44. 07***		
	LR_re	LR(sar-sdm): 39. 42***			LR(sem-sdm): 53. 24***		

注：*，**，***分别表示检验的显著性水平为10%，5%，1%。

本节将各类空间面板模型的信息准则、拟合优度 R^2 和 LR 检验统计量汇总于表7. 12。通过比较可以发现，在三种权重矩阵下，带固定效应的空间杜宾模型其相应的 AIC 信息准则均最小且拟合优度均最大。同时，在三种权重矩阵下，LR 检验均拒绝原假设，说明空间杜宾模型不能退化为空间滞后模型和空间误差模型。因此，可以说明带固定效应的空间杜宾模型为最优选择。

综上，本节最终确定选择固定效应的空间杜宾模型构建模型，以此分析城市多中心化对雾霾污染的影响。

7. 2. 7. 2 模型估计结果分析

根据上述模型设定和模型选择分析，本节在 *K*-邻接权重矩阵下，以衡量雾霾污染程度的 PM2. 5 作为被解释变量，经济多中心化、人口多中心化、土地多中心化、客运多中心化和货运多中心化作为主要解释变量，产业结构、研发投入、环境规制和外商直接投资作为控制变量构建固定效应的空间杜宾模型。具体模型参数估计及检验统计量如表 7. 13 所示。

表 7. 13 **空间杜宾模型参数估计及检验统计量**

Variable	Coefficient	t-stat	z-probability
tra_v	0. 635686***	2. 799733	0. 005114
tra_2	−0. 014187	−1. 371946	0. 170080
pas_v	−0. 403891**	−2. 204056	0. 027520

续表

Variable	Coefficient	t-stat	z-probability
pas_2	0.012060*	1.691808	0.090683
economics	-1.424748	-1.327113	0.184471
eco_2	0.061513	0.645152	0.518829
population	0.981291***	2.595051	0.009458
pop_2	-0.028768**	-2.227421	0.025919
land	-5.671881***	-4.610037	0.000004
land_2	0.795917***	3.677926	0.000235
ind_srt	-0.050582	-0.957436	0.338347
env_reg	-0.445106**	-1.972745	0.048525
for_inv	-0.011755	-0.129155	0.897235
res_inp	-0.997115**	-2.163655	0.030491
w×tra_v	-0.073554	-0.178171	0.858589
w×pas_v	-0.282759	-0.777749	0.436717
w×economics	-3.882296*	-1.905110	0.056766
w×population	-0.401496	-0.695708	0.486612
w×land	-0.634119	-0.237505	0.812265
w×ind_srt	0.206868***	2.679010	0.007384
w×env_reg	-1.399676***	-3.665193	0.000247
w×for_inv	-0.139580	-0.572975	0.566661
w×res_inp	-1.495276**	-2.555206	0.010613
w×dep. var.	0.596292***	15.024281	0.000000
R^2	0.9308		
log-likelihood	-1350.2723		
Wald_spatial_lag	31.5766***		
Wald_spatial_error	50.9369***		

注：*，**，*** 分别表示检验的显著性水平为 10%，5%，1%。

根据表 7.13 的回归结果可知，不同维度的城市多中心化对雾霾污染的影响有所差异。

首先，从各城市多中心化指标的一次项系数来看，货运多中心化指标、客运多中心化指标、人口多中心化指标和土地多中心化指标都分别在1%和5%的显著性水平下通过检验，说明货运多中心化、客运多中心化、人口多中心化和土地多中心化对雾霾污染均存在直接影响。具体来说，从功能城市多中心化方向来看，货运多中心化在1%的显著性水平下通过检验，且一次项系数等于0.64，为正值，说明货运多中心化对雾霾污染存在显著的正向影响，即货运多中心化指数每增加1个单位，雾霾污染指标会增加0.64个单位；而客运多中心化在5%的显著性水平下通过检验，且一次项系数等于-0.4，为负值，说明客运多中心化对雾霾污染存在显著的负向影响，即客运多中心化指数每增加1个单位，雾霾污染指标会减少0.4个单位。从形态城市多中心化方向来看，人口多中心化在1%的显著性水平下通过检验，且一次项系数等于0.98，为正值，说明人口多中心化对雾霾污染存在显著的正向影响，即人口多中心化指数每增加1个单位，雾霾污染指标会增加0.98个单位；同时土地多中心化在1%的显著性水平下通过检验，且一次项系数等于-5.67，为负值，说明土地多中心化对雾霾污染存在显著的负向影响，即土地多中心化指数每增加1个单位，雾霾污染指标会减少5.67个单位。相应地，由于形态城市多中心化中的经济多中心化在10%的显著性水平下依然无法通过检验，说明经济中心化对雾霾污染的直接影响并不显著。

综合上述分析，比较各多中心化指标一次项系数的绝对值，可以看出，尽管货运多中心化、客运多中心化、人口多中心化和土地多中心化对雾霾污染均有影响，但土地多中心化变动对雾霾污染的影响系数绝对值最大，为5.67，明显高于货运多中心化、客运多中心化和人口多中心化变动对雾霾污染的影响，由此可以认为，伴随城市化进程不断发展，当省域中以城市建成区土地面积为基准的中心化城市数量增加时，当地雾霾污染会受到明显影响；而由于货运多中心化、客运多中心化和人口多中心化变动对雾霾污染的影响系数绝对值均小于1，且客运多中心化的影响最小，为0.4，说明当以城市间货运运输流通量为基准的中心化城市和以城市人口数量为基准的中心化城市增加时，当地雾霾污染会在一定程度上受到影响，而当以城市间客运运输流通量为基准的中心化城市增加时，当地雾霾污染会受到较小影响。通过比较各多中心化指标一次项系数的正负号，可以看出，货运多中心化和人口多中心化对雾霾污染均产生正向影响，而土地多中心化和客运多中心化对雾霾污染产生负向影响，由此可以说明，在我国大力促进省域城市经济带形成的同时，随着省域中人口不断向大城市聚集和城市间货运运输流通的日益频繁，雾霾污染形势会逐步严峻；而与此同时，随着省域中中心化城市建成区面积的逐渐平衡，省域内城市客运量得以分散，越来越多城市的绿化面积、居民活动面积得到保障，在一定程度上有利于省域雾霾污染得到缓解。

其次，考虑各城市多中心化指标的二次项系数。根据环境库兹涅茨理论，本节在模型设定中对货运多中心化指标、客运多中心化指标、经济多中心化指标、人口多中心化指标和土地多中心化指标设置平方项，拟通过分析不同维度多中心化指标的平方对雾霾污染的影响来说明不同维度多中心化对雾霾污染的"非线性"作用。具体来看，在功能城市多中心化方面，由于货运多中心化的一次项系数在1%的显著性水平下显著为负，而二次项系数在10%的显著性水平下依然不显著，说明在货运城市多中心化的视角下，多中心化程度对雾霾污染的影响为线性的负向影响，不满足环境库兹涅茨假说；同时，由于客运多中心化的一次项系数在5%的显著性水平下显著为负，二次项系数在10%的显著性水平下显著为正，说明在客运城市多中心化的视角下，多中心化程度对雾霾污染的影响呈现"U"形曲线关系，即随着省域内各城市客运流通的平衡，雾霾污染会呈现先降低后增高的变化趋势。在形态城市多中心化方面，由于人口多中心化的一次项系数在1%的显著性水平下显著为正，二次项系数在5%的显著性水平下显著为负，说明在人口城市多中心化的视角下，多中心化程度对雾霾污染的影响呈现倒"U"形曲线关系，即随着省域内以城市人口数量为基准的中心化城市增加，雾霾污染会呈现先增加后降低的变化趋势，满足环境库兹涅茨假说；而由于土地多中心化的一次项系数在1%的显著性水平下显著为负，二次项系数在1%的显著性水平下显著为正，说明在土地城市多中心化的视角下，多中心化程度对雾霾污染的影响呈现"U"形曲线关系，即随着省域内以城市建成区土地面积为基准的中心化城市数量增加，雾霾污染会呈现先降低后增高的变化趋势。

最后，从各城市多中心化指标的空间效应系数来看，可以看出，由于经济城市多中心化指数的空间效应系数通过10%的显著性水平下的检验，说明经济城市多中心化在一定程度上存在空间溢出效应，即在一定程度上邻近地区的城市多中心化水平会对本地区的雾霾污染产生影响。具体来看，由于经济多中心化指数的空间效应系数为-3.88，且在10%的显著性水平下通过检验，说明邻近地区的经济多中心化指数对本地区的雾霾污染存在负向影响，即邻近地区经济多中心化指数每增加1个单位，本地区的雾霾污染指标会减小3.88个单位。

根据上述对各城市多中心化指标的空间效应系数进行分析可以看出，该模型确实存在一定的空间溢出性，即认为某一地区的城市多中心化指数在直接影响该地区雾霾污染的同时，还会对其他邻接或相近地区的雾霾污染造成间接影响。由此，本节通过将其空间总效应分解为直接效应和间接效应，进一步探究城市多中心化水平对雾霾污染的空间溢出效应。

结合表7.14进行分析，可以看出，不同维度的城市多中心化指标对雾霾污染的影响效应不同。其中，经济多中心化指标对雾霾污染同时存在对本地雾霾污染的直接效应和对邻接地区的间接效应，而货运多中心化指标、客运多中心化指标、人口多中心化指标和土地多中心化指标仅对本地区雾霾污染存在直接效应。

表7.14　　**各解释变量的空间效应估计**

	直接效应		间接效应		总效应	
	Coefficient	t-stat	Coefficient	t-stat	Coefficient	t-stat
tra_v	0.689475**	2.630573	0.676431	0.688605	1.365906	1.180884
tra_2	-0.015085	-1.262376	-0.010676	-0.233898	-0.025761	-0.481007
pas_v	-0.503640**	-2.390436	-1.183858	-1.309118	-1.687498	-1.614038
pas_2	0.014646*	1.788439	0.031087	0.944598	0.045734	1.190558
economics	-2.284490*	-1.887903	-10.867502**	-2.302928	-13.151991**	-2.424992
eco_2	0.128446	1.188430	0.842630*	1.934180	0.971076*	1.938082
population	1.013266**	2.568607	0.435761	0.346991	1.449027	1.018848
pop_2	-0.030077**	-2.211006	-0.014328	-0.320527	-0.044405	-0.875236
land	-6.448368***	-4.385704	-9.199075	-1.420158	-15.647444**	-2.089385
land_2	0.833084***	3.219236	0.403724	0.348517	1.236808	0.928266
ind_srt	-0.018280	-0.340872	0.402630**	2.653829	0.384350	2.222738

续表

	直接效应		间接效应		总效应	
	Coefficient	t-stat	Coefficient	t-stat	Coefficient	t-stat
env_reg	-0.765510***	-3.135236	-3.850248***	-4.461912	-4.615758**	-4.729770
for_inv	-0.041942	-0.405881	-0.327771	-0.587348	-0.369713***	-0.600071
res_inp	-1.398449***	-2.948394	-4.806317***	-4.066157	-6.204766	-4.649142

注：*，**，***分别表示检验的显著性水平为10%，5%，1%。

具体来说，从货运多中心化对雾霾污染的影响效应来看，由于货运多中心化仅存在系数值为0.69的直接效应一次项系数通过显著性检验，说明货运多中心化指数仅对本地区雾霾污染产生正向影响，且货运多中心化指数每增加1单位，本省的雾霾污染指标会增加0.69个单位，即表明伴随着省域间货运运输流通的日益频繁和省域中以城市间货运运输流通量为基准的中心化城市的增加，本省域雾霾污染程度会存在一定程度加重。从客运多中心化对雾霾污染的影响效应来看，由于客运多中心化的直接效应一次项系数和二次项系数分别通过5%的显著性水平下的检验和10%的显著性水平下的检验，且一次项系数为负，二次项系数为正，说明客运多中心化指数仅对本地区雾霾污染产生影响，且影响效应呈现"U"形关系，即随着客运多中心化指数的增长，本地区雾霾污染呈现先降低后增加的变化趋势。从经济多中心化对雾霾污染的影响效应来看，由于经济多中心化的直接效应一次项系数、间接效应一次项系数和间接效应二次项系数均通过不同程度的显著性检验，说明经济多中心化对本地区和邻接地区的雾霾污染均存在显著性影响。而由于经济多中心化的直接效应一次项系数为-2.28，间接效应一次项系数为-10.87，间接效应二次项系数为0.84，说明经济多中心化对本地区雾霾污染存在明显的负向影响，而对邻接地区的雾霾污染存在"U"形影响，即说明随着该省域经济多中心指数的增高，邻接省域的雾霾污染将呈现先减小后增加的变化趋势。同时通过比较直接效应系数和间接效应系数的绝对值大小，可以看出经济多中心化变动对邻接省域的间接影响比对本地区的直接影响大，存在明显的空间溢出性。从人口多中心化对雾霾污染的影响效应来看，由于仅有直接效应一次项系数和直接效应二次项系数在5%的显著性水平下通过检验，说明人口多中心化仅对本地区雾霾污染存在一定程度的影响，且影响呈现倒“U”形关系，即随着省域中人口不断向省域各大城市分散，以城市单位面积人口为基准的中心化城市不断增加，会在一定程度上导致本省域的雾霾污染程度出现先增加后减小的变化趋势。从土地多中心化对雾霾污染的影响效应来看，由于直接效应一次项系数和直接效应二次项系数均在1%的显著性水平下通过检验，说明土地多中心化仅对本地区雾霾污染存在一定程度的影响，且由于一次项系数为负，二次项系数为正，影响呈现“U”形关系，即随着以城市城建区面积为基准的中心化城市的增加，本省域雾霾污染程度会呈现先减小后增加的趋势。

综上，可以发现，货运多中心化、客运多中心化、经济多中心化、人口多中心化和土地多中心化均对本地区的雾霾污染存在直接影响，经济多中心化对邻接省域的雾霾污染存在间接影响，且由于在一定阈值内，经济多中心化对本地区雾霾污染的影响与对邻接地区雾霾污染的影响相一致，说明相邻省域之间的雾霾污染存在一定的正向空间相关关系，城市间存在“一荣俱荣，一损俱损”的现象。

7.2.7.3 小结

基于前文对雾霾污染空间正自相关性的验证结果，本节结合 STIRPAT 模型和环境库兹涅茨理论，通过构建空间面板模型，分析城市多中心化指标对雾霾污染的影响。

结合 AIC 信息准则、拉格朗日乘子 LM 检验和似然比 LR 检验，本节探究了空间滞后模型、空间误差模型和空间杜宾模型在研究城市多中心化指标对雾霾污染影响上的适用性。同时结合豪斯曼检验结果和最优拟合优度值，本节最终选定基于不同维度的城市多中心指标，引用地理空间权重矩阵，通过构建带固定效应的空间杜宾模型，分析城市多中心化与雾霾污染的关系。

在分析城市多中心化对环境污染的影响过程中，从城市多中心化对雾霾污染的直接影响效应来看，货运多中心化指标、客运多中心化指标、人口多中心化指标和土地多中心化指标对本地区雾霾污染均存在直接影响。其中，客运多中心化和土地多中心化对本地区雾霾污染存在程度不一的“U”形曲线影响，说明伴随城市化进程不断发展，当以城市间客运运输流通量为基准的中心化城市和省域中以城市建成区土地面积为基准的中心化城市数量增加时，随着省域内多个城市的客运量、建成区面积达到均衡时，省域雾霾污染会出现先下降后上升的现象。相反，人口多中心化对本地区雾霾污染存在较为明显的倒“U”形曲线影响，说明当以城市人口数量为基准的中心化城市增加时，随着省域中人口不断向各大城市分散，省域雾霾污染会呈现先上升后下降的变化趋势。同时，由于货运多中心化和经济多中心化对本地区雾霾污染分别产生程度不一的正向影响和负向影响，说明当以城市间货运运输流通量为基准的中心化城市数量增加时，随着城市间货运运输流通的日益频繁，省域雾霾污染形势会逐步严峻，而当以城市经济繁荣程度为基准的中心化城市数量增加时，随着省域内各城市的经济均衡发展，省域雾霾污染形势会有所缓解。

从城市多中心化对雾霾污染的空间溢出效应即间接影响效应来看，经济多中心化指标对相邻省域的雾霾污染存在明显的间接影响。具体来看，经济多中心化与邻接省域的雾霾污染程度存在明显的“U”形曲线关系，即在一定阈值内，当以城市经济繁荣程度为基准的中心化城市数量增加时，随着省域内各城市的经济均衡发展，省域雾霾污染形势会有所缓解，但当超过这一阈值，以城市经济繁荣程度为基准的中心化城市数量增加时，随着省域内各城市的经济均衡发展，雾霾污染形势会重新加剧。

因此，不同维度城市多中心化确实对本省域以及邻接省域的雾霾污染存在不同的影响。同时，由于在一定阈值内，经济多中心化对本省域和邻接省域雾霾污染的影响方向一致，说明相邻省域间的省域多中心化指数对该地域的雾霾污染存在一致影响，一定程度上也解释了我国雾霾污染在空间自相关上出现的高污染地区与高污染地区聚集、低污染地区与低污染地区聚集的正向空间聚集现象。

7.2.8　总结与展望

7.2.8.1　结论与政策建议

在上述各章节中，首先基于动态和静态视角，对 2000—2018 年我国 29 个省区市不同维度城市多中心化和雾霾污染的发展现状和时空变化趋势进行了分析，以初步探究我国省域城市多中心化与雾霾污染的互动关系。同时，从全局和局部两个层面出发，通过计算上述各省域 PM2.5 年均浓度的全局莫兰指数和局部莫兰指数，验证我国雾霾污染的空间自相关关系。并在此基础上，基于 STIRPAT 模型和环境库兹涅茨理论，通过构建带固定效应的空间杜宾模型，分析不同维度省域城市多中心化指标对雾霾污染的影响。具体研究结果如下。

第一，我国不同维度省域城市多中心化发展形势不一，区域间发展存在明显差异。其中，从整体趋势上来看，省域内城市的经济、人口分布较为分散，普遍呈现多中心空间分布状态；而土地规模、货运流通分布则向单一城市聚集，普遍呈现单中心空间分布状态，说明省域经济多中心化、人口多中心化发展形势较好，土地多中心化、货运多中心化发展形势基本不明显。同时，从空间分布上来看，华东地区的省域城市多中心化指标在经济、人口、土地和货运方面都明显高于其他地区的省域城市多中心化指标，说明华东地区呈现多维度中心化空间分布，城市发展政策更倾向于多中心发展，地区城市化转型较有成效。

第二，我国雾霾污染在时空上存在先上升后下降，区域污染差异明显的现象。具体来看，在时间趋势上，PM2.5 年均浓度以 2011—2013 年为节点，整体呈现先增加后下降的倒"U"形变化趋势，且 PM2.5 年均浓度极高的省域数量也呈现先增多后减少的趋势。同时，在空间分布上，PM2.5 高浓度基本集中在华中地区和华北地区，而 PM2.5 低浓度基本集中在西南地区和东北地区，表明雾霾污染存在高污染地区与高污染地区聚集、低污染地区与低污染地区聚集、高污染地区向外扩散污染的现象。

第三，我国雾霾污染呈现显著的空间正自相关性。首先，从全局空间自相关视角来看，我国历年 PM2.5 年均浓度全局莫兰指数值基本集中在 0.55 的水平线上，说明雾霾污染在地理空间上确实存在一定的空间自相关关系，且空间聚集效应较强。其次，从全局莫兰指数散点图可以发现，雾霾污染多存在高-高或低-低聚集现象，即 PM2.5 浓度在空间分布上存在显著且稳定的正关联性。最后，从局部空间自相关视角来看，雾霾污染的高-高聚集区域主要集中在华中地区和华东地区，而低-低聚集区域主要集中在东北地区，且从动态演变趋势来看，雾霾污染的高-高聚集区域在不断扩大，而低-低聚集区域在逐渐缩小。

第四，我国不同维度省域城市多中心化对雾霾污染存在显著的空间影响。其中，从城市多中心化对雾霾污染的直接影响效应来看，货运多中心化指标、客运多中心化指标、人口多中心化指标和土地多中心化指标对本地区雾霾污染均存在直接影响。具体来说，客运多中心化、土地多中心化和人口多中心化对本地区雾霾污染均存在非线性影响。当以城市间客运运输流通量为基准的中心化城市和省域中以城市建成区土地面积为基准的中心化城市数量增加时，随着省域内多个城市的客运量、建成区面积达到均衡，省域雾霾污染会出现先下降后上升的现象；当以城市人口数量为基准的中心化城市增加时，随着省域中人口不断向各大城市分散，省域雾霾污染会出现先上升后下降的变化趋势。同时，货运多中心化和经济多中心化对本地区雾霾污染均存在线性影响，当以城市间货运运输流通量为基准的中心化城市数量增加时，随着城市间货运运输流通的日益频繁，省域雾霾污染形势会逐步严峻；而当以城市经济繁荣程度为基准的中心化城市数量增加时，随着省域内各城市的经济均衡发展，省域雾霾污染会有所缓解。从城市多中心化对雾霾污染的空间溢出效应即间接影响效应来看，经济多中心化指标对邻接省域的雾霾污染存在明显的间接影响。具体来看，经济多中心化与邻接省域的雾霾污染程度存在明显的“U”形曲线关系，即在一定阈值内，当以城市经济繁荣程度为基准的中心化城市数量增加时，随着省域内各城市的经济均衡发展，省域雾霾污染形势会有所缓解，但当超过这一阈值，以城市经济繁荣程度为基准的中心化城市数量增加时，随着省域内各城市的经济均衡发展，雾霾污染形势会重新加剧。

因此，基于上述不同维度多中心城市建设对雾霾污染的影响结果，本节对促进城市化建设在雾霾污染治理视角下寻找更优发展路径提出一些政策建议。首先，从整体来看，多中心城市建设对雾霾污染治理具有一定效果，说明城市空间结构由单中心化向多中心化转型是可行的，多中心化的城市集群结构将是中国长时间内区域城市布局的必由之路，未来的工作重心应该继续着眼于解决城市间发展不平衡、不充分的问题。其次，从经济多中心化角度来看，城市经济多中心化对本地区和邻接地区的雾霾污染治理均有正向影响，说明化解我国地区间收入差距过大这一主要矛盾具有重要意义，未来的经济工作应着力于提高低收入地区的人均收入水平和居民环保意识，促进经济、环境协调发展。最后，从人口多中心化角度来看，城市人口分散是促进雾霾污染治理的一大重要因素，说明了我国城市群、城市带建设和旅游“串点成线”发展的优越性，从而要求我国坚持走小城市吸引大城市疏解人口的道路。

7.2.8.2 不足与展望

尽管本研究力争对省域城市多中心化与雾霾污染的空间关系进行全面、系统、深入的研究，但限于本人的能力，本节的研究仍存在很多不足。

(1)本节在对省域城市多中心化和雾霾污染的研究中，由于青海、西藏等省域部分地市级资料缺失，本节最终未能构建所有省域的城市多中心化指标，而只能对其中的29个进行分析与研究。

(2)对省域城市多中心化指标的构建还需进一步完善。第一，功能多中心化方面，本节仅考虑了客运流和货运流的多中心化程度，而并未考虑知识信息流的多中心化程度。第二，在计算城市的多中心化程度时，由于本节所用的位序规模法则要保证较高的拟合度，可能造成所得结果有所偏差。

第8章 基于混频数据模型的我国能源需求、碳排放及其结构预测

前面几章分别探讨了能源消费对宏观经济及资本市场的影响，环境规制对绿色技术创新的涟漪效应，环境污染差异度量及其时空分布。除了环境污染，全球气候变暖问题也引起了国际社会的普遍关注，其成因、度量、后果及应对措施等开始成为科学界的关注焦点。联合国政府间气候变化专门委员会(IPCC)第五次评估报告指出，全球变暖已成为不争事实，并且明确了温室气体致因在科学上的合理性。减少温室气体排放已经成为关乎人类生存发展的重大研究课题。

针对我国“十三五”规划提出的“设立碳排放总量控制体系，逐步向碳排放的绝对量减排过渡”的目标，在现有的产业结构、生产技术水平以及经济发展速度下，未来能源消费总量和结构调整能否达到既定的规划目标？研究并正确理解这一问题有助于对未来能源需求形成预判，对于能源供给政策以及产业政策的制定和实施具有一定的指导意义。此外，能源结构转型与碳排放、节能等全球环境问题密切相关，这已经引起发展中国家，特别是我国的极大关注。预测中国能源需求总量及其结构，有助于科学认识经济转型期的我国及其他国家或地区未来的碳排放量。基于以上分析，本章将对我国能源需求、碳排放及其结构进行预测。

本章共设两节。第一节是对我国能源消费总量与能源结构进行预测。通过使用季度GDP、季度工业增加值和年度能源需求的混频数据，构建ADL-MIDAS模型，在不同的权重函数形式和预测方法的组合模型中，根据最小均方根误差和预测误差寻求在不同预测期内预测我国能源需求的最优模型形式；然后再根据所得到的最优预测模型对我国能源需求总量和结构进行预测。第二节运用ADL-MIDAS模型借助2000—2020年宏观经济指标及二氧化碳排放量对我国2021—2025年全社会二氧化碳排放量及其结构进行多期预测，最后得出结论。

8.1 基于混频数据模型的我国能源消费总量与能源结构预测

2018 年 IPCC《全球升温 1.5℃ 特别报告》评估了全球升温超过 1.5℃达到 2℃的显著差异。2019 年《气候变化中的海洋和冰冻圈特别报告》进一步强调，若放任碳排放持续过快增长，预计到 2100 年，全球小型冰川将减少 80%，超过 70%的近地表永冻土会消失。有鉴于此，从 1979 年“第一次世界气候大会”到 1997 年《京都议定书》、2009 年哥本哈根气候变化大会，再到 2015 年《巴黎协定》，世界范围内的节能减排行动在众多协商会议推动下曲折前行。减少温室气体排放已经成为关乎人类生存发展的重大研究课题。

我国的碳排放量快速增长，在全球的比重呈不断上升趋势。2014 年国务院办公厅印发《能源发展战略行动计划(2014—2020 年)》，明确规定了未来一段时期的能源消费总量和结构调整目标，即到 2020 年，一次能源消费总量控制在 48 亿吨标准煤左右，并提出减少煤炭消费比重、提升清洁能源消费占比的战略规划。那么，在现有的产业结构、生产技术水平以及经济发展速度下，未来能源消费总量和结构调整能否达到既定的规划目标？研究并正确理解这一问题有助于对未来能源需求形成预判。

8.1.1 模型介绍、预测方法和数据

8.1.1.1 ADL-MIDAS 模型

本节研究的主要目标是通过季度的高频数据预测年度低频的能源需求，因此，建立如下的 ADL-MIDAS 模型：

$$Y_{t+h}^{A} = c + \sum_{j=0}^{p_Y^A-1} \alpha_{j+1} Y_{t-j}^{A} + \beta \sum_{j=0}^{q_X^Q-1} \sum_{i=0}^{N_Q-1} \omega_{i+jN_Q}(\theta^Q) X_{N_{Q-i},\ t-j}^{Q} + \mu_{t+h} \tag{8.1}$$

其中，Y_{t+h}^{A} 代表向前预测 h 步的低频变量，数据频率为年度(A)，$X_{N_{Q-i},\ t-j}^{Q}$ 代表用以进行预测的低频数据，数据频率为季度(Q)，p_Y^A 和 q_X^Q 分别代表低频变量和高频变量的分布滞后阶数，μ 是随机扰动项。ω 代表权重函数多项式向量，是

ADL-MIDAS 模型的核心，权重函数多项式形式的变化构成了不同的 ADL-MIDAS 模型形式，参照 Ghysels 和 Ozkan(2015)以及王维国和于扬(2016)的模型设定，常用的权重函数有零阶贝塔密度函数(normalized beta probability density function with zero lag，Beta)、非零阶贝塔密度函数(normalized beta probability density function with non-zero lag，BetaNN)、指数阿尔蒙函数(normalized exponential Almon lag polynomial，ExpAlmon)、阿尔蒙函数(Almon lag polynomial，Almon)和跃阶函数(step functions，StepF)。此外，还可以基于无约束权重函数(Unrestricted，UMIDAS)进行估计。基于不同的权重函数设定，可以形成 Beta-MIDAS、BetaNN-MIDAS、ExpAlmon-MIDAS、Almon-MIDAS、StepF-MIDAS 以及 U-MIDAS 等六种模型形式。

贝塔密度函数的一般形式可以表示如下：

$$\omega_l(\theta) = \omega_l(\theta_1, \theta_2, \theta_3) = f(x_l, \theta_1, \theta_2) / \sum_{l=1}^{l_{\max}} f(x_l, \theta_1, \theta_2) + \theta_3 \quad (8.2)$$

其中，l 代表权重函数的滞后阶数，取值为 0 至 $l_{\max}$，$x_l = l/l_{\max}$，$f(x_l, \theta_1, \theta_2) = \dfrac{x_l^{\theta_1-1}(1-x_l)^{\theta_2-1}\Gamma(\theta_1+\theta_2)}{\Gamma(\theta_1)\Gamma(\theta_2)}$，$\Gamma(\theta) = \int_0^{\infty} e^{-x}x^{\theta-1}\mathrm{d}x$。当 $\theta_3 = 0$ 时，$\omega_l(\theta) = \omega_l(\theta_1, \theta_2) = f(x_l, \theta_1, \theta_2) / \sum_{l=1}^{l_{\max}} f(x_l, \theta_1, \theta_2)$，即零阶贝塔密度函数。当 $\theta_1 = 1$ 时，$\omega_l(\theta) = \omega_l(1, \theta_2, \theta_3) = f(x_l, 1, \theta_2) / \sum_{l=1}^{l_{\max}} f(x_l, 1, \theta_2) + \theta_3$，即非零阶贝塔密度函数。

指数阿尔蒙函数的一般形式为：

$$\begin{aligned}\omega_l(\theta) &= \omega_l(\theta_1, \theta_2, \cdots, \theta_p) \\ &= \exp(\theta_1 l + \theta_2 l^2 + \cdots + \theta_p l^p) / \sum_{l=1}^{l_{\max}} \exp(\theta_1 l + \theta_2 l^2 + \cdots + \theta_p l^p)\end{aligned} \quad (8.3)$$

本节选择使用四参数(θ_1，θ_2，θ_3，θ_4)指数阿尔蒙函数。

与此类似，阿尔蒙函数的一般形式可表示为：

$$\omega_l(\theta) = \omega_l(l, \theta_0, \theta_1, \cdots, \theta_p) = \sum_{p=0}^{p_{\max}} \theta_p l^p \quad (8.4)$$

本节选择使用四参数(θ_0，θ_1，θ_2，θ_3)阿尔蒙函数。

跃阶函数的一般形式为：

$$\omega_l(\theta) = \omega_l(\theta_1, \theta_2, \cdots, \theta_p) = \theta_1 I_{l \in [b_0, b_1]} + \sum_{p=2}^{p_{\max}} \theta_p I_{l \in [b_{p-1}, b_p]} \tag{8.5}$$

其中，I 为指示函数，当 l 在所示区间之内时，I 取值为 1；当处于区间之外时，I 取值为 0。

8.1.1.2 预测方法和模型评价标准

ADL-MIDAS 模型的预测方法主要有如下三种：一是固定时窗(fixedwindow)，即运用固定长度的样本期对公式(8.1)进行非线性最小二乘(NLS)或广义最小二乘估计(GLS)，然后将多步预测值和未使用的样本值进行比较；二是滚动时窗(rollingwindow)，即通过设定一个时窗区间长度，将样本期分为多个时窗，对公式(8.1)进行滚动回归，将每一次的预测结果和下一时窗的实际值进行比较；三是递归识别(recursive)，即设定一个初始的样本时窗长度，然后对这一区间进行渐进扩展，将估计结果和下一次扩展区间的取值进行比较。

因此，在分布滞后阶数确定的基础上，将所有预测估计方法(共 3 种)和权重函数形式(共 6 种)进行组合，可以得出 18 种 ADL-MIDAS 模型形式。本节尝试对所有的模型形式进行估计，对其预测结果进行对比和判断，进而得出最优的预测模型形式。对于 ADL-MIDAS 模型而言，判断其模型估计效果等价于判定其预测精度，最为常用的判定指标为均方根预测误差(RMSFE)，其计算方式如下：

$$\text{RMSFE}_t = \sqrt{\frac{1}{t - T_0 + 1}\sum_{\tau = T_0}^{t} (y_{\tau+h}^h - \hat{y}_{\tau+h \mid \tau}^h)^2} \tag{8.6}$$

其中，T_0 代表预测的起始时点，y 代表实际值，$\hat{y}$ 代表预测值。此外，对于一步预测或者考察单一时点的预测结果而言，还可以基于样本内预测值和实际值直接计算得出其预测误差，其计算公式为：

$$\frac{\hat{y} - y}{y} \times 100\% \tag{8.7}$$

当误差值为正(负)时，意味着高估(低估)。上述两种判定方法均可以有效判定模型的预测效果。上述模型设定均是基于单指标预测的讨论，然而，可以用于预测的指标可能是多维的，即存在多指标预测的情况。多指标预测主要有两种方法，即进行多元预测或者组合预测，然而，Clements 和 Galvao(2009)指出，MIDAS 模型中每增加一个解释变量，模型将增加两个待估参数，待估参数多不仅无助于增加预测信息，而且不利于提高预测的准确性和精度。鉴于此，在单指标预测的基础上，将其预测结果进行组合得到的多指标组合预测结果更加有效。本节进行了组合预测，并将其预测误差和单指标误差进行对比。组合预测的计算公式如下：

$$\hat{f}_{N,\ t+h \mid t} = \sum_{j=1}^{N} \omega_{j,\ t} \hat{y}_{j,\ t+h \mid t} \tag{8.8}$$

其中，N 代表单一预测的次数，ϕ 代表组合预测的权重系数，通常加权方法包括：

① 简单加权(EW)：

$$\omega_j = 1/N \tag{8.9}$$

②BIC 加权：

$$\omega_j = \exp(-\mathrm{BIC}_j) / \sum_{j=1}^{N} \exp(-\mathrm{BIC}_j) \tag{8.10}$$

③AIC 加权：

$$\omega_j = \exp(-\mathrm{AIC}_j) / \sum_{j=1}^{N} \exp(-\mathrm{AIC}_j) \tag{8.11}$$

④MSFE 加权和 DMSFE 加权：

$$\omega_j = m_j^{-1} / \sum_{j=1}^{N} m_j^{-1} \tag{8.12}$$

$$m_j = \sum_{j=T_0}^{t} \delta^{t-s} (y_s - \hat{y}_{j,\ s})^2 \tag{8.13}$$

其中，T_0 对应样本内预测的起点；y_s 为第 s 期的实际观测值；$\hat{y}_{j,\ s}$ 为第 j 个模型在第 s 期的预测值；δ 为衰减因子。当 $\delta = 1$ 时，上式对应 MSFE 权重；$\delta = 0.9$ 时，则为 DMSFE 权重。

同样，基于不同组合权重的预测结果，我们可以对比得出最优的组合预测形式。

8.1.1.3　数据处理和说明

本节不仅要预测能源需求总量，而且要对能源需求结构进行预测，因此，低频变量共有 5 个，分别为能源需求总量、煤炭需求总量、石油需求总量、天然气需求总量以及水电、核电、风电需求总量，相关数据均选取一次能源消费数据，计量单位统一为万吨标准煤。从高频变量来看，其选择对于预测结果至关重要，既要有完备的数据可以用于预测，又要和能源需求密切相关。因此，本节选取经济增长这一季度高频数据用以预测能源需求。其原因在于，一方面，大量的研究已经证明，经济增长和能源需求的相关性最高，而且使用经济增长变量的相关预测效果更佳；另一方面，人口、城镇化发展水平以及能源效率等其他和能源需求相关的数据均为年度低频数据，无法构建混频数据模型。此外，即便现阶段中国第三产业占比已经超过第二产业，但是工业仍然是国民经济的支柱，其走势和整体经济走势高度一致，而且工业各行业对能源的需求远远超过服务业和生活需求。因此，除了季度 GDP 外，本节同时选取季度工业增加值进行预测，并基于二者的预测结果进行组合预测。其中，工业增加值增速使用月度高频数据最佳，但是目前中国国家统计局并不公布月度的工业增加值绝对量，而是公布季度和年度的工业增加值绝对量，因而本节选择使用季度工业增加值。

本节将样本范围设定为 2000 年一季度至 2016 年四季度，所有原始数据均来自国家统计局网站。在数据处理方面，能源需求数据为年度数据，没有季节性，也并非价值量指标，因而不需要特殊处理。对于季度 GDP 和工业增加值，本节首先运用国家统计局公布的季度实际增长速度，以 2000 年为基期对数据进行价格平减，消除物价影响后得到季度实际 GDP 和工业增加值，然后，使用 X-12 方法对上述实际数据进行季节调整，得到最终的计算数据。

图 8.1 展示了 2000 年以来中国能源需求量的变动趋势，我们根据其变动特征可以将其大致分为 3 个阶段。第一阶段是 2000—2002 年的低需求阶段，其间中国经济总量相对较小，能源需求和能源消耗也相对较低，能源需求总量处于 20 亿吨标准煤以下，煤炭和石油需求增长趋势也相对平缓，清洁能源发展尚处于起步阶段；第二阶段是 2003—2011 年的高速增长阶段，其间随着中国加入 WTO 效应的显现和改革的深化，投资、出口、房地产和信贷均出现了大规模的扩张，能源需求尤其是煤炭需求进入一轮大规模扩张时期，能源需求总量年均增速高达 9.6%，而受制于供给不足等问题，石油和清洁能源增长相对较为平缓；第三阶段是 2012—2016 年的增长放缓和结构调整阶段，这一阶段能源需求变动有两个明显的特征，一是能源需求总量增速明显放缓，能源需求总量年均增速降至 2.4%，二是能源需求结构不断调整，煤炭占比不断下降，而天然气等清洁能源占比不断上升。能源需求增速下降主要与近年来节能降耗措施的实施有

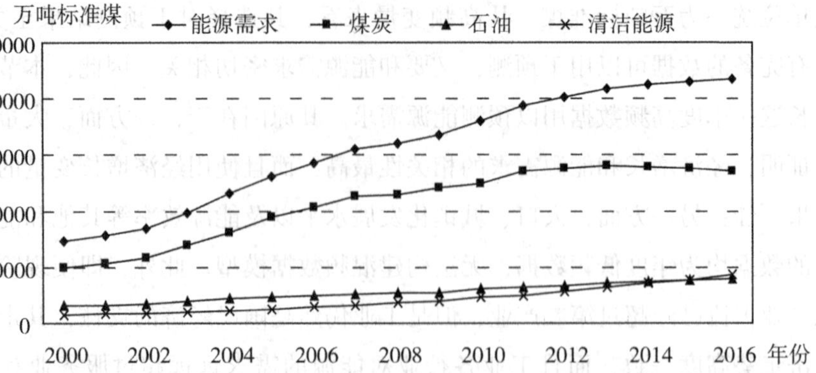

图 8.1　能源需求变动趋势

关，单位 GDP 能耗也出现了逐年下降，体现出能源效率的提升和生产技术的进步。而能源结构的调整主要与环境的约束有关，以煤炭为主的能源结构必然造成环境污染，这与民众愈来愈强烈的环保诉求相背离，因此，降低高污染化石燃料的比重，提升清洁能源的比重是未来的发展趋势。从表 8.1 可以看出，2010—2016 年，中国煤炭需求占比由 69.2%降至 62.0%，天然气占比由 4.0%上升至 6.3%，水电、核电、风电占比由 9.4%升至 13.4%，石油占比基本保持不变。按照目前的变动趋势，能否实现“到 2020 年，一次能源消费总量控制在 48 亿吨标准煤左右，非化石能源占一次能源消费比重达到 15%，天然气比重达到 10%以上，煤炭消费比重控制在 62%以内”的目标？我们将建立 ADL-MIDAS 模型对其进行预测。

表 8.1　　2010—2016 年能源需求结构变动(%)

年份	煤炭	石油	天然气	水电、核电、风电
2010	69.2	17.4	4.0	9.4
2011	70.2	16.8	4.6	8.4
2012	68.5	17.0	4.8	9.7
2013	67.4	17.1	5.3	10.2
2014	65.6	17.4	5.7	11.3
2015	64.0	18.1	5.9	12.0
2016	62.0	18.3	6.3	13.4

8.1.2 模型构建与形式确定

关于 MIDAS 模型的一系列理论和应用研究表明，ADL-MIDAS 模型的预测效果优于自回归混频数据模型(AR-MIDAS)和分布滞后混频数据模型(DL-MIDAS)，因此本节不再对比三种模型的估计结果，而是重点对不同形式的 ADL-MIDAS 模型进行比较，进而使用最优的预测模型进行预测。具体来看，本节将在不同的预测期设定下，使用 6 种权重函数，运用不同的预测方法构建多个 ADL-MIDAS 模型，通过样本内预测比较得出最优的预测模型形式。其中，根据研究经验，本节分别将低频变量和高频变量的分布滞后期设定为 1 和 4，构建 ADL-MIDAS(1，4)模型，即假定滞后一期的能源需求对当期的解释能力最强，而滞后 4 个季度的 GDP 和工业增加值对当期的解释能力最强。同样，本节检验了其他滞后期组合的预测效果，当滞后期偏大时，模型待估参数增加导致预测效果下降，而滞后期偏小则不能充分利用样本信息。在上述模型框架下，分别基于季度 GDP、季度工业增加值和组合预测对能源需求总量及结构进行了预测。由于本节的预测区间为 2017—2020 年，因此将各个模型的预测期设定为 1~4 期。

从基于季度 GDP 的预测结果来看(见表 8.2)，当向前预测 1 期时，RMSFE 最小，即预测效果最佳，当向前预测 3 或者 4 期时，预测误差有所加大，但是仍处于较低的水平。当向前预测 1 期时，非零阶贝塔密度权重函数和跃阶权重函数的估计效果最优；当向前预测 2 期时，使用递归识别方法的非零阶贝塔密度权重函数和跃阶权重函数的估计效果最优；当向前预测 3 期时，使用递归识别方法的跃阶权重函数的估计效果最优；当向前预测 4 期时，使用滚动时窗方法的零阶贝塔密度函数的估计效果最优。

表 8.3 列出了基于季度工业增加值的预测结果，当向前预测 1 期时，无论基于何种权重函数或者使用何种估计方法，其预测效果均优于向前预测 2~4 期的结果。当向前预测 1 期时，基于零阶贝塔密度函数和指数阿尔蒙函数的估计效果最优；当向前预测 2 期时，使用滚动时窗方法，基于零阶贝塔密度函数和指数阿尔蒙函数的估计效果最优；当向前预测 3 期时，使用滚动时窗方法，基于零阶贝塔密度函数的估计效果最优；当向前预测 4 期时，使用滚动时窗方法，基于零阶贝塔密度函数和指数阿尔蒙函数的估计效果最优。

综合上述两类单指标预测模型来看，模型总体预测效果均较为理想，RMSFE 值总体位于 0 与 3 之间，其中，向前预测 1 期的预测效果最为理想。当基于季度 GDP 预测时，选择非零阶贝塔密度权重函数和跃阶权重函数的估计效果总体优于其他权重函数；当基于季度工业增加值预测时，滚动时窗预测方法以及选择零

表 8.2　　**基于季度 GDP 建模的样本内预测 RMSFE**

预测期	估计方法	Beta	BetaNN	ExpAlmon	UMIDAS	StepF	Almon
1	固定时窗	0.2911	0.0284*	0.1245	0.0302	0.0284*	0.0302
	滚动时窗	0.2911	0.0284*	0.1245	0.0302	0.0284*	0.0302
	递归识别	0.2911	0.0284*	0.1245	0.0302	0.0284*	0.0302
2	固定时窗	1.7146	1.3820	2.0419	1.4365	1.3820	1.4365
	滚动时窗	1.5766	1.3550	1.8276	1.3877	1.3550	1.3877
	递归识别	1.5891	1.3318*	1.8289	1.3703	1.3318*	1.3703
3	固定时窗	2.5081	2.9897	2.7992	2.9897	2.1312	2.9897
	滚动时窗	1.9589	2.4073	2.4848	2.4895	1.9443	2.4895
	递归识别	2.0961	2.2685	2.3101	2.2837	1.7695*	2.2837
4	固定时窗	2.6339	3.9065	2.9895	3.9065	2.3262	3.9065
	滚动时窗	1.6259*	2.1997	2.1860	2.4145	1.9323	2.4145
	递归识别	1.9969	2.3436	2.2351	2.3547	1.6961	2.3547

注：* 代表在同一预测期内的最小 RMSFE，即最优预测模型，下同。

表 8.3　　**基于季度工业增加值建模的样本内预测 RMSFE**

预测期	估计方法	Beta	BetaNN	ExpAlmon	UMIDAS	StepF	Almon
1	固定时窗	0.3919*	1.4364	0.3919*	0.4451	1.4364	0.4451
	滚动时窗	0.3919*	1.4364	0.3919*	0.4451	1.4364	0.4451
	递归识别	0.3919*	1.4364	0.3919*	0.4451	1.4364	0.4451
2	固定时窗	1.7131	2.8681	1.7131	2.0172	2.8681	2.0172
	滚动时窗	1.5938*	2.4435	1.5938*	1.8165	2.4435	1.8165
	递归识别	1.6177	2.5372	1.6177	1.8426	2.5372	1.8426

续表

预测期	估计方法	Beta	BetaNN	ExpAlmon	UMIDAS	StepF	Almon
3	固定时窗	2.3983	3.7971	2.3983	3.2960	3.7971	3.2960
	滚动时窗	1.8883*	2.7527	1.9053	2.3176	2.7527	2.3176
	递归识别	2.0361	2.9590	2.0361	2.4473	2.9590	2.4473
4	固定时窗	2.4775	3.9291	2.4775	2.5512	3.9291	2.5512
	滚动时窗	1.4992*	2.3928	1.4988*	1.9698	2.3928	1.9698
	递归识别	1.9176	2.7616	1.9176	2.1467	2.7616	2.1467

阶贝塔密度函数和指数阿尔蒙函数的估计效果优于其他组合。进一步对比两类模型的最优预测结果可知，当向前1~3步预测时，基于季度GDP的预测效果最优；当向前4步预测时，基于季度工业增加值的预测效果最优。综合上述的预测结果和分析，本节得出能源需求总量单指标预测的最优模型形式，其中，对于多种最优形式的情况，本节仅选择其中一种。具体模型形式如下：当向前1~2步预测时，选择基于季度GDP的递归识别和非零阶贝塔密度权重函数模型；当向前3步预测时，选择基于季度GDP的递归识别和跃阶函数模型；当向前预测4步时，选择基于季度工业增加值的滚动时窗和零阶贝塔密度权重函数模型。

由于组合预测无法比较RMSFE，本节将根据公式(8.7)计算预测误差，进而比较不同预测方法和不同组合预测权重系数下各个模型的预测效果，其结果列于表8.4中。其中，组合预测结果是基于单指标预测结果计算，因此，在组合预测中，本节将单指标预测模型的形式设定为表8.2和表8.3中的最优模型形式。比如，当基于季度GDP向前预测3期时，本节选取递归识别方法和跃阶权重函数。同时，为了增强可比性，表8.4中并没有综合各期的预测结果计算综合误差，而是比较了2016年预测结果的预测误差。由表8.4的估计结果可以看出，向前预测1期的误差并没有完全小于向前预测2~4期的误差，表明组合预测的预测期和预测精度并没有呈现出反比例的规律性特征。当向前预测1期时，AIC权重和BIC权重系数的预测误差最小，预测效果最优；当向前预测2期时，使用滚动时窗方法的等权预测的效果最佳；当向前预测3期时，使用递归识别方法的AIC和BIC权重系数的预测效果最优；当向前预测4期时，使用滚动时窗方法的等权预测的效果最佳。综合来看，就组合预测而言，一方面，总体预测效果较为理想，预测误差的绝对值均低于 2%，而最小的预测误差仅为 0.02%，和实际值几乎一致；另一方面，使用滚动时窗和递归识别方法的预测效果优于固定时窗，而基于 AIC、BIC 和等权的预测效果优于其他权重系数。

表 8.4　　**基于季度 GDP 和工业增加值的样本内组合预测误差(%)**

预测期	估计方法	MSFE	DMSFE	AIC	BIC	EW
1	固定时窗	0.3130	0.3130	0.2934*	0.2934*	0.3273
	滚动时窗	0.3130	0.3130	0.2934*	0.2934*	0.3273
	递归识别	0.3130	0.3130	0.2934*	0.2934*	0.3273
2	固定时窗	0.9000	0.9000	0.8984	0.8984	0.9000
	滚动时窗	0.0191	0.0191	0.0192	0.0192	0.0186*
	递归识别	0.3264	0.3265	0.2934	0.2934	0.3273
3	固定时窗	1.5313	1.5313	1.5338	1.5338	1.5345
	滚动时窗	−0.3706	−0.3708	−0.3606	−0.3606	−0.3689
	递归识别	0.3288	0.3290	0.2934*	0.2934*	0.3273
4	固定时窗	1.9400	1.9399	1.9472	1.9472	1.9461
	滚动时窗	−0.0315	−0.0320	−0.0534	−0.0534	−0.0176*
	递归识别	0.3294	0.3297	0.2934	0.2934	0.3273

在对能源需求整体预测建模的基础上，我们进一步构建能源需求结构的预测模型，分别对煤炭、石油、天然气以及水电、核电、风电需求进行样本内预测，评估预测模型的预测精度。具体而言，本节分别基于季度 GDP、季度工业增加值和组合预测，对 4 种类型的能源需求进行预测，预测期同样为 1~4 年。在预测模型设定中，对于单一预测，本节根据 RMSFE 选取了最优的模型形式，经对比，发现 4 种能源预测模型的最优模型形式和能源总量预测模型的最优形式基本一致，因此本节采用表 8.2 和表 8.3 中的模型形式。比如，基于季度 GDP 向前 1 步预测煤炭需求时，选取滚动时窗和跃阶函数权重进行计算。对于组合预测，经对比选择后，本节主要采用了滚动时窗和 AIC 权重系数进行计算。为了便于比较，本节选取各个预测期 2016 年的预测结果，对比其预测误差，结果列于表 8.5 之

中。可以看出，所有预测模型的样本内预测误差的绝对值均低于 3%，表明本节构建的能源结构预测模型取得了良好的估计效果。

表 8.5　　**能源需求结构的样本内预测误差(%)**

预测期	能源类型	基于季度 GDP	基于季度工业增加值	组合预测
1	煤炭	1.5195*	1.9311	1.9711
	石油	-0.0827	0.0229*	0.0261
	天然气	0.1649*	-0.3508	-0.3951
	水电、核电、风电	-1.8862*	-2.7667	-2.3600
2	煤炭	1.5195*	1.9311	1.9711
	石油	1.4838	0.1274	0.0258*
	天然气	-0.9320	-0.1104*	-0.6606
	水电、核电、风电	-2.0252*	-2.8569	-2.3982
3	煤炭	1.8432*	1.9311	1.9711
	石油	-0.4014	0.4967	0.0266*
	天然气	-1.3993	-0.2362*	-0.6606
	水电、核电、风电	-1.0415*	-2.1068	-2.4300
4	煤炭	1.8432*	1.9311	1.9711
	石油	0.0708	-0.1283	0.0266*
	天然气	-1.3781	0.3668*	-0.6606
	水电、核电、风电	-2.0208*	-2.1787	-2.4519

对于煤炭需求预测模型，当向前 1~4 步预测时，基于季度 GDP 的预测效果均优于工业增加值和组合预测；对于石油需求预测模型，当向前 1 步预测时，基于季度工业增加值的预测效果更优，当向前预测 2~4 步时，组合预测的效果更优；对于天然气预测模型，当向前 1 步预测时，基于季度 GDP 的预测效果更优，当向前预测 2~4 步时，基于季度工业增加值的预测效果更优；对于水电、核电、风电需求预测模型，当向前 1~4 步预测时，基于季度 GDP 的预测效果均优于季度工业增加值和组合预测。

8.1.3　预测结果和分析

在前面构建的最优预测模型基础上，本节进一步对中国能源需求总量和结构进行预测。其中，本节构建的 ADL-MIDAS 模型可以基于样本内信息进行 1 步预测，随着向前预测期的延长，需要综合利用样本外信息进行预测。因此，本节基于样本内信息预测 2017 年的能源需求总量和结构，综合利用样本内和样本外信息预测 2018—2020 年的相关数据。在预测过程中，无论是对能源需求总量还是需求结构，本节选取的模型均为前面构建的最优预测模型，即对 2017 年的预测模型而言，本节选取向前 1 步预测的最优模型，而对 2018 年的预测而言，本节选取向前 2 步的最优预测模型，以此类推。

表 8.6 列出了 2017 年的预测结果。总体来看，基于季度 GDP、基于季度工业增加值和组合预测的结果十分接近，表明对能源需求预测而言，三种预测方法的预测效果并无明显差距，本节不加区分地以基于季度 GDP 的预测结果进行说明。预测结果表明，2017 年能源需求总量达到了 444738 万吨标准煤，比 2016 年上升 2.0%，延续了近 5 年以来的低速增长态势；煤炭需求总量有所上升，占能源需求比重为 62%，和 2016 年占比持平；天然气和非化石能源需求总量也均保持了上升态势，占比分别为 6.3% 和 13.4%，均与 2016 年持平。可见，2017 年能源需求总量低速上升的同时，能源需求结构总体保持了 2016 年的态势。

表 8.6　　**基于样本内信息的 1 步预测结果(单位：万吨标准煤)**

预测期	能源类型	基于季度 GDP	基于季度工业增加值	组合预测
2017 年	总量	444738	444881	444758
	煤炭	275738	275826	275750
	石油	81387	81413	81391
	天然气	27949	27958	27950
	水电、核电、风电	59665	59684	59667

注：由于本节采取的是能源需求总量和各类能源需求分别预测的策略，因此各类能源需求加总结果与总量结果略有差异，下同。

预测2018—2020年的相关数据需要利用样本外信息，即需要设定2018—2020年GDP和工业增加值的增长速度。从GDP来看，中国政府每五年均发布国民经济和社会发展五年规划，制定相应的经济增长目标，具有一定的权威性和代表性。从工业增加值来看，其波动幅度相对较大，而且政府部门没有明确设定工业经济增长目标，因此对工业增加值增速的预测存在一定困难，如果对其进行预测后再用于预测能源需求，无疑会使预测误差增大。因此，本节选择使用季度GDP指标进行预测，而且从2017年的预测情况来看，预测结果对预测指标的选取并不敏感。与此同时，参照现有文献的思路，我们通过情境设定进行情境预测，具体分为乐观、政策和悲观三种情境。《中华人民共和国国民经济和社会发展第十三个五年规划纲要》指出，到2020年，中国经济增长速度为6.5%以上，因此，我们将其作为正常情境的基准增长速度。如果中国经济供给侧结构性改革、结构调整和转型升级成效持续提升，新增长动能加速成长，并且国内外需求明显好转，经济增速或将出现回升，到2020年经济增长速度将高于6.5%，我们将其设定为乐观情境；如果改革效果不及预期，新增长动力尚未完全形成，国内外需求增长乏力或者再次出现局部性或者全球性的经济危机，中国经济增速或将继续探底，到2020年经济增长速度也将低于6.5%，我们将其设定为悲观情境。具体的情境设定结果见表8.7。本节认为，现阶段中国经济总规模已处于10万亿美元以上，每一个百分点的经济增量在不断提升，在不出现突破性科技革命的前提下，即使处于乐观情境，经济增速也难以出现持续的上升。因此，在乐观情境下，2017—2020年，中国经济增速分别为6.9%、6.8%、6.7%和6.7%，超额完成“十三五”规划提出的经济增长目标。在正常情境下，到2020年可以顺利实现“十三五”经济增长目标。在悲观情境下，2017年经济增速降至6.5%，到2020年将进一步降至6.3%，无法完成“十三五”规划提出的经济增长目标。特别地，

表8.7 **2017—2020年经济增长速度的情境设定(%)**

情境	2017年	2018年	2019年	2020年
乐观	6.9	6.8	6.7	6.7
正常	6.7	6.6	6.5	6.5
悲观	6.5	6.4	6.4	6.3

本节使用的GDP数据为季度数据，为了保持数据的稳定性，我们设定同一年份四个季度的GDP增速相等，事实上，从现实情况来看，中国经济进入新常态以来，同一年份内季度GDP增速几乎持平或者保持小幅波动。

表8.8为2018—2020年能源需求总量和结构的预测结果。在乐观、正常和悲观三种情境下，中国能源需求总量均保持了低速增长态势，能源需求增速远低于GDP增速，体现出生产技术水平的进步和节能减排成效的提升；煤炭需求总量出现了持续的下降，这与国家的政策导向密不可分，煤炭消费需求的下降与低碳化和绿色化的未来经济发展趋势相吻合；石油、天然气以及水电、核电、风电需求总量均持续上升。在乐观情境下，到2020年，中国能源需求总量达到了465945万吨标准煤，较2016年增长6.9%，年均增长1.7%；煤炭需求总量较2016年下降2.6%，年均下降0.7%，煤炭占能源总需求的比重下降至56.5%；天然气和非石化能源需求总量高速增长，较2016年分别增长30.3%和44.1%，年均增速分别高达7.6%和11.0%，占能源总需求的比重分别上升至7.7%和18.1%。在正常情境下，到2020年，中国能源需求总量较2016年增长6.7%，年均增长1.7%；煤炭需求总量较2016年下降1.9%，年均下降0.5%，煤炭占能源总需求的比重下降至57.0%；天然气和非石化能源需求总量较2016年分别增长30.9%和43.9%，年均增速分别高达7.7%和11.0%，占能源总需求的比重和乐观情境一致。在悲观情境下，到2020年，中国能源需求总量较2016年增长6.5%，年均增长1.6%；煤炭需求总量较2016年下降1.7%，年均下降0.4%，煤炭占能源总需求的比重下降至57.2%；天然气和非石化能源需求总量较2016年分别增长25.1%和42.7%，年均增速分别为6.3%和10.7%，占能源总需求的比重分别为7.4%和18.0%。

可以发现，由于近年来中国经济增长的稳定性和韧性不断增强，经济增速的波动率几乎达到了历史最低水平，因此在乐观、政策和悲观三种情境下，经济增速的差距并不明显，在此背景下，能源需求总量和各类能源需求的预测结果也比较接近。综合上述预测结果来看，到2020年，中国能源需求总量将达到46.5亿吨标准煤左右，低于《能源发展战略行动计划(2014—2020年)》提出的48亿吨标准煤目标，超额完成既定的目标，“十三五”期间能源需求总量年均增速为1.6%左右；煤炭需求总量占能源总需求的比重将降至57%左右，低于“62%左右”的目

表 8.8 基于样本外信息的预测结果(单位：万吨标准煤)

预测期	能源类型	乐观	正常	悲观
2018 年	总量	453122	451842	451423
	煤炭	266332	267849	267703
	石油	86307	86425	85610
	天然气	31307	31318	30916
	水电、核电、风电	69382	69329	69148
2019 年	总量	459130	458212	457982
	煤炭	264482	266401	266675
	石油	89656	89705	88062
	天然气	33465	33511	32683
	水电、核电、风电	76285	76208	75779
2020 年	总量	465945	465130	464450
	煤炭	263183	265317	265606
	石油	93219	93160	90529
	天然气	35712	35868	34278
	水电、核电、风电	84280	84179	83457

标水平，超额完成任务，“十三五”期间煤炭需求年均下降 0.9%左右；天然气需求占能源需求总量的比重将达到 7.6%左右，低于《能源发展战略行动计划(2014—2020 年)》提出的 10%以上的目标，未来天然气的市场化进程和需求普及还需继续推进，“十三五”期间天然气需求年均增长 7.4%左右；非化石能源占能源需求的比重将达到 18%左右，超额完成“15%以上”的目标水平，“十三五”期间年均增速为 11.5%左右。

8.1.4 结论

能源需求总量及其结构的预测是能源规划和产业政策制定的基础。本节使用季度 GDP、季度工业增加值和年度能源需求的混频数据，通过构建 ADL-MIDAS 模型，在不同的权重函数形式和预测方法的组合模型中，根据最小均方根误差和预测误差，确定中国能源需求预测的最优模型形式。

根据样本内预测结果，我们发现，在使用前述步骤中的单个指标预测能源需求总量时，基于季度 GDP 数据或季度工业增加值数据有不同的最优预测模型。本节得出的最优预测模型形式如下：对于能源需求总量的单一预测，当向前 1~2 步预测时，选择基于季度 GDP 的递归识别和非零阶贝塔密度权重函数模型；当向前 3 步预测时，选择基于季度 GDP 的递归识别和跃阶函数模型；当向前预测 4 步时，选择基于季度工业增加值的滚动时窗和零阶贝塔密度权重函数模型。当进行组合预测时，使用滚动时窗和递归识别方法的预测效果优于固定时窗，基于 AIC、BIC 和等权的预测效果优于其他权重系数。对于煤炭需求预测模型，当向前 1~4 步预测时，基于季度 GDP 的预测效果均优于工业增加值和组合预测。对于石油需求预测模型，当向前 1 步预测时，基于季度工业增加值的预测效果更优；当向前预测 2~4 步时，组合预测的效果更优。对于天然气预测模型，当向前 1 步预测时，基于季度 GDP 的预测效果更优；当向前预测 2~4 步时，基于季度工业增加值的预测效果更优。对于水电、核电、风电需求预测模型，当向前 1~4 步预测时，基于季度 GDP 的预测效果均优于季度工业增加值和组合预测。

根据样本内预测结果，我们发现，对于能源需求总量的单一预测，向前 1~4 预测时，每一步都存在基于季度 GDP 或者季度工业增加值的识别方式和预测函数模型的最佳组合；当进行组合预测时，使用滚动时窗和递归识别方法的预测效果优于固定时窗，基于 AIC、BIC 和等权的预测效果优于其他权重系数。对于具体的能源结构模型，构建煤炭需求、石油需求、天然气需求、水电、核电、风电组合需求的模型时，当向前预测 1~4 步时，基于季度 GDP 或季度工业增加值的需求预测，均存在不同的最优预测模型选择。

与以往的相关研究相比，本研究的预测误差较小，能源需求预测的准确性得到了显著提高。由于缺乏对能源需求结构预测的研究，我们对中国能源总需求的预测误差进行了比较。使用 GA-SA 模型的平均相对预测误差为 0.046%。使用 PSO-GA 模型的误差在 0.57%~0.78%，使用灰色模型的误差为 0.38%。相比之下，本研究的平均相对预测误差（包括 RMSFE 和样本内预测误差）大都低于 0.1%，最小误差仅为 0.02%。

中国能源需求总量及结构的预测结果表明：在乐观、政策和悲观三种情境下，能源需求总量和各类能源需求的预测结果比较接近。到 2020 年，中国能源需求总量将达到约 46.5 亿吨标准煤，能够完成 48 亿吨标准煤的既定目标，“十三五”期间能源需求总量年均增速为 1.6%左右；煤炭需求总量占能源总需求的比重将降至 57%左右，能够完成 62%左右的目标，“十三五”期间煤炭需求年均下降 0.9%左右；非化石能源占能源需求的比重将达到 18%左右，超额完成 15%以上的目标，“十三五”期间年均增速为 11.5%左右；但是，天然气需求要达到 10%的比重仍存在一定困难，预计 2020 年天然气需求占能源需求总量的比重将达到 7.6%左右，未来天然气的市场化进程和需求普及还需继续推进，“十三五”期间天然气需求年均增长 7.4%左右。

在上述的实证结果中，主要依靠经济增长速度进行了预测，假定了“十三五”期间中国产业结构和生产技术水平基本维持稳定。如果期间产业结构调整加速，服务业对工业的替代效果明显增强，低碳和绿色生产技术取得突破性进展，那么到 2020 年能源需求总量可能低于预测水平。如果期间服务业发展不及预期，产业结构调整缓慢，低碳和绿色生产技术没有大规模推广，在经济增长对能源刚性需求的影响下，能源需求总量将高于预测水平，甚至超过 48 亿吨标准煤的目标水平。无论如何，中国能源的对外依存度仍然较大，应当继续将“节约优先”和“低碳环保”作为能源政策的基本战略，着力推进技术进步，实施积极的节能降耗措施，提高能源利用效率，持续降低单位 GDP 能耗。此外，推进天然气领域的市场化改革，提升天然气市场需求，增强清洁能源对煤炭的替代仍然任重道远。

可以看出，中国的能源改革取得了重大成就，人均能源消耗持续下降。在经济稳步增长的同时，能源消费总量增速持续放缓。结果显示，到 2020 年，碳排放和节能的既定目标可能会超额完成，主要取决于两个主要因素。一方面，中国的产业结构调整正在带来积极影响。2012 年以来，中国第三产业发展加快，特别是信息、物流、金融等产业的发展已超过第二产业，成为拉动经济增长的主要引擎。这将直接推动产业结构的优化，从结构调整上实现能源总量控制的目标。另一方面，中国持续推动产业结构转型升级。近年来，大力引进先进设备、科技和高技能人才，加大研发投入，推动智能制造、绿色制造、互联网信息化制造深度融合。这些政策可以提高工业劳动生产率、减少能源需求、改变能源结构，并从根本上将能源型发展道路转变为技术型。

8.2 基于混频数据模型的我国“十四五”碳排放总量及其结构预测

2005 年中国碳排放总量的世界占比为 18%，2016 年已超过 1/4。根据 Global Carbon Atlas 的统计结果，2017 年中国碳排放量比重达到 27.2%。中国在全球节能减排及低碳转型中承担着重大任务和责任，同样地，对中国碳排放相关问题的分析对于研究世界碳排放问题具有举足轻重的意义。受经济发展遇阻及节能减排相关政策的影响，2012 年起中国碳排放增速开始逐步放缓，于 2014 年首次实现本世纪内二氧化碳排放总量的负增长，且随后降低至百亿吨以下，低碳行动粗具成效。但 2016 年起减速开始放缓，并于 2017 年重新实现总排放量的正增长，超过 97 亿吨，这使得中国未来的碳排放变动趋向不确定性增加。2020 年正值中国“十三五”收尾、“十四五”即将启程之际，基于此，本节对中国“十四五”期间碳排放总量的整体走向及结构变动进行预测，以期在不确定事件常态化情境下为对未来中国节能减排目标的实现进行合理预估提供实证参考。

8.2.1 指标选取及处理

实证运用 2000—2020 年宏观经济指标及二氧化碳排放量对中国 2021—2025 年全社会二氧化碳排放量及其结构进行多期预测。经济的快速增长必然导致能源消耗加快、碳排放增加。朱勤等、宋杰鲲对碳排放多因素的分解结果表明，在中国，经济产出效应对碳排放的贡献明显要大于能源结构、产业结构、人口规模等其他宏观因素，这一结论也得到相关研究的证实。据此，实证使用国内生产总值、工业增加值指标以衡量全社会经济产出水平，并作为解释变量进行碳排放预测。预测指标二氧化碳排放量为年度数据，考虑到国家统计局数据发布频率，模型中解释变量 GDP、工业增加值指标均采用季度数据。

根据既有资料，当前美国能源署(EIA)、世界银行(WB)以及世界资源研究所(WRI)等多家机构对中国二氧化碳排放量的测算结果不一，且差别较为显著。为了更准确地把握中国碳排放规模，本节以《2006 年 IPCC 国家温室气体清单指南》为参考标准，根据各年度中国《能源统计年鉴》中的分行业能源消费总量，对样本期内的历年二氧化碳排放总量及分行业结果重新进行测算，共包括煤炭、焦炭、原油、汽油、煤油、柴油、燃料油和天然气共八大能源类别。为避免重复计算，从中剔除用于“石油加工、炼焦和核燃料加工业”的煤炭和原油，并根据能源平衡表进一步将用于工业原料、材料的各类能源消耗予以剔除。相关计算公式如下。

$$CO_2 = \sum_{i=1}^{8} E_i \cdot NCV_i \cdot CEF_i$$
$$CEF_i = CC_i \cdot COF_i \cdot (44/12) \tag{8.14}$$

公式(8.14)中，E_i 为第 i 类能源的消费量(万吨)，NCV_i 为对应能源的平均低位发热量(kJ/kg)。CEF_i 为能源碳排放因子(kg/TJ)，等于能源含碳量(CC_i)与碳氧化因子(COF_i)的乘积再乘以二氧化碳与碳的分子比率(44/12)。各能源的低位发热量取自《能源统计年鉴》附表，碳排放因子则参考 IPCC(2006)标准，具体参数如表 8.9 所示。

表 8.9　　**能源低位发热量与碳排放因子**

	煤炭	焦炭	原油	汽油	煤油	柴油	燃料油	天然气
NCV	20908	28435	41816	43070	43070	42652	41816	38931
CEF	95977	105996	73333	70033	71500	74067	77367	56100

注：①低位发热量取自《能源统计年鉴》附表，其中煤炭取原煤的对应值；②碳排放因子依照 IPCC(2006)标准计算得到。③$1TJ = 10^9KJ$。

通过上述过程得到了中国各行业及总体的二氧化碳排放测算结果，表 8.10 和图 8.2 分别列示了样本期内二氧化碳排放量的产业结构变化以及增长率变动情况。

表 8.10　　**中国二氧化碳排放总量及其结构变动**

年份	二氧化碳排放总量(万吨)	第一产业(%)	第二产业(%)	第三产业(%)
2000	359143	1.27	84.17	14.55
2001	368769	1.26	84.33	14.41

续表

年份	二氧化碳排放总量(万吨)	第一产业(%)	第二产业(%)	第三产业(%)
2001	388873	1.29	84.56	14.15
2003	455272	1.25	85.48	13.26
2004	508634	1.36	84.92	13.72
2005	577035	1.35	85.62	13.03
2006	629965	1.27	85.91	12.82
2007	670830	1.13	86.00	12.87
2008	692623	1.04	86.38	12.58
2009	788826	1.07	86.81	12.13
2010	853183	1.03	86.82	12.15
2011	945944	0.97	87.15	11.88
2012	1002687	0.95	86.98	12.07
2013	1019767	1.01	86.41	12.58
2014	1004832	1.06	85.90	13.03
2015	975758	1.11	84.67	14.22
2016	961156	1.16	84.18	14.66
2017	971447	1.18	84.00	14.83
2018	1002745	1.20	83.75	15.05
2019	1025670	1.18	84.07	14.76
2020	1052023	1.22	84.51	14.28

由测算结果知，第一，各产业的碳排放比重变动幅度很小，长期内相对稳定，从高至低依次为第二、三、一产业。其中，2011 年第二产业碳排放量比重升至本世纪最高水平 87.15%，随后持续降低至 84.51%，并且碳排放总量与第二产业碳排放量变化率曲线几近重合，即工业制造业经济的发展与全社会碳排放总量紧密关联，是二氧化碳产生的重要根源。国家“十二五”“十三五”纲要中明确提出践行绿色发展理念，从生态环境、能源资源、气候变化等多方面对产业发展提出要求。有力的政策扶持也取得了显著成效，2013—2016 年，中国全社会碳

排放水平持续性降低。第二，从长期变动来看，各个行业碳排放增速趋于减弱，增长率波幅趋向稳定。不同产业的碳排放增速逐渐趋同，产业间"发展代价"差异减小。根据估算结果，2020 年第一、二产业碳排放量增速有所加快，这将进一步带动该年度总排放量的短期较快速增长。

图 8.2 中柱形图分别为第三产业中交通运输、仓储和邮政业、生活消费两大部门的历年碳排放增速变化。通过比较可知，行业间局部差异与长期共同趋势特征并存。从整体看，各产业部门的碳排放增长率在 2009 年之前经历了一个"先增后降"的完整变化周期，并在 2009 年剧烈反弹后，增速开始逐渐放缓甚至出现负值。通过对碳排放总量及结构特征的分析，由相关政策及经济发展规划所推动的中国宏观经济发展状况对全社会碳排放水平的变化具有十分显著的积极作用。

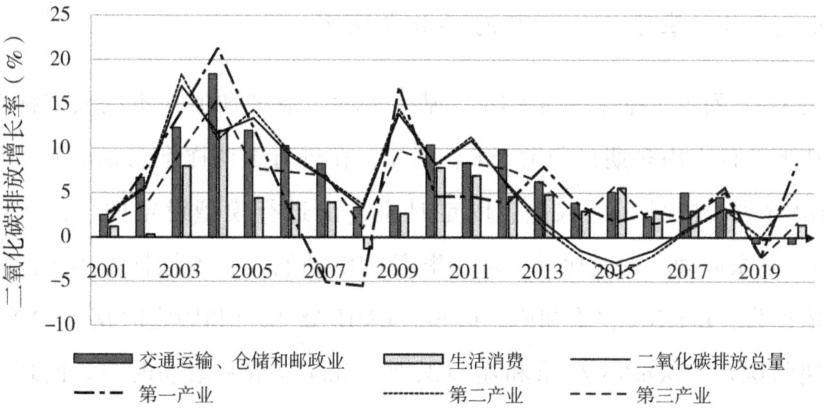

图 8.2 行业二氧化碳排放量增长率

8.2.2 模型构建与形式确定

为尽可能提高模型预测精度并保证预测结果的可靠性，分别对使用季度 GDP、季度工业增加值的样本内预测效果进行考察，以确定模型最优形式。由于 GDP、工业增加值均为价值型季度序列，为便于分析，以 2000 年为基期，分别运用 GDP 指数、工业增加值指数对原序列做定基处理，并进行 X-12 季节性调整，使用处理后的指标选择最优模型。

结合多次模拟结果及现实经验，设定模型阶数为(1，4)，即低频序列滞后期数为 1，高频序列滞后期数为 4，本年度碳排放总量受上一年份的碳排放总量及过去一年中四个季度的 GDP(或工业增加值)的影响。为便于分析比较，在进行模型构建时，统一以 2017 年的碳排放量为参照，在此基础上以 1 至 5 期的样本内多步预测效果为标准，确定最优模型形式。

对于同一指标，模型权重标准与测算方法不同，往往会导致预测结果与实际值的偏差程度不同，因此需进一步比较同期预测中不同模型设定下的预测精度。具体采用 Beta、BetaNN、ExpAlmon、UMIDAS、StepF、Almon 六种权重标准，分别考察在固定时窗、滚动时窗和递归识别三种计算方法下的样本内预测效果。基于指标的单一形式、组合形式所构建模型的样本内预测精度分别以均方根误差来衡量。

8.2.2.1　基于单一指标的样本内预测

表 8.11 列示了基于季度 GDP、基于季度工业增加值在不同权重标准和计算方法下的样本内多期预测 RMSE。例如，在进行 1 期样本内预测时，基于季度 GDP 序列，按照 Beta 权重、固定时窗方法进行模型设定的预测 RMSE 为 0.173，其余同理。通过比较，基于季度 GDP 进行 1 至 5 期样本内预测的最优形式依次为：BetaNN 权重和固定时窗、UMIDAS 权重和固定时窗、UMIDAS 权重和递归识别、BetaNN 权重和递归识别、Beta 权重和滚动时窗。同理，基于季度工业增加值的模型选择依次为：StepF 权重和固定时窗、UMIDAS 权重和固定时窗、UMIDAS 权重和递归识别、Beta 权重和递归识别、Beta 权重和滚动时窗。

除上述结论外，据表 8.11 可观察到，其一，模型总体预测效果较好，最优模型 RMSE 均保持在 6.200 以下，最低值仅为 0.073，且季度工业增加值的预测效果要略优于季度 GDP。其二，无论是基于季度 GDP，还是基于季度工业增加值，RMSE 均随着期数增加而逐渐增大，即随着预测期增加，预测效果会相应变弱。

表 8.11 **基于季度 GDP 和季度工业增加值的碳排放样本内预测 RMSE**

预测期	权重标准	基于季度 GDP			基于季度工业增加值		
		固定时窗	滚动时窗	递归识别	固定时窗	滚动时窗	递归识别
1	Beta	0. 1732	0. 1732	0. 1732	0. 7276	0. 7276	0. 7276
	BetaNN	0. 1629*	0. 1629*	0. 1629*	0. 7242	0. 7242	0. 7242
	ExpAlmon	0. 2673	0. 2673	0. 2673	0. 7214	0. 7214	0. 7214
	UMIDAS	0. 6886	0. 6886	0. 6886	0. 6524	0. 6524	0. 6524
	StepF	0. 1629	0. 1629	0. 1629	0. 0729*	0. 0729*	0. 0729*
	Almon	0. 6886	0. 6886	0. 6886	0. 6524	0. 6524	0. 6524
2	Beta	1. 9682	1. 8789	1. 8769	0. 8268	1. 0818	0. 9317
	BetaNN	1. 7894	1. 7133	1. 7044	0. 9643	1. 4637	1. 0678
	ExpAlmon	1. 8860	1. 7795	1. 7828	0. 8305	1. 0844	0. 9343
	UMIDAS	1. 0306*	1. 0646	1. 1269	0. 6120*	0. 8941	0. 7072
	StepF	1. 7894	1. 7133	1. 7044	1. 7771	1. 7099	1. 6944
	Almon	1. 0306	1. 0646	1. 1269	0. 6120	0. 8941	0. 7072
3	Beta	5. 4705	4. 5191	4. 4360	4. 6484	4. 1035	3. 8587
	BetaNN	5. 2103	4. 5534	4. 2280	5. 5794	4. 5096	4. 3117
	ExpAlmon	5. 3319	4. 5366	4. 3176	4. 6484	4. 1036	3. 8591
	UMIDAS	5. 1373	4. 3346	4. 0674*	4. 4152	3. 9547	3. 6736*
	StepF	5. 2103	4. 4050	4. 2280	5. 5794	4. 6120	4. 4435
	Almon	5. 1373	4. 3346	4. 0674	4. 4152	3. 9547	3. 6736
4	Beta	9. 1577	6. 2081	6. 2517	7. 9013	5. 6106	5. 4516*
	BetaNN	8. 7958	6. 3946	5. 9742*	9. 1350	5. 7741	5. 9774
	ExpAlmon	8. 9202	6. 3872	6. 0925	7. 9013	5. 6105	5. 4518
	UMIDAS	18. 0478	9. 9244	9. 759	15. 3345	8. 7999	8. 6288
	StepF	8. 7958	6. 2748	5. 9742	9. 1350	6. 3092	6. 0494
	Almon	18. 0478	9. 9244	9. 7590	15. 3345	8. 7999	8. 6288
5	Beta	10. 5307	6. 1027*	6. 6596	9. 1332	5. 5585*	5. 8841
	BetaNN	10. 7075	6. 7573	6. 6703	10. 7464	6. 7105	6. 6827
	ExpAlmon	10. 4996	6. 9171	6. 6637	10. 3537	6. 3519	6. 1662

续表

预测期	权重标准	基于季度 GDP			基于季度工业增加值		
		固定时窗	滚动时窗	递归识别	固定时窗	滚动时窗	递归识别
	UMIDAS	17.5838	9.0175	9.4026	15.586	10.4908	8.3517
	StepF	10.7075	6.8231	6.6703	10.7464	6.8151	6.7343
	Almon	17.5838	9.0175	9.4026	15.5860	10.4908	8.3517

8.2.2.2　基于组合的样本内预测

基于组合的样本内预测在前述单一指标预测最优结果的基础上通过加权得到，实证过程采用多种标准作为定权依据，具体包括 AIC、BIC、DMSFE、EW、MSFE。表 8.12 为各种形式下模型的组合预测误差结果。进行 1 期样本内预测时，在固定时窗下，所选择的季度 GDP 预测模型参数为固定时窗下的最优权重设定，即 BetaNN 权重，选取的季度工业增加值预测模型对应参数为 StepF 权重，其他情况同理。根据预测误差最优结果，多期预测误差最小为 0.074%，最高低至 0.653%，总体效果较为理想。通过比较，确定 1 至 5 期的组合预测最优形式依次为：BIC 定权和固定时窗、EW 定权和固定时窗、AIC 定权和递归识别、EW 定权和递归识别、EW 定权和递归识别。

通过对碳排放总量预测的多期样本内测算，基于季度 GDP、季度工业增加值的 MIDAS(1，4)混频数据预测效果均较为理想，并且后者更优于前者。组合预测结果表明，模型的预测误差能稳定地保持在合理范围内，且整体偏低，因此可以根据模型实现对未来碳排放总量的预测。

表 8.12　　基于组合的碳排放样本内预测误差(%)

预测期	估计方法	AIC	BIC	DMSFE	EW	MSFE
1	固定时窗	0.0759	0.0736*	0.0879	0.1180	0.0879
	滚动时窗	0.0759	0.0736*	0.0879	0.1180	0.0879
	递归识别	0.0759	0.0736*	0.0879	0.1180	0.0879

续表

预测期	估计方法	AIC	BIC	DMSFE	EW	MSFE
2	固定时窗	-0.4015	-0.4015	-0.3722	-0.3290*	-0.3709
	滚动时窗	-0.9632	-0.9632	-0.7910	-0.7276	-0.7759
	递归识别	-0.6528	-0.6528	-0.6600	-0.6683	-0.6604
3	固定时窗	2.3404	2.3404	2.5075	2.5433	2.5053
	滚动时窗	-2.6632	-2.6632	-2.6302	-2.6252	-2.6301
	递归识别	-0.6528*	-0.6528*	-0.6665	-0.6683	-0.6664
4	固定时窗	5.5643	5.5643	5.9842	6.0439	5.9806
	滚动时窗	-2.6245	-2.6245	-2.4122	-2.3778	-2.4089
	递归识别	-0.6962	-0.6962	-0.3216	-0.2819*	-0.3225
5	固定时窗	8.6197	8.6197	7.9979	8.1128	7.9954
	滚动时窗	-2.5348	-2.5348	-2.2684	-2.2352	-2.2659
	递归识别	-0.6091	-0.6091	-0.3302	-0.2768*	-0.3321

8.2.2.3 分行业样本内预测

为实现对碳排放结构的分析，同样分别基于季度 GDP、季度工业增加值以及两者的组合进行分行业样本内多步预测，以确定最优模型。根据中国三大产业类别进行划分，第一产业为农、林、牧、渔、水利业产生的碳排放，第二产业主要包括工业、建筑业两大行业产生的碳排放，第三产业的碳排放来源则可进一步分为交通运输、仓储和邮政业、批发零售业和住宿餐饮业、生活消费、其他行业。本节将基于第一、二、三产业对碳排放量进行结构性考察，并对第三产业中的交通运输、仓储和邮政业、生活消费两大部门的碳排放进行预测分析。

表 8.13 所示为最优设定下对应的样本内预测误差。表中每一项数值分别对应最优模型下的误差测算结果，例如，基于季度 GDP 对第一、二、三产业、交通运输、仓储和邮政业、生活消费的碳排放量 1 步预测误差值分别为 5.215%、0.019%、2.756%、0.895%、0.277%，对应模型形式依次为：Beta 权重和固定时窗、ExpAlmon 权重和固定时窗、ExpAlmon 权重和固定时窗、BetaNN 权重和固定时窗、ExpAlmon 权重和固定时窗，其余项的测算同理。根据结果，基于季度工业增加值的行业预测误差值不超过 2.714%，基于季度 GDP 的预测误差值则不

超过 5.934%，前者整体预测效果明显更好。经前述综合分析，确定采用季度工业增加值实现对中国未来碳排放量及其结构的预测。

表 8.13　**分行业碳排放量样本内多步预测误差(%)**

预测期	能源类型	基于 GDP	基于工业增加值	组合预测
1	第一产业	5.2145	2.7143*	2.7462
	第二产业	-0.0185	0.0042	-0.0001*
	第三产业	2.7564	2.3879*	2.5460
	交通运输、仓储和邮政业	-0.8953	-0.7045*	-0.7774
	生活消费	-0.2774	0.0134	0.0127*
2	第一产业	5.9347	1.4412*	1.4925
	第二产业	-0.7404	-0.7016*	-0.7405
	第三产业	4.0324	2.7093*	3.1486
	交通运输、仓储和邮政业	-1.0052	-0.4952*	-0.7281
	生活消费	0.1320	0.0134*	-0.1321
3	第一产业	4.4289	1.2616*	1.3656
	第二产业	-1.0535	-0.7016*	-0.7405
	第三产业	2.7564	1.8835*	2.4374
	交通运输、仓储和邮政业	-1.2175	-0.5439*	-0.8000
	生活消费	0.6007	0.5284*	0.5615
4	第一产业	4.3267	0.4681*	0.5178
	第二产业	-0.0191*	-0.8515	-0.4362
	第三产业	2.8590	2.3879*	2.5836
	交通运输、仓储和邮政业	-0.4649	-0.4676	-0.1603*
	生活消费	1.0675	0.4488	-0.2689*
5	第一产业	3.8006	-1.2670	0.5835*
	第二产业	-2.1975	-2.7708	-0.4428*
	第三产业	2.8590	2.3879*	2.5793
	交通运输、仓储和邮政业	-1.3639	-0.8902	-0.1746*
	生活消费	1.0269	0.8429	0.7679*

8.2.3 预测结果与分析

结合近年来中国工业增加值的增长变动，以及当前国内经济市场整体状况，在此对2021—2025年工业增加值指标的变动趋势进行合理预估。综合经济结构等多方面因素，对此后2020—2024年各季度工业增加值变动的情境设定见表8.14。在乐观状态下，未来中国经济将得到持续稳步增长；在常规状态下，工业增加值将保持较低速水平；考虑到情境恶化的极端可能性，未来的不确定性将进一步对国内产业发展及进出口水平带来更严重的冲击，对应更为缓慢的国内经济增长和复苏。

表8.14　**2020—2024年中国工业增加值增长率设定(%)**

预测期	预期乐观		预期中性		悲观预期	
	环比增速	同比增速	环比增速	同比增速	环比增速	同比增速
2020年季度四	1.60	4.86	1.30	4.25	0.90	3.42
2021年季度一	1.40	20.60	1.30	19.80	1.10	18.60
2021年季度二	1.40	6.14	1.30	5.30	1.10	4.06
2021年季度三	1.40	5.93	1.30	5.30	1.10	4.27
2021年季度四	1.40	5.72	1.30	5.30	1.10	4.47
2022年季度一	1.50	5.82	1.20	5.20	1.20	4.58
2022年季度二	1.50	5.93	1.20	5.09	1.20	4.68
2022年季度三	1.50	6.03	1.20	4.99	1.20	4.78
2022年季度四	1.50	6.14	1.20	4.89	1.20	4.89
2023年季度一	1.40	6.03	1.15	4.84	1.10	4.78
2023年季度二	1.40	5.93	1.15	4.78	1.10	4.68
2023年季度三	1.40	5.82	1.15	4.73	1.10	4.58
2023年季度四	1.40	5.72	1.15	4.68	1.10	4.47
2024年季度一	1.40	5.72	1.15	4.68	1.10	4.47
2024年季度二	1.40	5.72	1.15	4.68	1.10	4.47
2024年季度三	1.40	5.72	1.15	4.68	1.10	4.47
2024年季度四	1.40	5.72	1.15	4.68	1.10	4.47

基于表 8. 14 中工业增加值情境，以样本内预测的最优选择进行预测模型参数设定，得到 2021—2025 年中国二氧化碳排放总量及分行业排放量的测算结果。从表 8. 15 可得，第一，随着生产进一步恢复，2021 年碳排放量增速为 3. 71%，这与第二产业相关领域首先恢复至生产常态紧密相关。从更长远来看，随着全社会经济发展恢复稳定，2022 年、2023 年将分别回落至-1. 07%、1. 03%的较低水平，“十四五”中后期增速稳定在 2%之内。第二，碳排放结构相对稳定，第二产

表 8. 15　**2021—2025 年中国二氧化碳排放总量及分行业预测(万吨)**

预测期	总量			第一产业		
	乐观	中性	悲观	乐观	中性	悲观
2021 年	1086505	1091075	1097219	8083	8181	8314
2022 年	1074701	1075358	1086688	9058	9137	9275
2023 年	1080967	1090425	1095676	9745	10027	10087
2024 年	1106850	1112173	1116680	13413	13546	13606
2025 年	1103073	1128464	1144047	13353	13454	13601
预测期	第二产业			第三产业		
	乐观	中性	悲观	乐观	中性	悲观
2021 年	908180	910785	928830	143452	143191	142841
2022 年	913214	917739	922793	150702	150362	149966
2023 年	916421	924273	928830	151226	150696	150481
2024 年	928756	929166	930768	155330	154323	154123
2025 年	919471	930534	937177	155327	154321	154121
预测期	交通运输、仓储和邮政业			生活消费		
	乐观	中性	悲观	乐观	中性	悲观
2021 年	88563	87877	87007	42001	41797	41526
2022 年	93051	91886	90277	42575	42488	42439
2023 年	97166	95001	93192	41780	41626	41668
2024 年	101895	99068	97041	42803	42681	42658
2025 年	105414	101463	99189	43486	43431	43420

业占比略有上浮，依次为 83.48%、85.03%、84.76%、83.55%、82.46%，第三产业稳定在 13%~15%的范围。交通运输、仓储和邮政业碳排放历年增速为：8.65%、4.46%、3.33%、4.19%、2.39%，由生活消费产生的碳排放增速保持在 3%以内。

从结构性角度观察，可以发现：其一，从整体增速来看，预计全产业在 2021 年二氧化碳排放出现较大幅增长，而在更远预测期内碳排放增速将进一步放缓。2025 年度二氧化碳总排放量低于 115 亿吨，中国二氧化碳排放量或将提前到达峰值，且峰值量优于 130 亿吨的预期规划。其二，从碳排放结构变化来看，第二产业总占比仍持续保持在 85%上下，即工业、建筑业仍将是全社会产生碳排放的最重要来源，未来全社会碳排放总量的增长变动仍旧与第二产业的变动保持同步。其三，从服务行业来看，由国内交通及现代物流产业的快速发展所导致的二氧化碳排放未来将基本保持在 2.30%~4.50%的快速增长，其中 2021 年可达到 8.50%以上，全社会物流产业与整体经济基本保持同步变动。

根据结论，预测期内中国碳排放量呈现出增长可控、增速向缓的总体趋势。基于对未来中短期内中国经济增速的合理预期，再联系本实证对全社会碳排放总量及结构预测的相关结论，可初步判断，在预设条件不变的情况下，保持国内碳排放强度持续下降合理且可行。

8.2.4 结论

本节运用 ADL-MIDAS 模型，借助宏观经济序列对中国“十四五”期间二氧化碳排放进行了总量及结构预测，得出如下结论：

第一，截至 2025 年，中国碳排放量增速表现出明显放缓趋势，预计“十四五”中后期中国全年二氧化碳排放增速低于 0.02，总量将保持低于 115 亿吨的可控范围。基于产业划分的碳排放结构基本稳定：以制造业为代表的现代工业生产仍为碳排放的最主要来源，所占比重保持在 83.5%~85%，这种相对持平的状态与“十三五”以来国家大力推进生产制造行业的低碳化进程相对应。与此同时，交通物流产业碳排放量将迎来快速增长：随着第三产业发展进入新阶段，在全社会消费观念、模式逐渐转变以及科技助力下，线上消费及物流产业链趋于成熟稳定，且新常态化更加助推线上消费模式普及；全社会产业结构转型升级推动产品供给水平提升，全社会生产消费循环链有力推动了未来国内交通运输、仓储和邮政业发展驶入快车道。

第二，突发疫情对中国碳排放量的冲击总体可控。2020 年第一季度国内民众生产生活范围在短期内受到较大限制，碳排放量有所下降。随着疫情防控常态化发展，各行业在严格把控下逐步复工，特别是火力发电、水泥生产等基础产业复工速度快于其他行业。同时，为支持经济复苏，中国政府 2020 年首次不再设立年度经济增长目标，暂时搁置“绿色”目标，短期来看，碳排放反弹式增长存在较大可能性。但从中长期来看，碳排放增速回落是新发展阶段的必然趋势，预计未来中期内中国碳排放强度仍将持续下降。

第三，未来一段时期内，中国二氧化碳排放量与经济增速存在一定程度的“反向”联动。综合乐观、中性及悲观三种情境下的同期预测结果，过低的经济增速反而会导致较高速的碳排放增速预期，这一现象主要发生在第一、二产业。也就是说，当经济运行速度过低时，出于社会基本发展的需求，往往可能从基础行业入手来刺激经济的基本面，由此反而会导致碳排放激增。

通过实证分析，可以得到以下两方面的启示：

首先，本节主要依靠经济增长速度进行了预测，假定“十四五”期间中国产业结构升级和生产技术水平提高基本维持稳定。如果期间产业结构调整加速，服务业对工业的替代效果明显增强，低碳和绿色生产技术取得突破性进展，那么到 2025 年碳排放总量可能低于预测水平。如果期间服务业发展不及预期，产业结构调整缓慢，低碳和绿色生产技术没有大规模推广，在经济增长对碳排放承载空间需求刚性的影响下，碳排放总量将高于预测水平，甚至超过预期目标水平。无论如何，中国应当继续将“节约优先”和“低碳环保”作为产业政策的基本战略，着力推进技术进步，实施积极的节能降耗措施，提高能源利用效率，持续降低单位 GDP 能耗。此外，推进能源领域的市场化改革，提升清洁能源市场需求，增强清洁能源对煤炭的替代是“十四五”期间仍然要秉承的战略决策。

其次，实现并保持经济高质量发展有利于促进“经济建设与低碳可持续”并行的良性循环，这对于社会整体实现低碳可持续发展具有重要现实意义。中国“十四五”规划提出“设立碳排放总量控制体系，逐步向碳排放的绝对量减排过渡，为实现 2030 年甚至更长远的减碳目标打好基础”。基于当前复杂严峻的国际国内经济形势，党的十九届五中全会提出经济运行新战略，即以经济高质量发展为主题，继续推进供给侧结构性改革，形成国内国际双循环相互促进的新发展格局。由此，中国“十四五”减排工作与经济高质量发展有望实现双赢。

参考文献

[1] Acemoglu, D., P. Aghion, and L. Bursztyn. The Environment and Directed Technical Change[J]. American Economic Review, 2012, 102(1): 131-166.

[2] Ahmad AS, Hassan MY, Abdullah MP, Rahman HA, Hussin F, Abdullah H, Saidur R. A review on applications of ANN and SVM for building electrical energy consumption forecasting[J]. Renewable and Sustainable Energy Reviews, 2014 (33): 102-109.

[3] Ahmad, Najid, et al. Modelling the CO_2 emissions and economic growth in Croatia: is there any Environmental Kuznets Curve? [J]. Energy, 2017(123): 164-172.

[4] Ahmed A, Uddin G S, Sohag K. Biomass energy, technological progress and the environmental Kuznets curve: evidence from selected European countries[J]. Biomass and Bioenergy, 2016(90): 202-208.

[5] Akay D, Atak M. Grey prediction with rolling mechanism for electricity demand forecasting of Turkey[J]. Energy, 2007, 32(9): 1670-1675.

[6] Akbostancı E, Türüt-Aşık S, Tunç Gi. The relationship between income and environment in Turkey: is there an environmental Kuznets curve? [J]. Energy policy, 2009, 37(3): 861-867.

[7] Alam M M, Murad M W, Noman A H M, et al. Relationships among carbon emissions, economic growth, energy consumption and population growth: testing Environmental Kuznets Curve hypothesis for Brazil, China, India and Indonesia[J]. Ecological Indicators, 2016(70): 466-479.

[8] Albrizio, S., T. Kozluk and V. Zipperer. Environmental policies and productivity growth: evidence across industries and firms[J]. Journal of Environmental

Economics and Management, 2017(81): 209-226.

[9]Al-Iriani M A. Energy-GDP relationship revisited: an example from GCC countries using panel causality[J]. Energy Policy, 2006, 34(17): 3342-3350.

[10]Al-Mulali U, Saboori B, Ozturk I. Investigating the Environmental Kuznets Curve hypothesis in Vietnam[J]. Energy Policy, 2015(76): 123-131.

[11]Aloui C, Hkiri B, Hammoudeh S, et al. A multiple and partial wavelet analysis of the oil price, inflation, exchange rate, and economic growth nexus in Saudi Arabia [J]. Emerging Markets Finance & Trade, 2018.

[12]Alpay, E., S. Buccola and J. Kerkvliet. Productivity growth and environmental regulation in Mexican and US food manufacturing [J]. American Journal of Agricultural Economics, 2002, 84(4): 887-901.

[13]Alshehry AS, Belloumi M. Energy consumption, carbon dioxide emissions and economic growth: the case of Saudi Arabia [J]. Renewable and Sustainable Energy Reviews, 2015(41): 237-247.

[14]Amri F. Intercourse across economic growth, trade and renewable energy consumption in developing and developed countries [J]. Renewable and Sustainable Energy Reviews, 2017(69): 527-534.

[15]Andersen P, Petersen N C. A global malmquist-luenberger productivity index[J]. Journal of Roductivity Analysis, 2010, 34(3): 183-197.

[16]Andreou E, Ghysels E, Kourtellos A. Regression models with mixed sampling frequencies[J]. Journal of Econometrics, 2010, 158(2): 246-261.

[17]Andreou E, Ghysels E, Kourtellos A. Should macroeconomic forecasters use daily financial data and how? [J]. Journal of Business & Economic Statistics, 2013, 31(2): 240-251.

[18]Ang B W. Monitoring changes in economy-wide energy efficiency: from energy-GDP ratio to composite efficiency index [J]. Energy Policy, 2006, 34(5): 574-582.

[19]Apergis N, Ozturk I. Testing environmental Kuznets curve hypothesis in Asian countries[J]. Ecological Indicators, 2015(52): 16-22.

[20] Apergis N. Environmental Kuznets curves: new evidence on both panel and country-level CO_2 emissions[J]. Energy Economics, 2016(54): 263-271.

[21] Arbulú I, Lozano J, Rey-Maquieira J. Tourism and solid waste generation in Europe: A panel data assessment of the Environmental Kuznets Curve[J]. Waste Management, 2015(46): 628-636.

[22] Arik Levinson, M Scott Taylor. Unmasking the pollution haven effect [J]. International Economic Review, 2008, 49(1).

[23] Arimura Toshi H, Sugino M. Does stringent environmental regulation stimulate environment related technological innovation? [J]. Sophia Economic Review, 2007(52): 1-14.

[24] Armesto M T, Engemann K M, Owyang M T. Forecasting with mixed frequencies [J]. Federal Reserve Bank of St. Louis Review, 2010, 92(6): 521-536.

[25] Assareh E, Nedaei M. A metaheuristic approach to forecast the global carbon dioxide emissions[J]. International Journal of Environmental Studies, 2018, 75(1): 99-120.

[26] Azomahou T, Laisney F, Van P N. Economic development and CO_2 emissions: a nonparametric panel approach[J]. Journal of Public Economics, 2006, 90(6): 1347-1363.

[27] Baek J. Environmental Kuznets curve for CO_2 emissions: the case of Arctic countries[J]. Energy Economics, 2015(50): 13-17.

[28] Baffes J. More on the energy/nonenergy price link [J]. Applied Economics Letters, 2010, 17(16): 1555-1558.

[29] Bahmani-Oskooee M, Gelan A. Kuznets inverted-U hypothesis revisited: a time-series approach using US data[J]. Applied Economics Letters, 2008, 15(9): 677-681.

[30] Bahrami S, Hooshmand RA, Parastegari M. Short term electric load forecasting by wavelet transform and grey model improved by PSO (particle swarm optimization) algorithm[J]. Energy, 2014(72): 434-442.

[31] Balaguer J, Cantavella M. Estimating the environmental Kuznets curve for Spain by

considering fuel oil prices (1874-2011)[J]. Ecological Indicators, 2016(60): 853-859.

[32]Balke N S, Brown S P A, Yücel M K. Oil price shocks and the US economy: where does the asymmetry originate? [J]. The Energy Journal, 2002, 23(3): 27-52.

[33]Bao Q, Ling Tang and Zhang Zhongxiang. Impacts of border carbon adjustments on China's sectoral emission: simulations with a dynamic computable general equilibrium model[J]. China Economic Review, 2013(24): 77-94.

[34]Bao Q, Peng SH J, Yang X X. Is there an inverted U-shaped environmental Kuznets curve in China? An empirical study based on six pollution indicators[J]. Shanghai Economic Review, 2005(12): 3-13.

[35]Baumeister C, Durinck E J, Peersman G. Liquidity, inflation and asset prices in a time-varying framework for the euro area[R]. National Bank of Belgium Working Paper, 2008(142).

[36]Bauwens L, Preminger A, Rombouts JV. Theory and inference for a Markov switching GARCH model[J]. The Econometrics Journal, 2010, 13(2): 218-244.

[37]Bayoumi T, Martin Mühleisen. Energy, the exchange rate, and the economy: macroeconomic benefits of Canada's oil sands production[J]. IMF Working Papers, 2006, 6(70).

[38]Bekhet H A, Othman N S. Impact of urbanization growth on Malaysia CO_2 emissions: evidence from the dynamic relationship[J]. Journal of Cleaner Production, 2017(154): 374-388.

[39]Benati L. The "great moderation" in the United Kingdom[J]. Journal of Money, Credit and Banking, 2008, 40(1): 121-147.

[40]Berument H, Taşçı H. Inflationary effect of crude oil prices in Turkey[J]. Physica A: Statistical Mechanics and its Applications, 2002, 316(1): 568-580.

[41]Bhattacharya M, Paramati SR, Ozturk I, Bhattacharya S. The effect of renewable energy consumption on economic growth: evidence from top 38 countries[J].

Applied Energy, 2016(162): 733-741.

[42] Bhattarai M, Hammig M. Institutions and the Environmental Kuznets Curve for deforestation: a crosscountry analysis for Latin America, Africa and Asia[J]. World development, 2001, 29(6): 995-1010.

[43] Bilgili F, Kocak E, Bulut Ü. The dynamic impact of renewable energy consumption on CO_2 emissions: a revisited Environmental Kuznets Curve approach [J]. Renewable and Sustainable Energy Reviews, 2016(54): 838-845.

[44] Blanchard, O. J and Gali, J. The macroeconomic effects of oil shocks: why are the 2000s so different from the 1970s[R]. National Bureau of Economic Research, 2007.

[45] Bloch H, Rafiq S, Salim R. Economic growth with coal, oil and renewable energy consumption in China: prospects for fuel substitution[J]. Economic Modelling, 2015(44): 104-115.

[46] Boyarchenko S, Levendorskii S. Exit problems in regime-switching models[J]. Journal of Mathematical Economics, 2008, 44(2): 180-206.

[47] Brajer V, Mead R W, Xiao F. Health benefits of tunneling through the Chinese environmental Kuznets curve (EKC)[J]. Ecological Economics, 2008, 66(4): 674-686.

[48] Brajer V, Mead R W, Xiao F. Searching for an Environmental Kuznets Curve in China's air pollution[J]. China Economic Review, 2011, 22(3): 383-397.

[49] Brunnermeier, S. B. and M. A. Cohen. Determinants of environmental innovation in US manufacturing industries[J]. Journal of Environmental Economics and Management, 2003. 45(2): 278-293.

[50] Caviglia-Harris J L, Chambers D, Kahn J R. Taking the "U" out of Kuznets: a comprehensive analysis of the EKC and environmental degradation[J]. Ecological Economics, 2009, 68(4): 1149-1159.

[51] Cevik, Erduman. Measuring monetary policy uncertainty and its effects on the economy: the case of turkey[J]. Eastern European Economics, 2020, 58(5): 436-454.

[52] Chen C, Duan S, Cai T, Liu B. Online 24-h solar power forecasting based on weather type classification using artificial neural network [J]. Solar Energy, 2011, 85(11): 2856-2870.

[53] Chen H, Hao Y, Li J, et al. The impact of environmental regulation, shadow economy, and corruption on environmental quality: theory and empirical evidence from China[J]. Journal of Cleaner Production, 2018(195): 200-214.

[54] Chen S S. Oil price pass-through into inflation[J]. Energy Economics, 2009, 31(1): 126-133.

[55] Cheng Z, Li L, Liu J. Industrial structure, technical progress and carbon intensity in China's provinces [J]. Renewable and Sustainable Energy Reviews, 2018(81): 2935-2946.

[56] Cifter A. Forecasting electricity price volatility with the Markov-switching GARCH model: Evidence from the Nordic electric power market [J]. Electric Power Systems Research, 2013(102): 61-67.

[57] Clark T E. Do producer prices lead consumer prices? [J]. Economic Review-Federal Reserve Bank of Kansas City, 1995, 80(3): 25-39.

[58] Clements M P, Galvão A B. Forecasting US output growth using leading indicators: an appraisal using MIDAS models[J]. Journal of Applied Econometrics, 2009, 24(7): 1187-1206.

[59] Clements M P, Galvão A B. Macroeconomic forecasting with mixed-frequency data: forecasting output growth in the United States[J]. Journal of Business & Economic Statistics, 2008, 26(4): 546-554.

[60] Clements M P, Galvão A B. Macroeconomic forecasting with mixed-frequency data: forecasting output growth in the United States[J]. Journal of Business & Economic Statistics, 2008, 26(4): 546-554.

[61] Cole M A, Neumayer E. Examining the impact of demographic factors on air pollution[J]. Population and Environment, 2004, 26(1): 5-21.

[62] Cologni A, Manera M. Oil prices, inflation and interest rates in a structural cointegrated VAR model for the G-7 countries[J]. Energy Economics, 2008, 30

(3): 856-888.

[63]Commoner B. Poverty of power: energy and the economic crisis[M]. New York: Knopf, 2015.

[64]Conrad, K., and D. Wastl. The impact of environmental regulation on productivity in German industries[J]. Empirical Economics, 1995, 20(4): 615-633.

[65] Copeland, B. R., and M. S. Taylor. Trade, growth and the environment [J]. Journal of Economic Literature, 2004, 42(1): 7-71.

[66]Cuñado J, de Gracia F P. Do oil price shocks matter? Evidence for some European countries[J]. Energy Economics, 2003, 25(2): 137-154.

[67]Cunado J, de Gracia F P. Oil price shocks and stock market returns: evidence for some European countries[J]. Energy Economics, 2014, 42(3): 365-377.

[68]Cunado J, De Gracia F P. Oil prices, economic activity and inflation: evidence for some Asian countries [J]. The Quarterly Review of Economics and Finance, 2005, 45(1): 65-83.

[69]Cushing M J, McGarvey M G. Feedback between wholesale and consumer price inflation: a reexamination of the evidence[J]. Southern Economic Journal, 1990, 56(4): 1059-1072.

[70]D'Agostino A, Gambetti L, Giannone D. Macroeconomic forecasting and structural change[J]. Journal of Applied Econometrics, 2013, 28(1): 82-101.

[71]Danaeifar I. The estimation parameters of Kuznets Spatial Environmental Curve in European countries: a case study of CO_2 and PM10[J]. Academic Journal of Research in Business & Accounting, 2014, 2(8): 17-25.

[72]Darby M R. The price of oil and world inflation and recession[J]. The American Economic Review, 1982, 72(4): 738-751.

[73]De Bruyn S M, van den Bergh J C J M, Opschoor J B. Economic growth and emissions: reconsidering the empirical basis of Environmental Kuznets Curves[J]. Ecological Economics, 1998, 25(2): 161-175.

[74] De Jong P, Shephard N. The simulation smoother for time series models [J]. Biometrika, 1995, 82(2): 339-350.

[75] Dechezleprêtre, A., M. Glachant, I. Hascic, N. Johnstone, and Y. Ménière. Invention and transfer of climate change-mitigation technologies: a global analysis [J]. Review of Environmental Economics and Policy, 2011, 5(1): 109-130.

[76] Deily Mary E, Gray Wayne B. Enforcement of pollution regulations in a declining industry[J]. Journal of Environmental Economics and Management, 1991, 21 (3).

[77] Del Negro M, Giannoni M P, Schorfheide F. Inflation in the great recession and new keynesian models[J]. American Economic Journal: Macroeconomics, 2015, 7(1): 168-196.

[78] Demirer R, Kutan A M. The behavior of crude oil spot and futures prices around OPEC and SPR announcements: an event study perspective [J]. Energy Economics, 2010, 32(6): 1467-1476.

[79] Deng X L, Yan ZH M, Wu Y Y. Does the inverted-U-shaped relationship between carbon emission and economic development exist? A reexamination of the Environmental Kuznets Curve hypothesis[J]. Finance & Trade Economics, 2014 (2): 19-29.

[80] Dinda S. A theoretical basis for the Environmental Kuznets Curve[J]. Ecological Economics, 2005, 53(3): 403-413.

[81] Dinda S. Environmental Kuznets Curve hypothesis: a survey [J]. Ecological economics, 2004, 49(4): 431-455.

[82] Dong K, Hochman G, Kong X, et al. Spatial econometric analysis of China's PM10 pollution and its influential factors: evidence from the provincial level[J]. Ecological indicators, 2019(96): 317-328.

[83] Dong K, Sun R, Li H, et al. Does natural gas consumption mitigate CO_2 emissions: testing the environmental Kuznets curve hypothesis for 14 Asia-Pacific countries[J]. Renewable and Sustainable Energy Reviews, 2018(94): 419-429.

[84] Doroodian K, Boyd R. The linkage between oil price shocks and economic growth with inflation in the presence of technological advances: a CGE model[J]. Energy Policy, 2003, 31(10): 989-1006.

[85] Du G, Liu S, Lei N, et al. A test of Environmental Kuznets Curve for haze pollution in China: evidence from the penal data of 27 capital cities[J]. Journal of Cleaner Production, 2018(205): 821-827.

[86] Duangnate K, Mjelde J W. Comparison of data-rich and small-scale data time series models generating probabilistic forecasts: an application to US natural gas gross withdrawals[J]. Energy Economics, 2017.

[87] Durbin J, Koopman S J. A simple and efficient simulation smoother for state space time series analysis[J]. Biometrika, 2002, 89(3): 603-616.

[88] Eden S H, Jin J C. Cointegration tests of energy consumption, income, and employment[J]. Resources and Energy, 1992, 14(3): 259-266.

[89] Ediger V Ş, Akar S. ARIMA forecasting of primary energy demand by fuel in Turkey[J]. Energy Policy, 2007, 35(3): 1701-1708.

[90] Farhani S, Mrizak S, Chaibi A, et al. The environmental Kuznets curve and sustainability: a panel data analysis[J]. Energy Policy, 2014(71): 189-198.

[91] Fatima M. Abdulkarim, Mustapha I. Akinlaso, Baharom Abdul Hamid, Hamisu S. Ali. The nexus between oil price and islamic stock markets in Africa: a wavelet and multivariate-GARCH approach[J]. Borsa Istanbul Review, 2020, 20(2).

[92] Fawcett C B. Distribution of the urban population in Great Britain, 1931[J]. The Geographical Journal, 1932, 79(2): 100-113.

[93] Feng Wang, Fang Yang. A review of research on China's carbon emission peak and its forcing mechanism [J]. Chinese Journal of Population, Resources and Environment, 2018, 16(1): 49-58.

[94] Fodha M, Zaghdoud O. Economic growth and pollutant emissions in Tunisia: an empirical analysis of the Environmental Kuznets Curve[J]. Energy Policy, 2010, 38(2): 1150-1156.

[95] Fouquau J, Hurlin C, Rabaud I. The Feldstein-Horioka puzzle: a panel smooth transition regression approach[J]. Economic Modelling, 2008, 25(2): 284-299.

[96] Frale, C., and L. Monteforte, FaMIDAS: a mixed frequency factor model with MIDAS structure[J]. Economic Working Paper, 2011(788).

[97] Fredriksson, P. G., and D. L. Millimet. Strategic interaction and the determination of environmental policy across U. S. States [J]. Journal of Urban Economics, 2002, 51(1): 101-122.

[98] Friedl B, Getzner M. Determinants of CO_2 emissions in a small open economy[J]. Ecological economics, 2003, 45(1): 133-148.

[99] Fussler C, James P. Driving co-Innovation: a break thorough discipline for innovation and sustainability[M]. London: Pitman Publishing, 1996.

[100] Galeotti M, Lanza A. Desperately seeking environmental Kuznets [J]. Environmental Modelling & Software, 2005, 20(11): 1379-1388.

[101] Ghosh S. Electricity supply, employment and real GDP in India: evidence from cointegration and Granger-causality tests[J]. Energy Policy, 2009, 37(8): 2926-2929.

[102] Ghysels E, Santa-Clara P, Valkanov R . The MIDAS touch: mixed data sampling regression models [J]. Anderson Graduate School of Management, UCLA, 2004.

[103] Ghysels E, Ozkan N. Real-time forecasting of the US federal government budget: a simple mixed frequency data regression approach[J]. International Journal of Forecasting, 2015, 31(4): 1009-1020.

[104] Ghysels E, Santa-Clara P, Valkanov R. Predicting volatility: getting the most out of return data sampled at different frequencies[J]. Journal of Econometrics, 2006, 131(1): 59-95.

[105] Ghysels E, Santa-Clara P, Valkanov R. The MIDAS touch: mixed data sampling regressions, models[R]. CIRANO Working Papers, 2004(5).

[106] Ghysels E, Sinko A, Valkanov R. MIDAS regressions: Further results and new directions[J]. Econometric Reviews, 2007, 26(1): 53-90.

[107] González A, Terasvirta T, Van Dijk D. Panel smooth transition regression models [J]. SSE/EFI Working Paper Series in Economics and Finance, 2005(604).

[108] Gottmann J. Megalopolis or the urbanization of the northeastern seaboard[J]. Economic Geography, 1957, 33(3): 189-200.

[109] Gray W B, Shadbegian R J. Environmental regulation and manufacturing productivity at the plant level[Z]. NBER Working Papers, 1993(4321).

[110] Gray, W. B., and R. J. Shadbegian. Plant vintage, technology and environment regulation [J]. Journal of Environmental Economics and Management, 2003 (46): 384-402.

[111] Greenstone, M., J. A. List, and C. Syverson. The effect of environmental regulation on the competitiveness of U. S. manufacturing [R]. NBER Working Paper, 2012.

[112] Greyson, James. An economic instrument for zero waste, economic growth and sustainability[J]. Journal of Cleaner Production, 2007(9): 1382-1390.

[113] Griffin J M, Teece D J. OPEC behavior and world oil prices [M]. London: George Allen and Unwin, 1982.

[114] Grossman G M, Krueger A B. Environmental impacts of a North American free trade agreement [R]. National Bureau of Economic Research Working Paper, 1991(3914).

[115] Grossman G M, Krueger A B. The inverted-U: what does it mean? [J]. Environment and Development Economics, 1996, 1(1): 119-122.

[116] Hall P G, Pain K. The polycentric metropolis: learning from mega-city regions in europe[M]. London: Earthscan, 2006: 167-170.

[117] Hamamoto M, Environmental regulation and the productivity of Japanese manufacturing industries [J] Resource and energy economics, 2006 (4): 299-312.

[118] Hamilton J D. A new approach to the economic analysis of nonstationary time series and the business cycle [J]. Econometrica: Journal of the Econometric Society, 1989, 57(2): 357-384.

[119] Hamilton J D. Oil and the macroeconomy since World War II[J]. The Journal of Political Economy, 1983, 91(2): 228-248.

[120] Han C H, Zhang W G, Dan S H. Regulatory governance, public demands and environmental pollution-an empirical analysis based on interregional interactions

of environmental governance strategies[J]. Finance & Trade Economics, 2016 (9): 144-161.

[121]Han Y J, Lu Y. The relationship between economic growth and the environment-an empirical study based on the Environmental Kuznets Curve for CO_2 [J]. Economic Theory and Business Management, 2009(3): 5-11.

[122]Hao Y, Deng Y, Lu Z N, et al. Is environmental regulation effective in China? Evidence from city-level panel data[J]. Journal of Cleaner Production, 2018 (188): 966-976.

[123]Hao Y, Liao H, Wei Yi-Ming. Environmental Kuznets Curves for China's per capita energy consumption and electricity consumption: an empirical estimation based on spatial panel data econometric analysis[J]. China Soft Science, 2014 (1): 134-147.

[124]Harrison, A., B. Hyman, L. Martin, and S. Nataraj. When do firms go green? Comparing price incentives with command and control regulations in India[R]. NBER Working Paper, 2015.

[125]He J, Richard P. Environmental Kuznets curve for CO_2 in Canada[J]. Ecological Economics, 2010, 69(5): 1083-1093.

[126]He Y, Lin B. Forecasting China's total energy demand and its structure using ADL-MIDAS model[J]. Energy, 2018(151): 420-429.

[127]Hoegh-Guldberg O, Jacob D, Taylor M, et al. Impacts of 1.5℃ global warming on natural and human systems[R]. World Meteorological Organization, 2018.

[128]Hoffmann A N. Imperfect competition in computable general equilibrium models-a primer[J]. Economic Modelling, 2002, 20(1): 119-139.

[129]Hong T, Pinson P, Fan S, et al. Probabilistic energy forecasting: global energy forecasting competition 2014 and beyond [J]. International Journal of Forecasting, 2016, 3(32): 896-913.

[130] Hong WC. Traffic flow forecasting by seasonal SVR with chaotic simulated annealing algorithm[J]. Neurocomputing, 2011, 74(12): 2096-2107.

[131]Hooker M A. Are oil shocks inflationary?: asymmetric and nonlinear specifica-

tions versus changes in regime[J]. Journal of Money, Credit, and Banking, 2002, 34(2): 540-561.

[132] Jaffe A B, Palmer K, Environmental regulation and innovation: a paneldata study[J]. Review of Economics and Statistics, 1997, 79(4): 610-619.

[133] Jaffe, A. B., and K. Palmer. Environmental regulation and innovation: a panel data study[J]. Review of Economics and Statistics, 1997, 79(4): 610-619.

[134] Jalil A, Mahmud S F. Environment Kuznets Curve for CO_2 emissions: a cointegration analysis for China[J]. Energy policy, 2009, 37(12): 5167-5172.

[135] Jayadevappa R, Chhatre S. International trade and environmental quality: a survey[J]. Ecological Economics, 2000, 32(2): 175-194.

[136] Jebli M B, Youssef S B, Ozturk I. Testing Environmental Kuznets Curve hypothesis: the role of renewable and non-renewable energy consumption and trade in OECD countries[J]. Ecological Indicators, 2016(60): 824-831.

[137] Jennifer Lai, Paul D. McNelis. Offshore fears and onshore risk: exchange rate pressures and bank volatility contagion in the People's Repubic of China[J]. ADB Economics Working Paper Series, 2019(602).

[138] Johnstone, N., I. Haščič, and D. Popp. Renewable energy policies and technological innovation: evidence based on patent counts[J]. Environmental and Resource Economics, 2010, 45(1): 133-155.

[139] Kal E C, Van der Kamp J, Houdijk H. External attentional focus enhances movement automatization: a comfprehensive test of the constrained action hypothesis[J]. Human Movement Science, 2013, 32(4): 527-539.

[140] Kalt J P. The impact of domestic environmental regulation polices on US international competitiveness[J]. Spence A, Flazar H. International competitiveness. Cambridge, MA: Harper and Row, 1988, 43(3).

[141] Kang Y Q, Zhao T, Yang Y Y. Environmental Kuznets Curve for CO_2 emissions in China: a spatial panel data approach[J]. Ecological Indicators, 2016(63): 231-239.

[142] Kang Y Q, Environmental Kuznets Curve for CO_2 emissions in China: a spatial

panel data approach[J]. Ecological Indicators, 2016, 63(1): 231-239.

[143] Kaouthar Gazdar, M. Kabir Hassan, M. Faisal Safa, Rihab Grassa. Oil price volatility, Islamic financial development and economic growth in Gulf Cooperation Council (GCC) countries[J]. Borsa Istanbul Review, 2019, 19(3).

[144] Keller, W., and A. Levinson. Pollution abatement costs and foreign direct investment inflows to U. S. states [J]. Review of Economics and Statistics, 2002, 84(4): 691-703.

[145] Kijima M, Nishide K. Ohyama A. Economic models for the Environmental Kuznets Curve: a survey[J]. Journal of Economic Dynamics and Control, 2010, 34(7): 1187-1201.

[146] Kivyiro P, Arminen H. Carbon dioxide emissions, energy consumption, economic growth, and foreign direct investment: causality analysis for Sub-Saharan Africa [J]. Energy, 2014(74): 595-606.

[147] Konan D E, A V Assche. Regulation, market structure and service trade liberalization[J]. Economic Modelling, 2007, 24(6): 895-923.

[148] Konisky, D. Regulatory competition and environmental enforcement: is there a race to the bottom[J]. American Journal of Political Science, 2007, 51(4): 853-872.

[149] Kraft J, Kraft A. Relationship between energy and GNP [J]. J. Energy Dev. (United States), 1978, 3(2): 401-403.

[150] Krolzig H M. Markov-switching vector autoregressions: modelling, statistical inference, and application to business cycle analysis [J]. Springer Science & Business Media, 2013(454).

[151] Kuzin V, Marcellino M, Schumacher C. MIDAS vs. mixed-frequency var: nowcasting GDP in the euro area[J]. International Journal of Forecasting, 2011, 27(2): 529-542.

[152] Lanjouw, J. O., and A. Mody. Innovation and the international diffusion of environmentally responsive technology [J]. Research Policy, 1996, 25 (4): 549-571.

[153] Lanoie, P Laurent-Lucchetti, J, Johnstone, N, Ambec, S. Environmental policy, innovation and performance: new insights on the porter hypothesis[J]. Journal of Economics & Managemnt Strategy, 2011(3).

[154] Lee, M. Environmental regulations and market power: the case of the korean manufacturing industries[J]. Ecological Economics, 2008, 68(1-2): 205-209.

[155] Li Da, Wang CH X. Relationship between economic growth and air pollutant emissions in China-an empirical analysis on provincial panel data[J]. Finance and Economics, 2007(2): 43-50.

[156] Li J, Shen W. Environmental regulation and industrial green total factor productivity in China—an empirical re-examination on Porter hypothesis[J]. Journal of Shanxi Finance and Economics University, 2012(2): 56-65.

[157] Li T, Wang Y, Zhao D. Environmental Kuznets Curve in China: new evidence from dynamic panel analysis[J]. Energy Policy, 2016(91): 138-147.

[158] Li X, Wen J, Bai E W. Developing a whole building cooling energy forecasting model for on-line operation optimization using proactive system identification[J]. Applied Energy, 2016, 164(2): 69-88.

[159] Li X, Wen J, Bai E W. Developing a whole building cooling energy forecasting model for on-line operation optimization using proactive system identification[J]. Applied Energy, 2016(164): 69-88.

[160] Li Z, Li Y, Shao S. Analysis of influencing factors and trend forecast of carbon emission from energy consumption in China based on expanded STIRPAT model [J]. Energies, 2019, 12(16): 3054.

[161] Li, Li, Yuan, et al. Does economic policy uncertainty in the U. S. influence stock markets in China and India? [J]. Time-frequency Evidence, 2020, 52(39): 4300-4316.

[162] Lin B Q, Jiang ZH J. Prediction of the environmental Kuznets curve for China's carbon dioxide emissions and analysis of its influencing factors[J]. Management World, 2009(4): 27-36.

[163] Lin C C, He R X, Liu W Y. Considering multiple factors to forecast CO_2

emissions: A hybrid multivariable grey forecasting and genetic programming approach[J]. Energies, 2018, 11(12): 3432.

[164] Lin, B. Q., Omoju, O. E., Nwakeze, N. M., Okonkwo, U. J. and Megbowon, E. T. Is the environmental Kuznets curve hypothesis a sound basis for environmental policy in Africa? [J]. Journal of Cleaner Production, 2016 (133): 712-724.

[165] Lindmark M. An EKC-pattern in historical perspective: carbon dioxide emissions, technology, fuel prices and growth in Sweden 1870-1997 [J]. Ecological economics, 2002, 42(1-2): 333-347.

[166] List, J. A., W. W. McHone, and D. L. Millimet. Effects of Air Quality Regulation on the Destination Choice of Relocating Plants[J]. Oxford Economic Papers, 2003, 55(4): 657-678.

[167] Liu D, Niu D, Wang H, Fan L. Short-term wind speed forecasting using wavelet transform and support vector machines optimized by genetic algorithm [J]. Renewable Energy, 2014(62): 592-597.

[168] Liu H, Tian HQ, Pan DF, Li YF. Forecasting models for wind speed using wavelet, wavelet packet, time series and Artificial Neural Networks[J]. Applied Energy, 2013(107): 191-208.

[169] Liu L, Zong H, Zhao E, et al. Can China realize its carbon emission reduction goal in 2020: From the perspective of thermal power development[J]. Applied Energy, 2014(124): 199-212.

[170] Liu X, Mao G, Ren J, et al. How might China achieve its 2020 emissions target? a scenario analysis of energy consumption and CO_2 emissions using the system dynamics model[J]. Journal of Cleaner Production, 2015(103): 401-410.

[171] Liu X, Derudder B, Wang M. Polycentric urban development in China: a multi-scale analysis[J]. Environment and Planning B: Urban Analytics and City Science, 2018, 45(5): 953-972.

[172] Liu Y, Chen SH P. Study on the relationship between economic growth and carbon emissions in typical developed countries based on IPAT equation [J].

Ecological Economy, 2009(11): 28-30.

[173] Lü X, Lu T, Kibert C J, et al. Modeling and forecasting energy consumption for heterogeneous buildings using a physical-statistical approach [J]. Applied Energy, 2015, 144(4): 261-275.

[174] Lü X, Lu T, Kibert C J, Viljanen M. Modeling and forecasting energy consumption for heterogeneous buildings using a physical-statistical approach[J]. Applied Energy, 2015(144): 261-275.

[175] Maddison D. Environmental Kuznets curves: a spatial econometric approach[J]. Journal of Environmental Economics and management, 2006, 51(2): 218-230.

[176] Madsen D. V. Adjusting the measurement of US manufacturing productivity for air pollution emission control[J]. Resource and Energy Economics, 2003, 25(4).

[177] Martínez-Zarzoso I, Maruotti A. The impact of urbanization on CO_2 emissions: evidence from developing countries[J]. Ecological Economics, 2011, 70(7): 1344-1353.

[178] Matthew A Cole, Robert J R Elliott, Shanshan Wu. Industrial activity and the environment in China: an industry-level analysis[J]. China Economic Review, 2008, 19(3): 393-408.

[179] McMenamin J S, Monforte F A. Short term energy forecasting with neural networks[J]. The Energy Journal, 1998, 19(4): 43-61.

[180] Meier B, Cohen M A. Determinants of environmental innovation in US manufacturing industries [J]. Journal of Environmental Economics and Managerment, 2003, 45(2): 278-293.

[181] Menegaki A N. On energy consumption and GDP studies: a meta-analysis of the last two decades [J]. Renewable and Sustainable Energy Reviews, 2014, 29 (1): 31-36.

[182] Meng. The time-frequency dependence of unemployment on real input prices: a wavelet coherency and partial coherency approach [J]. Applied Economics, 2020, 52(10).

[183] Mensah J T. Carbon emissions, energy consumption and output: a threshold

analysis on the causal dynamics in emerging African economies [J] . Energy Policy, 2014(70): 172-182.

[184] Milani, S. The impact of environmental policy stringency on industrial R&D conditional on pollution intensity and relocation costs [J]. Environmental & Resource Economics, 2017, 68(3): 595-620.

[185] Mishra V, Smyth R, Sharma S. The energy-GDP nexus: evidence from a panel of Pacific Island countries [J]. Resource and Energy Economics, 2009, 31(3): 210-220.

[186] Monteforte L, Moretti G. Real-time forecasts of inflation: the role of financial variables [J]. Journal of Forecasting, 2013, 32(1): 51-61.

[187] Muhammad Ali Nasir, Toan Luu Duc Huynh, Xuan Vinh Vo. Exchange rate pass-through & management of inflation expectations in a small open inflation targeting economy [J]. International Review of Economics & Finance, 2020 (69): 178-188.

[188] Nakajima J, Kasuya M, Watanabe T. Bayesian analysis of time-varying parameter vector autoregressive model for the Japanese economy and monetary policy [J]. Journal of the Japanese and International Economies, 2011, 25(3): 225-245.

[189] V J B, Bonner R F, Hamilton I P. Application of wavelet transforms to experimental spectra: smoothing, denoising, and data set compression [J]. Analytical Chemistry, 1997, 69(1): 78-90.

[190] Niu H P, Zhu S, Yin X G, Zhang P D. Empirical study on the relationship among economic structure, economic development and pollutant emission [J]. China Soft Science, 2012(4): 160-166.

[191] Omri A, Kahouli B. Causal relationships between energy consumption, foreign direct investment and economic growth: fresh evidence from dynamic simultaneous-equations models [J]. Energy Policy, 2014(67): 913-922.

[192] Omri, A. Entrepreneurship, sectoral outputs and environmental improvement: international evidence [J]. Technological Forecasting and Social Change, 2017.

[193] Onafowora O A, Owoye O. Bounds testing approach to analysis of the environment

Kuznets curve hypothesis[J]. Energy Economics, 2014(44): 47-62.

[194] Özokcu S, Özdemir Ö. Economic growth, energy, and environmental Kuznets curve[J]. Renewable and Sustainable Energy Reviews, 2017(72): 639-647.

[195] Pal D, Mitra S K. The environmental Kuznets curve for carbon dioxide in India and China: growth and pollution at crossroad[J]. Journal of Policy Modeling, 2017, 39(2): 371-385.

[196] Pan Q, Zhang L, Dai G, et al. Two denoising methods by wavelet transform[J]. IEEE Transactions on Signal Processing, 1999, 47(12): 3401-3406.

[197] Panayotou T. Empirical tests and policy analysis of environmental degradation at different stages of economic development[R]. International Labour Organization, 1993.

[198] Pandej Chintrakarn, Environmental regulation and U. S. states' technical inefficiency[J]. Economics Letters, 2008(3): 363-365.

[199] Pao H T, Fu H C, Tseng C L. Forecasting of CO_2 emissions, energy consumption and economic growth in China using an improved grey model[J]. Energy, 2012, 40(1): 400-409.

[200] Papyrakis, E., and R. Gerlagh. The resource curse hypothesis and its transmission channels[J]. Journal of Comparative Economics, 2004, 32(1): 181-193.

[201] Pascual J, Barricarte J, Sanchis P, et al. Energy management strategy for a renewable-based residential microgrid with generation and demand forecasting [J]. Applied Energy, 2015, 158(11): 12-25.

[202] Phan D H B, Sharma S S, Narayan P K. Oil price and stock returns of consumers and producers of crude oil[J]. Journal of International Financial Markets, Institutions and Money, 2015, 34(1): 245-262.

[203] Pindoriya N M, Singh S N, Singh S K. An adaptive wavelet neural network-based energy price forecasting in electricity markets[J]. IEEE Transactions on Power Systems, 2008, 23(3): 1423-1432.

[204] Poon J P H, Casas I, He C. The impact of energy, transport, and trade on air

pollution in china[J]. Eurasian Geography and Economics, 2006, 47(5): 568-584.

[205]Popp. D., R. G. Newell, and A. B. Jaffe. Energy, the environment, and technological change[R]. NBER Working Paper, 2009.

[206]Porter M E, Van Der Linde C. Toward a new conception of the environment-competitiveness relationship[J]. Journal of Economic Perspectives, 1995, 9(4): 97-118.

[207]Poudineh R, Jamasb T. Distributed generation, storage, demand response and energy efficiency as alternatives to grid capacity enhancement[J]. Energy Policy, 2014(67): 222-231.

[208]Poumanyvong P, Kaneko S. Does urbanization lead to less energy use and lower CO_2 emissions? A cross-country analysis[J]. Ecological Economics, 2010, 70(2): 434-444.

[209]Primiceri G E. Time varying structural vector autoregressions and monetary policy[J]. The Review of Economic Studies, 2005, 72(3): 821-852.

[210]Qi H Q, Wang Z H T, He Y D. Does undertaking pollution-intensive industries increase the residents' health costs: an empirical analysis based on provincial spatial panel data in central and western provinces[J]. Journal of Shanxi University of Finance and Economics, 2015(9): 15-26.

[211]Qi H Q, Wang Z H T. Differential variations of pollution emissions in China and governance measures based on income zoning[J]. Journal of Quantitative & Technical Economics, 2015(12): 57-72.

[212]Qi Y, Lu H Y, Zhang N C H. Can environmental regulation achieve a win-win in "reducing pollution" and "enhancing performance"? —Quasi-experimental evidence from "compliant" and "non-compliant" key environmental protection cities.[J]. Finance & Trade Economics, 2016(9): 126-143.

[213]Quilumba F L, Lee W J, Huang H, et al. Using smart meter data to improve the accuracy of intraday load forecasting considering customer behavior similarities[J]. IEEE Transactions on Smart Grid, 2015, 6(2): 911-918.

[214] Ram R, Ramsey D D. Government capital and private output in the United States: additional evidence[J]. Economics Letters, 1989, 30(3): 223-226.

[215] Ramsey J B, Lampart C. The decomposition of economic relationships by time scale using wavelets: expenditure and income [J]. Studies in Nonlinear Dynamics & Econometrics, 1998, 3(1): 49-71.

[216] Ranjan D'Mello, Francesca Toscano. Economic policy uncertainty and short-term financing: the case of trade credit[J]. Journal of Corporate Finance, 2020, 64 (c).

[217] Rasche R, Tatom J. Energy price shocks, aggregate supply and monetary policy: the theory and the international evidence [R]. Carnegie-rochester conference series on public policy, 1981.

[218] Raza M Q, Khosravi A. A review on artificial intelligence based load demand forecasting techniques for smart grid and buildings [J]. Renewable and Sustainable Energy Reviews, 2015(50): 1352-1372.

[219] Rebeca Jiménez-Rodríguez, Amalia Morales-Zumaquero. Impact of commodity prices on exchange rates in commodity-exporting countries [J]. The World Economy, 2020, 43(7): 1868-1906.

[220] Reboredo J C, Rivera-Castro M A . A wavelet decomposition approach to crude oil price and exchange rate dependence [J]. Economic Modelling, 2013, 32 (Complete): 42-57.

[221] Reilly J, Prinn R, Harnisch J, et al. Multi-gas assessment of the Kyoto Protocol [J]. Nature, 1999, 401(6753): 549-555.

[222] Richmond A K, Kaufmann R K. Is there a turning point in the relationship between income and energy use and or carbon emissions? [J]. Ecological economics, 2006, 56(2): 176-189.

[223] Riguelle F, Thomas I, Verhetsel A. Measuring urban polycentrism: a European case study and its implications [J]. Journal of Economic Geography, 2007, 7 (2): 193-215.

[224] Riti J S, Song D, Shu Y, et al. Decoupling CO_2 emission and economic growth in

China: is there consistency in estimation results in analyzing environmental Kuznets curve? [J]. Journal of cleaner production, 2017(166): 1448-1461.

[225] Rosenzweig C, Parry M L. Potential impact of climate change on world food supply[J]. Nature, 1994, 367(6459): 133-138.

[226] Rothman D S, De Bruyn S M. Probing into the environmental Kuznets curve hypothesis[J]. Ecological Economics, 1998, 25(2): 143-146.

[227] Ryuji Ishizaki, Masayoshi Inoue. Analysis of local and global instability in foreign exchange rates using short-term information entropy. 2020, 555.

[228] Saboori B, Sulaiman J, Mohd S. Economic growth and CO_2 emissions in Malaysia: a cointegration analysis of the environmental Kuznets curve [J]. Energy policy, 2012(51): 184-191.

[229] Sadorsky P. Do urbanization and industrialization affect energy intensity in developing countries? [J]. Energy Economics, 2013(37): 52-59.

[230] Salahuddin M, Gow J. Economic growth, energy consumption and CO_2 emissions in Gulf Cooperation Council countries[J]. Energy, 2014(73): 44-58.

[231] Shafiei S, Salim R A. Non-renewable and renewable energy consumption and CO_2 emissions in OECD countries: a comparative analysis[J]. Energy Policy, 2014, 66(3): 547-556.

[232] Shephard N, Pitt M K. Likelihood analysis of non-Gaussian measurement time series[J]. Biometrika, 1997, 84(3): 653-667.

[233] Sinha A, Bhatt M Y. Environmental Kuznets curve for $CO_2$and NOx emissions: a case study of India[J]. European Journal of Sustainable Development, 2017, 6 (1): 267-276.

[234] Solarin S A, Al-Mulali U, Ozturk I. Validating the environmental Kuznets curve hypothesis in India and China: The role of hydroelectricity consumption [J]. Renewable and Sustainable Energy Reviews, 2017(80): 1578-1587.

[235] Song T, Zheng T G, Tong L J, Zhao Y. Environmental analysis of China's provinces based on panel data model [J]. China Soft Science, 2006 (10): 121-127.

[236] Soytas U, Sari R. Energy consumption and GDP: causality relationship in G-7 countries and emerging markets[J]. Energy economics, 2003, 25(1): 33-37.

[237] Soytas U, Sari R. Energy consumption, economic growth, and carbon emissions: challenges faced by an EU candidate member[J]. Ecological Economics, 2009, 68(6): 1667-1675.

[238] V J Barclay, R F Bonner, I P Hamilton. Application of wavelet transforms to experimental spectra: smoothing, denoising, and data set compression [J]. Analytical Chemistry, 1997, 69(1): 78-90.

[239] Stern D I. The rise and fall of the environmental Kuznets curve[J]. World development, 2004, 32(8): 1419-1439.

[240] Stevans L K, Sessions D N. Calculating and interpreting multipliers in the presence of non-Stationary time series: the case of US federal infrastructure spending[J]. American Journal of Social and Management Science, 2010, 1(1): 24-38.

[241] Stigler, G J. The theory of economic regulation[J]. Bell Journal of Economics & Management Science, 1971, 2(1): 3-21.

[242] Sudi A, Erhan A. Global competitiveness in the EU through green innovation technologies and knowledge production [J]. Social and Behavioral Sciences, 2015, 181(5): 207-217.

[243] Suganthi L, Samuel A A. Energy models for demand forecasting—a review[J]. Renewable and Sustainable Energy Reviews, 2012, 16(2): 1223-1240.

[244] Sutthichaimethee P, Ariyasajjakorn D. Forecast of carbon dioxide emissions from energy consumption in industry sectors in Thailand [J]. Environmental and Climate Technologies, 2018, 22(1): 107-117.

[245] Sutthichaimethee P. Varimax model to forecast the emission of carbon dioxide from energy consumption in rubber and petroleum industries sectors in Thailand [J]. Journal of Ecological Engineering, 2017, 18(3): 112-117.

[246] Tamazian A, Bhaskara Rao B. Do economic, financial and institutional developments matter for environmental degradation? Evidence from transitional

economies[J]. Energy Economics, 2010, 32(1): 137-145.

[247]Tang B, Li R, Yu B, et al. How to peak carbon emissions in China's power sector: a regional perspective[J]. Energy Policy, 2018(120): 365-381.

[248]Tollefson J. China's carbon emissions could peak sooner than forecast: five-year plan advances policy to reduce reliance on coal and expand renewable energy[J]. Nature, 2016, 531(7595): 425-427.

[249]Torrence C, Compo G P. A practical guide to wavelet analysis[J]. Bulletin of the American Meteorological Society, 1998, 79(79): 61-78.

[250]Tsai C K, Shana S A systematic review of technologies involving eco-innovation for enterprises moving towards sustainability[J]. Journal of Cleaner Production, 2018, 192(8): 207-220.

[251]Tsurumi T, Managi S. Decomposition of the environmental Kuznets curve: scale, technique, and composition effects[J]. Environmental Economics and Policy Studies, 2010, 11(1-4): 19-36.

[252]Tutulmaz O. Environmental Kuznets curve time series application for Turkey: why controversial results exist for similar models? [J]. Renewable and Sustainable Energy Reviews, 2015(50): 73-81.

[253] Van den Bergh, Jeroen C J M. Environment versus growth—a criticism of "degrowth" and a plea for "a-growth" [J]. Ecological Economics, 2011, 70(5): 881-890.

[254]Wagner M. On the relationship between environmental management, environmental innovation and patenting: evidence from German manufacturing firms [J]. Research policy, 2007(10): 1587-1602.

[255] Wang F CH, Guo Q Y. The influence of economic growth to environmental pollution and regional heterogeneity—evidence from provincial dynamic panel data model[J]. Journal of Shanxi Finance and Economics University, 2014(4): 14-26.

[256] Wang H, Wheeler D. Financial incentives and endogenous enforcement and effectiveness in China's pollution levy system [J]. Journal of Environmental

Economics & Management, 2005, 49(1): 174-196.

[257] Wang Y, Han R, Kubota J. Is there an environmental Kuznets curve for SO_2 emissions? A semi-parametric panel data analysis for China[J]. Renewable and Sustainable Energy Reviews, 2016(54): 1182-1188.

[258] Wang Y, Zhang C, Lu A, et al. A disaggregated analysis of the environmental Kuznets curve for industrial CO_2 emissions in China[J]. Applied energy, 2017(190): 172-180.

[259] Wang Z X, Ye D J. Forecasting Chinese carbon emissions from fossil energy consumption using non-linear grey multivariable models[J]. Journal of Cleaner Production, 2017, 142(pt. 2): 600-612.

[260] Wang Z, Bu C, Li H, et al. Seawater environmental Kuznets curve: evidence from seawater quality in China's coastal waters [J]. Journal of Cleaner Production, 2019(219): 925-935.

[261] Wang Z, Jia H, Xu T, et al. Manufacturing industrial structure and pollutant emission: an empirical study of China[J]. Journal of cleaner production, 2018(197): 462-471.

[262] Webber D J, Allen D O. Environmental Kuznets curves: mess or meaning? [J]. International Journal of Sustainable Development & World Ecology, 2010, 17(3): 198-207.

[263] Wen L, Liu Y. A research about Beijing's carbon emissions based on the IPSO-BP model[J]. Environmental Progress & Sustainable Energy, 2017, 36(2): 428-434.

[264] Widén J, Carpman N, Castellucci V, et al. Variability assessment and forecasting of renewables: a review for solar, wind, wave and tidal resources [J]. Renewable and Sustainable Energy Reviews, 2015, 44(3): 356-375.

[265] Woods, N. Interstate competition and environmental regulation: a test of the race-to-the-bottom thesis[J]. Social Science Quartely, 2006(87): 174-189.

[266] Wright, G., and J. Czelusta. Resource-based growth past and present[R]// Lederman, D. and W. F. Maloney. Naturual resouces, neither curse nor destiny.

Washington DC: World Bank, 2007: 183-211.

[267]Wu, H., H. Guo, B. Zhang, and M. Bu. Westward. Movement of new polluting firms in China: pollution reduction mandates and location choice[J]. Journal of Comparative Economics, 2017, 45(1): 119-138.

[268]Xiao B, Niu D, Guo X. Can China achieve its 2020 carbon intensity target? A scenario analysis based on system dynamics approach[J]. Ecological Indicators, 2016(71): 99-112.

[269]Xiao L, Wang J, Dong Y, et al. Combined forecasting models for wind energy forecasting: a case study in China[J]. Renewable and Sustainable Energy Reviews, 2015, 44(4): 271-288.

[270]Xiao T, Liu H. An empirical study on industrial structural adjustments and issues in energy conservation and emission reduction[J]. Economist, 2014(9): 58-68.

[271]Xie N, Yuan C, Yang Y. Forecasting China's energy demand and self-sufficiency rate by greyforecasting model and Markov model[J]. International Journal of Electrical Power & Energy Systems, 2015, 66(3): 1-8.

[272]Xing Z, Shu W. The research on carbon emission forecast based on GM (1, 1) model in China[J]. Journal of Applied Science and Engineering Innovation, 2019, 6(4): 206-209.

[273]Xu G Y, Hong D Y. An empirical study of the environmental Kuznets curve for China's carbon emissions[J]. China Industrial Economics, 2010(5): 37-47.

[274]Xu Q, Dong Y, Yang R. Urbanization impact on carbon emissions in the Pearl River Delta Region: Kuznets curve relationships[J]. Journal of cleaner production, 2018(180): 514-523.

[275]Xu T. Investigating environmental Kuznets curve in China-aggregation bias and policy implications[J]. Energy policy, 2018(114): 315-322.

[276]Yao X, Zhou H, Zhang A, Li A. Regional energy efficiency, carbon emission performance and technology gaps in China: a meta-frontier non-radial directional distance function analysis[J]. Energy Policy, 2015(84): 142-154.

[277] Ye M, Zyren J, Shore J. Forecasting crude oil spot price using OECD petroleum inventory levels [J]. International Advances in Economic Research, 2002, 8 (4): 324-333.

[278] Yıldırım E, Sukruoglu D, Aslan A. Energy consumption and economic growth in the next 11 countries: the bootstrapped autoregressive metric causality approach [J]. Energy Economics, 2014(44): 14-21.

[279] Yu S W, Zhu K J. A hybrid procedure for energy demand forecasting in China [J]. Energy, 2012, 37(1): 396-404.

[280] zadeh A, Arab R, Behfard S. An adaptive intelligent algorithm for forecasting long term gasoline demand estimation: the cases of USA, Canada, Japan, Kuwait and Iran[J]. Expert Systems with Applications, 2010, 37(12): 7427-7437.

[281] Zhang C, Lin Y. Panel estimation for urbanization, energy consumption and CO_2 emissions: a regional analysis in China [J]. Energy Policy, 2012 (49): 488-498.

[282] Zhang L, Jiang Z, Liu R, et al. Can China achieve its CO_2 emission mitigation target in 2030: a system dynamics perspective [J]. Polish Journal of Environmental Studies, 2018, 27(6): 2861-2871.

[283] Zhang Y J, Da Y B. The decomposition of energy-related carbon emission and its decoupling with economic growth in China [J]. Renewable and Sustainable Energy Reviews, 2015(41): 1255-1266.

[284] Zhang, R., Wei, T., Sun, J. and Shi, Q., Wave transition in household energy use[J]. Technological Forecasting and Social Change, 2016(102): 297-308.

[285] Zhang, Y. J., Jin, Y. L., Chevallier, J. and Shen, B. The effect of corruption on carbon dioxide emissions in APEC countries: a panel quantile regression analysis [J]. Technological Forecasting and Social Change, 2016 (112): 220-227.

[286] Zhao M, Tan L, Zhang W, Ji M, Liu Y, Yu L. Decomposing the influencing factors of industrial carbon emissions in Shanghai using the LMDI method [J]. Energy, 2010, 35(6): 2505-2510.

[287] Zhenghui Li, Junhao Zhong. Impact of economic policy uncertainty shocks on China's financial conditions[J]. Finance Research Letters, 2020, 35(c).

[288] Zou Q, Chen X, Lv J N. Study on the coordinated development of economic growth and the environment in China: analysis based on endogenous growth model and the EKC hypothesis [J]. Journal of Central University of Finance & Economics, 2014(9): 89-97.

[289] Zoundi Z. CO_2 emissions, renewable energy and the Environmental Kuznets Curve, a panel cointegration approach[J]. Renewable and Sustainable Energy Reviews, 2017(72): 1067-1075.

[290] 彼得·霍尔, 钱雯. 多中心大都市: 西欧巨型城市区透视[J]. 城市与区域规划研究, 2009(3): 1-17.

[291] 蔡彤娟, 张晓延, 杨崇兵. 利率市场化改革背景下我国货币政策中介目标的选择——基于SVAR模型的实证分析[J]. 宏观经济研究, 2014(10): 85-98.

[292] 曹红. 国际原油价格变动对中国股票市场的影响分析[D]. 成都: 西南财经大学, 2014.

[293] 曹孜, 陈洪波. 城市化和能源消费的门槛效应分析与预测[J]. 中国人口·资源与环境, 2015 (11): 59-68.

[294] 曹子阳, 吴志峰, 匡耀求. DMSP/OLS夜间灯光影像中国区域的校正及应用[J]. 地球信息科学学报, 2015(9): 88-98.

[295] 曾秋根. 商品指数基金, 油价上涨与通货膨胀预期的自我实现[J]. 国际金融研究, 2005 (12): 42-44.

[296] 陈超凡. 中国工业绿色全要素生产率及其影响因素——基于ML生产率指数及动态面板模型的实证研究[J]. 统计研究, 2016, 33(3): 53-62.

[297] 陈东. 治霾新途径: 能源结构调整与发展清洁能源[J]. 生态经济, 2014 (6): 10-13.

[298] 陈国进, 王少谦. 经济政策不确定性如何影响企业投资行为[J]. 财贸经济, 2016(5): 5-21.

[299] 陈劲, 刘景江, 杨发明. 绿色技术创新审计指标测度方法研究[J]. 科研管

理，2001(6)：69-75.
[300]陈卫东，朱红杰．基于粒子群优化算法的中国能源需求预测[J]．中国人口·资源与环境，2013(3)：39-43.
[301]陈星明．人民币汇率波动对CPI的动态影响分析[D]．南昌：江西财经大学，2020.
[302]陈宇峰，陈启清．国际油价冲击与中国宏观经济波动的非对称时段效应：1978—2007[J]．金融研究，2011(5)：86-99.
[303]陈宇峰，陈准准．能源冲击对中国部门间劳动力市场需求结构的影响[J]．国际贸易问题，2012(4)：16-29.
[304]陈羽瑱．基于小波分析的原油期货价格与人民币汇率的风险溢出效应研究[D]．杭州：浙江财经大学，2017.
[305]崔婕，黄杰，李凯．基于VAR的碳排放权现货价格、能源价格及道中指数关系研究[J]．经济问题，2018(7)：27-33.
[306]邓创，徐曼．中国的金融周期波动及其宏观经济效应的时变特征研究[J]．数量经济技术经济研究，2014(9)：75-91.
[307]丁志华，李文博．石油价格波动对我国物价水平的影响研究——基于高对外依存度的视角分析[J]．价格理论与实践，2014(10)：68-70.
[308]董敏杰．环境规制对中国产业国际竞争力的影响[D]．北京：中国社会科学院研究生院，2011.
[309]董锐．经济政策不确定性对经济波动的影响研究[J]．现代管理科学，2020(1)：18-20.
[310]董直庆，焦翠红，王芳玲．环境规制陷阱与技术进步方向转变效应检验[J]．上海财经大学学报，2015，17(3)：69-78.
[311]董直庆，王辉．环境规制的“本地—邻地”绿色技术进步效应[J]．中国工业经济，2019(1)：100-118.
[312]杜江，刘渝．城市化与环境污染：中国省际面板数据的实证研究[J]．长江流域资源与环境，2008(6)：825-830.
[313]杜强，陈乔，杨锐．基于Logistic模型的中国各省碳排放预测[J]．长江流域资源与环境，2013，22(2)：140.

[314]段博川，孙祥栋. 城镇化进程与环境污染关系的门槛面板分析[J]. 统计与决策，2016(22)：102-105.

[315]段端. 汇率波动与国际收支及宏观经济关系研究[J]. 当代金融研究，2019(6)：44-58.

[316]段海燕，肖依静，丁哲，王宪恩. 区域人口，经济，能源环境协调发展情景预测研究[J]. 人口学刊，2017(2)：47-56.

[317]段梅，陈福生. 中国省际低碳经济发展能力测度与评价[J]. 广东财经大学学报，2015(1)：23-32.

[318]范承泽，胡一帆，郑红亮. FDI 对国内企业技术创新影响的理论与实证研究[J]. 经济研究，2008(1)：89-102.

[319]冯美星. 中国经济政策不确定性与原油价格动态相关性研究[D]. 南京：南京农业大学，2017.

[320]冯钰瑶，刘畅，孙晓蕾. 不确定性与原油市场的交互影响测度：基于综合集成的多尺度方法论[J]. 管理评论，2020，32(7)：29-40.

[321]付立东，张金锁，冯雪. GA-SA 模型预测中国能源需求[J]. 系统工程理论与实践，2015 (3)：780-789.

[322]付亚蒙. 经济政策不确定性对国际资源价格冲击研究[D]. 南昌：江西财经大学，2020.

[323]付哲. 国际原油价格与汇率长期相关性及其宏观影响因素研究[D]. 长沙：湖南大学，2019.

[324]傅京燕，胡瑾，曹翔. 不同来源 FDI、环境规制与绿色全要素生产率[J]. 国际贸易问题，2018(7)：134-148.

[325]干春晖，郑若谷，余典范. 中国产业结构变迁对经济增长和波动的影响[J]. 经济研究，2011(5)：4-16.

[326]高丽娜. 多中心化与城市群经济发展关系研究——以长三角城市群为例[J]. 科技进步与对策，2018，35(19)：46-52.

[327]高明，郭峰. 城市化对空气质量的影响研究——以京津冀城市群为例[J]. 环境经济研究，2018，3(3)：88-105.

[328]高艺，杨高升，谢秋皓. 公众参与理论视角下环境规制对绿色全要素生产

率的影响——基于空间计量模型与门槛效应的检验[J]. 科技管理研究，2020，40(11)：232-240.

[329]龚建立. 政府在中小企业绿色技术创新中的地位和作用[J]. 中国人口·资源与环境，2002(1)：112-115.

[330]龚玉婷，陈强，郑旭. 谁真正影响了股票和债券市场的相关性？——基于混频 Copula 模型的视角[J]. 经济学（季刊），2016(2)：1205-1224.

[331]顾夏铭，陈勇民，潘士远. 经济政策不确定性与创新——基于我国上市公司的实证分析[J]. 经济研究，2018，53(2)：109-123.

[332]韩国高. 国际油价冲击对制造业企业投资影响的分析[J]. 山西财经大学学报，2016(7)：50-59.

[333]韩晶，陈超凡，冯科. 环境规制促进产业升级了吗？——基于产业技术复杂度的视角[J]. 北京师范大学学报(社会科学版)，2014(1)：148-159.

[334]韩微. 人民币汇率波动如何影响我国金融服务贸易流量[J]. 全国流通经济，2020(4)：148-149.

[335]郝江北. 雾霾产生的原因及对策[J]. 宏观经济管理，2014(3)：42-43.

[336]贺婷婷. 经济政策不确定性对汇率市场的影响研究[D]. 合肥：合肥工业大学，2019.

[337]赫永达，孙巍，张帅. 我国经济增长与能源消费的非对称冲击效应研究[J]. 经济问题，2016 (4)：33-40.

[338]胡光辉，孟艳莉. 国际石油价格波动对我国就业水平的影响[J]. 特区经济，2013(4)：173-174.

[339]胡建雄，赵春玲. 不同自然资源对经济增长影响的差异性研究——基于中国省际面板数据的分析[J]. 山西财经大学学报，2014(4)：1-13.

[340]胡宗义，刘亦文. 能源要素价格改革对我国经济发展的影响分析——基于一个动态可计算一般均衡（CGE）模型[J]. 系统工程，2009(11)：1-6.

[341]花玲，谢乃明. 政策冲击影响下中国能源消费预测分析及控制策略[J]. 中国管理科学，2014(7)：18-25.

[342]黄灿，俞勇，郑鸿. 经济政策不确定性与企业并购：中国的逻辑[J]. 财贸经济，2020，41(8)：95-109.

[343]黄广仪，叶艺虹，黄泽锋．离岸人民币汇率与 WTI 原油期货价格变动关系的研究——基于 DCC-MVGARCH 模型的实证分析[J]．中国市场，2019(16)：15-16，24.

[344]黄金川，方创琳，冯仁国．三峡库区城市化与生态环境耦合关系定量辨识[J]．长江流域资源与环境，2004(2)：153-158.

[345]黄磊，吴传清．长江经济带城市绿色技术创新效率及其动力机制研究[J]．重庆大学学报(社会科学版)，2020(3)：1-14.

[346]黄志刚，王棋，吴施娟．石油价格对人民币汇率冲击的非对称性研究[J]．福建论坛(人文社会科学版)，2017(4)：45-52.

[347]纪建悦，张懿，任文菡．环境规制强度与经济增长——基于生产性资本和健康人力资本视角[J]．中国管理科学，2019，27(8)：57-65.

[348]贾军，张伟．绿色技术创新中路径依赖及环境规制影响分析[J]．科学学与科学技术管理，2014，35(5)：44-52.

[349]姜春海．基于 VAR 模型的原油价格与汽、柴油零售价格传导机制实证研究：2003—2011 年[J]．宏观经济研究，2013 (4)：28-38.

[350]蒋伏心，王竹君，白俊红．环境规制对技术创新影响的双重效应——基于江苏制造业动态面板数据的实证研究[J]．中国工业经济，2013(7)：44-55.

[351]蒋洪强，张静，张伟．以技术创新推动环保产业发展的思路与建议[J]．环境保护，2015(8)：36-39.

[352]金刚，沈坤荣．以邻为壑还是以邻为伴？——环境规制执行互动与城市生产率增长[J]．管理世界，2018(12)：43-55.

[353]金浩，舒帅杰．经济政策不确定性对我国股票市场波动性的影响研究[J]．现代商贸工业，2020，41(7)：92-94.

[354]冷艳丽，杜思正．产业结构、城市化与雾霾污染[J]．中国科技论坛，2015(9)：49-55.

[355]李斌，彭星，陈柱华．环境规制、FDI 与中国治污技术创新——基于省际动态面板数据的分析[J]．财经研究，2011(10)：92-102.

[356]李斌，彭星．环境规制工具的空间异质效应研究——基于政府职能转变视

角的空间计量分析[J]. 产业经济研究，2013(6)：38-47.

[357]李斌，彭星，欧阳铭珂．环境规制、绿色全要素生产率与中国工业发展方式转变[J]. 中国工业经济，2013，301(4)：56-68.

[358]李翠萍．国际油价波动对哈萨克斯坦经济的影响——基于VAR模型的实证分析[J]. 西伯利亚研究，2016，43(5)：10-14.

[359]李丹，杨建君. 国内绿色技术创新文献特色及前沿探究[J]. 科研管理，2015，36(6)：109-118.

[360]李凤羽，史永东．经济政策不确定性与企业现金持有策略——基于中国经济政策不确定指数的实证研究[J]. 管理科学学报，2016，19(6)：157-170.

[361]李佳洺，张文忠，孙铁山. 中国城市群集聚特征与经济绩效[J]. 地理学报，2014，69(4)：474-484.

[362]李晶．国际油价冲击对中国的通胀效应研究[D]. 上海：复旦大学，2012.

[363]李力，王博，刘潇潇，郝大鹏．短期资本，货币政策和金融稳定[J]. 金融研究，2016(9)：18-32.

[364]李平. 论绿色技术创新主体系统[J]. 科学学研究，2005(3)：414-418.

[365]李强，魏巍．国际资源价格冲击对中国宏观经济的影响研究[J]. 广西财经学院学报，2015(5)：1-8.

[366]李瑞琴. 市场化进程提升了环境规制的有效性吗？——基于绿色技术创新视角的“波特假说”再检验[J]. 西南政法大学学报，2020，22(2)：125-139.

[367]李诗航. 多中心空间发展程度对地区创新效率的影响效应研究[D]. 南昌：江西财经大学，2018.

[368]李姝. 城市化、产业结构调整与环境污染[J]. 财经问题研究，2011(6)：38-43.

[369]李婉红，毕克新，孙冰. 环境规制强度对污染密集行业绿色技术创新的影响研究——基于2003—2010年面板数据的实证检验[J]. 研究与发展管理，2013，25(6)：72-81.

[370]李晓钟，张小蒂. 外商直接投资对我国技术创新能力影响及地区差异分析

[J]. 中国工业经济, 2008(9): 77-87.
[371]李优树, 周超, 唐吉. 中国石油供求变化趋势及石油安全问题分析[J]. 云南财经大学学报, 2014(1): 154-160.
[372]李正辉, 郑玉航. 基于混频数据模型的中国经济周期区制监测研究[J]. 统计研究, 2015 (1): 33-40.
[373]李智, 林伯强, 许嘉峻. 基于 MSVAR 的国际原油期货价格变动研究[J]. 金融研究, 2014(1): 99-109.
[374]李竹芸. 国际原油价格波动对我国股市的影响研究——基于不同行业的分析[J]. 金融经济, 2020(4): 54-66.
[375]廖进球, 徐加涛. 企业创新与能源强度[J]. 当代财经, 2019(1): 108-118.
[376]林伯强, 蒋竺均. 中国二氧化碳的环境库兹涅茨曲线预测及影响因素分析[J]. 管理世界, 2009, 4(4): 27-36.
[377]林伯强, 牟敦国. 能源价格对宏观经济的影响——基于可计算一般均衡(CGE)的分析[J]. 经济研究, 2008 (11): 88-101.
[378]林伯强, 王锋. 能源价格上涨对中国一般价格水平的影响[J]. 经济研究, 2009 (12): 66-79.
[379]林伯强, 孙传旺. 如何在保障中国经济增长前提下完成碳减排目标[J]. 中国社会科学, 2011(1): 64-76, 221.
[380]林伯强. 危机下的能源需求和能源价格走势以及对宏观经济的影响[J]. 金融研究, 2010(1): 46-57.
[381]林成. 国际原油价格、货币政策对我国农产品价格的影响机理与效应[J]. 价格月刊, 2020(1): 30-35.
[382]林永生. 能源价格对经济主体的影响及其传导机制——理论和中国的经验[J]. 北京师范大学学报(社会科学版), 2008(1): 127-133.
[383]刘爱芹. 山东省能源消费与工业经济增长的灰色关联分析[J]. 中国人口·资源与环境, 2008(3): 103-107.
[384]刘伯龙, 袁晓玲, 张占军. 城镇化推进对雾霾污染的影响——基于中国省级动态面板数据的经验分析[J]. 城市发展研究, 2015, 22(9): 23-27.

[385]刘晨跃，徐盈之. 城镇化如何影响雾霾污染治理？——基于中介效应的实证研究[J]. 经济管理，2017，39(8)：6-23.
[386]刘华军，刘传明，杨骞. 环境污染的空间溢出及其来源——基于网络分析视角的实证研究[J]. 经济学家，2015(10)：28-35.
[387]刘起运，任泽平. 价格影响模型的技术评估与实证研究[J]. 中国物价，2006(12)：35-39.
[388]刘强. 石油价格变化对中国经济影响的模型研究[J]. 数量经济技术经济研究，2005(3)：16-27.
[389]刘伟，薛景. 环境规制与技术创新：来自中国省际工业行业的经验证据[J]. 宏观经济研究，2015(10)：72-80，119.
[390]刘伟明. 中国的环境规制与地区经济增长研究[D]. 上海：复旦大学，2012.
[391]刘卫东，仲伟周，石清. 2020年中国能源消费总量预测——基于定基能源消费弹性系数法[J]. 资源科学，2016，38(4)：658-664.
[392]刘晓红，江可申. 我国城镇化、产业结构与雾霾动态关系研究——基于省际面板数据的实证检验[J]. 生态经济，2016，32(6)：19-25.
[393]刘晓雪，徐鹏，闫彩云. INE原油期货对现货价格引导关系比较研究——基于G-S模型和小波相干模型的分析[J]. 价格理论与实践，2020(4)：96-99，177.
[394]刘修岩，李松林，秦蒙. 城市空间结构与地区经济效率——兼论中国城镇化发展道路的模式选择[J]. 管理世界，2017(1)：51-64.
[395]刘修岩，文意豪. 中国省域城市体系多中心发展水平的测度与影响因素[J]. 浙江学刊，2020(1)：100-110.
[396]刘耀彬，冷青松. 人口集聚对雾霾污染的空间溢出效应及门槛特征[J]. 华中师范大学学报(自然科学版)，2020，54(2)：258-267.
[397]刘亦文，胡宗义. 中国碳排放效率区域差异性研究——基于三阶段DEA模型和超效率DEA模型的分析[J]. 山西财经大学学报，2015(2)：23-34.
[398]刘振华. 经济政策不确定性下国际原油价格冲击对中国股票市场的影响研究[D]. 徐州：中国矿业大学，2019.

[399]卢潇．国际石油价格波动对中国经济影响及传导机制研究[D]．徐州：中国矿业大学，2015.
[400]陆鹏飞．绿色金融、环境规制对绿色技术创新的影响研究[D]武汉：武汉理工大学，2019.
[401]罗能生，李建明．产业集聚及交通联系加剧了雾霾空间溢出效应吗？——基于产业空间布局视角的分析[J]．产业经济研究，2018(4)：52-64.
[402]罗毅丹，樊琦．一种新扩展的向量自回归模型及应用[J]．统计研究，2010(7)：95-100.
[403]罗震东，何鹤鸣，耿磊．基于客运交通流的长江三角洲功能多中心结构研究[J]．城市规划学刊，2011(2)：16-23.
[404]骆洁．PPI 波动对经济增长的影响[J]．合作经济与科技，2020(4)：28-29.
[405]吕靖烨，郭泽，肖路．国际油价与人民币汇率的非对称溢出效应研究——基于 VEC-BEKK-GARCH 模型[J]．价格月刊，2020(1)：23-29.
[406]马斌．人民币汇率波动对我国海外投资的影响分析[C]//武汉市创读时代出版策划有限公司．中部社科研讨会论文集(1)．武汉：武汉市创读时代出版策划有限公司，2019：2.
[407]马丹，卢丽萍．不同资本账户开放程度下汇率波动对经济增长的非线性效应——基于面板门限模型的分析[J]．浙江金融，2020(1)：28-39.
[408]马富萍，茶娜．环境规制对技术创新绩效的影响研究——制度环境的调节作用[J]．研究与发展管理，2012，24(1)：60-66，77.
[409]马丽梅，刘生龙，张晓．能源结构、交通模式与雾霾污染——基于空间计量模型的研究[J]．财贸经济，2016，37(1)：147-160.
[410]马丽梅，张晓．中国雾霾污染的空间效应及经济、能源结构影响[J]．中国工业经济，2014(4)：19-31.
[411]马淑琴，戴军，温怀德．贸易开放、环境规制与绿色技术进步——基于中国省际数据的空间计量分析[J]．国际贸易问题，2019(10)：132-145.
[412]马秀馨，刘耀林，艳芳．时间异质性视角下对中国城市形态多中心性演化的探究[J]．地理研究，2020，39(4)：787-804.
[413]孟庆斌，师倩．宏观经济政策不确定性对企业研发的影响：理论与经验研

究[J]. 世界经济, 2017, 40(9): 75-98.

[414]牟敦果, 林伯强. 中国经济增长、电力消费和煤炭价格相互影响的时变参数研究[J]. 金融研究, 2012(6): 42-53.

[415]聂炜. 国际原油价格对中国工业行业动态影响研究——基于VAR模型的脉冲响应分析[J]. 价格理论与实践, 2020(1): 87-90, 178.

[416]裴潇, 蒋安璇, 叶云, 汪发元. 民间投资、环境规制与绿色技术创新——长江经济带11省市空间杜宾模型分析[J]. 科技进步与对策, 2019, 36(8): 44-51.

[417]彭洁. 国际原油价格对中国股市收益影响研究[J]. 时代金融, 2020(4): 39-40.

[418]蒲志仲, 刘新卫, 毛程丝. 能源对中国工业化时期经济增长的贡献分析[J]. 数量经济技术经济研究, 2015(10): 3-19.

[419]齐红倩, 席旭文, 高群媛. 中国城镇化发展水平测度及其经济增长效应的时变特征[J]. 经济学家, 2015 (11): 26-34.

[420]任春艳, 吴殿廷, 董锁成. 西北地区城市化与空气质量变化关系研究[J]. 北京师范大学学报(自然科学版), 2005(2): 204-208.

[421]任泽平, 刘起运, 潘文卿. 原油价格波动对中国物价的影响——基于投入产出价格模型[J]. 统计研究, 2008(11): 22-28.

[422]任泽平. 能源价格波动对中国物价水平的潜在与实际影响[J]. 经济研究, 2012(8): 59-69.

[423]邵帅, 李欣, 曹建华, 杨莉莉. 中国雾霾污染治理的经济政策选择[J]. 经济研究, 2016(9): 73-88.

[424]沈坤荣, 金刚, 方娴. 环境规制引起了污染就近转移吗? [J]. 经济研究, 2017, 52(5): 44-59.

[425]沈能, 周晶晶. 技术异质性视角下的我国绿色创新效率及关键因素作用机制研究: 基于Hybrid DEA和结构化方程模型[J]. 管理工程学报, 2018, 32(4): 46-53.

[426]沈中元. 原油价格对中国物价的影响[J]. 国际石油经济, 2004(11): 45-49.

[427]舒雅楠，刘军. 基于节能环保视野下的企业技术创新[J]. 吉林工程技术师范学院学报，2015，31(1)：5-7，12.
[428]宋德勇，卢忠宝. 中国碳排放影响因素分解及其周期性波动研究[J]. 中国人口·资源与环境，2009，19(3)：18-24.
[429]宋冬林，王林辉，董直庆. 资本体现式技术进步及其对经济增长的贡献率(1981—2007)[J]. 中国社会科学，2011(2)：91-106.
[430]宋杰鲲. 基于LMDI的山东省能源消费碳排放因素分解[J]. 资源科学，2012，34(1)：35-41.
[431]宋马林，王舒鸿. 环境规制、技术进步与经济增长[J]. 经济研究，2013(3)：122-134.
[432]宋莹. 我国省域工业企业绿色创新产出空间溢出效应研究[D]. 蚌埠：安徽财经大学，2018.
[433]苏经纬. 经济政策不确定性对我国对外净资产的影响[D]. 蚌埠：安徽财经大学，2020.
[434]孙斌栋，华杰媛，李琬. 中国城市群空间结构的演化与影响因素——基于人口分布的形态单中心—多中心视角[J]. 地理科学进展，2017，36(10)：1294-1303.
[435]孙红霞，李森. 大气雾霾与煤炭消费、环境税收的空间耦合关系——以全国31个省市地区为例[J]. 经济问题探索，2018(1)：155-166.
[436]孙宁华，江学迪. 能源格与中国宏观经济：动态模型与校准分析[J]. 南开经济研究，2012 (2)：20-32.
[437]孙攀，吴玉鸣，鲍曙明. 经济增长与雾霾污染治理：空间环境库兹涅茨曲线检验[J]. 南方经济，2019(12)：100-117.
[438]孙稳存. 能源冲击对中国宏观经济的影响[J]. 经济理论与经济管理，2007(2)：31-36.
[439]孙晓华，王昀. 企业所有制与技术创新效率[J]. 管理学报，2013，10(7)：1041-1047.
[440]孙宇. 汇率波动对中美贸易的影响研究[D]. 大连：东北财经大学，2019.
[441]谭蓉娟，刘贻新. 战略性新兴产业科技创新与金融创新耦合效率研究——

基于上市公司数据的实证分析[J]. 科技管理研究，2015(24)：110-115.
[442]唐琳，谈正达，胡海鸥. 基于 MS-VAR 的"三元悖论"约束及对经济影响研究[J]. 国际金融研究，2015(9)：35-44.
[443]唐蕊. 京津冀地区环境规制对雾霾治理的作用研究[D]. 哈尔滨：哈尔滨商业大学，2020.
[444]唐运舒，焦建玲. 油价冲击、货币政策调整与产出波动——基于中国的经验证据[J]. 经济理论与经济管理，2012(7)：17-27.
[445]陶锋，王余妃. 环境规制、研发偏向与工业绿色生产率——波特假说再检验[J]. 暨南学报，2018(5)：46-59.
[446]田磊，林建浩，张少华. 政策不确定性是中国经济波动的主要因素吗——基于混合识别法的创新实证研究[J]. 财贸经济，2017，38(1)：5-20.
[447]童磊，王运鹏. 省域碳排放的空间网络结构特征与影响因素研究——基于产业转移视角[J]. 经济问题，2020(3)：18-24.
[448]童玉芬，王莹莹. 中国城市人口与雾霾：相互作用机制路径分析[J]. 北京社会科学，2014(5)：4-10.
[449]王晗，王佳琪. 互联网金融、股票市场与宏观经济——基于 SVAR 模型的实证研究[J]. 当代金融研究，2018(5)：117-130.
[450]王洪庆. 人力资本视角下环境规制对经济增长的门槛效应研究[J]. 中国软科学，2016(6)：52-61.
[451]王家庭，王璇. 我国城市化与环境污染的关系研究——基于 28 个省市面板数据的实证分析[J]. 城市问题，2010(11)：9-15.
[452]王娟茹，张渝. 环境规制、绿色技术创新意愿与绿色技术创新行为[J]. 科学学研究，2018，36(2)：352-360.
[453]王凯. 经济政策不确定性与人民币汇率[D]. 厦门：厦门大学，2019.
[454]王腊芳，王绍君. 国际能源价格波动的传导机制分析[J]. 经济数学，2014(2)：38-42.
[455]王磊，李成丽. 我国中部地区城市群多中心结构的增长效应[J]. 长江流域资源与环境，2018，27(10)：2231-2240.
[456]王林辉，袁礼. 要素结构变迁对要素生产率的影响——技术进步偏态的视

角[J]. 财经研究，2012(11)：38-48.
[457]王少平，杨继生. 中国工业能源调整的长期战略与短期措施——基于12个主要工业行业能源需求的综列协整分析[J]. 中国社会科学，2006（4）：88-96.
[458]王少平，欧阳志刚. 中国城乡收入差距对实际经济增长的阈值效应[J]. 中国社会科学，2008(2)：54-66.
[459]王韬，叶文奇. 电力和天然气补贴对经济及产业结构的影响——基于CGE建模的分析[J]. 系统工程，2014(9)：61-67.
[460]王维国，于扬. 基于混频回归类模型对中国季度GDP的预报方法研究[J]. 数量经济技术经济研究，2016(4)：108-125.
[461]王琰. 多维度城市化对空气质量的影响：基于中国城市数据的实证检验[J]. 东南大学学报(哲学社会科学版)，2017，19(4)：100-110.
[462]王云清. 能源价格冲击与中国的宏观经济：理论模型，数值分析及政策模拟[J]. 经济学动态，2014(2)：44-57.
[463]魏涛远. 世界油价上涨对我国经济的影响分析[J]. 数量经济技术经济研究，2002（5）：17-20.
[464]魏巍贤，高中元，彭翔宇. 能源冲击与中国经济波动——基于动态随机一般均衡模型的分析[J]. 金融研究，2012（1）：51-64.
[465]魏巍贤，马喜立. 能源结构调整与雾霾治理的最优政策选择[J]. 中国人口·资源与环境，2015，25(7)：6-14.
[466]闻卓. 经济政策不确定性条件下国际油价与人民币汇率的相关性问题研究[D]. 南京：南京农业大学，2018.
[467]吴安兵. 人民币实际汇率的动态决定及其经济效应研究[D]. 长春：吉林大学，2018.
[468]吴朝霞. 环境规制对中国区际污染产业转移的影响研究[D]. 湘潭：湘潭大学，2016.
[469]吴俊培，万甘忆. 财政分权对环境污染的影响及传导机制分析——基于地市级面板数据的实证[J]. 广东财经大学学报，2016(6)：37-45.
[470]吴磊，贾晓燕，吴超，彭甲超. 异质型环境规制对中国绿色全要素生产率

的影响[J]. 中国人口·资源与环境，2020，30(10)：82-92.
[471]吴丽华，傅广敏. 能源价格波动对一般价格水平的传导影响[J]. 当代经济科学，2014(5)：81-90.
[472]吴伟平，何乔. “倒逼”抑或“倒退”？——环境规制减排效应的门槛特征与空间溢出[J]. 经济管理，2017，39(2)：20-34.
[473]吴振信，薛冰，王书平. 基于VAR模型的油价波动对我国经济影响分析[J]. 中国管理科学，2011，19(1)：21-28.
[474]夏文蕾. 宏观经济政策、绿色技术创新与企业绩效[D]. 武汉：湖北工业大学，2018.
[475]肖兴志，李少林. 环境规制对产业升级路径的动态影响研究[J]. 经济理论与经济管理，2013(6)：102-112.
[476]徐华林. 国际石油价格波动对宏观经济的冲击效应研究[D]. 青岛：中国海洋大学，2014.
[477]徐建中，王曼曼. FDI流入对绿色技术创新的影响及区域比较[J]. 科技进步与对策，2017，33(4)：53-57.
[478]徐学军. 对中国企业绿色经营的探索性研究[J]. 科技管理研究，2009(7)：277-279.
[479]徐盈之，刘琦. 产业集聚对雾霾污染的影响机制——基于空间计量模型的实证研究[J]. 大连理工大学学报(社会科学版)，2018，39(3)：24-31.
[480]徐玉莲，王玉冬，林艳. 区域科技创新与科技金融耦合协调度评价研究[J]. 科学学与科学技术管理，2011(12)：116-122.
[481]许志伟，王文甫. 经济政策不确定性对宏观经济的影响——基于实证与理论的动态分析[J]. 经济学(季刊)，2019，18(1)：23-50.
[482]闫帅. 经济不确定性对人民币汇率变动的影响研究[D]. 厦门：厦门大学，2018.
[483]闫先东，朱迪星. 资本市场泡沫，经济波动与货币政策反应[J]. 国际金融研究，2016(10)：74-88.
[484]杨冬梅，万道侠，杨晨格. 产业结构、城市化与环境污染——基于山东的实证研究[J]. 经济与管理评论，2014，30(2)：67-74.

[485]杨发明，吕燕. 绿色技术创新的组合激励研究[J]. 科研管理，1998(1)：41-44.

[486]杨柳，李力. 能源价格波动对经济增长与通货膨胀的影响——基于我国1996—2005年间的数据分析[J]. 中南财经政法大学学报，2006(4)：51-55.

[487]杨骞，刘华军. 中国碳强度分布的地区差异与收敛性——基于1995—2009年省际数据的实证研究[J]. 当代财经，2012(2)：87-98.

[488]杨嵘，郭欣欣，王杰. 产业集聚与雾霾污染的门槛效应研究——以我国73个PM2.5重点监测城市为例[J]. 科技管理研究，2018，38(19)：123-130.

[489]姚常成，吴康. 多中心空间结构促进了城市群协调发展吗？——基于形态与知识多中心视角的再审视[J]. 经济地理，2020，40(3)：63-74.

[490]叶雅韵. 原油价格对人民币有效汇率影响及传导路径研究[D]. 徐州：中国矿业大学，2014.

[491]易成子. 汇率不确定风险对企业投资的影响[J]. 上海金融，2020(6)：11-18.

[492]于渤，迟春洁，苏国福. 石油价格对国民经济影响测度模型[J]. 数量经济技术经济研究，2002(5)：74-76.

[493]袁丙兵. 地方政府环境治理对雾霾的影响研究[D]. 郑州：河南财经政法大学，2020.

[494]张斌，徐建炜. 石油价格冲击与中国的宏观经济：机制、影响与对策[J]. 管理世界，2010(11)：18-27.

[495]张兵兵. 碳排放约束下中国全要素能源效率及其影响因素研究[J]. 当代财经，2014(6)：13-22.

[496]张博，何明洋. 基于全国统一碳市场下的中国各省市初始碳排放权分配方案研究[J]. 云南财经大学学报，2015(6)：102-113.

[497]张成，陆旸，郭路，于同申. 环境规制强度和生产技术进步[J]. 经济研究，2011(2)：113-124.

[498]张德园. 中国经济不确定性及其宏观经济效应研究[D]. 长春：吉林大学，2020.

[499]张浩然，衣保中. 城市群空间结构特征与经济绩效——来自中国的经验证据[J]. 经济评论，2012(1)：42-47.

[500]张欢，成金华. 中国能源价格变动与居民消费水平的动态效应——基于VAR模型和SVAR模型的检验[J]. 资源科学，2011，33(5)：806-813.

[501]张嫚. 环境规制约束下的企业行为[D]. 大连：东北财经大学，2005.

[502]张平，张鹏鹏. 环境规制对产业区际转移的影响——基于污染密集型产业的研究[J]. 财经论丛，2016(5)：96-104.

[503]张倩. 环境规制对绿色技术创新影响的实证研究——基于政策差异化视角的省级面板数据分析[J]. 工业技术经济，2015，34(7)：10-18.

[504]张婷. 人民币汇率对中国对外直接投资的影响研究[J]. 广西质量监督导报，2020(7)：233，219.

[505]张晓光. 一般均衡的理论与实用模型[M]. 北京：中国人民大学出版社，2009.

[506]张欣欣，刘广斌，蔡璐. 基于Granger检验的中国能源消费和经济增长关系研究[J]. 山西财经大学学报，2011 (4)：26-27.

[507]张旭，王宇. 环境规制与研发投入对绿色技术创新的影响效应[J]. 科技进步与对策，2017，34(17)：111-119.

[508]张玉鹏，王茜. 政策不确定性的非线性宏观经济效应及其影响机制研究[J]. 财贸经济，2016(4)：116-133.

[509]张云辉，韩雨萌. 人口因素对雾霾污染的影响——基于省级面板数据的实证分析[J]. 调研世界，2018(1)：9-16.

[510]赵进文，范继涛. 经济增长与能源消费内在依从关系的实证研究[J]. 经济研究，2007(8)：31-42.

[511]赵璟，党兴华，王修来. 城市群空间结构的演变——来自中国西部地区的经验证据[J]. 经济评论，2009(4)：27-34.

[512]赵茜. 国际油价冲击对人民币汇率的影响——基于动态局部均衡资产选择模型的分析[J]. 国际贸易问题，2017(7)：164-176.

[513]赵昕. 原油价格对进出口成品油贸易的影响[J]. 化工设计通讯，2020，46(1)：27，35.

[514]赵新刚，路凡余，新旋，李彦斌．产业转移视角下中国能源强度的空间分布特征和收敛性研究[J]．工业技术经济，2019(1)：100-108.

[515]赵玉，张玉．美国量化宽松政策冲击下国际能源价格波动与传导研究[J]．资源科学，2014(8)：1590-1599.

[516]赵玉民，朱方明，贺立龙．环境规制的界定、分类与演进研究[J]．中国人口·资源与环境，2009，19(6)：85-90.

[517]郑鹏程．我国人民币实际有效汇率的均衡与失调分析[J]．统计与管理，2020，35(9)：4-7.

[518]郑挺国，尚玉皇．基于金融指标对中国 GDP 的混频预测分析[J]．金融研究，2013(9)：16-29.

[519]钟茂初，李梦洁，杜威剑．环境规制能否倒逼产业结构调整——基于中国省际面板数据的实证检验[J]．中国人口·资源与环境，2015(8)：107-115.

[520]钟寻，陈艳余，蔡柠蔚．人民币汇率对中国对外直接投资的影响——基于“一带一路”沿线国家的研究[J]．内江师范学院学报，2020，35(6)：95-100.

[521]种孟楠．企业绿色技术创新能力评价研究[D]．青岛：中国海洋大学，2015.

[522]周杰琦，梁文光．环境规制能否有效驱动高质量发展？——基于人力资本视角的理论与经验分析[J]．北京理工大学学报(社会科学版)，2020，22(5)：1-13.

[523]周丽娜．环境规制对我国污染密集型产业区际转移的影响研究[D]．济南：山东财经大学，2017.

[524]周梦雯．国际石油价格变动对人民币汇率的影响路径及实证研究[D]．济南：山东大学，2019.

[525]周欣，何嘉庆．国际油价变化对人民币汇率影响的实证研究[J]．对外经贸，2015(3)：20-22.

[526]朱德忠，王茜．基于 SVAR-DCC-GARCH 模型的经济政策不确定性与原油价格相关性研究[J]．东北农业大学学报(社会科学版)，2017，15(2)：

9-15.
[527]朱勤，彭希哲，陆志明，吴开亚．中国能源消费碳排放变化的因素分解及实证分析[J]．资源科学，2009，31(12)：2072-2079.
[528]朱治双．国际气价冲击对我国宏观经济的影响[J]．商业经济，2015(3)：32-33.
[529]卓四清，王博，乔路．国际油价波动对俄罗斯实际有效汇率的影响研究[J]．价格理论与实践，2017(1)：82-85.
[530]左佳. 我国环境规制法律体系的构成[J]．党政干部学刊，2013(5)：14-17.

后　　记

本书的写作是在笔者前期相关系列学术成果的基础上修改完善，并融合许多新经济形态下的思考完成的。首先要感谢我的两位学术恩师：吉林大学数量经济研究中心主任孙巍教授、厦门大学中国能源政策研究院院长林伯强教授，正是在他们的悉心指导和合作探索的激励下，我才得以不断获得学术灵感，保持着学术热忱；同时要感谢我的学术好友：厦门大学经济学院孙传旺教授、上海财经大学城市与区域科学学院邵帅教授、吉林大学数量经济研究中心刘达禹教授、厦门大学中国能源政策研究院杜之利副教授、吉林财经大学统计学院邓秉德副教授；还要感谢山西财经大学统计学院的领导和学术同仁，感谢你们在科学研究中给予我的莫大支持。

本书的完成要感谢李葳博士、徐邵军博士、任建辉博士、研究生许晓晨、文红、王瑜、陈亚丽、霍雨娜、李锦、高蕊，他们为本书的资料收集与整理、数据清洗、公式编辑、图表制作提供了很多帮助。

本书的出版过程中，得到了武汉大学出版社陈红编辑和出版人员宝贵的修改意见、审阅校对等热情协助。本书还参考了大量国内外学者的研究成果和观点，具体请参见书末的参考文献。在此，作者一并致以诚挚的谢意！

本书仍然要献给我的两位哥哥赫永峰博士、赫永超博士，妻子李葳博士和我们的两个女儿赫谦、赫从，愿你们始终对生活饱含理想、对生命充满热忱！

任何作品从来都是作者在某个阶段智识上的载体和注脚。由于作者水平有限，本书一定存在许多不足之处，恳请广大读者不吝赐教，以使本人得以在今后的写作中不断完善。